H.-P. BLAVATSKY
FONDATRICE DE LA SOCIÉTÉ THÉOSOPHIQUE

ISIS DÉVOILÉE

Clef des Mystères
de la Science et de la Théologie
anciennes et modernes

« Ceci est un livre de bonne Foi »
MONTAIGNE

VERSION FRANÇAISE AUTORISÉE

Traduit de l'anglais par R. JAQUEMOT

VOLUME QUATRIÈME

RELIGION

PUBLICATIONS THÉOSOPHIQUES
ÉDITIONS « RHEA »
4, Square Rapp, Paris (VII°)

1921

ISIS DÉVOILÉE

Clef des Mystères
de la Science et de la Théologie
anciennes et modernes

H.-P. BLAVATSKY
FONDATRICE DE LA SOCIÉTÉ THÉOSOPHIQUE

ISIS DÉVOILÉE

Clef des Mystères de la Science et de la Théologie anciennes et modernes

> « *Ceci est un livre de bonne Foy.* »
> MONTAIGNE

VERSION FRANÇAISE AUTORISÉE

Traduit de l'anglais par R. JAQUEMOT

VOLUME QUATRIÈME

RELIGION

PUBLICATIONS THÉOSOPHIQUES
ÉDITIONS « RHEA »
4, Square Rapp, Paris (VII°)

1921

IL A ÉTÉ TIRÉ DE CET OUVRAGE

Vingt-cinq exemplaires
sur papier de la manufacture impériale du Japon,
numérotés de un à vingt-cinq

ISIS DÉVOILÉE

DEUXIÈME PARTIE

RELIGION

CHAPITRE VIII

« Les enfants chrétiens et catholiques peuvent accuser leurs parents d'hérésie... bien qu'ils sachent qu'en le faisant leurs parents seront brûlés sur le bûcher et mis à mort... Et non seulement peuvent-ils leur refuser la nourriture, ***s'ils cherchent à les détourner de la Foi Catholique,*** MAIS ILS PEUVENT LÉGALEMENT LES TUER. » — Précepte des Jésuites. (F. STEPHEN FAGUNDEZ, in *Præcepta Decalogi*. Lugduni, 1640.)

« Très Sage. — Quelle heure est-il ?

1re G.·. Gard.·. — C'est la première heure du jour, où le voile du temple se déchira en deux : où les ténèbres et la consternation se répandirent sur la terre — l'heure où le soleil s'obscurcit ; où l'étoile flamboyante ayant disparu, les outils de la Maçonnerie furent dispersés ; où la Parole fut perdue » — *Magna est veritas et prævalebit.*

JAH-BUH-LUN.

SOMMAIRE

Le grand Sohar du Rabbin Siméon. — Job et les allégories apocalyptiques de l'initiation. — Rapport du Parlement français sur les Jésuites. — Effroyables principes de l'Ordre. — Le Meurtre, l'Adultère et le Parjure excusés. — Les Jésuites peuvent adorer les idoles du Jésuitisme. Accomplissement de la prophétie d'Hermès. — Un prêtre adultère est en droit de tuer le mari. — Fêtes chrétiennes indécentes. — Rituel de l'enterrement égyptien. — Hommes et femmes vivent sans âmes. — Jésuites déguisés en Talapoins. — Le Père Jésuite Mariana approuve l'empoisonnement. — La Franc-Maçonnerie est-elle l'héritière de la Sagesse secrète ? — La Maçonnerie est-elle Jéhovistique ou Païenne ? — Impertinence du jésuite Weninger. — La Maçonnerie des Templiers éclôt

dans un collège Jésuite. — Le faux Ordre de Malte. — Empoisonnement du dernier Prince des Templiers. — La « Parole » des adeptes n'est pas en la possession des Maçons. — Observations d'un Maçon de haut grade au sujet de la Franc-Maçonnerie. — Le Temple de Salomon n'est qu'une allégorie. — Le « Cable de Touée » des lamas et des Sannyâsi Brahmaniques. — Chiffres secrets dévoilés. — Cryptographie jésuite. — Le Prêtre derrière le voile. — Le double sexe de Jéhovah. — Adeptes à Paris et dans d'autres lieux.

Le plus important ouvrage cabalistique des Hébreux — le *Sohar* זהר — a été écrit par le Rabbin Siméon Ben-Iochaï, au dire de certains critiques, cette compilation eut lieu bien des années avant l'ère chrétienne ; suivant d'autres, ce ne fut qu'après la destruction du temple. De toutes façons il ne fut terminé que par le fils de Siméon, le Rabbin Eléazar et son secrétaire, le Rabbin Abba ; car l'ouvrage est si important et les sujets qui y sont traités sont si abstraits, que la vie entière de ce Rabbin, qu'on a surnommé le Prince des Cabalistes, n'aurait pas suffi à la tâche. Comme on savait qu'il était en possession de ces connaissances, et de la *Mercaba*, qui assurait la réception de la « Parole », sa vie se trouvait en danger, et il dut s'enfuir au désert, où il vécut dans une caverne pendant douze ans, entouré de ses fidèles disciples, et mourut finalement au milieu de signes et de merveilles (1).

Mais si volumineux que soit l'ouvrage, qui renferme beaucoup d'articles de sa tradition secrète et orale, néanmoins il n'embrasse pas tout. Nul n'ignore que ce vénérable cabaliste ne donna jamais à connaître les parties les plus importantes de sa doctrine, autrement qu'oralement, et cela à un nombre très limité d'amis et de disciples, parmi lesquels se trouvait son propre fils. Par conséquent, sans

1. Nombreuses sont les merveilles qu'on dit avoir eu lieu à sa mort, ou à sa translation : car il ne mourut pas comme tout le monde, mais, ayant disparu, tandis qu'une lumière éblouissante remplit la caverne, son corps ne fut vu de nouveau qu'après sa disparition. Lorsque cette lumière divine illumina la demi-obscurité usuelle de la sombre caverne, alors seulement, dit Ginsburg, « les disciples d'Israël s'aperçurent que le flambeau d'Israël s'était éteint ». Ses biographes nous informent qu'on entendit des voix célestes pendant les préparatifs de son enterrement et à sa mise au tombeau. Lorsque la bière fut descendue dans le profond caveau qu'on avait préparé pour la recevoir, une flamme s'en éleva et une puissante voix prononça les paroles suivantes : « C'est celui qui fit trembler la terre et les royaumes ! »

l'initiation finale à la *Mercaba*, l'étude de la *Cabale* est nécessairement incomplète, et la *Mercaba* ne peut s'enseigner que dans « l'obscurité, c'est-à-dire dans un lieu désert, et après de nombreuses et terrifiantes épreuves ». Depuis la mort de Siméon Ben-Iochai, cette doctrine secrète est restée un secret inviolable pour le monde extérieur. Donnée à connaître seulement *comme un mystère*, on ne la communiquait au candidat qu'oralement, *face à face et de la bouche à l'oreille*.

Ce commandement maçonnique, « de la bouche à l'oreille, et à voix basse », est un legs des Tanaïm et des anciens mystères païens. L'usage moderne qui en a été fait, est certainement dû à l'indiscrétion de quelque cabaliste renégat, bien que le « mot », lui-même, ne soit qu'un « substitut » pour la « parole perdue », et qu'il est, ainsi que nous le démontrerons plus loin, une invention comparativement moderne. La phrase véritable est restée, pour toujours, en possession des adeptes de diverses contrées des hémisphères Oriental et Occidental. Seul un nombre limité parmi les chefs Templiers et quelques Rosecroix du XVIIe siècle, qui étaient restés en relation étroite avec les alchimistes et les initiés arabes, auraient pu se vanter de la posséder. Du VIIe au XVe siècle nul ne pouvait prétendre de la connaître en Europe ; et bien qu'il y eût des alchimistes avant Paracelse, celui-ci fut le premier qui passa la véritable initiation, cette dernière cérémonie qui conférait à l'adepte la faculté de marcher vers le « buisson ardent » par-dessus le terrain brûlant, et de « brûler le veau d'or dans le feu, le réduire en poudre et de le répandre sur les eaux ». Certes, cette *eau* magique, et la « parole perdue » ont fait ressusciter plus d'un Adoniram, Gedaliah et Hiram-Abi pré-mosaïques. Le véritable mot, aujourd'hui substitué par Mac-Benac, et Mah, était utilisé des siècles avant que son effet pseudo-magique eût été essayé sur les « fils de la veuve », pendant les deux derniers siècles. Qui fut, de fait, le premier Maçon actif de quelque importance ? Elie Ashmole, *le dernier des Rosecroix et des alchimistes*. Admis à la franchise de la Compagnie des Maçons Actifs de Londres, en 1646, il mourut en 1692. A ce moment-là la Maçonnerie n'était pas ce qu'elle devint par la suite ; ce n'était ni une institution politique ni une institution chrétienne, mais une véritable organisation secrète, qui admettait dans les liens de la fraternité tous ceux qui désiraient ardemment obtenir le bienfait inappréciable de la liberté de conscience, et se soustraire à la persécution cléricale (1). Ce ne fut que cinquante ans après sa mort que ce que l'on nomme aujourd'hui la Franc-Maçonnerie prit naissance. Cette naissance eut lieu le 24 juin 1717, à la Taverne du Pommier (*Apple-tree Tavern*) dans Charles Street, Covent Garden, à Londres. Ce fut alors, ainsi que nous le disent les *Constitutions* de Anderson, que les quatre seules loges du Sud de l'Angleterre, nommèrent Anthony Sager, le premier Grand Maître des Maçons. Malgré sa jeunesse, cette grand loge a toujours exigé que tout le corps de la fraternité dans le monde entier reconnût sa suprématie, ainsi qu'en informe l'inscription latine gravée sur la plaque au-dessous de la pierre d'angle du Temple des Franc-Maçons de Londres en 1775. Nous y reviendrons plus tard.

Franck, l'auteur de *Die Kabbala*, poursuivant ses « divagations ésotériques », ainsi qu'il les appelle, en *plus* de sa traduction, nous donne ses commentaires. Parlant de ses prédécesseurs, il dit que Siméon Ben-Iochaï mentionne à plusieurs reprises ce que les « compagnons » ont enseigné dans les ouvrages plus anciens. Et l'auteur cite un nommé « Ieba, l'*ancien*, et Hamnuna, l'*ancien* » (2). Mais il ne nous donne pas la signification de ces deux « anciens », ni qui ils sont, car il ne le sait pas lui-même.

Dans la vénérable secte des Tanaïm, ou plutôt des Tananim, les sages, étaient ceux qui enseignaient les secrets pratiquement, et initiaient quelques disciples au grand Mystère final. Mais la *Mishna Hagiga*, la 2e section, dit que la table des matières de la *Mercaba* « ne doit être divulguée qu'aux sages âgés (3) ». La *Gemara* est encore plus dogmatique. « Les secrets les plus importants des Mystères, n'étaient même pas révélés aux prêtres. On ne les divulguait qu'aux initiés. » C'est ainsi que nous voyons que ces mêmes grands secrets prévalent dans toutes les religions anciennes.

1. Plot : *Natural History of Staffordshire*. Publié en 1666.
2. *Die Kabbala*. 75. ; *Sod*, vol. II.
3. *Die Kabbala*, 47.

Mais nous constatons également qui ni le *Sohar* ni aucun autre ouvrage cabalistique ne contient pas seulement la sagesse juive. La doctrine étant, par elle-même, le résultat de milliers d'années de pensées, elle est, par conséquent, la propriété collective des adeptes de toutes les nations sous le soleil. Néanmoins, le *Sohar* enseigne l'occultisme pratique plus que ne le fait n'importe quel autre ouvrage traitant de ce sujet ; non pas, cependant, tel qu'il a été traduit et commenté par divers critiques, mais d'après les signes secrets inscrits en marge. Ces signes contiennent les instructions secrètes, en dehors des interprétations métaphysiques et des absurdités apparentes, acceptées par Josèphe dans leur ensemble, car lui n'avait jamais été initié, et il interpréta la *lettre morte*, telle qu'il l'avait reçue (1).

La véritable magie pratique contenue dans le *Sohar* et dans d'autres ouvrages cabalistiques, n'a de valeur que pour ceux qui le lisent, en *dedans*. Les apôtres chrétiens — du moins ceux qu'on dit avoir fait des « miracles » *à volonté* (2) devaient être au courant de cette science. Il sied mal à un Chrétien de condamner ou de se moquer des joyaux « magiques », des amulettes et autres talismans contre le « mauvais œil », qu'on utilise comme des charmes pour exercer une influence mystérieuse, aussi bien sur le propriétaire que sur les personnes que le magicien voudrait contrôler. Beaucoup de ces amulettes enchantées existent encore dans les collections d'antiquités particulières ou publiques. Les collectionneurs ont publié les dessins de joyaux convexes, ornés de légendes mystérieuses, dont la signification a déjoué toutes les recherches scientifiques. King nous en montre plusieurs dans ses *Gnostics*, et il donne la description d'une

1. Il raconte comment le Rabbin Eléazar, en présence de Vespasien et de ses officiers, chassa les démons de quelques hommes simplement en mettant sous le nez du démonique une des nombreuses racines recommandées par le Roi Salomon ! Le célèbre historien nous affirme que le Rabbin faisait sortir les démons par les narines des patients, au nom de Salomon et par le pouvoir des incantations composées par le Roi-Cabaliste. Josèphe : *Antiquités*, VIII.II.5.

2. Il y a des miracles *inconscients*, lesquels, comme les phénomènes nommés aujourd'hui phénomènes *spirites* sont produits par les pouvoirs cosmiques, le mesmérisme, l'électricité, et les êtres invisibles qui sont continuellement à l'œuvre autour de nous, que ce soient des esprits humains ou élémentaires.

cornaline (Chalcédoine) blanche, recouverte des deux côtés de légendes interminables, dont l'interprétation a été impossible ; c'est le cas pour les savants, sans doute, mais non pour l'étudiant en hermétisme ou les adeptes. Mais nous renvoyons le lecteur à cet intéressant ouvrage, et aux talismans qui y sont représentés, afin de démontrer que même le « Voyant de Patmos » en personne, était bien versé dans la science cabalistique des talismans et des joyaux. Saint Jean fait clairement allusion à la puissante « cornaline blanche », — un joyau bien connu parmi les adeptes sous le nom de *alba-petra*, ou pierre de l'initiation, sur lequel on voit généralement gravé le mot de *prix*, parce qu'elle était donnée au candidat qui avait passé avec succès par toutes les épreuves préliminaires des néophytes. Le fait est que, non moins que le livre de Job, le livre de l'Apocalypse tout entier n'est que le récit allégorique des Mystères et de l'initiation d'un candidat à ceux-ci, candidat qui n'est autre que Saint Jean lui-même. Aucun Maçon de haut grade, bien versé dans les différents degrés n'en disconviendra. Les nombres *sept*, *douze* et autres sont autant de traits de lumière jetés dans l'obscurité du texte. Paracelse affirmait la même chose il y a plusieurs siècles. Et lorsque nous lisons « qu'un être semblable à un fils d'homme » lui dit (chap. II, 17) : *A celui qui vaincra*, je lui donnerai de la *manne cachée ;* je lui donnerai encore un CAILLOU BLANC ; et sur ce caillou est écrit un nom nouveau, — le mot — que *nul ne connaît* que *celui qui le reçoit* », quel est le Maître Maçon qui doutera qu'il s'agit de la dernière ligne du titre du présent chapitre ?

Dans les Mystères Mythraïques pré-chrétiens, le candidat qui avait traversé courageusement les « *douze* tortures » qui précédaient l'initiation finale, recevait un petit gâteau rond, ou pain sans levain, symbolisant, *dans une de ses significations*, le disque solaire, et connu sous le nom de pain céleste ou « manne », sur lequel des figures étaient tracées. Un *agneau*, ou un *taureau* était tué, le candidat devant être aspergé de son sang, comme dans le cas de l'initiation de l'Empereur Julien. Les *sept* règles ou mystères étaient alors données à connaître au « nouveau-né », représentés dans l'Apocalypse par les sept sceaux qui sont brisés « dans l'ordre » (voir chap. V et VI). Nul doute que le Voyant de Patmos ne se référât à cette cérémonie.

L'origine des amulettes catholiques romaines et des « reliques » bénies par le Pape est la même que celle des « charmes d'Ephèse » ou caractères gravés sur une pierre ou tracés sur une feuille de parchemin ; les amulettes juives avec des versets de la Loi, appelés *phylacteria*, φυλακτήρια, et les charmes musulmans avec des versets du *Koran*. Tous ceux-ci ont été utilisés comme des charmes magiques protecteurs, et portés sur leur personne par ceux qui avaient foi en eux. Epiphane, le digne ex-Marcusien, qui parle de ces charmes dont font usage les Manichéens comme d'amulettes, c'est-à-dire d'objets qu'on porte autour du cou (Periapta) « des incantations et des *tromperies semblables* » — ne peut discréditer en aucune façon les « tromperies » des païens et des Gnostiques sans discréditer en même temps les amulettes catholiques romaines et papistes.

Toutefois, la stabilité est une vertu que nous craignons voir perdre, sous l'influence des Jésuites, le peu de prise qu'elle a jamais eu sur l'Eglise. Cet esprit rusé, savant, dénué de scrupules et terrible du Jésuitisme, au sein du Catholicisme Romain, a pris possession lentement mais sûrement de tout le prestige et de tout le pouvoir spirituel qui s'y attache encore. Pour mieux exposer notre thème, il sera nécessaire d'établir le contraste entre les principes moraux des anciens Tanaïm et des Théurgistes, et ceux professés par les Jésuites modernes qui ont pratiquement aujourd'hui le contrôle du Catholicisme Romain, et qui s'érigent en ennemis de toute réforme. Où trouverions-nous dans toute l'antiquité, et dans quel pays, quoi que ce soit d'égal à cet Ordre, où même y approchant ? Nous devons une place aux Jésuites dans ce chapitre sur les sociétés secrètes, caa car plus que toute autre, ils constituent une société secrète, et ils ont un lien bien plus étroit avec la Franc-Maçonnerie actuelle — du moins en France et en Allemagne — qu'on ne le suppose généralement. Le cri de la morale publique outragée s'éleva contre cet Ordre dès son début (1). Quinze ans à peine s'étaient écoulés après la promulgation de la

1. Ce cri date de 1540 ; et en 1555 une clameur générale s'éleva contre eux dans certaines parties du Portugal, en Espagne et dans d'autres pays.

bulle qui approuvait leur constitution, que ses membres commençaient à être chassés d'un endroit à l'autre. Le Portugal et les Pays-Bas s'en débarrassèrent en 1578; la France en 1594 ; Venise en 1606 ; Naples en 1622. Ils furent expulsés de Saint-Pétersbourg en 1815, et de la Russie tout entière en 1820.

Dès son bas âge ce fut un enfant plein de promesses. Ce qu'il devint, par la suite, chacun ne le sait que trop bien. Les Jésuites ont fait plus de mal moral dans ce bas monde que les armées réunies du mythique Satan. L'énormité apparente de cette accusation, disparaîtra lorsque nos lecteurs d'Amérique, qui jusqu'à maintenant ne les connaissent que fort peu auront été mis au courant de leurs principes (principio) et de leurs règles, tels qu'ils apparaissent dans les ouvrages écrits par les Jésuites eux-mêmes. Nous rappelons aux lecteurs, que tout ce que nous avançons dans les citations en italiques est tiré de manuscrits authentiques, ou d'ouvrages publiés par cette célèbre société. Beaucoup d'entre eux ont été copiés dans le grand In-Quarto publié avec l'autorisation, et sous la vérification et la collation des Commissionnaires du Parlement français (1). Ces rapports furent réunis et présentés au Roi afin que, comme le dit « l'Arrest au Parlement du 5 mars 1762, le fils aîné de l'Eglise soit mis au courant de la perversité de cette doctrine... qui autorise le vol, le mensonge, le parjure, l'impureté, toutes les passions et tous les crimes, qui enseigne l'homicide, le parricide et le régicide, renversant la religion pour substituer à sa place la superstition, en favorisant la *Sorcellerie*, le blasphème, l'irreligion et l'idolâtrie... etc. ». Examinons donc les idées des Jésuites au sujet de la *magie*. Antonio Escobar (2) dit à ce sujet, dans ses instructions secrètes :

1. Des extraits de cet « Arrêt » furent réunis dans un ouvrage en 4 vol. 12 ms. qui parut à Paris en 1762, connu sous le titre d'*Extraits des Assertions*, etc. Dans un ouvrage intitulé *Réponse aux Assertions* les Jésuites firent un effort pour jeter la déconsidération sur les faits réunis par les Commissionnaires du Parlement français en 1672, en les faisant passer pour des racontars malintentionnés. « Pour se faire une idée de la validité de l'accusation », dit l'auteur des *Principes des Jésuites* « on a cherché dans les bibliothèques des deux universités, du British Museum, et du Collège Sionniste, les auteurs cités : et dans chaque cas où le volume fut découvert, on a reconnu l'exactitude de la citation. »

2. *Theologia Moralis*, Tomus IV, Lugduni, 1663.

« Il est légal... de se servir de la science acquise *à l'aide du Diable,* pourvu que la conservation et l'usage de cette connaissance ne dépendent pas du Diable ; *car cette connaissance est bonne en elle-même, et le péché par lequel elle a été acquise est passé* (1). » Pourquoi un Jésuite ne tromperait-il pas le Diable, de même qu'il trompe les laïques ?

« *Les Astrologues et les devins sont tenus, ou ne sont pas tenus, de rendre la rénumération de leur divination si l'événement qu'ils ont prédit ne se réalise pas.* Je conviens », remarque le *bon* Père Escobar, « que cette opinion ne me satisfait point du tout, parce que, lorsque l'astrologue ou le devin a exercé toute diligence *dans l'art diabolique,* qui est nécessaire pour son but, il a rempli son devoir, quel que soit le résultat. De même que le médecin... n'est pas tenu de rendre ses honoraires... si le patient meurt : de même l'astrologue n'est pas obligé de rendre le prix de sa divination... sauf dans le cas où il n'aurait pas pas fait d'effort, ou aurait été ignorant de son art diabolique ; parce que, lorsqu'il a fait tous ses efforts, il n'a pas usé de tromperie (2). »

Nous lisons encore ce qui suit au sujet de l'astrologie : « Si quelqu'un affirme, sur une supposition basée sur l'influence des astres, le caractère et la disposition d'un homme, qu'il serait soldat, prêtre ou évêque, *cette divination est exemple de tout péché ;* parce que les astres et la disposition de l'homme peuvent avoir le pouvoir de diriger la volonté humaine vers un certain but ou objet, mais non pas de l'y contraindre (3). »

Busembaum et Lacroix nous disent dans la *Theologia Moralis* (4), que « la chiromancie peut être considérée comme légale, si dans les lignes et les signes de la main on peut s'assurer des dispositions du corps, et conjecturer en toute probabilité les penchants et les affections de l'âme (5) ».

1. Tom IV, lib. XXVIII, sect. I de Prœcept. I, c. 20 n. 184.
2. *Ibidem*, sect. 2 de Prœcept. I. Probl. 113, n. 586.
3. Richard Arsdekin, *Theologia Tripartita*, Coloniæ, 1744. Tom. II. Pars II. Tr. 5. c. I, § 2. n. 4.
4. *Theologia Moralis nunc pluribus partibus aucta*, a R. P. Claudio Lacroix Socitatis Jesu Coloniæ 1757 (Ed. Mus. Brit.).
5. Tom. II, lib. III, Pars I. Fr. I, c. I, dub. 2, resol VIII. Quel dom-

Malgré que plusieurs prédicateurs aient dernièrement formellement nié que cette noble confrérie ait jamais été une société *secrète*, les preuves existent qu'elle l'a certainement été. Leurs statuts ont été traduits en latin par le Jésuite Polancus, et imprimés au Collège de la Société à Rome en 1558. « On les tenait jalousement secrets, la plupart des Jésuites, eux-mêmes, n'en connaissant que des fragments (1). *Ils ne furent jamais mis à jour avant 1761, quand ils furent publiés par ordre du Parlement Français de 1761 à 1762*, au cours du célèbre procès du Père Lavalette. » Les degrés de l'ordre sont : 1° Novices ; 1° Frères laïques ou Coadjuteurs temporels ; 3° Scholastiques ; 4° Coadjuteurs spirituels ; 5° Profés des Trois Vœux ; 6° Profés des Cinq Vœux. « Il existe aussi une classe secrète, connue seulement du Général et de quelques fidèles Jésuites, qui, peut-être plus que toute autre, a contribué au pouvoir redouté et mystérieux de l'Ordre », dit Nicolini. Les Jésuites considèrent comme un des plus brillants exploits de leur Ordre que Loyola ait appuyé, au moyen d'un mémoire spécial au Pape, une pétition pour la réorganisation de cet instrument abominable et détesté de boucherie en gros, — l'infâme tribunal de la Sainte Inquisition.

L'ordre des Jésuites est, aujourd'hui, tout puissant à Rome. Ils se sont installés à la Congrégation des Affaires Ecclésiastiques Extraordinaires, au Département du Secrétariat de l'Etat, et au Ministère des Affaires Etrangères. Des années avant l'occupation de Rome pas Victor Emmanuel, le Gouvernement Pontifical était complètement entre leurs mains. La Société compte aujourd'hui 8.584 membres. Mais voyons quelles sont leurs règles principales. Par ce qui précède, et en se rendant compte de leurs façons d'agir, on peut se faire une idée de ce que tout le Corps catholique doit être. Mackenzie nous dit que : « L'ordre a ses signes secrets, ses mots de passe, suivant les degrés auxquels les membres appartiennent, et comme ils ne portent pas d'uniforme spécial, il est difficile de les reconnaître, à

mage que l'avocat, pour la défense, n'ait pas pensé à citer cette légalisation orthodoxe pour « filouter au moyen de la chiromancie ou autrement », au cours du récent procès du médium Slade à Londres.

1. Nicolini : *Histoire des Jésuites*.

moins qu'ils ne révèlent eux-mêmes qu'ils font partie de l'Ordre ; car ils apparaissent comme des Protestants ou des Catholiques, des démocrates ou des aristocrates, des infidèles ou des bigots, suivant la mission spéciale qui leur a été confiée. Leurs espions sont partout, ils appartiennent à tous les rangs de la société et ils se donnent pour des érudits et des savants, des simples et des benets, suivant les instructions qu'ils ont reçues. Il y a des Jésuites des deux sexes et de tout âge, et c'est un fait notoire que des membres de l'Ordre, de familles nobles et d'éducation raffinée, jouent le rôle de domestiques dans des familles protestantes, ou remplissent d'autres emplois analogues afin de servir les fins de la Société. On ne peut être trop sur ses gardes, car la Société tout entière étant basée sur la loi de l'obéissance passive, peut porter ses forces sur un point donné avec une exactitude infaillible et fatale (1). »

Les Jésuites soutiennent que « la Société de Jésus n'est pas d'invention humaine, *mais qu'elle procède de celui dont elle porte le nom*. Car Jésus, lui-même, établit la règle de vie qui régit la Société, *premièrement par son exemple*, et ensuite par la parole (2) ».

Que tous les pieux et fervents Chrétiens prennent par conséquent, connaissance de cette prétendue « règle de vie » et des préceptes de leur Dieu, ainsi qu'ils sont présentés par les Jésuites. Peter Alagona (*St. Thomæ Aquinatis Summæ Theologiæ Compendium*) dit comme suit : « Par le commandement de Dieu il est légal de tuer une personne innocente, de voler ou de commettre... (*Ex mandato Dei licet occidere innocentem, furari, fornicari*) ; car il est le Seigneur de la vie, de la mort, et de toutes choses, *et on lui doit d'exécuter ses commandements*. (Ex primâ secundæ, Quæst., 94.)

« Un homme appartenant à un ordre religieux, qui pendant un court laps de temps retire son habit, dans le but de commettre un péché, est libéré du péché mortel, et n'encourt pas la peine d'excommunication. » (Lib. III, sec. 2, Probl. 44, n. 212) (2).

1. *Royal Masonic Cyclopædia*, p. 369.
2. Imago, *Primi Sæculi Societis Jesu*, lib. I : c. 3, p. 64.
3. Antoine Escobar : *Universæ Theologiæ Moralis receptiore, absque*

Jean-Baptiste Taberna (*Synopsis Theologicæ Practicæ*) pose la question suivante : « Un juge vénal est-il tenu de restituer l'argent qu'il a reçu pour rendre un jugement ? » *Réponse.* « *S'il a reçu l'argent pour rendre un jugement injuste, il est probable qu'il est en droit de le garder... Cette opinion est soutenue et défendue par cinquante-huit docteurs* (1). » Jésuites, cela va sans dire.

Nous renonçons à en dire plus long. La majeure partie de ces préceptes est si écœurante en raison de son caractère licencieux, hypocrite et démoralisant, qu'il a été impossible de les présenter au public, autrement qu'en latin (2). Nous en présenterons quelques-uns des plus décents, au cours de notre étude, afin d'établir les comparaisons. Mais que devons-nous penser de l'avenir qui attend le monde catholique, s'il doit être contrôlé par cette Société néfaste? Nous ne doutons pas qu'il en sera ainsi, lorsque nous voyons le cardinal archevêque de Cambrai le proclamer à grands cris à tous ses fidèles ? Sa pastorale fit certain bruit en France ; et cependant, puisque voici que deux siècles se sont écoulés depuis l'exposé de ces infâmes principes, les Jésuites ont eu tout le temps de mentir pour nier les justes accusations, que la plupart des Catholiques n'y ajouteront aucune foi. Le Pape *infaillible*, Clément XIV (Ganganelli) les supprima le 23 juillet 1773, et néanmoins ils revinrent à la vie ; un autre Pape, également infaillible, Pie VII, les réinstitua le 7 août 1814.

Mais écoutons ce que Monseigneur de Cambrai proclamait avec tant d'ardeur en 1876. Nous citons d'une feuille séculière :

« Entre autres choses, il soutient que *le Cléricalisme, l'Ultramontanisme et le Jésuitisme ne sont qu'une seule chose — c'est-à-dire, le Catholicisme* — et que les distinctions qu'on y a apportées ont été créées par les ennemis de

lite sustentiæ, etc., tomus I. Lugduni, 1652 (Ed. Bibl. Acad. Cant.). *Idem sentio, e breve illud tempus ad unius horæ spatium traho. Religiosus itaque habitum demittens assignato hoc temporis interstitio, non incurrit excommunicationem, etiamsi dimittat non solum ex causâ, turpi, scilicet fornicandi, set etiam ut incognitus ineat lupanar.* Probl. 44, n. 213.

1. Pars II, Tra. 2, c. 31.

2. Voyez *The Principles of the Jesuits, Developed in a Collection of Extracts from their own Authors*. Londres, 1839.

la religion. Il fut un temps, dit-il, où certaine opinion théologique était couramment enseignée en France, au sujet de l'autorité papale. Elle était limitée à notre pays, et d'origine récente. Le pouvoir civil pendant un siècle et demi imposa l'instruction officielle. Ceux qui professaient ces opinions étaient appelés des Gaulois et ceux qui protestaient, des Ultramontains, parce que leur centre doctrinal se trouvait au delà des Alpes, à Rome. Aujourd'hui la distinction entre les deux écoles n'est plus admissible. Le Gallicisme théologien n'existe plus, depuis que cette opinion a cessé d'être tolérée par l'Eglise. *Le Concile Œcuménique du Vatican l'a solennellement condamné au delà de tout retour. Nul ne peut, aujourd'hui, être un Catholique, s'il n'est un Ultramontain — et un Jésuite* (1). »

Voilà qui résout la question. Laissons, pour le moment, les conclusions de côté, afin de comparer les pratiques et les préceptes des Jésuites avec ceux des mystiques individuels, des castes organisées et des sociétés de l'antiquité. Le lecteur sincère pourra, de cette manière, se faire une idée de la tendance qu'ont leurs doctrines pour faire du bien à l'humanité ou la corrompre.

Le Rabbin Jehoshua Ben Chananea, qui mourut vers l'an 72 de notre ère, déclarait ouvertement qu'il avait accompli des « miracles » au moyen du *Livre de Sepher Jezireh*, et il lançait un défi à tous les sceptiques (2). Frank en citant le *Talmud* babylonien, donne les noms de deux autres thaumaturges, les Rabbins Chanina et Oshoi (3).

Simon le Magicien, fut sans aucun doute un élève du Tanaïm de la Samarie : la réputation qu'il laissa derrière lui, ainsi que le titre qu'on lui octroya de « Grand Pouvoir de Dieu », témoignent hautement en faveur du savoir de ses instructeurs. Les calomnies si libéralement répandues contre lui par les auteurs inconnus et les compilateurs des *Actes des Apôtres* et autres ouvrages, n'ont pas réussi à dénaturer la vérité au point de cacher le fait qu'aucun chrétien ne pouvait rivaliser avec lui dans l'accomplissement d'actes de thaumaturgie. Le récit de la chute qu'il fit pen-

1. Tiré de la Pastorale de l'Archevêque de Cambrai.
2. Voyez *Jérusalem Talmud Synhedrin*, c. 7, etc.
3. *Franck*, pp. 55-56.

dant un vol aérien, se cassant les deux jambes et se suicidant ensuite, est du pur enfantillage. Pourquoi les apôtres au lieu de prier mentalement pour sa défaite, n'ont-ils pas prié pour pouvoir surpasser Simon dans ses merveilles et ses miracles, car de cette manière ils auraient servi leur cause bien plus utilement qu'ils ne le firent, et ils auraient en outre converti des milliers de personnes au christianisme. La postérité ne possède qu'une seule version de ce récit. Si nous entendions la version des disciples de Simon, nous trouverions peut-être que ce fut saint Pierre qui se cassa les jambes, si nous ne savions pas que cet apôtre était bien trop prudent pour jamais s'aventurer à Rome. De la confession de plusieurs auteurs ecclésiastiques, aucun apôtre n'accomplit jamais de telles « merveilles surnaturelles ». Naturellement les fidèles diront que c'est une preuve de plus que le « Diable » agissait par Simon le Magicien.

On accusa Simon le Magicien de blasphémer contre le Saint-Esprit, parce qu'il prétendait qu'il était « le Saint-Esprit, le *Mens* (l'intelligence) ou la Mère de toutes choses ». Mais nous retrouvons la même expression dans le *Livre d'Enoch*, où par opposition au « Fils de l'Homme », il dit « Le Fils de la Femme ». Dans les *Codex* des Nazaréens, et dans le *Sohar*, de même que dans les *Livres d'Hermès*, cette expression est courante; et même dans l'*Evangelium* apocryphe des Hébreux nous lisions que Jésus, lui-même, admettait le sexe du Saint-Esprit, lorsqu'il dit : *Ma Mère, la Sainte-Pneuma*.

Mais qu'est-ce que l'hérésie de Simon le Magicien, et les blasphèmes de tous les hérétiques comparés à ceux des Jésuites qui ont réussi à dominer le Pape, la Rome ecclésiastique et le monde catholique tout entier ? Ecoutez encore leur profession de foi.

« Faites ce que votre conscience vous commande de faire et vous dit être bien; si, à la suite d'une erreur insurmontable, vous jugez que Dieu ordonne le mensonge et le blasphème, et bien *blasphémez* (1) !

« Omettez ce que votre conscience vous dit être défendu ;

1. Charles-Antoine Casnedi : *Crisis Theologica*. Ullyssipone. 1711. t. I. disp. 6. sect. 2. § 1. n. 59.

abandonnez le culte de Dieu si vous croyez invinciblement que Dieu l'ait défendu (1). »

« Il existe une loi inférée... obéissez à un ordre de conscience invinciblement erroné. *Mentez* aussi souvent que vous croyez qu'un mensonge est impérieusement ordonné (2). »

« Supposons qu'un Catholique croie absolument que le culte des images est défendu ; dans ce cas Notre-Seigneur Jésus-Christ se verra obligé de lui dire : « *Va-t-en, damné...* « *car tu as adoré une image.* Il n'est pas plus absurde de supposer que le Christ lui dirait : « *Viens, ô bienheureux...* « *parce que tu es menti, en croyant fermement, que dans* « *ce cas c'est moi qui ai ordonné le mensonge* (3). »

Ceci ne... mais non ! les mots sont incapables de rendre justice aux émotions que ces étonnants principes doivent éveiller dans le sein de tout homme honorable. Que notre silence, né d'un écœurement *invincible*, soit notre seule réponse à un pareil écart de la morale.

Le sentiment populaire à Venise (1606), lorsque les Jésuites en furent chassés, s'exprima d'une façon fort efficace. Une foule immense accompagna les exilés jusqu'au bord de la mer, et le cri d'adieu qui les poursuivit fut celui de *Ande in malora* ! (Allez-vous en ! et malheur à vous). « Ce cri se répercuta à travers les deux siècles qui suivirent », dit Michelet, qui ajoute ce renseignement : « en Bohême en 1618... aux Indes en 1623... et dans la chrétienté tout entière en **1773** ».

En quoi Simon le Magicien était-il coupable de blasphème, s'il ne fit que ce que sa conscience lui dictait impérieusement de faire comme la vérité ? Et en quoi les « Hérétiques », voire même les pires *infidèles* étaient-ils plus répréhensibles que les Jésuites, ceux de Caen (4), par exemple, qui proclament ce qui suit :

« La religion chrétienne est... *évidemment* digne de croyance, mais non pas *évidemment* vraie. Elle est évidemment digne de croyance ; car il est évident que celui qui

1. *Ibidem.*
2. *Ibidem.* § 2, n. 78.
3. *Ibidem.* sect. 5. § 1, n. 165.
4. *Thesis propugnata in regio.* Soc. Jés. Collegio celeberrimæ Academiæ Cadomensis, die Veneris, 30 jan. 1693. Cadomi, 1693.

l'embrasse est prudent. *Elle n'est pas évidemment vraie ;* car elle enseigne obscurément et les points de son enseignement sont obscurs. Et ceux qui affirment que la religion chrétienne est évidemment vraie, sont obligés de reconnaître qu'elle est évidemment fausse.

« Il faut en conclure :

« 1° Qu'il n'est *point* prouvé qu'il y ait aujourd'hui une religion vraie, dans le monde.

« 2° Qu'il n'est *point* prouvé que de toutes les religions existant en ce monde, la religion chrétienne est la plus véridique ; car avez-vous voyagé dans tous les pays du monde, ou savez-vous que d'autres l'aient fait ?...

. . . .

« 4° Qu'il n'est *point* prouvé que les prédictions des prophètes aient été inspirées par Dieu ; car comment réfuteriez-vous, si je nie que ce soient de véritables prophéties, ou si j'affirme que ce ne sont que des suppositions ?

« 5° Qu'il n'est *point* prouvé que les miracles attribués au Christ aient été véritables ; de même que nul ne peut prudemment nier qu'ils le soient (Position 6).

« Il n'est pas non plus nécessaire pour les chrétiens de professer une croyance absolue en Jésus-Christ, dans la Trinité, dans tous les articles de foi et dans le Décalogue. La seule croyance qui était nécessaire pour ceux-là (les Juifs) et qui est nécessaire pour ceux-ci (les chrétiens) est : 1° de croire en Dieu ; 2° de croire en un Dieu rémunérateur » (Position 8).

Par conséquent il est aussi plus que « prouvé » qu'il y a des moments dans la vie où le plus grand menteur est capable de formuler quelques vérités. « Les « bons Pères » l'ont si bien prouvé qu'on voit clairement maintenant d'où venaient les solennelles condamnations de certaines « hérésies » au Concile Œcuménique de 1870, et la sanction d'autres articles de foi auxquels nul ne croyait moins, que ceux qui inspirèrent au Pape leur promulgation. L'histoire a peut-être encore à apprendre que le Pape octogénaire, grisé par l'encens de l'infaillibilité qu'on venait tout récemment de lui imposer, n'avait été qu'un fidèle écho des Jésuites. « Un vieillard est élevé, tremblant, sur le pavois du Vatican », dit Michelet, « tout est absorbé et contenu en lui... Pendant quinze siècles la chrétienté a été soumise au joug spirituel de l'Eglise... Mais ce joug ne leur suffisait point ; ils voulaient que le monde entier se pliât sous la main d'un seul maître. Ici, mes propres paroles sont trop faibles ; j'emprunterai celles des autres. Ils (les Jésuites) — voici l'accusation que leur jeta a la figure l'Evêque de Paris en plein Concile de Trente — *voulaient* faire de l'épouse de Jésus-Christ une prostituée aux volontés d'un homme (1). »

Ils y ont réussi. L'Eglise est dorénavant un outil inerte, et le Pape n'est qu'un pauvre et faible instrument entre les mains de l'Ordre. Mais jusqu'à quand ? Jusqu'à ce que survienne la fin, et les Chrétiens sincères se souviendront des lamentations prophétiques du Trismégiste trois fois grand, sur son propre pays : « Hélas, hélas, mon fils, un jour viendra où les hiéroglyphes sacrés se transformeront en idoles. *Le monde confondra les emblèmes de la science avec les dieux eux-mêmes*, et accusera la superbe Egypte d'avoir adoré des monstres infernaux. Mais ceux qui nous calomnient ainsi, adoreront eux-mêmes la Mort au lieu de la Vie, la folie au lieu de la sagesse ; ils dénonceront l'amour et la fécondité, ils rempliront leurs temples d'ossements des morts, en guise de reliques, et ils dépenseront leur jeunesse dans la solitude et les larmes. *Leurs vierges seront des veuves* (les nonnes) *avant d'avoir été des épouses*, et elles se consumeront en détresse ; et cela parce que les hommes auront méprisé et profané les mystères sacrés d'Isis (2). »

Nous reconnaissons la correction de cette prophétie dans le précepte jésuite suivant, que nous tirons encore du Rapport des Commissaires du Parlement de Paris :

« La véritable opinion est : *qu'il est légitime d'adorer toute chose inanimée et irrationnelle* », dit le Père Gabriel Vazquez, en parlant d'Idolâtrie. « Si la doctrine que nous avons mise en avant est bien comprise, non seulement toute image peinte, et tout objet de sainteté acceptés par l'autorité publique pour le culte de Dieu, doit être adoré comme l'image de Dieu Lui-même, mais encore toute autre chose,

1. Michelet et Quinet du Collège de France : *Les Jésuites*.
2. Champollion : *Hermes Trismégiste*, XXVII.

dans ce bas monde, qu'elle soit inanimée et irrationnelle, ou bien encore de nature rationnelle. » (1)

« Pourquoi n'adorerions-nous pas en même temps que Dieu, et ne lui vouerions-nous pas un culte, danger à part, n'importe quelle chose dans ce bas monde ; car Dieu est en elle, selon Son essence... (C'est précisément ce que soutiennent les Panthéistes et les philosophes hindous), et Il la préserve continuellement par Sa puissance : et lorsque nous nous prosternons devant elle et que nos lèvres la baisent, nous nous présentons avec toute notre âme devant Dieu, qui en est l'auteur, comme devant le prototype de l'image (viennent ensuite des exemples de reliques, etc.)... Nous pourrions ajouter, que puisque toute chose ici bas est l'œuvre de Dieu, et que Dieu y est toujours présent et agissant en elle, nous nous Le représenterons bien plus aisément comme étant en elle que le saint dans le vêtement qui lui appartenait. Par conséquent, sans égard aucun pour la dignité de la chose créée, en dirigeant nos pensées vers Dieu, tout en accordant à la créature les signes de soumission en nous prosternant devant elle ou en la baisant, nous n'accomplissons pas un vain acte ou une superstition, mais bien un acte de pure religion (2). »

S'il n'honore pas l'Eglise Chrétienne, ce précepte pourrait être revendiqué avec profit par tout hindou, japonais ou païen quelconque lorsqu'on lui reproche d'adorer des idoles. Nous le citons tout exprès pour le bénéfice de nos honorables amis « païens » qui liraient ces lignes.

La prophétie d'Hermès est moins équivoque que n'importe laquelle des prophéties d'Isaïe, qui ont fourni le prétexte pour déclarer que les dieux des autres nations étaient des démons. Seulement, les faits sont souvent plus puissants que la foi la plus enracinée. Tout ce que les Juifs savaient, ils l'avaient appris de nations plus anciennes qu'eux. Les Mages Chaldéens furent leurs maîtres dans la doctrine secrète, et ce fut pendant la captivité de Babylone qu'ils apprirent ses enseignements métaphysiques et pratiques. Pline mentionne trois collèges de Mages ; un de ceux-ci,

1. *De Cultu Adorationis Libri Tres*. Lib. III. Disp I. c.. 2.
2. *Ibidem*.

selon lui, était d'une antiquité incalculable ; un autre fut établi par Osthanes et Zoroastre ; et le troisième par Moïse et Jambres. Et toute la connaissance de ces différentes écoles, Mage, Egyptienne ou Juive, était venue des Indes, ou plutôt des deux côtés de l'Himalaya. « Plus d'un secret perdu est enfoui sous les sables du Désert de Gobi dans le Turkestan Oriental, et les sages de Khotan ont gardé d'étranges traditions et la connaissance de l'alchimie.

Le baron Bunsen nous montre que l'origine des anciens hymnes et prières du *Livre des Morts* égyptien, est antérieure à Ménès, et qu'elle date probablement de la Dynastie d'Abydos, pré-Ménite, entre 3100 et 4200 ans avant J.-C. Le savant égyptologue calcule que l'ère de Ménès, ou l'Empire National, n'est pas postérieure à l'an 3059 avant J. C. ; il prouve, en outre, que « le système du culte et la mythologie d'Osiris était déjà établi » (1) avant l'ère de Ménès.

Nous voyons dans les hymnes de cette époque pré-Edénique (époque scientifiquement établie, car Bunsen nous transporte en arrière, plusieurs siècles *au delà* de la date de la création du monde, soit 4004 ans avant J.-C. fixée par la chronologie biblique) des leçons précises de morale, identiques en substance, sinon dans la forme des expressions, avec celles prêchées par Jésus dans son Sermon sur la Montagne. Notre assertion est corroborée par les plus éminents hiéroglyphistes et égyptologues. « Les inscriptions de la douzième Dynastie sont remplies de formules rituelles », dit Bunsen. On trouve sur les monuments des premières Dynasties des extraits des Livres d'Hermès, et « des parties d'un rituel *antérieur* ne sont pas rares sur ceux de la douzième (Dynastie)... *Nourrir les* affamés, donner à boire à ceux qui ont soif, vêtir ceux qui sont nus, enterrer les *morts... constituaient le premier devoir de tout homme pieux*... La doctrine de l'immortalité de l'âme est aussi ancienne que cette époque, elle-même (Tablette, *Brit. Mus.*, 562) (2).

Qui sait, bien plus ancienne encore. Elle date de l'épo-

1. *Egypt's Place in Universal History*, vol. V, p. 94.
2. *Ibidem*, vol. V., p. 129.

que où l'âme était un être *effectif*, et où par conséquent on ne pouvait la nier *en elle-même ;* où l'humanité était une race spirituelle et où la mort n'existait pas. Vers le déclin du cycle de vie, l'esprit-homme éthéré tombe temporairement dans une douce somnolence inconsciente, dans une sphère, pour se réveiller dans la lumière plus éclatante d'une sphère supérieure. Mais tandis que l'homme spirituel tend à s'élever toujours plus haut vers la source de son être, en traversant les cycles et les sphères de la vie individuelle, l'homme physique descend avec le grand cycle de la création universelle, jusqu'à endosser le vêtement des enveloppes terrestres. Dès lors, l'âme est trop profondément enfouie sous son fardeau physique, pour pouvoir réaffirmer son existence, sauf dans le cas de ces natures plus spirituelles qui, à chaque cycle, deviennent de plus en plus rares. Et cependant aucune des notions préhistoriques n'a jamais songé à nier soit l'existence, soit l'immortalité de l'homme intérieur, le « Soi » véritable. Mais nous devons alors, avoir présent à la mémoire l'enseignement des anciennes philosophies : l'esprit, seul, est immortel — l'âme, *en elle-même*, n'est ni éternelle, ni divine. Lorsqu'elle s'allie de trop près au cerveau physique de son enveloppe terrestre, elle devient graduellement une âme *finie*, un simple animal, un principe vital sensitif, le *nephesh* de la Bible hébraïque (1).

1. « Et Dieu créa... tous les *nephesh* (animaux vivants) qui se meuvent » (Genèse 1.21) : et (Genèse II.7) il est dit : « Et l'homme devint un *nephesh* (un être vivant) ; ce qui prouve que le mot nephesh était employé indifféremment pour l'homme *immortel* et l'animal *mortel*. « Sachez-le aussi je redemanderai le sang de vos *nepheshim* (âmes, vies), je le redemanderai à tout animal et je redemanderai l'âme de l'homme à l'homme » (Genèse IX.5). « Sauve-toi pour *nephesh* » (la traduction dit pour ta vie) (Genèse XIX.17). « Ne lui ôtons pas la vie » lisons-nous dans la traduction française. « Ne tuons pas son *nephesh* » dit le texte hébreu. « *Nephesh* pour *nephesh* », dit le Lévitique. « Celui qui frappera un homme mortellement sera puni de mort. » « Celui qui frappera le *nephesh* d'un homme (Lévitique XXIV.17) et les versets suivants disent : « Celui qui frappera un animal (*nephesh*) mortellement le remplacera... vie pour vie (animal pour animal) « tandis que le texte original dit « *nephesh* pour *nephesh* ». Au I Rois I-12 ; II-23 ; III-11 ; XIX.2.3 ; partout nous voyons *nephesh* pour la vie et l'âme. « Ta vie répondra de sa vie » (Ton *nephesh* répondra de son *nephesh*) s'écrie le prophète aux I Rois XX.39. En vérité si on ne lit cabalistiquement l'Ancien Testament, et qu'on ne comprenne sa signification cachée, nous n'y apprendrons pas grand'chose au sujet de l'im-

La doctrine de la *triple* nature de l'homme est clairement définie dans les livres hermétiques, ainsi que dans les ouvrages de Platon, ou encore dans les philosophies Bouddhiste et Brahmanique. Et cette doctrine est une des plus importantes et des moins bien comprises de la science hermétique. Les mystères égyptiens, si imparfaitement connus dans le monde, et cela seulement par quelques brèves allusions qui y sont faites dans les *Métamorphoses d'Apulée*, enseignaient les vertus les plus sublimes. Ils dévoilaient à l'aspirant aux mystères « plus élevés » de l'initiation, ce que beaucoup de nos étudiants hermétiques modernes, cherchent en vain dans les livres cabalistiques, et ce qu'aucun enseignement obscur de l'Eglise, sous la conduite de l'Ordre des Jésuites, ne sera jamais capable de dévoiler. De comparer, par conséquent, les anciennes sociétés secrètes des hiérophantes, avec les hallucinations artificielles de quelques fidèles de Loyola, qui étaient, peut-être, sincères au début de leur carrière, est de faire une insulte à celle-là. Et cependant, si nous voulons leur rendre justice, nous sommes obligés de le faire.

Un des obstacles insurmontables à l'initiation chez les Egyptiens aussi bien que chez les Grecs était le meurtre sous quelle forme que ce soit. Un des plus grands titres à l'admission dans l'ordre des Jésuites, est un *meurtre* commis en défendant le Jésuitisme. *Les enfants sont autorisés à tuer leurs parents s'ils les obligent à renoncer à la foi catholique !*

« Les enfants chrétiens et catholiques », dit Etienne Fagundez, « sont en droit d'accuser leurs parents du crime d'hérésie, s'ils cherchent à les détourner de la foi, bien qu'ils sachent qu'en ce faisant leurs parents périront sur le bûcher et seront mis à mort pour ce crime, ainsi que l'enseigne Tolet... Non seulement peuvent-ils leur refuser la nourriture... *mais ils sont légalement autorisés à les tuer* (1). »

mortalité de l'âme. Le peuple hébreu en général n'avait pas la moindre notion de l'âme et de l'esprit, et ne faisait aucune différence entre *la vie*, *le sang* et *l'âme*, nommant celle-ci « le souffle de vie ». Les traducteurs de la Bible en ont fait un tel galimatias *que personne, excepté un cabaliste ne saurait rendre à la Bible sa forme originelle.*

1. *Præcepta Decaloga* (Edit. de la Bibliothèque de Sion), tom. I, lib. IV, c. 2, n. 7, 8.

Il est bien connu que l'Empereur Néron *n'osa jamais* solliciter son initiation aux mystères, à cause du meurtre d'Agrippine!

Dans la Section XIV des *Principes des Jésuites*, nous trouvons les principes suivants sous la rubrique *Hommicide*, inculqués par le Père Henri Henriquez, dans la *Sommæ Theologiæ Moralis*. Tomus I. Venetiis 1600 (Ed. Coll. Sion) : « Si un adultère, même s'il est ecclésiastique... attaqué par le mari, venait à tuer son agresseur... *il n'est pas considéré comme irrégulier :* non videtur irregularis (Lib. XIV, *de Irregularitæ*, c. 10, § 3).

« Si un père était odieux à l'État (étant exilé) et à la société en général, et qu'il n'y eût pas d'autre moyen d'empêcher une pareille injustice, j'approuverai alors cette action (celle d'un fils qui tue son père) dit la Section XV, sous la rubrique de *Parricide et Hommicide* (1).

« Il est légal pour un ecclésiastique ou un membre d'un ordre religieux *de tuer un calomniateur* qui menace de répandre d'atroces accusations contre lui ou sa religion (2)», est la règle exposée par le Jésuite François Amicus.

En voilà assez. Les plus hautes autorités nous informent ce qu'un homme peut faire dans la communion catholique mais que la morale publique réprouve comme un acte criminel, sans cependant cesser à être en odeur de sainteté auprès des Jésuites. Voyons par contre le revers de la médaille et étudions les principes inculqués par les moralistes païens de l'Egypte, avant que le monde eût bénéficié des progrès de l'éthique moderne.

En Egypte, toute cité importante était séparée de sa nécropole par un lac sacré. La même cérémonie du jugement décrite dans le *Livre des Morts* comme ayant lieu dans le monde des Esprits, avait lieu sur terre pendant l'enterrement de la momie. Quarante-deux juges ou assesseurs se rassemblaient sur le bord du lac pour juger « l'âme » envolée, suivant ses actes pendant qu'elle occupait son corps, et ce n'était qu'après approbation unanime de ce jury *post-mortem*, que le batelier, qui représentait l'Esprit de la Mort,

1. Opinion de Jean de Décastille, sect. XV, *De Justitia et Jure*, etc. cens pp. 319. 320.

2. *Cursûs Theologici*. tomus V, Duaci, 1642, Disp. 36. Sect. 5, n. 118.

était autorisé à transporter le défunt justifié jusqu'à sa dernière demeure. Après cela les prêtres rentraient dans l'enceinte sacrée et instruisaient les néophytes au sujet du drame solennel qui probablement se déroulait dans le royaume invisible où l'âme s'était enfuie. L'Al-om-jah (1) discourait alors avec force sur l'immortalité de l'esprit. On lit dans la *Crala Nepoa* (2), la description suivante des *sept* degrés de l'initiation.

Après une épreuve préliminaire à Thèbes, où le néophyte avait à en traverser plusieurs, nommées les « Douze Tortures », on lui ordonnait de gouverner ses passions et de ne jamais perdre de vue un seul instant la notion de son Dieu. Puis, comme symbole des pérégrinations de l'âme non purifiée, il devait escalader plusieurs échelles, et errer dans une caverne obscure où toutes les nombreuses portes étaient fermées à clé. Après avoir traversé les terribles épreuves, on lui conférait le degré de *Pastaphore ;* les deuxième et troisième degrés étant appelés le *Néodore* et le *Melanephore*. Amené dans une vaste chambre souterraine, remplie de momies couchées sur des lits de parade, on le mettait en présence de la bière qui contenait les restes ensanglantés et mutilés d'Osiris. Cette salle se nommait la « Porte de la Mort » et c'est sans doute à ce mystère que les passages du *Livre de Job* (XXXVIII, 17) et d'autres endroits de la *Bible* font allusion en parlant de ces portes (3). Nous donnerons au chapitre X l'interprétation ésotérique du *Livre de Job* qui est le poème de l'initiation par excellence.

« Les portes de la mort t'ont-elles été ouvertes ?

« As-tu vu les portes de l'ombre de la mort ? »

demande à Job le « Seigneur » — c'est-à-dire de l'Al-omjah, l'initiateur — en faisant allusion à ce troisième degré de l'initiation.

Après avoir vaincu les terreurs de cette épreuve, on le conduisait à la « Salle des Esprits » pour être jugé par eux. Entre autres règles auxquelles il devait obéir, « *il ne*

1. Nom du plus élevé des hiérophantes égyptiens.
2. *Crata Nepoa*, ou *Mystères des anciens Prêtres égyptiens*.
3. Voyez Saint Mathieu XVI, 18, où le passage est mal traduit par « les portes de l'enfer ».

devait ni désirer ni rechercher la vengeance ; être toujours prêt à aider un frère en danger, fût-ce au péril de sa propre vie ; enterrer tout corps mort, honorer ses parents par-dessus tout ; respecter la vieillesse et protéger les plus *faibles que lui-même ; et enfin avoir toujours présent* à l'esprit l'heure de la mort et celle de la résurrection dans un corps nouveau et indestructible (1) ». La Pureté et la Chasteté étaient hautement recommandées et *l'adultère puni de mort.*

Le néophyte égyptien devenait alors un *Kristophore.* Dans ce degré on lui communiquait le nom mystérieux de IAO. Le cinquième degré était celui de *Batahala*, et il était instruit, par Horus en achimie, le « mot » étant *chemia.* Dans le sixième il apprenait la danse dans le cercle, où on lui enseignait l'astronomie, car elle représentait le cours des planètes. Dans le septième degré il était initié aux derniers Mystères. Après une probation finale dans un édifice mis à part à cet effet, l'*Astronomus*, comme on le nommait alors, sortait de ces appartements sacrés nommés *Manneras*, et recevait une croix, — le *Tau*, qu'on plaçait, à sa mort, sur sa poitrine. Il était devenu un Hiérophante.

Nous avons vu ci-dessus les règles des saints initiés dans la *Chrétienne* Société de Jésus. Comparez-les avec celles que devaient observer le néophyte *païen ;* comparez la morale *chrétienne* (!) avec celle qui était enseignée dans les mystères des Païens, sur lesquels l'Eglise déchaîne toutes les foudres d'un Dieu vengeur. Celle-ci n'avait-elle donc pas de mystères à elle ? Ou étaient-ils alors plus purs, plus nobles, ou aidaient-ils mieux à mener une vie sainte et vertueuse ? Ecoutons ce que Nicolini a à nous dire, dans son célèbre ouvrage *Histoire des Jésuites*, au sujet des mystères des couvents chrétiens (2)

« Dans la plupart des monastères, et surtout dans ceux des Capucins et des réformés (reformati) commençait à Noël, une série de festins, qui continuait jusqu'au carême. On y jouait toutes sortes de jeux, on y donnait les banquets les plus magnifiques, et surtout dans les petites villes, le

1. Humberto Malhandrini : *Ritual of Initiations*, p. 105. Venise, 1657.
2. Pages 42, 44, note f. Nicolini de Rome, auteur de *L'Histoire du Pontificat de Pie IX, La vie du Père Gavazzi*, etc.

réfectoire des couvents est le lieu d'amusement le plus gai pour la majeure partie de ses habitants. Pendant le carnaval, deux ou trois grands banquets avait lieu ; la table était si somptueusement garnie qu'on pourrait croire que Copia y versait tout le contenu de sa corne. N'oublions pas que ces deux ordres vivent d'aumônes. (1) Le morne silence du cloître est remplacé par un bruit confus de ripailles, et ses sombres voûtes répercutent l'écho d'autres chants que ceux du psalmiste. Un bal vient égayer et terminer la fête ; et pour le rendre encore plus animé, et peut-être aussi pour démontrer *jusqu'à quel point leur vœu de chasteté avait détruit leurs appétits charnels*, quelques-uns des plus jeunes moines revêtaient coquettement le costume du beau sexe et dansaient avec d'autres qui leur servaient lieu de cavaliers. *Ce serait dégoûter mes lecteurs que de faire la description des scènes scandaleuses qui suivirent.* Je puis seulement affirmer que j'ai été souvent, moi-même, témoin et spectateur de ces saturnales. »

Le cycle descend, et en descendant la nature physique et bestiale de l'homme se développe de plus en plus au dépens de son Soi Spirituel (2). C'est avec dégoût que nous

1. En demandant la charité au nom de *Celui* qui n'avait pas où reposer sa tête !

2. Bunsen, dans *Egypt's Place in Universal History* donne un cycle de 21.000 ans qu'il adopte pour faciliter les calculs chronologiques pour la reconstitution de l'histoire universelle de l'humanité. Il démontre que ce cycle « pour la nutation de l'écliptique » arrive à son point culminant dans l'année 1240 de notre ère. Il dit :

« Le cycle se divise en deux moitiés de 10500 (ou deux fois 5250 ans), chacun.

« Le commencement de la première moitié :

Le point culminant sera. . . . . 19760 avant J. C.

Le plus bas . . . . 9260.

Par conséquent le milieu de la ligne descendante (le commencement du second quart) sera : 14510.

Le milieu de la ligne ascendante (le commencement du quatrième quart) : 4010.

« Le nouveau cycle, qui a commencé en l'an 1240 de notre ère, terminera son premier quart en l'an 4010 de notre ère. »

Bunsen explique qu'en « nombres ronds, les époques les plus favorables pour notre hémisphère depuis la grande catastrophe de l'Asie Centrale (le Déluge 10000 ans avant J.-C) sont : « les 400 ans avant, et les 400 ans après Jésus-Crist ; et le commencement de la première époque, *dont nous sommes les seuls juges*, puisqu'elle est la seule complète devant nous, coïncide exactement avec les commencemeuts de l'histoire naturelle, ou,

nous détournons de cette force religieuse qu'on nomme le Christianisme moderne, pour envisager les nobles croyances de l'antiquité !

Dans le *Rituel Funéraire* trouvé parmi les hymnes du *Livre des Morts* nommé par Bunsen « le livre précieux et mystérieux », nous lisons une allocution du mort, dans le rôle de Horus, détaillant tout ce qu'il a fait pour son père Osiris. Entre autres choses le dieu dit :

« 30 Je t'ai donné ton *Esprit*.
31 Je t'ai donné ton *Ame*.
32 Je t'ai donné ta force (corps) », etc.

Autre part on fait voir, que l'entité appelée le « Père » par l'âme désincarnée, doit signifier « l'esprit » de l'homme ; car le verset dit : « J'ai fait venir mon âme pour parler avec *son Père* », c'est-à-dire son *Esprit* (1).

Les Egyptiens considéraient leur *Rituel* comme une inspiration essentiellement divine, en somme, comme les hindous pour les *Védas*, et les Juifs modernes, les livres de Moïse. Bunsen et Lepsius démontrent que le terme *Hermétique*, veut dire inspiré ; car c'est Thoth, le Dieu lui-même, qui parle et qui révèle à ses élus parmi les hommes, la volonté de Dieu et les arcanes des choses divines. Il est expressément affirmé que certaines parties « furent écrites par le doigt de Thoth en personne » ; qu'elles ont été l'ou-

ce qui est la même chose, avec le commencement de *notre conscience* de l'existence » (*Egypt's Place in Universal History*, Key p. 102).

« Notre conscience » signifie, croyons-nous, la conscience des *savants* qui n'acceptent rien sur *la foi*, mais beaucoup sur des hypothèses non vérifiées. Nous ne le disons pas pour l'auteur ci-dessus nommé, tout noble champion et sérieux investigateur qu'il est de la liberté dans l'Eglise Chrétienne, mais en général. Le baron Bunsen a parfaitement reconnu qu'un homme ne peut être en même temps un homme de science intègre et donner aussi satisfaction au parti clérical. Même les menues concessions qu'il fit en faveur de l'antiquité de l'humanité, lui valurent en 1859 un torrent de dénonciations insolentes, telles que: « Nous perdons toute confiance dans le jugement de l'auteur... il a encore à apprendre les premiers principes de la critique historique... exagérations extravagantes et *anti-scientifiques*, et ansi de suite — le pieux censeur terminant ses savantes dénonciations en assurant le public que le baron Buusen *ne savait même pas construire une phrase grecque* (*Quarterly Review*. 1859 : voyez encore *Egypt' sPlace in Universal History*, chapitre sur Egyptological Works and English Reviews). Mais nous regrettons sincèrement que Bunsen n'ait pas eu l'occasion d'étudier la « Cabale » et livres brahmaniques des Zodiaques.

1. *Rituel funéraire des Exploits de Horus*.

vrage et la composition du grand Dieu (1). « A une date ultérieure, leur caractère hermétique est reconnu encore plus clairement, car sur un sarcophage de la vingt-sixième dynastie, Horus annonce au mort que Thoth en personne lui a apporté les livres de sa parole divine, ou les « écritures hermétiques (2) ».

Du moment que nous reconnaissons que Moïse était un prêtre égyptien, ou du moins, qu'il était versé dans toutes leurs *connaissances*, nous ne devons pas nous étonner qu'il ait écrit *Deutéronome* (IX. 10) « et l'Eternel me donna les deux tables de pierre, écrites du doigt de Dieu ; » ou de lire dans l'*Exode* XXXI, 98 : « Il (le Seigneur) donna à Moïse les deux tables du témoignage, tables de pierre, écrites du doigt de Dieu. »

Suivant les conceptions égyptiennes, ainsi que dans celles de toutes les autres croyances basées sur la philosophie, l'homme n'était pas seulement, ainsi que c'est le cas chez les Chrétiens, l'union d'une âme et d'un corps ; il était une trinité lorsque l'âme venait s'y ajouter. De plus, cette doctrine le faisait se composer de *Kha* — le corps ; de *Khaba* — la forme astrale ou ombre ; de *Ra* — l'âme animale ou principe de vie ; de *ba* l'âme supérieure ; et de *akh* — l'intelligence terrestre. Ils avaient encore un sixième principe nommé *Sah* — ou la momie ; mais les fonctions de celle-ci ne commençaient qu'après la mort du corps. Après s'être dûment purifiée l'âme, séparée de son corps, continuait à visiter celui-ci dans sa condition de momie, cette âme astrale « devenait un Dieu », car elle était finalement absorbée dans « l'Ame du monde ». Elle se transformait en une des divinités créatrices, « le dieu de Phtah (3) », le Démiurge, nom générique donné à tous les créateurs du monde et que la *Bible* a traduit par *Elohim*. Dans le *Rituel*, l'âme bonne ou purifiée, « unie à son esprit supérieur ou *incréé*, devient plus ou moins la victime de la sombre influence du dragon Apophis. Si elle atteint la connaissance finale des mystères

1. Bunsen : *Egypt's Place in Universal History*. Vol. V, p. 133.
2. Lepsius : *Abth*. III ; Bl. 276 : Bunsen, 134.
3. Dans le quatre-vingt-unième chapitre du *Rituel* l'âme est appelée le *germe des lumières* et dans le soixante-dix-neuvième le Démiurge, ou un des créateurs.

célestes et infernaux — la *gnose*, en d'autres termes la réunion complète avec l'esprit, elle triomphera de ses ennemis ; dans le cas contraire, l'âme n'échappait pas à la *seconde mort*. C'est « l'étang de feu où le soufre brûle » (les éléments) dans lequel ceux qui y sont jetés endurent la seconde mort (1) ! (*Apocalypse*.) Cette mort est la dissolution graduelle de la forme astrale dans ses éléments primitifs, à laquelle nous avons plusieurs fois fait allusion au cours de cet ouvrage. Mais on évite cet affreux sort par la connaissance du « Nom Mystérieux » — le « Mot » (2), comme disent les cabalistes.

Et quelle pénalité encourt-on alors, en n'en tenant pas compte ? Aucune, si l'homme vit naturellement une vie pure et vertueuse ; sauf en ce qui concerne un temps d'arrêt dans le monde des esprits, jusqu'à se purifier suffisamment pour la recevoir de son « Seigneur » Spirituel, qui fait partie de la grande multitude. Mais, si d'autre part, « l'âme », en tant que principe semi-animal, devient paralysée et inconsciente de sa moitié subjective, — le Seigneur — elle perdra tôt ou tard finalement la notion de sa mission divine sur cette terre, en proportion du développement sensitif du cerveau et des nerfs.

De même que le *Vourdalak*, ou Vampire, du récit serbe,

1. *Rituel*, VI. 41. Champollion : *La Manifestation à la Lumière* : Lepsius : *Le Livre des Morts* : Bunsen : *Egypt's Place in Universal History*.

2. Nous ne pouvons nous empêcher de citer une remarque du baron Bunsen au sujet du « Mot » qui est identique au « Nom Ineffable » des Maçons et des Cabalistes. Tout en donnant des explications du *Rituel* dont quelques détails « *ressemblent plutôt à des enchantements de magicien qu'à des rites solennels*, bien qu'il a dû s'y rattacher une signification cachée et mystique » (la loyale acceptation de cela même vaut déjà quelque chose) l'auteur fait observer : « Le Mystère des noms, dont la connaissance constituait une vertu souveraine, et qui, plus tard, dégénère en *pure hérésie* (?) chez les Gnostiques et la magie des enchanteurs, *paraît avoir existé non seulement en Egypte mais aussi dans d'autres pays*. On en trouve des traces dans la Cabale... elle prévalait dans la mythologie grecque et asiatique (*Egypt's Place*, etc., p. 14).

Nous voyons donc les représentants de la Science se mettre d'accord au moins sur ce point. Les initiés de tous pays avaient le même « nom mystérieux ». C'est aux savants à prouver maintenant que chaque adepte, chaque hiérophante, chaque magicien, chaque enchanteur (y compris Moïse et Aaron) de même que chaque cabaliste, depuis l'origine des Mystères jusqu'à nos jours, a dû être un fichu coquin ou un imbécile, pour croire à l'efficacité de ce nom.

le cerveau se nourrit et vit, il croît en force et en puissance aux dépens de son parent spirituel. C'est alors que l'âme déjà à demi inconsciente, grisée par les émanations de la vie terrestre, devient insensible au delà de tout espoir de rédemption. Elle est impuissante à découvrir la splendeur de son esprit suprême, à entendre l'avertissement de son « Ange Gardien » et de son « Dieu ». Elle n'aspire qu'au développement de sa vie terrestre, et à sa compréhension plus complète ; elle ne découvre, par conséquent, que les mystères de la nature physique. Ses douleurs et ses craintes, son espoir et sa joie, sont intimement liés à son existence terrestre. Elle ignore tout ce qui ne peut être démontré soit par ses organes d'action, soit par ceux de la sensation. Elle commence à être virtuellement morte ; elle meurt enfin complètement. Elle est *annihilée*. Une pareille catastrophe peut avoir lieu longtemps avant la séparation finale du principe *vital* d'avec le corps. Lorsque vient la mort, son étreinte visqueuse et puissante s'attaque, comme de juste à la *Vie ;* mais il n'a plus d'âme à mettre en liberté. Toute l'essence de celle-ci a déjà été absorbée par le système vital de l'homme physique. La mort hideuse ne libère qu'un cadavre spirituel ; tout au plus un idiot. Incapable de s'élever plus haut ou de se réveiller de sa léthargie, elle se dissout bientôt dans les éléments de l'atmosphère terrestre.

Les voyants, les hommes justes, qui ont acquis la science suprême de l'homme intime, et la connaissance de la vérité, ont, comme Marc Antoine, reçu leurs instructions « des dieux », pendant leur sommeil ou autrement. Aidés par les esprits purs, qui séjournent dans les « régions de la félicité éternelle ils ont observé le processus et averti l'humanité à diverses reprises. Laissons railler les sceptiques ; la *foi*, basée sur la *connaissance* et sur la science spirituelle, croit et affirme.

Le présent cycle est, par excellence, un cycle de pareilles morts spirituelles. Nous coudoyons des hommes et des femmes dépourvus d'âmes à chaque pas dans la vie. Ne nous étonnons donc pas de voir, dans le présent état des choses, la colossale faillite des derniers efforts de Schelling et de Hegel, pour échafauder un système métaphysique. Lorsque les faits, palpables et tangibles des phénomènes spirites se présentent journellement et à toute heure, et qu'ils sont cependant niés par la plupart des nations « civilisées », il y a peu de chance pour que la métaphysique abstraite soit acceptée par la multitude toujours croissante des matérialistes.

Dans le livre de Champollion, intitulé *La Manifestation à la Lumière*, il y a un chapitre qui traite du *Rituel* et qui est plein de dialogues mystérieux, avec des adresses de l'âme aux différentes « Puissances ». Il y en a un, entre autres, qui exprime mieux que tous les autres le pouvoir du « Mot ». La scène se passe dans la « Salle des deux Vérités ». La « Porte » de la « Salle de la Vérité » et même les différentes parties de cette porte, s'adressant à l'âme qui se présente pour être admise. Toutes lui refusent l'entrée à moins qu'elle ne leur révèle leur mystère ou leurs noms mystiques. Quel est l'étudiant de la Doctrine secrète, qui ne reconnaîtra en ces noms une identité de signification et de but, avec ceux qu'on rencontre dans les *Védas*, les derniers ouvrages des Brahmanes et la *Cabale* ?

Les Magiciens, les Cabalistes, les Mystiques, les Néo-Platonicéens, les Théurgistes d'Alexandrie, qui surpassèrent tellement les exploits des Chrétiens dans la science secrète ; les Brahmanes et les Samanéens (Shamans) de l'antiquité; les Brahmanes modernes, les Bouddhistes et les Lamaistes, tous ont affirmé qu'un certain pouvoir s'attache à ces divers noms, appartenant, tous, à un Mot ineffable. Nous avons démontré, par expérience personnelle, combien profonde est la croyance aujourd'hui dans l'esprit de tout le peuple russe (1) que le Mot opère des « miracles » et qu'il est la base de tous les exploits magiques. Les cabalistes la rattachent mystérieusement à la *Foi*. Les apôtres firent de même, basant leurs affirmations sur la parole de Jésus, auquel on fait dire « si vous avez autant de foi comme un grain de moutarde... rien ne vous sera impossible », et saint Paul, répétant les paroles de Moïse, dit que « ce qu'elle dit est près de toi dans ta bouche et dans ton cœur, *c'est la parole de la foi* » (Romains X. 8). Mais, en dehors des initiés, qui est-ce qui peut prétendre à comprendre sa haute signification ?

1. Voy. T. III, chap. I, p. 58.

Aujourd'hui, comme dans les anciens temps, il faut de la *foi* pour croire aux « miracles » bibliques ; mais pour les produire soi-même, il est nécessaire de connaître la signification ésotérique du « mot ». « Si le Christ », disent le Dr Farrar et le chanoine Westcott, « n'opéra point de miracles, les *évangiles* ne sont alors pas dignes de foi. » Mais même en supposant qu'il en eût opéré, cela prouverait-il que les évangiles, écrits par d'autres que par lui, méritent une plus grande confiance ? Et si non, à quoi bon le saisonnement ?

En outre, un pareil raisonnement laisserait croire que les miracles produits par d'autres que des Chrétiens rendraient leurs écritures dignes de foi. Cela n'implique-t-il pas, pour le moins, un pied d'égalité entre les Ecritures Chrétiennes et les livres sacrés des Bouddhistes ? Car ceux-ci, aussi, abondent en phénomènes les plus extraordinaires. De plus, les prêtres chrétiens ne produisent plus de phénomènes *authentiques*, parce qu'ils ont *perdu le « Mot »*. Mais nombre de Lamas Bouddhistes et de Talapoins siamois, à moins que tous les voyageurs ne se soient concertés pour fausser la vérité — sont capables de reproduire encore aujourd'hui tous les phénomènes énumérés dans le *Nouveau Testament* et de faire encore mieux, sans pour cela prétendre suspendre le cours des lois naturelles ou invoquer l'intervention divine. De fait, le Christianisme prouve qu'il est aussi mort que le sont ses œuvres, tandis que le Bouddhisme est plein de vie et étayé par des preuves pratiques.

Le meilleur argument en faveur de l'authenticité des « miracles » bouddhistes, réside dans le fait que les missionnaires catholiques, au lieu de les nier ou de les traiter de simples tours de passe-passe, — comme l'ont fait quelques missionnaires protestants, — se sont vus obligés d'adopter la malencontreuse alternative de tout mettre sur le dos du Diable. Et les Jésuites se sont vus si humiliés en présence de ces véritables serviteurs de Dieu, qu'avec leur astuce accoutumée, ils conclurent d'agir envers les Talapoins et les Bouddhistes ainsi que Mahomet est réputé l'avoir fait avec la montagne. « Et voyant qu'elle ne voulait pas venir à lui, le prophète lui-même se mit en route pour aller vers la montagne. » Considérant qu'ils ne pouvaient prendre les Siamois avec la glu de leurs doctrines pernicieuses, sous le couvert du Christianisme, ils se déguisèrent et, pendant des siècles ils apparurent au milieu du pauvre peuple ignorant comme des Talapoins, jusqu'à ce qu'ils eussent été éventés. Ils allèrent jusqu'à voter et à adopter une résolution qui a aujourd'hui tout la force d'un ancien article de foi. « Naaman, le Syrien », disent les Jésuites de Caen, « ne cacha pas sa foi lorsqu'il fléchit le genou devant le roi dans la maison de Rimmon, et les Pères de la Société de Jésus ne dissimulent pas non plus le leur lorsqu'ils adoptent la doctrine et l'habit des Talapoins Siamois » (nec dissimulant Patres S. J. Talapoinorum Siamensium vestemque affectantes. — *Position* 9. 30 janv. 1693).

Le pouvoir contenu dans les *Mantras* et le *Vach* des Brahmms est encore aujourd'hui l'objet de la même croyance que dans la période Védique primitive. Le « Nom Ineffable » de chaque contrée et de chaque religion se rapporte à celui que les Maçons affirment être formé des neuf caractères mystérieux, emblèmes des neuf noms ou attributs sous lesquels la Divinité était connue des initiés. Le Mot Omnifique tracé par Enoch sur les deux deltas d'or fin, sur lesquels il grava deux des mystérieux caractères, est peut-être mieux connu du pauvre « païen » ignorant, que des doctes Grands Prêtres et Grands Z, des suprêmes chapitres d'Europe et d'Amérique. Seulement nous n'arrivons pas à comprendre pourquoi les compagnons de l'Arche Royale se lamentent toujours si amèrement de sa perte. Cette parole des M.·. M.·. est, ainsi qu'ils l'avouent eux-mêmes, entièrement composée de consonnes. Par conséquent, nous doutons fort qu'aucun d'eux ait réussi à la prononcer, même si elle avait été placée à la lumière de la voûte sacrée » au lieu de ses multiples corruptions. Néanmoins, c'est au pays de Mizraïm qu'on suppose que le petit-fils de Ham porta le delta sacré du Patriarche Enoch. Par conséquent, c'est en Egypte, seulement, et en Orient, qu'il faut rechercher la « Parole » mystérieuse.

Mais aujourd'hui que tant d'importants secrets de la Maçonnerie ont été divulgués par les uns et les autres, nous pourrions dire, sans qu'on nous accuse de malveillance ou de mauvaise intention, que depuis la lamentable catastrophe des Templiers, aucune Loge d'Europe et encore moins d'Amérique, n'a jamais su quelque chose qui valut la peine d'être caché. Désireux de ne pas voir notre assertion mal interprétée, nous disons bien *qu'aucune* Loge, laissant quelques rares frèrez choisis, hors de la question. Les furieuses dénonciations contre la Franc-Maçonnerie lancées par les écrivains catholiques et protestants sont tout simplement ridicules; il en est de même de l'affirmation de l'abbé Barruel que tout « laisse supposer que nos Franc-Maçons ne sont que les descendants des chevaliers Templiers proscrits de 1314 ». Les *Mémoires du Jacobinisme* de cet abbé, qui fut un témoin oculaire des horreurs de la première Révolution, traite en grande partie des Rosicruciens et d'autres fraternités maçonniques. Le seul fait qu'il fait descendre les Maçons modernes des Templiers, et nous les montre sous le jour d'assassins secrets, entraînés au meurtre politique, démontre combien peu il les connaît, mais aussi, combien ardemment il désire trouver dans ces sociétés les boucs émissaires appropriés pour les crimes et les péchés d'une autre société secrète, laquelle, depuis sa naissance a donné asile à plus d'un dangereux assassin politique, — la Société de Jésus.

Les accusations contre les Franc-Maçons sont presque toujours moitié de simples suppositions, et moitié de la pure méchanceté et de la calomnie préméditée. On n'a jamais eu la preuve concluante et certaine qu'ils aient commis quoi que ce soit ayant un caractère criminel. Et même leur enlèvement de Morgan est toujours resté dans le domaine de la supposition. On s'en servit, à ce moment, comme d'une arme politique au service de politiciens louches. Lorsqu'on découvrit dans la rivière du Niagara un corps méconnaissable, un des chefs de ce groupe peu scrupuleux, en apprenant que l'identité du cadavre était fort douteuse, dévoila tout le complot en s'écriant : « Qu'est-ce que cela fait, *c'est un assez bon Morgan jusqu'après les élections !* » D'autre part on constate que l'Ordre des Jésuites, non seulement permet dans certains cas *la Haute Trahison et le Régicide*, mais encore qu'il les enseigne *et les préconise* (1).

1. Voyez *The Principles of the Jesuits. Developed in a collection of Extracts from their own Authors*, London. J. G. R. F. Rivington, Saint-

Nous avons sous les yeux une série de conférences sur la Franc-Maçonnerie et ses dangers, faites en 1862 par James Burton Robertson, professeur d'Histoire Moderne à l'Université de Dublin. Le conférencier y fait mention à maintes reprises et cite comme autorité ledit abbé (Barruel, l'ennemi naturel des Franc-Maçons, *qu'on ne peut prendre au confessionnal*) ainsi que Robison un apostat maçon bien connu de 1798. Ainsi qu'il est d'usage dans chaque parti, qu'il

Paul. Charchyard and Waterloo Place, Pall Mall ; H. Wix, 41, New Bridge Street, Blackpiars ; J. Leslie, Queen Street, etc., 1839, Section XVII, *High Treason and Regicide* contenant trente-quatre extraits du même nombre d'autorités (de la Société de Jésus) sur la question, entre autres l'opinion du célèbre *Robert Bellarmine*. So Emmanuel Sa dit : « La rébellion d'un ecclésiastique contre un roi, *n'est pas un crime de haute trahison, parce qu'il n'est pas un sujet du roi* » (*Confessarium Aphorsimi Verbo Clericus*, Ed. Colonin, 1615, Ed. Coll. Sion). « *Le peuple*, dit John Bridgewater, « *a non seulement la permission mais il est obligé et son devoir lui ordonne*, qu'à l'appel du Vicaire du Christ, *qui est le souverain pasteur de toutes les nations du monde*, il ne doit garder la foi qui a été jurée à de tels princes » (*Concertatio Ecclesiæ Catholicæ in Anglia adversus Calvino Papistas*, Resp. fol. 348).

Dans le *De Rege et Regis Institutionæ*. Libri Tres, 1640 (Edit. Mus. Brit.), Jean Mariana va même encore plus loin, car il dit : « Si les circonstances le permettent, il serait légal de détruire par le glaive le prince qui a été déclaré un ennemi public... *Je ne considérerai jamais qu'un tel homme ait mal agi, qui, favorisant le désir du public, essaierait de le tuer* » et « *il n'est pas seulement légal de le mettre à mort, mais cela constitue une action louable et glorieuse* ». *Est tamen salutaris cogitatis, ut sit principibus persicatum si republicam oppresseriut, si vitiis et fœditatæ intoleranti erunt, eâ conditione vivere, ut non jure tantum, sed cum laude et gloriâ perimi possint* (Lib. I, c. 6, p. 61).

Mais le morceau le plus savoureux de l'enseignement chrétien se trouve dans les préceptes de ce Jésuite, lorsqu'il argue au sujet de la manière la plus sûre et la plus prompte de tuer les rois et les hommes d'Etat. « A mon avis », dit-il, « il ne faudrait pas administrer des drogues délétères à un ennemi, et on ne doit pas non plus mélanger du poison dans sa nourriture ou sa boisson... *Toutefois il est certainement légal de faire usage de cette méthode, dans le cas en question (que celui qui tuera le tyran jouira de l'estime générale, aussi bien dans la faveur qu'en louanges* » *car* « *c'est une œuvre méritoire de supprimer cette race méchante et pestilentielle de la communauté des hommes*) non pas d'obliger la personne qui doit être tuée de prendre elle-même le poison, qui pris intérieurement le priverait de la vie, mais de le faire appliquer extérieurement par quelqu'un d'autre sous son intervention : car, lorsque le poison est très puissant, en le répandant sur le siège ou les habillements, il serait assez fort pour causer la mort » (*Ibidem*, lib. I, c. f. p. 67). « C'est ainsi que Squire attenta à la vie de la reine Elizabeth, à l'instigation du Jésuite Walpole. » Pasquier. *Catéchisme des Jésuites* (1677, p. 350, etc.), et *Rapin* (fol. Lond., 1733, vol. II, livre XVII, p. 148.

appartienne au clan maçonnique ou anti-maçonnique, le traître du camp opposé est accueilli avec louanges et encouragement, et l'on prend bien soin de le laver blanc comme neige. Quelque commode qu'ait pu paraître à la Convention anti-maçonnique de 1830 (Etats-Unis d'Amérique) la formule jésuitique de Puffendort « que les serments ne lient pas lorsqu'ils sont absurdes ou hors de propos », et cette autre qui enseigne que « un serment ne lie pas s'il n'est accepté par Dieu (1) », aucun honnête homme ne se rendrait complice de pareils sophismes. Nous croyons en toute sincérité que la meilleure moitié de l'humanité aura toujours présent à l'esprit qu'il existe un code moral de l'honneur qui engage un homme bien plus qu'un serment, que celui-ci soit prêté sur la *Bible*, sur le *Koran* ou sur les *Védas*. Les Esséniens ne prêtaient serment sur rien du tout, mais leurs « oui » et leurs « non » valaient bien plus qu'un serment. En outre, il semble extrêmement étrange, que des nations qui se prétendent chrétiennes, aient institué des coutumes dans leurs tribunaux ecclésiastiques et civils, diamétralement opposées à celles que leur ordonne leur Dieu(2), qui défend formellement de prêter serment, « ni par le ciel... ni par la terre... ni par la tête ». A notre avis, de soutenir qu'un « serment n'engage pas s'il n'est accepté par Dieu », outre une absurdité — car nul être vivant, qu'il soit faillible ou infaillible, n'est capable de connaître la pensée intime de Dieu — est une chose *anti-chrétienne* dans le sens le plus large du mot (3). L'argument est mis en avant simplement parce qu'il vient à point pour répondre à la question. Les serments n'engageront personne jusqu'à ce qu'on comprenne que l'humanité est la plus haute manifestation ici-bas de la Divinité Suprême Invisible, et que chaque homme est une

1. Puffendorf : *Droit de la Nat.*, livre IV, ch. I.

2. « Vous avez encore appris qu'il a été dit aux anciens : Tu ne te parjureras point... Mais moi, je vous dis de ne jurer aucunement », etc. « Que votre parole soit oui, oui, non, non : ce qu'on y ajoute vient du malin. » (Matthieu V. 33.34.37.)

3. Barbeyrac, dans ses notes sur Puffendorf, démontre que les Péruviens ne prêtaient jamais serment, mais faisaient une simple déclaration devant l'Inca, et on n'a pas d'exemple qu'ils aient jamais failli à leur parole.

incarnation de son Dieu; lorsque le sentiment de la responsabilité *personnelle* sera tellement développé en lui qu'il considérera le parjure comme la plus grande insulte qu'il soit possible de lui faire à lui et à l'humanité. Aucun serment ne lie aujourd'hui, s'il n'est pris par celui qui, sans la nécessité de prêter serment, tiendrait fidèlement une simple promesse sur l'honneur. Par conséquent mettre en avant des autorités comme Barruel et Robison n'est que capter la confiance publique par de faux prétextes. Ce n'est pas « l'esprit de *l'astuce maçonnique* dont le cœur répand la calomnie à profusion », mais surtout celui du clergé catholique et de ses défenseurs ; et celui qui essaierait d'une manière ou d'une autre de concilier les deux notions d'honneur et de parjure, ne mériterait pas qu'on se fiât à lui.

Le XIXe siècle proclame à grands cris la prééminence de sa civilisation sur celle des anciens, et les églises et leurs sycophantes crient encore plus haut que c'est le christianisme qui a sauvé le monde de la barbarie et de l'idolâtrie. Nous avons essayé de prouver dans cet ouvrage combien peu leurs affirmations sont justifiées. Le flambeau du christianisme n'a servi qu'à faire voir combien d'hypocrisie et de vice son enseignement a engendré dans le monde depuis sa venue et de combien les anciens nous étaient supérieurs au point de vue de l'honneur (1). En enseignant l'impuissance de l'homme, sa dépendance absolue de la Providence et la doctrine de l'expiation, le clergé a détruit chez ses fidèles tout germe de confiance en soi et du respect de soi-même. Et cela est si vrai, qu'il est devenu un axiome que c'est chez les athées et les soi-disant « infidèles » qu'on rencontre les hommes les plus honorables. Nous lisons dans Hipparque, qu'à l'époque du *paganisme* « la honte et l'opprobre qui s'attachaient avec raison à la violation de son serment, mettait le pauvre diable dans un accès de folie et de désespoir, au point de lui faire attenter à ses jours en se coupant la gorge, et sa mémoire causait une telle horreur que son cadavre restait sans sépulture sur

1. Que le lecteur veuille bien se rappeler que par le *christianisme* nous n'entendons pas dire les *enseignements du Christ*, mais ceux de ses prétendus serviteurs — le clergé.

sur le sable au bord de la mer dans l'île de Samos (1). Mais dans notre XIX° siècle, nous voyons que quatre-vingt-seize délégués à la Convention anti-maçonnique des Etats-Unis, tous sans aucun doute membres d'une Eglise prostestante quelconque, et forts du respect dû à des hommes d'honneur, mettre en avant les arguments les plus jésuitiques au sujet de la validité d'un serment maçonnique. Le Comité, ayant la prétention de citer l'autorité « des guides les plus distingués dans la philosopbie de la morale, et se réclamant de l'aide la plus ample *des inspirés* (2)... quiécrivirent avant que la Franc-Maçonnerie eût existé », décidèrent que, comme un serment est « une transaction entre l'homme, d'une part, et le Juge Suprême de l'autre ; » et que comme les Maçons sont tous des infidèles et « impropres à remplir un emploi civil », leurs serments, par conséquent, sont considérés comme illégaux et ne les engageant pas (3).

Mais, revenons aux conférences de Robertion et à ses accusations contre la Franc-Maçonnerie. Son plus grand grief contre celle-ci est que les Maçons rejettent la notion d'un Dieu *personnel* (toujours sur l'autorité de Barruel et de Robison), et qu'ils prétendent posséder « un secret pour rendre les hommes meilleurs et plus heureux que ne l'ont fait le Christ, ses apôtres et son Eglise ». Si cette accusation n'était vraie qu'en partie, elle laisserait encore l'espoir consolant d'avoir vraiment découvert ce secret en brisant toute relation avec le Christ mythique de l'Eglise et du Jéhovah officiel. Mais les deux accusations sont aussi malignes qu'elles sont absurdes et dépourvues de vérité, ainsi que nous le verrons par la suite.

Qu'on ne s'imagine pas que nous sommes influencés par un sentiment personnel dans nos réflextions sur la Franc-Maçonnerie. Loin d'être le cas nous n'hésitons pas à proclamer que nous avons un sincère respect pour le but originel de l'Ordre, et quelques-uns de nos meilleurs amis

1. « Défense » du Dr Anderson, citée par John Yarker dans ses *Notes on the Scientific and Religious Mysteries of Antiquity*.

2. Y compris Epiphane, après qu'il envoya en exil, en violation de son serment, plus de soixante-dix personnes appartenant à la société secrète qu'il avait trahie.

3. United Stades Anti-Masonic Convention : « Obligation of Masonic Oaths » discours de M. Hopkins de New-York.

comptent parmi ses membres. Nous n'avons rien à dire contre la Franc-Maçonnerie telle qu'elle devrait être, mais nous la dénonçons comme elle est, en train de devenir grâce aux intrigues du clergé, autant catholique que protestante. Etant, soi-disant la plus absolue des démocraties, elle est pratiquement l'apanage de l'aristocratie, de la fortune et de l'ambition personnelle. Se targuant d'enseigner l'éthique pure, elle se rabaisse à faire de la propagande pour la théologie anthropomorphe. On apprend à l'apprenti moitié nu, amené devant le maître pendant l'initiation au premier degré, que toute distinction sociale est mise de côté à la porte de la loge, et que le frère le plus pauvre est l'égal de tous les autres, fussent-ils tête couronnée ou prince impérial. Dans la pratique, l'ordre se transforme, dans tout pays monarchique, en adulateur de tout rejeton de famille royale qui daigne revêtir la symbolique peau d'agneau, afin de s'en servir comme d'un marchepied politique.

Nous pouvons nous rendre compte jusqu'à quel point la Franc-Maçonnerie a dévié dans cette direction, par les paroles d'une de ses plus célèbres autorités. John Yarker junior d'Angleterre, passé Grand Surveillant de la Grande Loge de la Grèce ; Grand Maître du Rite Swedenborgien ; Grand Maître, aussi, du Rite Ancien et Primitif de la Maçonnerie et Dieu sait de combien d'autres(1), dit que la Franc-Maçonnerie ne perdrait rien en « adoptant un étalon plus élevé (non pas pécunièrement) pour ses membres et sa moralité, à l'exclusion de la « pourpre » de tous ceux qui *inculquent les fraudes, les faux degrés historiques et d'autres abus immoraux* (p. 158). Et encore à la page 157 : « De la façon dont la Fraternité Maçonnique est gouvernée aujourd'hui, l'Ordre se transforme rapidement en paradis du bon vivant ; du charitable hypocrite qui oublie la version de saint Paul et décore sa poitrine du « bijou de la charité » (ayant par cette dépense judicieuse obtenu « la pourpre », il mesure la justice à d'autres frères plus habiles que lui mais moins riches) ; le fabricant de clinquant Ma-

1. John Yarker, Junior : *Notes on the Scientific and Religious Mysteries of Antiquity : the Gnosis and Secret Schools of the Middle Ages ; Modern Rosicrucianism ; and the various Rites and Degrees of Free and Accepted Masonry*, Londres. 1872.

çonnique ; l'indigne négociant qui filoute des mille et des cents, en faisant appel aux sensibles consciences de ceux qui respectent encore leurs O. B. ; et les « Empereurs » Maçonniques et autres charlatans qui font de l'argent ou acquièrent de la puissance avec les prétentions aristocratiques qu'ils attachent à notre institution — *ad captandum vulgus*. »

Nous ne prétendons nullement exposer ici des secrets qui ont déjà été depuis longtemps dévoilés par des Maçons parjures. Tout ce qui est vital, que ce soit en représentations symboliques, en rites ou en mots de passe, en usage dans la Franc-Maçonnerie moderne, est bien connu dans les fraternités orientales, quoiqu'il ne semble pas y avoir de rapports ou de connexions entre eux. Si Ovide décrit Médée comme ayant « le bras, la poitrine et le genou découverts, et le pied gauche déchaussé » ; et Virgile, en parlant de Didon dit que cette « Reine elle-même... résolue à mourir avait un pied déchaussé, etc. (1) », pourquoi douterait-on qu'il existe de *véritables* « Patriarches des Védas sacrés » en Orient, qui expliquent l'ésotérisme de la pure théologie indoue et brahmanique, aussi parfaitement que les « Patriarches » européens ?

Mais, si un nombre restreint de Maçons à la suite de l'étude des livres rares ou cabalistiques, et au contact personnel des « Frères » du lointain Orient, ont appris quelque chose de la Maçonnerie *ésotérique*, ce n'est certes pas le cas pour les centaines de Loges Américaines. Pendant que nous écrivions ce chapitre, nous avons reçu d'une manière tout à fait inattendue, par l'entremise d'un ami un exemplaire de l'ouvrage de M. Yarker, duquel nous avons emprunté les passages ci-dessus. Il fourmille à notre avis de savoir et ce qui plus est de *connaissances*. Il vient à point à ce moment pour corroborer, sur beaucoup de choses, ce que nous avons dit dans cet ouvrage. Nous y lisons entre autres :

« Nous croyons avoir suffisamment démontré le fait du rapport de la Franc-Maçonnerie avec les autres rites spéculatifs de l'antiquité, de même que l'ancienneté et la pureté

1. *Ibibem*, p. 151.

de l'ancien rite anglais des Templiers, de *sept* degrés et la fausse dérivation de beaucoup d'autres rites de celui-là (1).

Il est inutile de dire à ces Maçons de haut grade bien que généralement les Artisans le fussent eux-mêmes, que l'heure est venue de remodeler la Maçonnerie et de rétablir les anciennes bornes, empruntées aux sodalités primitives, que les fondateurs de la Franc-Maçonnerie spéculative du XVIIIe siècle, voulaient incorporer dans la fraternité. Il n'y a plus aujourd'hui de secrets à divulguer ; l'Ordre dégénère en commodités à l'usage des égoïstes et les méchants le déprécient.

Ce n'est que tout récemment qu'une majorité des Suprêmes Conseils du Rite Ancien et Accepté se réunit à Lausanne, justement outrés d'une croyance aussi blasphématoire que celle d'un Dieu personnel, investi de tous les attributs humains ; ils firent entendre les paroles suivantes : « La Franc-Maçonnerie proclame, ainsi qu'elle l'a fait depuis son origine, l'existence d'un *principe créateur*, sous le nom du Grand Architecte de l'Univers. » Une faible minorité proteste là contre, alléguant que « la croyance en un *principe créateur* n'est pas *la croyance en un Dieu, que la Franc-Maçonnerie exige de chaque candidat*, avant de pouvoir franchir ses portes ».

Cette confession ne ressemble pas au rejet d'un Dieu personnel. Si nous avions le moindre doute à ce sujet, il s'évanouirait à la suite des paroles du Général Albert Pike (2), qui est peut-être la plus haute autorité du jour, parmi les Maçons américains, et qui s'élève avec force contre une pareille innovation. Nous ne pouvons mieux faire que de reproduire ce qu'il dit :

« Ce *Principe Créateur* n'est pas un terme nouveau, ce n'est qu'un vieux terme qu'on a fait revivre. *Nos nombreux et formidables adversaires*, nous diront, et ils sont en droit de nous le dire, que notre *Principe Créateur* est identique au *Principe Générateur* des hindous et des égyptiens, et qu'on peut, fort à propos, le symboliser, ainsi

1. John Yarker : *Notes*, etc., p. 150.

2. *Transactions du Suprême Conseil des Souverains Grands Inspecteurs-Généraux du Trente-Troisième et Dernier Degré*, etc., etc. Tenu dans la cité de New-York, le 15 août 1876, p. 54-55.

que les anciens le faisaient, par le Lingæ... En acceptant cela à la place d'un Dieu personnel, c'est ABANDONNER LE CHRISTIANISME et *le culte de Jéhovah* pour retourner se vautrer dans la fange du Paganisme. »

Et ceux du Jésuitisme valent-ils mieux ? « Nos nombreux et formidables adversaires. » Cette phrase résume tout. Inutile de demander quels sont ces ennemis si formidables. Ce sont les Catholiques Romains et quelques Presbytériens Réformés. En lisant la prose des deux factions on est en droit de se demander lequel des deux adversaires a le plus peur de l'autre. Mais quel intérêt aurait-on à s'organiser contre une fraternité qui n'ose même pas avoir une croyance propre de peur de donner offense ? Comment se fait-il alors, si les serments maçonniques comptent pour quelque chose, et si les pénalités maçonniques sont quelque chose de plus qu'une farce, que des adversaires, nombreux ou non, faibles ou forts, puissent être renseignés sur ce qui se passe au sein des loges, ou qu'ils puissent y pénétrer, en passant devant ce « frère terrible », ou tuileur, qui garde la porte du temple, une épée nue à la main ? Ce « frère terrible » n'est-il pas plus formidable que le *Général Boum* de l'opérette d'Offenbach, avec ses pistolets fumants, ses éperons et son mirifique panache ? A quoi servent les millions d'hommes qui constituent cette grande fraternité dans le monde entier, s'ils ne peuvent se coaliser pour faire face à tous leurs adversaires ? Le « lien mystique » n'est-il qu'une corde de fumée, et la Franc-Maçonnerie n'est-elle qu'un jouet pour satisfaire la vanité de quelques chefs qui se plaisent à arborer des rubans et des insignes ? Son autorité est-elle aussi fausse que son antiquité ? On pourrait vraiment le croire ; et cependant « de même que les puces ont des parasites plus petits qui les mangent », il y a, même ici, des alarmistes catholiques qui prétendent avoir peur de la Franc-Maçonnerie !

Malgré cela, ces mêmes catholiques, dans toute la sérénité de leur traditionnelle imprudence, menacent ouvertement l'Amérique, avec ses 500.000 Maçons et ses 34.000.000 de Protestants d'une Union de l'Eglise et de l'Etat, sous le contrôle de l'Eglise romaine ! Le danger qui menace les institutions libres de cette république, nous viendra, dit-on, des « principes du Protestantisme logiquement développés ». L'actuel secrétaire de la Marine, l'Hon. R. W. Thompson, d'Indiana, ayant eu l'audace de publier, tout récemment dans ce pays protestant de la liberté, un livre sur *le Papisme et le Pouvoir civil*, dans lequel le langage est aussi modéré qu'il est bienséant et juste, un prêtre catholique de Washington, D. C. — le siège même du Gouvernemenf se permet de le dénoncer avec violence. Et ce qui est plus fort, un membre représentant de la Société de Jésus, le Père F. H. Weninger D. D. déverse sur lui toute sa bile qu'on dirait importée directement du Vatican. « Les affirmations de M. Thompson », dit-il, au sujet de l'antagonisme nécessaire entre l'Eglise catholique et les institutions libres, sont caractérisées par une ignorance pitoyable et une aveugle audace. Il ignore la logique, l'histoire, le sens commun et la charité ; il se présente devant le loyal peuple américain comme un bigot à l'esprit étroit. Aucun savant ne se permettrait de ressasser les calomnies surannées, si souvent déjà réfutées... Répondant à ses accusations contre l'Eglise d'être l'ennemie de la liberté, je lui dis que si jamais ce pays devait être un jour un pays catholique, c'est-à-dire un pays où la majorité serait catholique, et *aurait le contrôle sur les pouvoirs politiques*, il verrait alors les principes de notre constitution exécutés au sens le plus large du mot ; il verrait que ces Etats mériteraient vraiment le nom d'*Unis*. Il verrait un peuple vivant en paix et en harmonie ; réunis par les liens d'une seule foi, les cœurs battant à l'unisson pour l'amour de la patrie, charitables et patients envers tous, et respectant jusqu'aux droits et aux consciences de leurs calomniateurs. »

En défense de cette « Société de Jésus », il conseille à M. Thompson d'envoyer son livre au Tsar Alexandre II et à l'Empereur d'Allemagne Frédéric-Guillaume ; il recevra probablement en échange, comme gage de leur sympathie, les ordres de Saint-André et de l'Aigle Noir. « Des Américains patriotes, perspicaces et réfléchis, il ne peut s'attendre qu'à la *décoration* de leur mépris. Tant que des cœurs américains *battront* dans des poitrines américaines, tant que le sang de leurs ancêtres coulera dans leurs veines, les efforts comme ceux de Thompson *n'auront* aucun succès. Les vrais Américains protègeront, dans ce pays, la religion catholique, et *finiront par l'embrasser.* » Après cela, ayant, comme il se l'imagine, laissé le cadavre de son antagoniste sur le carreau, il se retire en versant sur lui le reste de son venin de la manière suivante : « Nous abandonnons ce volume, dont nous avons tué le raisonnement, comme un cadavre pour être dévoré par ces busards du Texas — ces oiseaux puants — par cela nous voulons dire ces hommes qui se complaisent dans la corruption, les calomnies et les mensonges, et qui sont attirés par les mauvaises odeurs qui s'en dégagent. »

Cette dernière phrase mérite d'être classée comme un appendice aux *Discorsi del Sommo Pontifice Pio IX*, de Don Pasquale di Fransciscis, immortalisé par le mépris de M. Gladstone. Tel maître, tel valet !

Morale : Ceci servira de leçon aux écrivains bien pensants, modérés et honorables, que des antagonistes aussi courtois que M. Thompson s'est montré dans son livre, n'échapperont pas à la seule arme disponible de l'arsenal catholique — l'Insulte. L'argument tout entier de l'auteur prouve que tout en agissant avec force, il entend être juste ; mais il aurait aussi bien fait d'attaquer avec la violence d'un Tertullien, car on ne l'aurait pas traité plus mal pour cela. Ce sera, sans doute, une consolation pour lui de savoir qu'il a été mis sur le même pied que les rois et les empereurs infidèles et schismatiques.

Tandis que les Américains, y compris les Maçons, sont dores et déjà avertis d'avoir à se préparer à être incorporés dans la Sainte Eglise Catholique et Apostolique et Romaine, nous sommes heureux de constater que parmi les Maçons il y en a quelques loyaux et respectés, qui adoptent notre manière de voir. Un des plus notables parmi ceux-ci est notre vénérable ami, M. Léon Hyneman P. M. et membre de la Grande Loge de la Pennsylvanie. Il fut, pendant huit ou neuf ans l'éditeur du *Masonic Mirror and Keystone*, et il est en même temps un auteur de marque. Il dous a affirmé que, personnellement, pendant plus de trente ans, il a combattu le projet d'ériger en un dogme Maçonnique, la croyance en un Dieu *personnel*. Dans son ouvrage, *Ancient York and London Grand Lodges*, il dit (p. 169) : « Au lieu de se développer professionnellement avec le progrès intellectuel des connaissances scientifiques, et l'intelligence générale, la Maçonnerie s'est départie du but originel de la fraternité, et se rapproche, en apparence, des sociétés sectaires. Cela se voit clairement... dans la volonté persis-sistante de ne pas écarter les innovations sectaires, interpolées dans le Rituel... Il semblerait que la fraternité Maçonnique de ce pays est aussi indifférente aux anciennes coutumes de la Maçonnerie, que l'étaient les Maçons du siècle dernier, sous la direction de la Grande Loge de Londres ». Ce fut cette conviction, qui lui fit refuser la Grande Maîtrise du Rite des Etats-Unis, et le 33° degré honoraire du Rite ancien et accepté lorsqu'en 1856, Jacques-Etienne Marconis de Nègre, Grand Hiérophante du Rite de Memphis vint en Amérique pour les lui offrir. Le Temple fut la dernière organisation secrète européenne, qui, en tant que corporation, possédait un reste des mystères de l'Orient. A vrai dire, il y avait au siècle dernier (et il y en a peut-être encore aujourd'hui) quelques « Frères » isolés, qui travaillaient fidèlement et secrètement sous la direction des confréries de l'Orient. Mais, lorsque ceux-ci faisaient partie des sociétés européennes, ils y entraient invariablement dans un but ignoré de la fraternité, tout en étant à son profit. C'est par leur entremise que les Maçons modernes ont appris tout ce qu'ils savent d'important ; et la ressemblance qu'on constate aujourd'hui entre les Rites spéculatifs de l'antiquité, les mystères des Esséniens, des Gnostiques, des hindous et des degrés maçonniques les plus élevés et les plus anciens, en sont la preuve certaine. Si ces frères mystérieux devinrent possesseurs des secrets des sociétés, ils n'ont jamais pu rendre la pareille, bien que dans leurs mains, ces secrets auraient peut-être été mieux gardés que s'ils avaient été confiés aux Maçons européens. Lorsque, parmi ceux-ci, quelques-uns étaient reconnus dignes d'être affiliés aux sociétés orientales, on les instruisait et on les affiliait en secret, sans que les autres en aient jamais eu connaissance.

Nul n'a jamais pu mettre la main sur un Rosecroix, et malgré les prétendues découvertes de « chambres secrètes », de *vellums* appelés « T », et de chevaliers fossiles munis de lampes inextinguibles, cette ancienne institution, de même que son objet, demeurent encore à ce jour un mystère impénétrable. On a parfois brûlé de prétendus Templiers et de faux Rosecroix, de même que quelques véritables cabalistes ; on a déniché et mis à la torture quelques malheureux théosophes et achimistes ; on leur a même arraché de fausses confessions par les moyens les plus féroces, mais malgré cela, la véritable société demeure encore aujourd'hui, comme elle l'était par le passé, inconnue à tous, et surtout pour son ennemie acharnée, l'Eglise.

Pour ce qui a rapport aux Chevaliers du Temple moderne et les Loges Maçonniques qui, aujourd'hui, prétendent descendre en ligne directe des anciens Templiers, leur persécution par l'Eglise a été une comédie dès le commencement. Ils n'ont et n'ont jamais eu de secrets dangereux pour l'Eglise ; bien au contraire, car nous voyons que J.-G. Findel dit que les degrés écossais, ou le système des Templiers ne date que de 1735-1740, et que « *poursuivant sa tendance catholique il établit sa résidence principale dans le Collège des Jésuites de Clermont, à Paris*, et prit, de là, le nom de Système de Clermont ». Le système suédois actuel, a aussi quelque chose de l'élément des Templiers, mais affranchi du Jésuitisme et de l'intervention de la politique : néanmoins il affirme qu'il possède l'original du testament de Molay, parce qu'un comte Beaujeu, neveu de Molay — inconnu ailleurs, dit Findel — transplanta l'ordre des Templiers dans la Franc-Maçonnerie, et donna, de cette manière un sépulcre mystérieux aux cendres de son oncle.

Il suffit pour prouver que tout ceci n'est qu'une fable maçonnique de lire sur le monument la date du décès de Molay comme ayant eu lieu le 11 mars 1313, tandis que la date de sa mort était le 19 mars 1313. Cette production illégitime, qui n'est ni du véritable ordre du Temple, ni de la Franc-Maçonnerie authentique, n'a jamais pris racine ferme en Allemagne. Mais il en fut autrement en France.

Traitant de ce sujet, écoutons ce que Wilcke a à dire de ces prétentions :

« Les Templiers de Paris actuels, prétendent être les descendants directs des anciens Chevaliers ; ils cherchent à le prouver au moyen de documents, de règlements intérieurs et de doctrines secrètes. Foraisse dit que la Fraternité des Franc-Maçons fut fondée en Egypte, Moïse ayant transmis l'enseignement secret aux Israélites, Jésus à ses apôtres, et que ce fut ainsi qu'il parvint aux Chevaliers du Temple. Ces inventions sont nécessaires... pour étayer l'assertion que les Templiers parisiens sont la progéniture de l'ancien ordre. Toutes ces affirmations, non confirmées par l'histoire, ont été fabriquées de toutes pièces *au Grand Chapitre de Clermont* (des Jésuites) et conservées par les Templiers parisiens comme un héritage de ces révolutionnaires politiques, les Stuarts et les Jésuites. » C'est la raison pourquoi ils sont soutenus par les évêques Grégoire (1) et Münter (2).

En considérant les Templiers modernes par rapport aux anciens, on peut, tout au plus concéder qu'ils ont adopté certains rites et cérémonies d'un caractère *ecclésiastique*, après que ceux-ci eussent été adroitement introduits par le clergé dans ce grand et ancien Ordre. Mais à la suite de cette profanation, il perdit, peu à peu, son caractère simple et primitif et s'achemina à grands pas vers la ruine. Fondé en 1118 par les Chevaliers Hugues de Payens et Geoffroi de Saint-Omer, nominalement pour protéger les pèlerins, son véritable but était de restaurer le culte secret primitif. La véritable version de l'histoire de Jésus et du Christianisme primitif, fut communiquée à Hugues de Payens par le Grand Pontife de l'Ordre du Temple (de la secte des Nazaréens ou Johannite) un certain Théoclète, après quoi cette version fut connue de quelques Chevaliers en Palestine, appartenant aux membres influents et plus intellectuels de la secte de saint Jean, initiés à ses mystères (3). Leur but secret était la liberté de pensée intellectuelle et la restauration d'une seule religion universelle. Ayant fait vœu d'obéissance, de pauvreté et de chasteté, ils furent dès l'abord les véritables Chevaliers de Saint-Jean-Baptiste,

1. *Histoire des sectes religieuses*, vol. II, p. 392-428.

2. *Notitia codicis græci evangelium Johannis variantum continentis*, Havaniæ, 1828.

3. Voilà la raison pour laquelle, jusqu'à ce jour, les membres fanatiques et cabalistiques des Nazaréens de Basra, en Perse, conservent une tradition de la gloire, du pouvoir et de la richesse de leurs « Frères » agents ou *messagers* comme ils les appellent, à Malte et en Europe. Il en reste quelques-uns, disent-ils, qui tôt ou tard, restaureront la doctrine de leur prophète Johanan (saint Jean), le fils du Seigneur Jourdain, et élimineront des cœurs de l'humanité tout autre faux enseignement.

prêchant dans le désert et se nourrissant de miel sauvage et de sauterelles. Telle est la tradition et la véritable version cabalistique.

C'est une erreur de prétendre que ce ne fut que plus tard que l'Ordre devint anti-catholique. Il le fut dès le début, et la croix rouge sur le manteau blanc, l'uniforme de l'Ordre, avait la même signification pour les initiés de tous pays. Cette croix pointait vers les quatre points cardinaux et était l'emblème de l'univers (1). Lorsque, par la suite, la Fraternité fut transformée en Loge, les Templiers se virent contraints, afin d'éviter les persécutions, de pratiquer leurs cérémonies dans le secret le plus absolu, généralement dans la salle du chapitre, et plus souvent dans des souterrains ou dans des maisons isolées au milieu des bois, tandis que la forme ecclésiastique de leur culte se célébrait publiquement dans les chapelles de l'Ordre.

Bien que la plupart des accusations portées contre eux par Philippe IV étaient absolument fausses, les principales, au point de vue de ce que l'Eglise considérait comme des *hérésies*, étaient certainement bien fondées. Les Templiers d'aujourd'hui, s'en tenant strictement à la lettre de la Bible, ne peuvent pas revendiquer leur origine chez ceux qui ne croyaient pas au Christ, en tant qu'homme-Dieu, ou que Sauveur du monde ; qui niaient aussi bien le miracle de sa naissance, que ceux qu'il accomplit lui-même ; qui ne croyaient ni à la transsubstantiation, ni aux saints, ni aux saintes reliques, ni au purgatoire, etc. Le Christ Jésus était, à leurs yeux, un faux prophète, mais l'homme Jésus était pour eux un Frère. Ils considéraient saint Jean-Baptiste comme leur patron, mais ils ne le reconnurent jamais sous le jour où il est présenté dans la Bible. Ils vénéraient les doctrines de l'alchimie, de l'astrologie, de la magie, des talismans cabalistiques et adhéraient aux enseignements secrets de leurs chefs en Orient. « Dans le siècle dernier », dit Findel, « lorsque la Franc-Maçonnerie s'imagina faussement descendre des Templiers, on s'efforça d'innocenter l'Ordre des Chevaliers Templiers... Dans ce but on inventa

1. Les deux grandes pagodes de Madura et de Bénares sont construites en forme de croix, chaque branche étant de longueur égale. (Voyez Mauri : *Indian Antiquities*, Vol. III. pp. 360-376.

non seulement des légendes et des histoires, mais on prit grand soin de cacher la vérité. Les admirateurs maçonniques des Chevaliers Templiers achetèrent tous les documents du procès publiés par Moldenwaher, parce qu'ils établissaient la preuve de la culpabilité de l'Ordre (1) ».

Cette culpabilité était leur « hérésie » contre l'Eglise Catholique Romaine. Tandis que les véritables « Frères » subirent une mort ignominieuse, le faux Ordre, qui cherchait à marcher sur leurs pas, devint exclusivement une branche des Jésuites sous la tutelle de ceux-ci. Les véritables Maçons loin de vovloir descendre de ceux-ci devraient rejeter avec horreur toute connexion avec eux.

« Les Chevaliers de Saint-Jean de Jérusalem », écrit le commandeur Gourdin (2) appelés quelquefois Chevaliers Hospitaliers, et Chevaliers de Malte, n'étaient pas des Franc-Maçons. Bien au contraire, ils prraissent avoir été antagonistes de la Franc-Maçonnerie, car, en 1740, le Grand Maître de l'Ordre de Malte fit publier, dans cette île, la Bulle du Pape Clément XII. et interdit les réunions maçonniques. A cette occasion, plusieurs Chevaliers et nombre de citoyens quittèrent l'île; et en 1741, l'inquisition persécuta les Franc-Maçons de Malte. Le Grand Maître interdit leurs réunions sous peine sévère, et six Chevaliers furent exilés à perpétuité de l'île pour avoir assisté à une de leurs réunions. De fait, à l'encontre des Templiers, ils ne pratiquaient même pas une forme secrète de réception. Reghellini dit qu'il ne put se procurer une copie du Rituel secret des Chevaliers de Malte. La raison est excellente — il n'y en avait pas ! »

Malgré cela l'Ordre des Templiers Américains comprend trois degrés : 1° Chevaliers de la Croix-Rouge ; 2° Chevaliers Templiers ; et 3° Chevaliers de Malte. Il fut introduit de France aux Etats-Unis en 1808 et le premier *Grand Convent Général* fut organisé le 20 juin 1816 avec le Gouverneur De Witt Clinton, de New-York, comme Grand Maître.

Il n'y a pas lieu de se glorifier de cet héritage des Jé-

1. Findel : *History of Freemasoury*, appendice.
2. *A Sketch of the Knight Templars and the Knights of the St.-John of Jerusalem*. par Richard Woof, F. S. A. commandeur de l'Ordre des Chevaliers Templiers Maçonniques.

suites. Si les Chevaliers Templiers veulent justifier leurs prétentions ils auront à choisir entre la descendance des Templiers primitifs, « hérétiques », anti-chrétiens et cabalistiques, ou se rattacher aux Jésuites et tendre leurs dais directement sur l'autel de l'Ultra-Catholicisme ! Autrement leurs prétentions deviennent de simples suppositions.

Bien qu'il soit impossible pour les fondateurs du pseudo-ordre *ecclésiastique* des Templiers, introduit en France, selon Dupuy, par les partisans des Stuarts, d'éviter qu'on ne les prenne pour une branche de l'Ordre des Jésuites, nous ne sommes nullement étonnés de constater qu'un auteur anonyme, justement soupçonné d'appartenir au Chapitre Jésuite de Clermont, publie en 1751 à Bruxelles, un ouvrage sur le procès des chevaliers Templiers. Dans ce volume, par diverses notes tronquées, des ajoutures et des commentaires, il fait ressortir *l'innocence* des Templiers de l'accusation « d'hérésie », leur enlevant ainsi le meilleur titre au respect et à l'admiration, auquel ces martyrs et primitifs libres penseurs avaient droit !

Ce dernier pseudo-ordre fut institué à Paris, le 4 novembre 1804, en vertu d'une *Constitution obtenue par fraude* et depuis lors, il a « contaminé la Franc-Maçonnerie authentique », ainsi que nous le disent les Maçons des plus hauts grades. *La Charte de Transmission* (tabula aurea Larmenii) présente tous les signes extérieurs d'une si haute antiquité, « que Grégoire confesse que si toutes les autres reliques de la trésorerie parisienne de l'Ordre n'avaient pas calmé ses doutes par rapport à leur descendance, la vue de la charte elle-même l'aurait persuadé au premier coup d'œil (1). Le premier Grand Maître de cet ordre apochryphe, fut un médecin parisien le Dr Fabre-Palaprat, qui prit le nom de Bernard Raymond.

Le comte Ramsay, un Jésuite, fut le premier à lancer l'idée de réunir les Templiers aux Chevaliers de Malte. C'est pour cette raison que nous lisons ce qui suit, sortant de sa plume :

« Nos ancêtres (!!!) les Croisés rassemblés en Terre Sainte, venant de toute la Chrétienté, désiraient former une frater-

1. Findel : *History of Freemasoury*, Appendice.

nité embrassant toutes les nations, de sorte, qu'une fois unis, cœur et âme, pour le perfectionnement mutuel, ils puissent, avec le temps, représenter un seul peuple intellectuel. »

C'est pourquoi on fait se joindre les Templiers aux Chevaliers de Saint-Jean, et ceux-ci s'incorporèrent dans la Franc-Maçonnerie sous le nom de Maçons de Saint-Jean.

Nous trouvons, par conséquent, dans le *Sceau Rompu*, en **1745**, l'effronté mensonge suivant, digne des Fils de Loyola : « Les Loges furent dédiées à saint Jean, parce que les *Chevaliers*-Maçons, pendant les guerres dans la Terre Sainte, s'étaient réunis aux Chevaliers de Saint-Jean. »

Le degré des Kadosh fut inventé à Lyon en 1743 (du moins c'est ce que dit Thory) et « il doit représenter la *vengeance des Templiers* ». Et nous constatons, qu'à ce sujet, Findel dit que « l'Ordre des Chevaliers Templiers fut aboli en **1311**, et c'est à cette époque qu'ils durent se reporter, lorsque, après l'exil de quelques Chevaliers, de Malte, inculpés d'être Franc-Maçons, en 1740, il ne fut plus possible de maintenir les relations avec l'Ordre de Saint-Jean, ou Chevaliers de Malte, alors à l'apogée de leur puissance *sous la souveraineté du Pape* ».

Si nous écoutons maintenant Clavel, un des meilleurs auteurs sur la Maçonnerie, nous voyons « qu'il est clair que l'institution de l'Ordre français des Chevaliers Templiers, ne date pas d'avant 1804, et qu'il ne peut légitimement prétendre à être la continuation de la soi-disant société de la « petite Résurrection des Templiers », et que celle-ci non plus, ne descend pas de l'ancien Ordre des Chevaliers Templiers ». Par conséquent nous voyons ces pseudo-Templiers, sous la direction des dignes Pères Jésuites, inventer à Paris en **1806**, la célèbre charte de Larmenius. Vingt ans après, ce corps néfaste et ténébreux, guidant le bras des assassins, le dirigea contre un des meilleurs et un des plus grands princes de l'Europe, dont la mort mystérieuse, malheureusement pour l'intérêt de la vérité et de la justice, n'a jamais été recherchée ou proclamée à la face du monde comme elle aurait dû l'être, et cela pour des raisons politiques. C'est ce prince, lui-même un Franc-Maçon, qui fut le dernier dépositaire des secrets des véritables Chevaliers Templiers. Pendant de longs siècles, ils étaient restés inconnus et même insoupçonnés. Se réunissant tous les *treize* ans, à Malte, leur Grand Maître ne prévenant les frères européens que quelques heures en avance, du lieu du rendez-vous, ces représentants du corps jadis le plus puissant et le plus glorieux des Templiers, se rassemblaient à jour fixe, depuis les divers points de la terre. Au nombre de *treize*, en souvenir de l'année de la mort de Jacques Molay (1313) les Frères Orientaux, parmi lesquels il y avait des têtes couronnées, concertaient ensemble le sort religieux et politique des nations ; tandis que les Chevaliers papistes, leurs bâtards et sanguinaires successeurs dormaient tranquillement dans leurs lits, sans qu'un rêve ne vînt troubler leurs coupables consciences.

« Et cependant », dit Rebold, « malgré la confusion qu'ils avaient créée (1736-92), les Jésuites ne purent accomplir qu'un seul de leurs buts, c'est-à-dire : dénaturer et jeter le discrédit sur l'institution maçonnique. Après avoir réussi, comme ils le croyaient, à le détruire sous une forme, ils étaient résolus à s'en servir sous une autre. Dans ce but, ils instituèrent le système dénommé « Sécrétariat des Templiers », un amalgame des différentes histoires, incidents et caractéristiques des croisades mélangés aux rêveries des alchimistes. *Dans cette combinaison, le Catholicisme dirigeait tout, et tout l'édifice se mouvait sur des roues, représentant le grand but pour lequel la Société de Jésus avait été fondée* (1). »

Par conséquent, les rites et les symboles de la Maçonnerie, bien qu'ayant une origine païenne, ont tous une saveur de Christianisme et servent pour son culte. Il faut qu'un Maçon déclare croire en un Dieu *personnel*, Jéhovah, et dans les degrés de campement, également au Christ, avant d'être reçu dans la Loge, tandis que les Templiers de Saint-Jean croyaient au Principe inconnu et invisible, duquel procèdent les Pouvoirs Créateurs, nommés à tort des *dieux*, et se tenaient à la version nazaréenne que Ben-Panther était le père pécheur de Jésus, qui se proclamait ainsi « le fils de Dieu et de l'humanité (2) ». Cela explique

1. *General History of Freemasonry*, p. 218.
2. Voyez la version de Gaffarel, de *La Science des Esprits* d'Eliphas

encore pourquoi les Maçons prêtent un si terrible serment *sur la Bible*, et pourquoi aussi leurs écritures concordent d'une manière si servile avec la chronologie Patriarco-Biblique. Dans l'Ordre Américain des Rose-Croix, par exemple, lorsque le néophyte s'approche de l'autel, les « Chevaliers sont debout et à l'ordre et le T.·. Sage fait la proclamation ». « A la gloire du Gr.·. Ar.·. de l'U.·. (Jehovah-Binah ?), et sous les auspices des Illustres et Puissants souverains Grands Inspecteurs généraux du trente-troisième et dernier degré du Rite Ancien Accepté », etc., etc. Le Chevalier d'Eloquence frappe alors un coup et informe le néophyte que les antiques légendes de la Maçonnerie datent de QUARANTE siècles ; il ne revendique pas une antiquité plus grande pour aucune d'elles que celle de 622 A.M. à laquelle époque, dit-il, Noé est né. En pareille circonstance, il faut reconnaître que c'est faire une concession fort libérale aux préférences de la chronologie. Après elle (1) on apprend aux Maçons que ce fut à peu près vers l'an 2188 avant J.-C. que Mizraïm emmena les colonies en Egypte, où il fonda l'Empire égyptien, lequel empire subsista pendant 1663 ans (!!!) Bien étrange cette chronologie, qui, si elle se conforme pieusement à celle de

Lévy ; le *Royal Masonic Cyclopœdia* de Mackenzie ; le *Sepher Toldos Jeshu* et autres ouvrages cabalistiques et rabbiniques. Le récit qui y est donné est le suivant : Une vierge nommée Mariam, fiancée à un jeune homme du nom de Johanan, fut outragée par un autre homme nommé Ben-Panther, ou Joseph Panther, dit le *Sepher Toldos Jeshu*. « Son fiancé ayant appris son infortune, l'abandonna tout en lui pardonnant. L'enfant qui naquit était Jésus, nommé Joshua. Adopté par son oncle le Rabbin Jehosuah, il fut initié dans la doctrine secrète par le Rabbin Elhanan, un cabaliste, puis par des prêtres égyptiens, qui le consacrèrent Suprême Pontife de la Doctrine Secrète Universelle, à cause de ses grandes qualités mystiques. A son retour en Judée, ses connaissances et ses pouvoirs excitèrent la jalousie des Rabbins, qui lui reprochèrent publiquement son origine et insultèrent sa mère. De là les paroles qui lui ont été attribuées à la noce de Cana : « Femme, qu'y a-t-il entre toi et moi ? » (St-Jean II, 4). Ses disciples lui ayant reproché sa dureté envers sa mère, Jésus se repentit, et ayant appris d'eux les détails de la triste histoire, il déclara que « Ma mère n'a point péché, elle n'a point perdu son innocence ; elle est immaculée, et cependant elle est ma mère... Quant à moi je n'ai pas de père, dans ce monde, je suis le Fils de Dieu et de l'humanité ! » Paroles sublimes de confiance dans le Pouvoir invisible, mais fatales, aujourd'hui, pour les millions de millions d'hommes qui ont été immolés parce que ces paroles ont été si mal comprises !

1. Nous voulons parler du Chapitre Américain des Rose-Croix.

la Bible, est en parfait désaccord avec celle de l'histoire. Les neuf noms mythiques de la Divinité, importés en Egypte, suivant les Maçons, seulement au cours du XXIIe siècle avant J.-C. se trouvent inscrits sur des monuments deux fois plus anciens, si nous devons en croire les plus célèbres égyptologues. Toutefois il faut aussi prendre en considération que les Maçons, eux-mêmes, ignorent complètement ces noms.

La vérité est que la Maçonnerie moderne est bien différente de ce qu'était, jadis, la fraternité secrète universelle, à l'époque où les adorateurs brahmaniques du AUM échangeaient les attouchements et les mots de passe avec les fervents du TUM, et que les adeptes de tous les pays sous le soleil étaient des « Frères ».

Quel était alors ce nom mystérieux, cette « parole » puissante au moyen de laquelle les initiés hindous, chaldéens et égyptiens exécutaient tous leurs miracles ? Au chapitre CXV du *Rituel égyptien des Funérailles*, intitulé : « Le Chapitre de la sortie du ciel... et de la connaissance des Esprits de An » (Héliopolis), Horus dit : « J'ai connu les Esprits de An. Les très glorieux ne passent pas au-dessus... à moins que les dieux ne me donnent la PAROLE. » Dans un autre hymne, l'âme transformée s'écrie : « Ouvrez-moi la route pour Rusta. Je suis le Sublime, vêtu comme le Sublime. Me voici ! Me voici ! Doux sont pour moi les rois d'Osiris. Je crée l'eau (par le pouvoir de la *Parole*)... Je n'ai point vu les secrets cachés... J'ai donné au Soleil la Vérité. Je suis clair. On m'adore pour ma pureté » (CXVII-CXIX, chapitres de l'entrée et de la sortie de Rusta). Autre part, le rouleau de la momie s'exprime comme suit : « Je suis le Grand Dieu (l'esprit) existant par moi-même, le créateur de *Son Nom*... Je connais le nom de ce Grand Dieu qui est là. »

Ses ennemis accusaient Jésus d'avoir fait des miracles, et suivant ce que disaient ses disciples, d'avoir chassé les démons par le pouvoir du NOM INEFFABLE. Ceux-là étaient persuadés qu'il l'avait volé dans le Sanctuaire. « Et il chassait les esprits avec sa *parole*... et guérissait tous ceux qui étaient malades. » Lorsque les magistrats des Juifs demandèrent à saint Pierre (Actes des Apôtres IV. 7) : « Par quelle puissance ou au *nom* de qui avez-vous fait cela ? » saint Pierre répond : « C'est par le NOM de Jésus-Christ de Nazareth. » Mais cela veut-il dire le nom du Christ, ainsi que les traducteurs voudraient nous le faire croire ; ou alors cela signifierait-il « par le NOM qui était en la possession de Jésus de Nazareth », l'initié que les Juifs accusaient de l'avoir appris, mais qu'il reçut vraiment par initiation ? En outre, il affirme à maintes reprises que tout ce qu'il faisait, il le faisait au *Nom de son Père*, et non au sien.

Mais quel est le Maçon moderne qui l'a entendu prononcer ? Dans leur propre *rituel*, ils confessent qu'ils ne l'ont jamais entendu. Le « Chevalier d'Eloquence » dit au « Chevalier T.·. Sage » que les mots de passe qu'il a reçus dans les degrés précédents « sont autant de corruptions » du véritable nom de Dieu, gravé sur le triangle ; et que, par conséquent, on a adopté un « substitut ». C'est le cas, également, pour la Loge Bleue, où le Maître, représentant le Roi Salomon, est d'accord avec le Roi Hiram que le Mot*** « doit servir de *substitut* pour la parole de Maître jusqu'à ce que des siècles plus sages fassent découvrir la vraie parole. Quel est le Premier Surveillant parmi tous les milliers de ceux qui ont aidé à amener les candidats des ténèbres à la lumière ; ou quel est le Maître qui a murmuré à l'oreille du supposé Hiram Abi, la « parole » mystique, en le tenant par les cinq points de compagnon, ont soupçonné la véritable signification de ce substitut qu'ils transmettent à « voix basse » ? Peu nombreux sont les nouveaux Maîtres Maçons qui s'imaginent qu'il a un rapport occulte quelconque avec la « moelle dans l'os ». Que savent-ils de ce personnage mystique connu seulement de quelques adeptes sous le nom du « vénérable MAH », ou de ces mystérieux Frères Orientaux qui lui obéissent, et dont le nom est abrégé dans la première syllabe des trois qui composent le substitut Maçonnique — Le MAH, qui vit encore aujourd'hui en un lieu ignoré de tous, sauf des initiés, et auquel on ne peut accéder qu'en traversant des déserts impraticables, où n'ont passé ni les Jésuites ni les missionnaires, car la route est semée de dangers capables d'épouvanter les explorateurs les plus courageux ? Et néanmoins, pendant des générations entières ce jeu incompréhensible de voyelles et de consonnes a été murmuré à l'oreille des novices, comme s'il eût possédé assez de pouvoir pour faire dévier de sa course un duvet de chardon flottant dans l'air ! De même que le Christianisme, la Franc-Maçonnerie est un cadavre duquel l'esprit s'est, depuis longtemps, envolé.

En relation avec ce qui précède, nous reproduisons une lettre de M. Charles Sotheran, Secrétaire Correspondant du Club Libéral de New-York, et que nous avons reçue le jour postérieur à la date qui y est indiquée. M. Sotheran est connu comme écrivain et conférencier sur des sujets d'antiquités, de mysticisme et autres. Il a pris un grand nombre de degrés dans la Maçonnerie, de sorte qu'il peut être considéré comme une autorité dans tout ce qui a trait à l'Ordre. Il est 32.·. A. et P. R ; 94.·. Memphis, K. R +, Ch. Kadosh, M. M. 104. Aug. etc. Il est également un initié de la Fraternité anglaise moderne des Rose-Croix et d'autres sociétés, et éditeur Maçonnique du *New-York Advocate.* Voici la lettre en question, que nous plaçons devant les Maçons, afin qu'ils voient ce qu'un de leurs membres a à en dire :

Club de la Presse de New-York,
le 11 janvier 1877.

En réponse à votre lettre, je vous donne avec plaisir les renseignements que vous me demandez au sujet de l'antiquité et de la condition actuelle de la Franc-Maçonnerie. Je le fais avec d'autant plus de plaisir que nous appartenons tous deux aux mêmes sociétés secrètes, et que vous pourrez, par conséquent, mieux apprécier la nécessité où je me verrai de temps à autre de garder le secret. Vous avez raison de dire que la Franc-Maçonnerie, de même que les stériles théologies modernes, a une histoire fabuleuse à raconter. Embarrassé comme l'Ordre l'a été par le rebut et la tendance des légendes bibliques, il ne faut pas s'étonner que son utilité ait été amoindrie, et que son action civilisatrice ait été entravée. Il est fort heureux que le mouvement anti-maçonnique, qui s'est déchaîné aux Etats-Unis pendant une partie du siècle actuel, ait obligé un nombre considérable de travailleurs, à rechercher la véritable origine de la société, amenant aussi un état de choses plus salutaire. De l'Amérique l'agitation se répandit en Europe et les efforts littéraires des auteurs maçonniques, des deux côtés de l'Atlantique, tels que Rebold, Findel, Hyneman, Mitchell, Mackenzie, Hughan, Yarker et autres bien connus de la Fraternité fait partie aujourd'hui de l'histoire. Le résultat de leurs travaux a été, en grande partie, de placer l'histoire de la Maçonnerie en pleine lumière, où ses enseignements, sa jurisprudence et son rituel ne sont plus des secrets pour les « profanes » qui savent lire entre les lignes.

« Vous avez raison de dire que la Bible est la « grande lumière » de la Maçonnerie européenne et américaine. La conséquence en est que cette conception théistique de Dieu, et de la cosmogonie biblique ont toujours été considérées comme deux de ses pierres d'angle. Sa chronologie paraît être fondée sur la même pseudo-révélation. C'est ainsi que le Dr Dalcho, dans un de ses traités, affirme que les principes de l'Ordre maçonnique furent présentés à la création et lui sont contemporains. Il n'y a donc rien d'étonnant à ce qu'un homme de son érudition dise que Dieu fut le premier Grand Maître, Adam le second, et que celui-ci initia Eve au Grand Mystère, comme je le suppose que le furent par la suite plus d'une Prêtresse de Cybèle et plus d'une chevalière Kadosh. Le révérend Dr Oliver, une autre autorité maçonnique, donne fort sérieusement ce qu'on pourrait nommer le procès-verbal d'une Loge où Moïse présidait comme Grand Maître, Josué comme Député Grand Maître et Aholiab et Bezaléel comme Grands Surveillants ! Le Temple de Jérusalem, que les archéologues modernes ont démontré être un édifice qui était loin d'avoir l'antiquité qu'on lui attribuait, et qui porte par erreur le nom d'un monarque où l'on reconnaît son caractère mythique, Sol-Om-On (le nom du soleil en trois langues), joue, comme vous le dites fort correctement, un rôle considérable dans le mystère maçonnique. Les fables de cette nature, et la traditionnelle colonisation maçonnique de l'ancienne Egypte, ont fait bénéficier l'Ordre d'une origine illustre à laquelle elle n'a aucun droit et devant laquelle ses quarante siècles d'histoire légendaire, les mythologies de Grèce et de Rome sont insignifiantes. Les théories égyptiennes, chaldéennes et autres, indispensables pour tous ceux qui ont été promoteurs des « hauts degrés », ont eu, chacune, leur courte période de proéminence. Par conséquent la dernière venue a été la source de sa stérilité.

« Nous sommes d'accord tous les deux, que les prêtres de l'antiquité avaient leurs doctrines ésotériques et leurs cérémonies secrètes. De la fraternité des Esséniens, elle-même une évolution des Gymnosophes hindous, procédèrent les solidarités de la Grèce et de Rome, telles que les ont décrites les soi-disant écrivains païens. Basées sur celles-ci, et copiant sur elles le rituel, les signes, les attouchements et les mots de passe, les corporations du moyen âge se sont développées. De même que les corporations à livrée de la ville de Londres, reliques des corps de métiers anglais, les maçons artisans n'étaient qu'une corporation d'ouvriers, avec de plus hautes prétentions. Notre terme anglais *Mason*, constructeur de maison, vient du mot français « Maçon », dérive de « Mas », ancien mot normand qui veut dire maison. De même que les corporations de Londres donnent, de temps à autre, à des étrangers, la franchise des *Livrées*, nous voyons les corporations de maçons faire de même. C'est ainsi que le fondateur du Musée d'Ashmole reçut la franchise des Maçons à Warrington dans le Lancashire, en Angleterre, le 16 octobre 1646. L'entrée dans la Fraternité d'hommes comme Elie Ashmole, aplanit le chemin pour la grande « Révolution Maçonnique en 1717 », lors de la naissance de la Maçonnerie SPÉCULATIVE. Les Constitutions de 1723 et de 1738, par l'imposteur maçonnique Anderson, furent élaborées pour la première Grande Loge des Maçons libres et acceptés d'Angleterre, de laquelle société dérivent toutes les autres dans le monde d'aujourd'hui.

Ces constitutions factices, furent élaborées à cette époque par Anderson. et pour faire accepter par la société son abject rébus, baptisé histoire, il eut l'audace de dire que presque tous les documents ayant rapport à la Maçonnerie en Angleterre avaient éte détruits par les réformateurs de 1717. Fort heureusement, Rebold, Hughan et d'autres ont découvert au British Museum, à la Bodleian Library et dans d'autres institutions publiques, des preuves suffisantes, sous forme d'anciennes charges d'artisans Maçons pour réfuter ces allégations.

Il me semble que les mêmes écrivains ont victorieusement renversé les arguments des deux autres documents qu'on a attribués à la Maçonnerie, c'est-à-dire la fausse charte de Cologne de 1535, et le questionnaire falsifié, attribué à Leylande, l'antiquaire, d'après un M S du roi Henri VI d'Angleterre. Dans celui-ci on parle de Pythagore comme ayant formé une Loge à Crotona, « où il initia beaucoup de Maçons, dont quelques-uns se transportèrent en France où ils en initièrent d'autres, et de là, à la suite des temps, l'art passa en Angleterre ». Sir Christopher Wren, l'architecte de la cathédrale de Saint-Paul, à Londres, souvent appelé le Grand Maître des Franc-Maçons, était tout simplement le Maître ou le Président de la Compagnie des Artisans Maçons de Londres. Si un pareil tissu de fables a pu se mélanger à l'histoire des Grandes Loges qui président aujourd'hui aux trois premiers degrés symboliques, il ne faut pas s'étonner de ce que presque tous les Haut degrés Maçonniques aient eu le même sort, car on les a appelés avec raison « un mélange incohérent de principes contradictoires ».

Il est curieux de noter que la plupart des corps qui les travaillent, tels que le Rite Ecossais, ancien et accepté, le Rite d'Avignon, l'Ordre du Temple, le Rite de Fessler, le Grand Concile des Empereurs de l'Orient et de l'Occident, — les Souverains Princes Maçons, etc., etc., sont presque tous des progénitures du fils d'Ignace Loyola. Le baron Hundt, le chevalier Ramsay, Tschoudy, Zinnendorf, et beaucoup d'autres qui fondèrent les grades de ces rites, travaillaient d'après les instructions de Général des Jésuites. Le nid où ces hauts degrés sont éclos, (et aucun rite Maçonnique n'est plus ou moins à l'abri de leur influence néfaste), était le Collège des Jésuites de Clermont, à Paris.

« Ce bâtard enfant-trouvé de la Franc-Maçonnerie, le Rite Ecossais Ancien et Accepté, qui n'a pas été reconnu par les Loges Bleues, fut, à l'origine, l'œuvre du Jésuite le Chevalier Ramsay. Il fut introduit par lui en Angleterre en 1736-1738, pour venir en aide à la cause des Stuarts catholiques. Dans sa forme actuelle de trente-trois degrés, le rite fut organisé vers la fin du XVIIIe siècle par une demi douzaine d'aventuriers Maçons, à Charleston, dans la Caroline du Sud. Deux d'entre eux, Pirlet un tailleur et un maître de danse nommé Lacorne, furent les prédécesseurs appropriés pour préparer la résurrection ultérieure que fit un nommé Gourgas, qui remplissait le rôle aristocratique de commis à bord d'un navire faisant le commerce entre New-York et Liverpool. Le Dr Crucifix, autrement dit Goss, *l'inventeur* de quelques médecines brevetées d'une efficacité douteuse, était à la tête de l'affaire en Angleterre. Les pouvoirs suivant lesquels ces dignes personnages agissaient étaient un document, soi-disant, signé à Berlin par Frédéric le Grand, le 1er mai 1786, revisant la Constitution et les Statuts des grades élevés, du Rite Ecossais Ancien et Accepté. Ce document était une impudente falsification et il fallut un protocole des Grandes Loges et des Trois Globes de Berlin, pour prouver surabondamment que tout le système était faux d'un bout à l'autre. En vertu des prétentions de ce document fictif, le Rite Ancien et Accepté a escroqué aux frères confiants de l'Amérique et de l'Europe, des milliers de dollars, pour la plus grande honte et le discrédit de l'humanité.

« Les Templiers modernes, auxquels vous vous référez dans votre lettre, ne sont que des geais parés de plumes de paon.

Le but que se proposent les Templiers Maçons est d'inspirer une idée de secte dans la Maçonnerie ou plutôt de la christianiser et d'en faire une fraternité qui admettrait les Juifs, les Parsis, les Mahométans, les Bouddhistes, en somme toutes les religions, qui professent la doctrine d'un dieu personnel et l'immortalité de l'esprit. Suivant la croyance d'une section, sinon de tous les Israélites faisant partie de l'Ordre en Amérique, les Templiers sont des Jésuites.

« Il semble étrange, aujourd'hui que la croyance en un Dieu personnel est en train de s'éteindre, et que même les théologiens ont transformé leur divinité en une chose indéfinissable impossible à décrire, qu'il y en ait encore qui s'opposent à l'acceptation générale du sublime panthéisme oriental primitif, de Jacob Boehme et de Spinoza. On chante encore souvent dans la Grande Loge et ses dépendances de cette juridiction et d'autres, l'antique doxologie avec son Gloire au Père, au Fils, et au Saint-Esprit, pour le plus grand déplaisir des Israélites et des frères libres penseurs, qu'on insulte de cette manière, sans aucune nécessité. Ceci n'aurait jamais lieu aux Indes où la grande lumière de la Loge serait le *Koran*, le *Zend-Avesta*, ou un des *Védas*. L'esprit de secte chrétien dans la Maçonnerie doit être aboli. Il y a aujourd'hui des Grandes Loges en Allemagne qui n'admettent pas qu'on initie des Juifs, ou qu'on accepte dans leur juridiction des Israélites de pays étrangers comme frères. Les Maçons français, toutefois, se sont insurgés contre cette tyrannie et le Grand Orient de France permet maintenant qu'on reçoive dans l'Ordre des athées et des matérialistes. C'est un opprobre à la réputation d'universalité de la Maçonnerie que les frères français soient aujourd'hui mis à l'index. »

Malgré ses nombreux défauts — car la Maçonnerie spéculative, après tout, est humaine, et par conséquent faillible — aucune autre institution n'a autant fait qu'elle, et n'est capable de si grandes choses dans l'avenir pour le progrès humain, politique et religieux. Au siècle dernier les Illuminés enseignaient d'un bout à l'autre de l'Europe la paix à la chaumière et la guerre aux palais. Pendant le siècle dernier les Etats-Unis furent délivrés de la tyrannie de la mère patrie plus qu'on ne pourrait le croire par l'action des Sociétés Secrètes. Washington, Lafayette, Franklin, Jefferson, Hamilton étaient, tous, Maçons. Et au XIXe siècle ce fut le Grand Maître Garibaldi, 33e qui fit l'unité de l'Italie, agissant d'accord avec l'esprit des frères fidèles, suivant les principes des Maçons, ou plutôt des carbonari, liberté, égalité, humanité, indépendance, unité, enseignés déjà depuis des années par le frère Joseph Mazzini.

La Maçonnerie spéculative a encore beaucoup à faire. Il faut accepter la femme comme le coadjudteur de l'homme dans la lutte pour la vie, ainsi que les maçons hongrois l'ont fait dernièrement, en initiant la comtesse Haideck. Un autre point important serait de reconnaître pratiquement la fraternité de l'humanité en ne refusant personne à cause de sa couleur, sa race, sa position et ses croyances. Les hommes à peau noire ne devraient pas être seulement, en théorie, les frères des blancs. Les Maçons de couleur qui ont été dûment et régulièrement initiés, demandent à être admis dans toutes les Loges américaines, et ils s'en voient refuser l'entrée. Puis il faut conquérir l'Amérique du Sud à participer aux devoirs de l'humanité.

Si la Maçonnerie doit être, ainsi qu'elle le prétend, une science progressive, et une école de la religion pure, elle doit toujours être à l'avant-garde de la civilisation et non pas à l'arrière-garde. Si elle ne constitue qu'un effort empirique, un projet informe d'humanité pour résoudre les plus profonds problèmes de la race, sans faire plus, qu'elle abandonne la place à de plus aptes successeurs, un de ceux, peut-être, que vous et moi connaissons, un conseiller qui a travaillé avec les chefs de l'Ordre, au moment de ses plus grands triomphes, en leur soufflant à l'oreille comme faisait le démon de Socrate.

Bien à vous

CHARLES SOTHERAN.

C'est ainsi que s'effondre le grand poème épique de la Maçonnerie, chanté par tant de mystérieux chevaliers, comme s'il s'agissait de la révélation d'un nouvel évangile. Nous constatons que le Temple de Salomon a été miné et renversé par ses propres « Maîtres Maçons », pendant le siècle actuel. Mais si, suivant l'ingénieuse description exotérique de la Bible, il y a encore des Maçons pour persister à croire qu'il y a eu une fois un édifice véritable de cette nature, quel est l'étudiant de la doctrine ésotérique qui envisagera ce temple mythique autrement que comme l'allégorie de la science occulte ? Nous laissons aux archéologues le soin de décider si oui ou non il a jamais existé ; mais aucun lettré sérieux versé dans le jargon des cabalistes et des alchimistes de l'antiquité et du moyen âge ne doutera un seul instant que la description qui en est donnée au I Livre des Rois, n'est autre chose qu'une pure allégorie. La construction du Temple de Salomon est la représentation symbolique de l'acquisition graduelle de la sagesse *secrète*, autrement dit, la magie ; la croissance et le développement de la spiritualité du terrestre ; la manifestation de la puissance et de la beauté de l'esprit dans le monde physique, au moyen de la sagesse et du génie du constructeur. Lorsque celui-ci devient un adepte, il est un roi plus puissant que Salomon, qui était, lui-même l'emblème du soleil ou de la *Lumière* — la lumière du mode subjectif réel, éclairant les ténèbres de l'univers objectif. Voilà ce qu'est le Temple qui peut être édifié *sans qu'on y entende « pendant sa construction » le bruit des marteaux, ou celui des outils de fer.*

Dans l'Orient, cette science est appelée, dans certains endroits, le « Temple aux sept étages » dans d'autres le « Temple aux neuf étages » chaque étage correspond, allégoriquement, à l'acquisition d'un degré de la connaissance. Dans tous les pays orientax, les pratiquants et les élèves, soit de la magie, soit de la religion sagesse, sont connus dans leur école comme des constructeurs — car ils édifient le Temple de la connaissance, ou de la science occulte. On appelle les adeptes actifs, les constructeurs pratiques ou *artisans*, tandis que les étudiants ou néophytes sont *spéculatifs* ou théoriques. Les premiers prouvent leurs œuvres par le contrôle des forces sur la nature inaminée et animée : les derniers ne font que se perfectionner dans les rudiments de la science sacrée. Il est évident que tous ces termes ont été empruntés dès le début, par des fondateurs inconnus des premières corporations maçonniques.

Dans le jargon populaire d'aujourdui, on comprend par « Maçons artisans », les ouvriers qui composaient la société jusqu'à l'époque de Sir Christopher Wren ; et par « Maçons spéculatifs » tous les membres de l'ordre tels qu'ils apparaissent aujourd'hui. Les paroles attribuées à Jésus : « Tu es Petra... et sur ce roc je bâtirait mon église ; et les portes de l'enfer ne prévaudront point contre elle », défigurées comme elles l'ont été par la fausse traduction et la mésinterprétation, fournit clairement la véritable signification. Nous avons donné la signification que les hiérophantes attribuaient aux mots de Pater et de Petra — cette interprétation était tracée sur les tables de pierre de l'initiation finale, et était remise par l'initiateur et l'interprète futur élu. Après avoir pris connaissance de son mystérieux contenu, qui lui révélait les mystères de la création, l'initié devenait, lui-même, un *constructeur*, car on lui avait donné à connaître le dodécahédre, ou figure géométrique sur laquelle l'univers est édifié. A ce qu'il avait appris dans les initiations précédentes au sujet des règles et des principes de l'architecture, venait s'ajouter une croix, dont les branches horizontales et perpendiculaires, supposées former la base du temple spirituel en les plaçant en travers de la jonction, ou point central primordial, l'élément de toutes les existences [1], représentaient la première idée concrète de la divinité. Il pouvait, dorénavant comme un sage architecte (Voyez I corinthiens III. 10) élever pour lui-même un temple de sagesse sur ce roc, *Petra* ; et lui ayant constitué une base solide « un autre pouvait bâtir dessus ».

L'hiérophante égyptien avait une coiffure carrée qu'il devait porter continuellement, et une équerre (Voyez les signes maçonniques) sans laquelle il ne pouvait sortir. Le *Tau* parfait, formé par la ligne perpendiculaire (le rayon descendant mâle, ou esprit) la ligne horizontale (le rayon femelle, ou matière) et le cercle mondial était un attribut d'Isis, et ce n'était qu'à la mort du hiérophante que la croix égyptienne était placée sur la poitrine de sa momie. Ces coiffures carrées sont portées, encore de nos jours, par les prêtres arméniens. La prétention que la croix soit un symbole purement chrétien, introduit après notre ère, est en vérité fort étrange, car nous constatons qu'Ezéchiel mettait au front des hommes de Judah qui craignaient le Seigneur (Ezéchiel IX. 4) *la marque du Tau*, ainsi qu'il est traduit dans la Vulgate. Chez les anciens hébreux ce signe avait la forme de ✗, mais dans les hiéroglyphes égyptiens originaux il prenait celle de la parfaite croix chrétienne ✝. De même, dans l'Apocalypse, « l'Alpha et

1. Pythagore.

l'Oméga » (l'esprit et la matière), le premier et le dernier, met le nom de son Père sur le front des *élus*.

Et si nos affirmations sont erronées, si Jésus n'était pas un initié, un sage constructeur, ou Maître Maçon, ainsi qu'on les nomme aujourd'hui, comment se fait-il que sur les plus anciennes cathédrales nous le voyons représenté avec tous les signes d'un Franc-Maçon ? Dans la cathédrale de la Santa-Croce, à Florence, on peut voir au-dessus du grand portail, la figure du Christ une équerre parfaite à la main.

Les « Maîtres Maçons » survivants des corporations *d'artisans* du véritable Temple peuvent maintenant circuler à jamais, littéralement *demi-nus* et le *pied déchaussé,* non pas comme une simple cérémonie, mais parce que, de même que le « Fils de l'Homme » ils n'ont pas où reposer la tête — tout en étants les seuls survivants qui possèdent encore la « Parole ». Leur « câble » est la triple corde de certains Sannyâsi Brahmanes, ou le cordon auquel certains lamcas suspendent leur *pierre yu ;* malgré cela aucun de ceux ci ne voudrait se séparer de son talisman en apparence sans valeur aucune, pour tous les trésors de Salomon et de la reine de Saba. Le bambou à sept nœuds du fakir peut devenir aussi puissant que la verge de Moïse « laquelle fut créée au déclin du jour et sur laquelle était gravé le NOM sublime et glorieux, par le pouvoir duquel il devait faire tant de miracles à Mizraïm ».

Mais ces « artisans » n'ont aucune crainte de voir leurs secrets dévoilés par les traîtres ex-grands prêtres des chapitres, quoiqu'ils aient été transmis à leur génération par d'autres que Moïse, Salomon et Zerubabel. Si Moses Michel Hayes, le Frère israélite qui introduit la Maçonnerie de l'Arche Royale dans ce pays (en décembre 1778) (1) avait eu un pressentiment prophétique de la trahison future, il aurait sans doute, institué des obligations plus efficaces qu'il ne le fit.

En vérité la Parole omnifique de l'Arche Royale, *depuis longtemps perdue, mais maintenant retrouvée* a tenu sa promesse prophétique. Le mot de passe de ce degré n'est plus « JE SUIS QUI JE SUIS », il est simplement aujourd'hui « J'étais, mais je ne suis plus ! »

1. Le premier *Grand Chapitre* fut fondé à Philadelphie en 1797.

Afin qu'on ne puisse pas nous accuser de forfanterie, nous donnerons les clés de quelques chiffres secrets, des soi-disant Hauts-Grades Maçonniques les plus exclusifs et les plus importants. Si nous ne faisons erreur, ils n'ont pas encore été révélés au monde profane (sauf celui des Maçons Royale Arche en 1830), ils ont été, au contraire, jalousement gardés par les différents Ordres. Nous n'avons fait aucune promesse, nous n'avons pris aucune obligation et fait aucun serment, et nous ne violons, par conséquence aucune confidence. Notre objet n'est point de satisfaire une vaine curiosité ; nous voulons seulement démontrer aux Maçons et aux affiliés de toutes les autres sociétés occidentales, — y compris la Société de Jésus — qu'il est impossible pour eux de garder le secret que les Fraternités orientales ont un intérêt à connaître. Cela leur prouvera, par conséquent, que si celles-ci sont capables de soulever le masque qui cache les sociétés européennes, elles réussissent néanmoins à se mettre elles-mêmes à l'abri ; car, s'il est une chose universellement reconnue, c'est que pas un seul secret véritable, des anciennes fraternités survivantes, n'est devenu la possession des profanes.

Quelques-uns de ces chiffres furent en usage chez les Jésuites dans leur correspondance secrète lors de la conspiration des Jacobins, et lorsque la Franc-Maçonnerie (les prétendus successeurs des Templiers) fut employée par l'Eglise dans un but politique.

Findel dit (dans son *History of Freemasoury*, p. 253) qu'au XVIIIe siècle, « outre les Chevaliers Templiers modernes, nous voyons les Jésuites... défigurer la bonne renommée de la Franc-Maçonnerie. Plusieurs auteurs maçonniques, bien au courant de l'époque, et en parfaite connaissance des événements, affirment positivement, qu'à ce moment, et plus tard encore, les Jésuites exercèrent une influence pernicieuse sur la fraternité, ou tout au moins essayèrent de

1. Maçons de l'Arche Royale, comme vous avez mal préservé vos mystères ; que ces lignes l'attestent.

le faire ». Il remarque, au sujet de l'Ordre des Rose-Croix, sur l'autorité du Professeur Woog, que « dès l'abord, son but n'était... que de faire avancer et développer le Christianisme. *Lorsque cette religion manifesta la détermination d'abolir complètement la liberté de pensée...* les Rose-Croix de leur coté, se mirent en œuvre pour arrêter, s'il était possible, les progrès de cette instruction largement répandue ».

On reconnaît, dans le *Sincerus Renatus* (le véritable convert) de S. Richter, Berlin (1714) que des lois furent promulguées pour le gouvernement des Rose Croix, qui « portent la preuve évidente de l'intervention des Jésuites ».

Commençons par la cryptographie des « Souverains Princes Rose-Croix », aussi nommés *Chevaliers de Saint-André, Chevaliers de l'Aigle et du Pélican, Heredom, Rosæ Crucis, Rose-Croix, Triple Croix, Frères Parfaits, Princes Maçons*, et ainsi de suite.

Les « Rose-Croix Heredom » prétendent aussi descendre des Templiers de 1314 (1).

CHIFFRE DES S.·. P.·. R.·. C.·.

CHIFFRE DES CHEVALIERS ROSE-CROIX DE HEREDOM
(*de Kilwining*).

0	1	2	3	4	5	6	7	8	9	10		10	11	12	13	14	15	16	17
a	b	c	d	e	f	g	h	i	j	ba	ou	K	Kb	Kc	Kd	Ke	Kf	Kg	Kh

18	19	20	30	40	50	60	70	80	90	100	200	300	400	500
ki	kj	ck	dk	ek	fk	gk	hk	ik	jk	l	cl	dl	el	fl

600	700	800	900	1000
gl	hl	il	jl	m

1. Voyez les *Notes on the Mysteries of Antiquity*, p. 153, de Yarker.

Chiffre des Chevaliers Kadosh

(*aussi celui de l'Aigle Blanc et Noir et des Chevaliers Templiers*)

70	2	3	12	15	20	30	33	38	9	10	40
a	b	c	d	e	f	g	h	i	k	l	m
60	80	81	82	83	84	85	86	90	91	94	95
n	o	p	q	r	s	t	u	v	x	y	z

Les Chevaliers Kadosh possèdent encore un autre chiffre — ou plutôt hiéroglyphe — lequel, dans ce cas est copié de l'hébreu, probablement afin d'être mieux en rapport avec les Kadeshim du Temple, de la Bible (1).

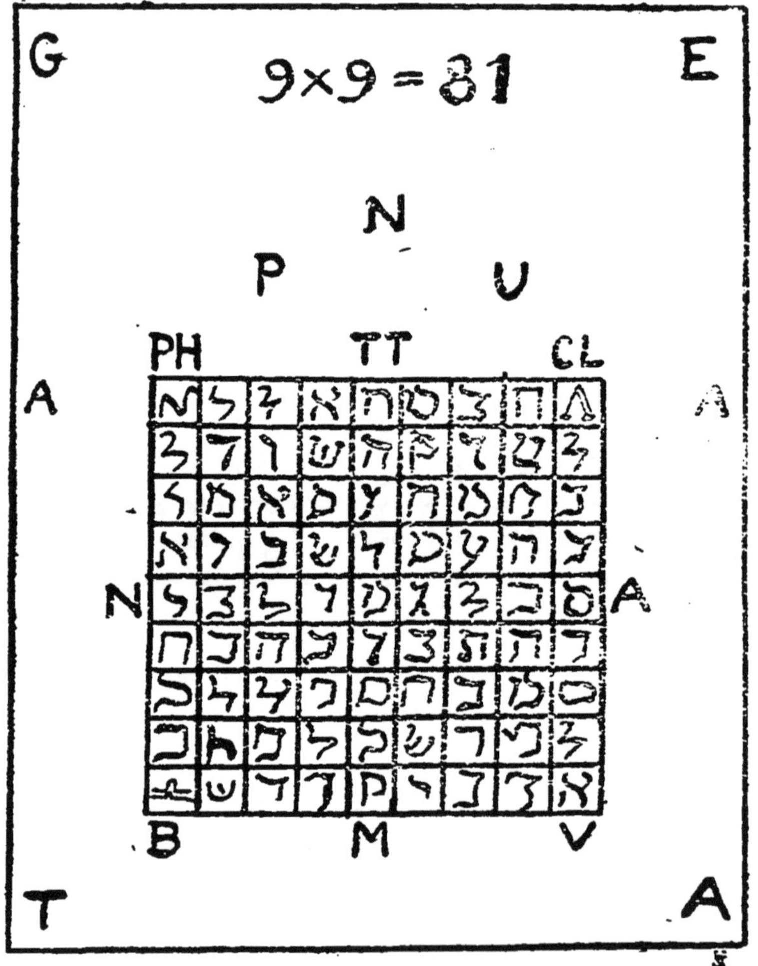

1. Voyez 2 Rois XXIII. 7, texte hébreu, et anglais, mais tout spéciale-

Quant au chiffre de la Royale Arche, il a été déjà divulgué, mais nous ferons bien de le transcrire, quelque peu amplifié.

Ce chiffre consiste en des combinaisons d'angles droits avec ou sans points. Voici la base sur laquelle il a été construit :

Or, l'alphabet comprend vingt-six lettres, et en disséquant ces deux signes, on forme treize caractères distincts, comme suit :

Un point placé au centre de chaque signe en donne treize autres :

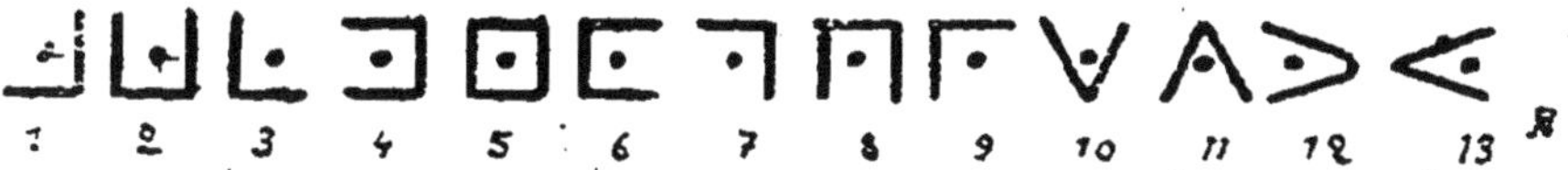

Ce qui fait un total de vingt-six lettres, équivalent au nombre des lettres de l'alphabet.

Il y a, pour le moins, deux manières de combiner et de se servir de ces caractères pour la correspondance secrète.

ment le premier. On donne dans le degré Kadosh une conférence sur l'origine de la Maçonnerie depuis Moïse, Salomon, les Esséniens et les Templiers. Les Chevaliers K. chrétiens peuvent se faire une idée du « Temple » auquel leurs ancêtres auraient été liés, par descendance généalogique, en consultant le verset 13 du chapitre déjà mentionné.

Dans une de ces méthodes on donne au premier signe , le nom de A ; le même avec un point au milieu est le B, etc. L'autre méthode consiste à les appliquer à la suite les uns des autres à la première moitié de l'alphabet , a , b, et ainsi de suite jusqu'à m ; après quoi on les répète avec un point en commençant par n, o, etc., jusqu'à z.

Suivant la première méthode l'alphabet se présente ainsi :

et d'après la seconde méthode :

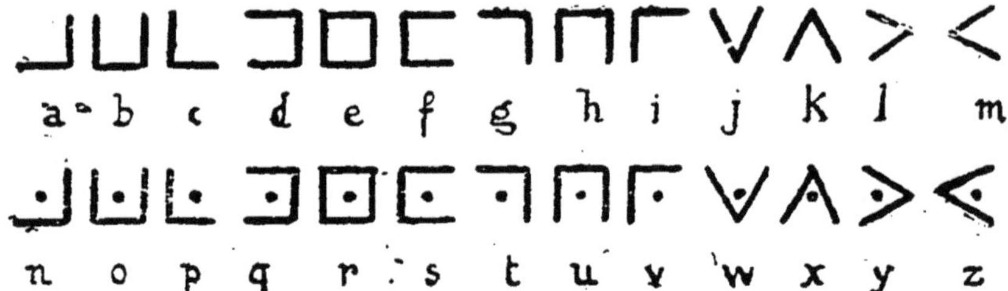

Outre ces signes, les Maçons français, sans doute à la suite de l'enseignement de leurs distingués maîtres, — les Jésuites, ont perfectionné ce chiffre dans tous ses détails. Ils ont donc imaginé des signes pour les virgules, les diphtongues, les accents, la ponctuation, etc., et ces signes sont les suivants :

etc.

&c æ œ w ç ´ ` ^ - . , ; : ∴ ?

Mais en voilà assez. Nous pourrions, si nous le voulions, donner les alphabets chiffrés avec leurs clés d'une autre méthode des Maçons de l'Arche Royale, avec une forte ressemblance à certains caractères hindous ; du G.·. El.·. de la Cité Mystique ; d'une forme bien connue du manuscrit Devanagri (français) des Sages des Pyramides ; et du Sublime Maître du Grand Œuvre, et de bien d'autres. Nous y renonçons, mais seulement, qu'on le sache bien, afin que seules quelques-unes de ces branches latérales des Loges Bleues Maçonniques originelles maintiennent la promesse d'un avenir utile. Quant aux autres, abandonnerons-les à l'oubli du temps. Les Maçons de haut grade comprendront ce que nous voulons dire par là.

Il faut maintenant que nous fassions la preuve de ce que nous avançons, que le nom de Jehovah, si les Maçons le maintiennent, demeurera toujours un substitut, mais ne sera jamais identique à la morale mirifique qui a été perdue. Cela est si bien connu des cabalistes, que dans leur soigneuse étymologie du יהוה, ils prouvent d'une manière incontestable qu'il est un des nombreux substituts pour le véritable nom et qu'il est composé du double nom du premier androgyne — Adam et Eve, Jod (ou Yodh), Vau et He-Va — le serpent féminin comme le symbole de l'Intelligence Divine, qui procède de L'UNIQUE GÉNÉRATEUR ou Esprit *Créateur* (1). Par conséquent Jéhovah n'est pas du tout le nom sacré. Si Moïse avait communiqué à Pharaon le *véritable* « nom », celui-ci n'aurait pas répondu comme il le fit, car les Rois-Initiés égyptiens le connaissaient aussi bien que Moïse, qui l'avait appris d'eux. *Le* « nom » était, à cette époque, la propriété commune des adeptes de toutes les nations de la terre, et Pharaon connaissait sans aucun doute, le « nom » du plus Grand Dieu mentionné dans le *Livre des Morts*. Mais au lieu de cela, Moïse (si nous nous en tenons littéralement à l'allégorie du livre de l'*Exode*) communique à Pharaon le nom de *Yeva*, l'expression ou

1. Eliphas Lévi. *Dogme et Rituel*, vol. I.

la forme du nom Divin employée par tous les *Targums* prononcés par Moïse. De là la réponse du Pharaon : « Et qui est ce Yeva (1) pour que j'obéisse à sa voix ? »

« Le Jéhovah » ne date que de l'innovation Masorétique. Quand les Rabbins, craignant de perdre la clé de leur propre doctrine, écrite à ce moment-là, exclusivement au moyen de consonnes, commencèrent à insérer leurs points de voyelles dans leurs manuscrits, ils étaient absolument ignorants de la véritable prononciation du NOM. Ils lui donnèrent, par conséquent, le son de *Adonah*, en le faisaut lire *Ja-hovah*. Celui-ci est donc une pure fantaisie, une perversion du Nom Sacré. Et comment aurait-ils pu le savoir ? Seuls, dans toute leur nation, les Grands Prêtres en avaient la possession, qu'ils repassaient successivement à leurs successeurs, de même que le Brahmatma le fait avant sa mort. Une fois par année seulement, le jour de l'expiation, le Grand Prêtre pouvait le prononcer en murmurant. Passant derrière le voile dans la chambre intérieure du sanctuaire, le Saint des Saints, il invoquait, la lèvre tremblante, et en baissant les yeux le NOM redouté. La persécution acharnée contre les cabalistes, qui reçurent les précieuses syllabes après avoir mérité cette faveur par une vie entière de sainteté, venait de ce qu'on soupçonnait qu'ils en faisaient un mauvais usage. Au début de ce chapitre nous avons raconté l'histoire de Siméon Ben-Jochaï, une des victimes de cette connaissance inestimable, et nous constatons le peu qu'il avait mérité ce cruel traitement.

D'après ce que nous dit un prêtre hébreu, fort savant, de New-York, le *Livre de Jasher* est un ouvrage écrit en Espagne au XIIe siècle, dans le style des « récits populaires », mais qui n'avait pas la sanction du collège des Rabbins de Venise ; il fourmille d'allégories cabalistiques, alchimiques et magiques. Si nous faisons cette concession, il faut avouer qu'il n'y a que peu de récits populaires qui ne soient pas fondés sur des vérités historiqqes. Le *Norsemen in Iceland* (2) par le Dr G.-W. Dasent, est aussi une collection de récits populaires mais ils contiennent la clé du culte

1. Yeva est le Heva. la contre-partie féminine du Jéhovah-Binah.
2. Les Scandinaves en Islande.

religieux primitif de ce peuple. Il en est de même du *Livre de Jasher*. Il contient sous une forme condensée, tout l'Ancien Testament, et ainsi que le prétendent les Samaritains, les *Cinq Livres de Moïse*, à l'exception des Prophètes. Bien qu'il ait été rejeté par les Rabbins orthodoxes, nous ne pouvons nous empêcher de penser que, de même que pour les *Evangiles* apochryphes, qui ont été écrits avant les livres canoniques, le *Livre de Jasher* est l'original véritable qui a servi plus tard de modèle pour écrire *la Bible*. Tant les Evangiles apochryphes, que le *Livre de Jasher* sont une suite de récits religieux, dans lesquels un miracle vient s'ajouter à l'autre, en donnant la narration des légendes populaires telles qu'elles apparurent à l'origine, sans toutefois tenir compte de la chronologie ou du dogme. Il n'y a pas de doute qu'il a dû y avoir un *Livre de Jasher* avant le *Pentateuque* de Moïse, car on en parle dans les livres de Josué, d'Esaïe et de II Samuel.

La différence entre les *Elohistes* et les *Jéhovistes* n'est nulle part aussi apparente que dans la *Livre de Jasher*. On y parle de Jéhovah comme le comprenaient les Ophites, c'est-à-dire le fils de Ilda-Baoth, ou de Saturne. Dans ce livre. lorsque le Pharaon demande « Qui est-il, celui dont parle Moïse comme du *Je suis ?* le Mage égyptien répond que le Dieu de Moïse « ainsi, ainsi que nous l'avons appris, le Fils des Sages, le Fils d'anciens rois » (ch. LXXIX. 45)(1). Or, ceux qui affirment que le *Livre de Jasher* est un faux du XIIe siècle — et nous le croyons aisément — devraient fournir l'explication du fait curieux que, tandis que le texte ci-dessus *ne se trouve point* dans la Bible, la réponse, elle, *s'y trouve bien*, et dans des termes qui ne prêtent pas à l'équivoque. Dans Esaïe XIX. II, « l'Eternel » s'en plaint amèrement au prophète en disant : « Les princes de Tosan ne sont que des insensés, les sages conseillers de Pharaon forment un conseil stupide. Comment osez-vous dire à Pharaon : Je suis fils des Sages, fils des anciens Rois? » ce

1. Voici un rapprochement fort suggestif, par rapport à ce nom de Jéhovah, « le Fils d'anciens Rois », avec la secte des Jaïns de l'Hindoustan, connue sous le nom des Sauryas. Ils admettent que Brahma est un Devatâ, mais ils contestent son pouvoir créateur, et lui donnent le nom de « Fils de Roi ». Voyez les *Asiatic Researches*, vol. IX, p. 279.

qui constitue, sans contredit, la réponse à la question ci-dessus. Dans Josué X. 13, on voit que le *Livre de Jasher* est mentionné pour corroborer l'outrageante affirmation que le soleil s'arrêta et que la lune suspendit sa course, jusqu'à ce que la nation eût tiré vengeance de ses ennemis. « Cela n'est-il pas écrit dans le livre du Juste? (le *Livre de Jasher*) dit le texte. Dans le 2 Samuel 1.19 le même livre est encore cité; on y lit : « Il est écrit dans le *Livre du Juste* ». Il est clair que le *Livre de Jasher* (le livre du Juste) doit avoir existé; il doit avoir été considéré comme une autorité; il doit avoir été antérieur à Josué; et, puisque le verset d'Esaïe se réfère, sans contredit, au passage ci-dessus mentionné, nous avons autant de raisons pour accepter l'édition courante du *Livre de Jasher* comme une transcription, ou compilation tirée du livre originel, que de croire au *Pentateuque* de la version des Septante en tant qu'annales sacrées primitives des Hébreux.

De toutes manières, Jéhovah n'est pas l'ancien des anciens du *Sohar;* car nous le retrouvons, dans ce livre, discourant avec Dieu le Père au sujet de la création du monde. « Le maître des travaux dit au Seigneur : Faisons l'homme à notre image » (*Sohar* I., fol. 25). Jéhovah n'est que le Métatron, et peut-être même pas le plus élevé, mais seulement un des Æons; car celui qu'Onkelos nomme *Memro*, la « Parole », n'est pas le Jéhovah *exotérique* de la Bible, et il n'est pas non plus le Jahve יהוה, Celui qui Est.

L'inextricable confusion des noms divins est due, au secret qu'ont gardé les cabalistes primitifs, anxieux de mettre le véritable nom mystérieux de « l'Eternel » à l'abri de la profanation, et non moins à la prudence que les alchimistes et occultistes du moyen âge étaient obligés d'adopter pour ne pas mettre leur vie en danger. C'est cette raison qui fit accepter le nom biblique de Jéhovah comme celui du « Dieu unique Vivant ». Tout juif, ancien, prophète, ou homme d'une importance quelconque en connaissait la différence; mais comme cette différence consistait dans la manière de prononcer le « nom », et que sa prononciation exacte était punie de mort, la masse du peuple en était ignorante, car aucun initié n'aurait risqué sa vie pour la leur apprendre. C'est ainsi que la divinité du Sinaï en vint graduellement à être confondue avec « Celui dont le nom n'est connu que des Sages ». Lorsque Capellus écrit : « Quiconque prononcera le nom de Jéhovah sera puni de mort », il commet une double erreur. La première c'est de mettre un *h* à ce nom, s'il veut que cette divinité soit considérée comme mâle ou androgyne, car cette lettre rend le nom féminin, comme il doit être, puisqu'il est un des noms de Binah, la troisième émanation ; sa seconde erreur est d'affirmer que le mot *nokeb* signifie seulement prononcer *distinctement*. Il signifie prononcer *correctement*. Par conséquent il faut envisager le nom biblique de Jéhovah seulement comme un *substitut*, lequel, appartenant à une des « puissances », a été employé pour celui de « l'Eternel ». Il y a, sans doute, une erreur (parmi beaucoup d'autres) dans un texte du *Lévitique*, qui a été corrigé par Cahen, et qui prouve que l'interdiction ne touchait pas le nom exotérique de Jéhovah dont les nombreux autres noms pouvaient être prononcés sans encourir une pénalité quelconque (1). Dans la traduction erronée anglaise on lit : « Celui qui blasphèmera le nom du Seigneur sera puni de mort » (Lévit. XXIV. 16). Cahen le rend beaucoup plus correctement par : « Celui qui blasphèmera le nom de l'*Eternel* sera puni de mort », etc. « L'Eternel » étant quelque chose de plus élevé que le « Seigneur » exotérique et personnel (2).

De même que chez les nations des Gentils, les symboles des Israélites portaient toujours, directement ou indirectement sur le culte du soleil, le Jéhovah exotérique de la Bible est un dieu *double*, comme tous les autres dieux ; et le fait que David — qui est absolument ignorant de Moïse — loue son « Seigneur », et l'assure que « le Seigneur *est* un grand Dieu, et un grand Roi au-dessus de tous les dieux », est d'une importance capitale pour les descendants de Jacob et de David, mais leur Dieu national n'a absolument rien à faire avec nous. Nous sommes tout prêts à montrer au « Seigneur Dieu » d'Israël le même respect que nous professons pour Brahma, Zeus ou n'importe quelle autre Divinité secondaire. Mais nous refusons catégorique-

1. Comme par exemple, Shaddaï, Elohim, Sabaoth, etc.
2. *Bible hébraïque* de Cahen, III, p. 117.

ment de reconnaître en lui, soit la divinité qu'adorait Moïse, ou le « Père » de Jésus, ou même le « Nom Ineffable » des cabalistes. Jéhovah est, peut-être, un des *Elohim*, employés dans la *formation* (nous ne disons pas la création) de l'univers, un des architectes qui édifia avec des matériaux préexistants, mais il n'a jamais été la cause « Inconnaissable » qui créa le « bara » dans la nuit de l'Eternité. Ces Elohim commencent par former et bénir; puis ils *maudissent* et *détruisent ;* en tant qu'une de ces puissances, Jéhovah est tour à tour bienfaisant et malfaisant ; il punit à un moment donné pour se repentir ensuite. Il est l'antitype de plusieurs patriarches, — d'Esaü et de Jacob, les jumeaux allégoriques, symboles du double principe qui se manifeste toujours dans la nature. De même Jacob, qui est Israël, est le pilier de gauche — le principe féminin d'Esaü, qui est le pilier de droite et le principe mâle. Lorsqu'il lutte avec Malach-Iho, le Seigneur, c'est celui-ci qui devient le pilier de *droite,* et Jacob-Israël appelle Dieu ; bien que les traducteurs de la Bible aient cherché à le transformer en un simple « ange du Seigneur » (Genèse XXXII) Jacob le terrassa — de même que la matière est souvent victorieuse de l'esprit — mais il eut la *hanche* démise dans la lutte.

Le nom d'Israël est dérivé d'Isaral ou d'Asar, le Dieu Solaire, connu sous les noms de Suryal, Surya, et Sur. Israël signifie « luttant avec Dieu ». Le « soleil se levant sur Jacob-Israël », est le Dieu-*Solaire* Isaral, qui féconde la *matière* ou la terre, représentée par le Jacob *féminin.* Comme d'habitude, cette allégorie a plusieurs significations cachées dans la Cabale. Esaü, Æsaou et Asu, sont aussi le Soleil. De même que le « Seigneur », Esaü lutte avec Jacob, mais ne sort pas vainqueur du combat. Le Dieu-Solaire lutte premièrement contre lui, et forme ensuite un pacte avec lui.

« *Le soleil se levait,* lorsqu'il passa Péniel et *Jacob boitait de la hanche* » (Genèse XXXII. 31) *Israël* Jacob combattu par son frère Esaü, c'est *Samael,* et « les noms de Samael sont Azazel et *Satan* » (le combattant).

Si l'on prétend que Moïse n'était pas au courant de la philosophie hindoue, et que, par conséquent, il n'a pas pu prendre Siva, le régénérateur et le destructeur, comme modèle pour son Jéhovah, nous devons admettre qu'une intuition miraculeuse, internationale pousse chaque nation à choisir pour sa divinité nationale exotérique, le double type que nous retrouvons dans le « Seigneur Dieu » d'Israël. Toutes ces fables parlent par elles-mêmes. Siva, Jéhovah, Osiris, sont, tous, le symbole du principe actif, par excellence, de la nature. Ce sont les forces qui président à la formation ou à la *régénérescence* de la matière et à sa destruction. Ce sont les types de la Vie et de la Mort, se fécondant et se décomposant sous le flux incessant de *l'anima mundi*, l'Ame Universelle et intellectuelle, l'esprit invisible, mais toujours présent, qui est derrière la corrélation des forces aveugles. Cet esprit, seul, est immuable, et par conséquent, les forces de l'univers, la cause et l'effet, sont toujours en parfaite harmonie avec la Grande Loi Unique et Immuable. La Vie Spirituelle est l'unique principe primordial, *là-haut ;* la Vie Physique est le principe primordial, ici-bas, mais ils sont Un sous leur double aspect. Lorsque l'Esprit est complètement libéré des entraves de la corrélation et que son essence s'est purifiée au point d'être réunie à sa CAUSE, il peut — mais qui dira s'il le veut en réalité — avoir une lueur de la Vérité Eternelle. Jusqu'à ce moment, ne nous élevons pas d'idoles à notre propre image, et n'acceptons pas les ténèbres à la place de la Lumière Eternelle.

Le plus grand tort de notre siècle a été de vouloir comparer les mérites relatifs de toutes les anciennes religions, et de tourner en ridicule les doctrines de la *Cabale* et autres superstitions.

Mais la vérité est plus étrange encore que la fiction ; et cet adage, ancien comme le monde, s'applique parfaitement au cas en question. La « sagesse » des âges archaïques ou la « doctrine secrète » incorporée dans la *Cabale Orientale,* dont, nous l'avons déjà dit, celle des Rabbins n'est qu'un abrégé, n'est pas morte avec les Philalethéens de la dernière Ecole Eclectique. La *Gnose* plane encore sur la terre et ses fidèles, bien qu'inconnus, sont nombreux. Les fraternités secrètes de cette catégorie ont été mentionnées avant l'époque de Mackenzie, par plus d'un auteur. Si on les a tenues pour des fictions de romanciers, ceci n'a fait qu'aider les « frères adeptes » à garder plus aisément leur incognito. Nous en avons personnellement connu quelques-uns, qui avaient vu l'histoire de leurs loges, les communautés dans lesquelles ils vivaient et les merveilleux pouvoirs qu'ils exerçaient depuis de longues années niés et tournés en ridicule par des sceptiques qui ne soupçonnaient pas à qui ils avaient affaire. Quelques-uns de ces frères appartiennent au groupe peu nombreux des « voyageurs ». Jusqu'à la fin de l'heureux règne de Louis-Philippe, les garçons d'hôtel parisiens et les fournisseurs leur donnaient pompeusement le titre de « nobles étrangers » et on les prenait innocemment pour des « Boyards », des « Hospodars » valacques, des « Nababs » hindous et des « Margraves » hongrois, qui affluaient à la capitale du monde civilisé pour admirer ses monuments et jouir de ses plaisirs. Il y en eut, toutefois, d'assez *fous* pour croire que la présence de certains mystérieux hôtes à Paris, avait une relation quelconque avec les événements politiques qui eurent lieu par la suite. Ceux-ci rappellent, du moins comme de curieuses coïncidences la Révolution de 1793, le scandale des Mers du Sud, immédiatement après l'arrivée des « nobles étrangers » qui avaient révolutionné Paris plus ou moins longtemps soit par leurs doctrines mystiques, soit par leurs « dons surnaturels ». Les Saint-Germain et les Cagliostro de notre siècle ayant appris d'amères leçons à la suite des diffamations et des persécutions du passé, adoptent aujourd'hui une tactique différente.

Mais nombre de ces fraternités mystiques n'ont rien du tout à faire avec les pays « civilisés », et c'est au sein de leurs communautés ignorées, que se cachent les ombres du passé. Ces *adeptes*, s'ils le voulaient, pourraient revendiquer d'étranges ancêtres, et exhiber des documents authentiques qui fourniraient l'explication de plus d'une page mystérieuse de l'histoire profane et sacrée. Si la clé des écritures hiératiques, et le secret des symbolismes égyptien et hindou avaient été connus des Pères chrétiens, ils n'auraient pas laissé debout un seul monument antique. Et cependant, si nous sommes bien informés — et nous avons la prétention de l'être — il n'en existe pas un seul dans toute l'Egypte, dont les annales secrètes et les hiéroglyphes n'aient pas été soigneusement enregistrées par la caste sacerdotale. Ces annales existent encore aujourd'hui, bien « qu'inexistantes » pour le public en général, et bien que les monuments eux-mêmes aient à jamais disparu.

Sur quarante-sept tombeaux de rois, près de Gornore, mentionnés par les prêtres égyptiens sur leurs registres sacrés, dix-sept seulement sont connus du public, suivant Diodore Siculus, qui visita l'emplacement, environ soixante ans avant J.-C. Malgré cette preuve *historique*, nous affirmons que le nombre entier existe encore à ce jour, et le tombeau royal découvert par Belzoni, dans les montagnes de grès de Biban-el-Melook (Melech ?) n'en est qu'un faible spécimen. Nous ajouterons, en outre, que les Chrétiens-arabes, les moines, disséminés dans leurs pauvres couvents désolés, sur les confins du désert de Lybie, connaissent l'existence de ces reliques ignorées. Mais ce sont des Coptes, les seuls survivants de la véritable race égyptienne, et les Coptes, d'une nature plus prédominante que celle des moines chrétiens, gardent le silence ; pour quelle raison ? ce n'est pas à nous à le dire. Il y en a qui croient que leur vêtement monacal n'est qu'un masque, et qu'ils ont choisi leur demeure dans ces déserts arides et désolés, entourés de tribus musulmanes, dans un but tout spécial à eux seul connu. Quoi qu'il en soit, les moines grecs de la Palestine les tiennent en haute estime ; il court même une rumeur parmi les pèlerins chrétiens de Jérusalem, qui accourent en grand nombre à Pâques au Saint-Sépulcre, que le feu sacré du ciel ne descend jamais aussi *miraculeusement* que lorsque ces moines du désert sont là pour le faire descendre par leurs prières (1).

« Le royaume des Cieux est violenté, et les impétueux le prennent de force. » Les candidats sont nombreux qui assiègent la porte de ceux ayant la réputation de connaître le chemin qui conduit aux confréries secrètes. La grande

1. Les moines grecs font exécuter ce *miracle* pour les *fidèles* tous les ans, dans la nuit avant Pâques. Des milliers de pèlerins attendent pour allumer leurs cierges à ce feu sacré, qui descend de la voûte de la chapelle et flotte au-dessus du sépulcre en langues de feu, à l'heure précise et au moment donné, jusqu'à ce que chacun des milliers de pèlerins y ait allumé son cierge.

majorité s'en voit refuser l'entrée, et ils s'en vont en interprétant le refus comme une preuve de la non-existence de ces sociétés secrètes. Sur la minorité qui est acceptée, plus des deux tiers échouent aux épreuves. La septième règle des anciennes confréries de Rose-Croix, qui est universelle pour toutes les véritables sociétés secrètes : « On devient un Rose-Croix, *on ne le fait pas* », est plus que la généralité des hommes est capable d'endurer. Mais n'allez pas supposer qu'aucun candidat ayant échoué, osera divulguer au monde même le peu qu'il a appris, ainsi que c'est le cas pour beaucoup de Francs-Maçons. Nul ne sait mieux qu'eux combien il est improbable qu'un néophyte révèle ce qui lui a été communiqué. Ces sociétés continueront à laisser nier leur existence sans dire un mot, jusqu'au jour où elles jetteront le masque en faisant voir jusqu'à quel point elles sont maîtresses de la situation.

CHAPITRE IX

« Toutes choses sont *régies du sein de cette* triade. »

Lydus : *De Mensibus* 20.

« Que le ciel tourne *trois fois sur son axe perpé-pétuel.* »

Ovide. *Fait.* IV.

« Balaam dit à Balak : Bâtis-moi ici *sept* autels et prépare-moi ici *sept* taureaux et *sept* béliers. »

Nombre XXIII, 1-2.

« Toutes les créatures qui m'ont offensé seront détruites dans *sept* jours, mais toi tu seras sauvé dans un vaisseau miraculeusement construit ; prends par conséquent... avec *sept* saints hommes, vos femmes respectives, et des couples de toutes espèces d'animaux, et entrez sans crainte dans l'arche ; tu connaîtras alors Dieu face à face, et toutes tes questions seront répondues. »

Bhagavata Purana.

« Et l'Eternel dit ; J'exterminerai de la face de la terre l'homme que j'ai créé... Mais j'établis encore mon alliance avec toi... tu entreras dans l'arche toi et tes fils... car encore *sept* jours et je ferai pleuvoir sur la terre. »

Genèse VI-VII.

« Le Tetraklys n'était pas honoré surtout parce qu'on y trouve toutes les symphonies, mais aussi parce qu'il contient la nature de toutes choses. »

Théos de Smyrne. *Mathem,* p. 147.

Sommaire

Le mystère du nombre sept. — Les Brahmans interprètent le Rig-Véda. — Antiquité relative des Védas et de la Bible. — Masques sans acteurs, et êtres sans noms. — Haute valeur de « l'Atharva Véda ». — Dédain des Européens pour les savants hindous. — Origine moderne du sabbat chrétien. — Les « Jours » de la Genèse ; « Jours » de Brahma. — Curieuse interprétation de Noé. — Récits hindous du Déluge. — Le silence des Védas est hautement significatif. — Antiquité de la Mahäbârata. — Les lois Mosaïques sont copiées du Manou. — Réflexions sur les Aryens. Ethiopiens Kamiques et Orientaux. — Légendes des deux dynasties hindoues. — David le Roi Arthur israélite. — Ezéchiel le Messie attendu. — Opinion de George Smith au sujet de Sargon. — Eve-Lélith et Eve. — L'Orante égyptien. — Adam le protolype de Noé. —

L'Adonai juif et l'Adanari hindou. — Enoch le type de l'homme double. — Discussion sur le Zodiaque. — Le signe Libra aurait été inventé par les Grecs. — Les Patriaches bibliques ne seraient que des signes du Zodiaque. — Explication complète de la Roue d'Ezéchiel. — Libra identique à Enoch et à Hermès. — Ariès est l'Adam de poussière. — Dynasties des Radjâpatis. — L'homme archétype était sphéroïdal. — La véritable Bible hébraïque est un livre secret.

Nous aurions accompli notre tâche bien imparfaitement, si nous n'avions pas démontré dans les chapitres précédents que le Judaïsme, le Gnosticisme primitif et postérieur, le Christianisme et même la Maçonnerie chrétienne, ont tous été édifiés sur les mêmes mythes, symboles et allégories cosmiques dont la compréhension n'est parfaite que pour ceux qui en ont hérité la clé de leurs inventeurs.

Dans les pages qui suivront, nous essaierons de faire voir combien ils ont été faussement interprétés par les systèmes ci-dessus énumérés, si différents et cependant si intimement liés, afin de les faire cadrer avec leurs besoins individuels. De cette manière, non seulement les étudiants en tireront utilité, mais nous rendrons un acte de justice nécessaire quoique longtemps différé, aux générations primitives, au génie desquelles l'humanité entière est redevable. Commençons par comparer les mythes bibliques avec ceux des livres sacrés d'autres nations, afin d'établir quels sont les originaux et quels sont les copies.

Deux méthodes seulement, correctement interprétées, nous permettront d'arriver à ce résultat. Ce sont les *Védas*, la littérature brahmanique et la *Cabale* juive.

Les premiers ont conçu ces mystères grandioses dans un esprit hautement philosophique ; la Cabale juive, en les empruntant aux Chaldéens et aux Persans, les a façonnés en une histoire du peuple juif, dans laquelle l'esprit philosophique a été enfoui, sous des formes bien plus absurdes que celles que leur donnèrent les Aryens, jusqu'à être absolument méconnaissables pour tous autres que les élus. La *Bible* des Chrétiens est le dernier échafaudage de cette nature, d'allégories défigurées, dont on a construit un édifice de superstition tel qu'il n'avait jamais germé dans le cerveau de ceux qui transmirent leur enseignement à l'Eglise. Les fables abstraites de l'antiquité, qui depuis des siècles ont fait miroiter à l'imagination populaire leurs ombres fugitives et leurs images incertaines, ont pris dans le Christianisme des formes concrètes et se sont transformées en faits accomplis. Les allégories s'y métamorphosent en histoire sacrée, et les mythes païens sont enseignés au peuple comme le récit révélé des rapports de Dieu, avec Son peuple élu.

« Les mythes », dit Horace dans son *Ars Poetica*, « ont été inventés par les sages pour fortifier les lois et enseigner les vérités morales. » Tandis qu'Horace s'efforce d'éclaircir l'esprit même et l'essence des anciens mythes, Euhemérus prétend, au contraire, que les « mythes étaient l'histoire légendaire des rois et des héros, transformés en dieux par l'admiration populaire ». C'est cette méthode qu'ont adoptée les Chrétiens par voie de déduction lorsqu'ils convinrent d'accepter les patriarches euphémiques en les prenant pour des hommes qui auraient réellement vécu.

Mais contre cette théorie néfaste, qui a porté de si mauvais fruits, nous avons toute la série des plus grands philosophes que le monde a produits : Platon, Epicharmus, Socrate, Empédocle, Plotin et Porphyre, Proclus, Damascène, Origène et même Aristote. Ce dernier donne clairement à entendre cette vérité, en disant qu'une tradition de la plus haute antiquité, transmise à la postérité sous forme de mythes divers, nous enseigne que les premiers principes de la nature doivent être considérés comme des « dieux », car le *divin* interpénètre la nature tout entière. Tout le reste, les détails et les personnages sont des ajoutures postérieures pour la plus parfaite compréhension des masses, et souvent aussi dans le but de soutenir les lois inventées dans un intérêt commun.

Les contes de fées ne sont pas seulement du domaine des bonnes d'enfant ; l'humanité tout entière, — sauf les rares individus qui de tous temps ont compris leur signification secrète, et ont essayé de désiller les yeux de la superstition, — a prêté l'oreille à ces histoires sous une forme ou sous une autre et après les avoir transformées en symboles sacrés, a baptisé leur résultat du nom de RELIGION !

Nous chercherons à systématiser notre sujet autant que le permettra la nécessité de tirer les parallèles entre les opinions contradictoires, basées sur ces mythes eux-mêmes. Commençons donc par le livre de la *Genèse*, et cherchons sa signification secrète dans les traditions brahmaniques et la *Cabale* chaldéo-judaïque.

La première leçon biblique qu'on nous a enseignée dans notre enfance était que Dieu créa le monde en six jours et se reposa le *septième* jour; d'où vient qu'une solennité toute spéciale se rattache à ce septième jour, et les Chrétiens, ayant adopté l'observation rigide du sabbat juif, nous l'ont imposé en y substituant le premier jour de la semaine, au lieu du septième.

Tous les systèmes de mysticisme religieux sont basés sur les nombres. Chez Pythagore, la monade ou l'unité, émanant la duade, et formant, ainsi, la trinité, et le quaternaire ou Arba-il (le *quatre* mystique) concourent à former le nombre sept. Le caractère sacré des nombres commence avec le nombre Un, — l'UN, et se termine avec le zéro — symbole du cercle infini et sans bornes qui représente l'univers. Tous les nombres intermédiaires, dans quelle combinaison ou multiplication que ce soit, représentent des notions philosophiques, depuis la vague ébauche jusqu'à l'axiome scientifique définitivement établi, se rapportant à un fait moral ou physique de la nature. Ce sont les clés des anciennes notions de la cosmogonie, prise dans son ensemble, embrassant les hommes, les êtres et l'évolution de la race humaine, spirituellement aussi bien que physiquement.

Le nombre *sept* est le plus sacré de tous, et il est, sans aucun doute, d'origine hindoue. Les philosophes Aryens, rapportaient et calculaient au moyen de ce nombre, tout ce qui avait une importance quelconque, — les idées aussi bien que les localités. C'est ainsi qu'ils avaient : les *Sapta-Rishi*, ou sept sages, types des sept races primitives diluviennes, (ou post-diluviennes selon d'aucuns) les *Sapta-Loka*, les sept mondes inférieurs et sept supérieurs, d'ou tous ces rishis procédaient et où ils retournaient dans la gloire, avant d'atteindre la béatitude parfaite de Moksha (1).

1. Les *Rishis* sont identiques aux *Manous*. Les dix Prajâpati, fils de Viradj, nommés Maritchi, Atri, Angira, Pôlastya, Poulaha, Kratu, Pracheta, Vasishta, Brighu et Narada sont des *Pouvoirs euphémiques*, les Sephiroth hindous. Ceux-ci émanent les sept *Rishis* ou *Manous* dont le

Les *Sapta-Kula*, ou les sept castes — les Brahmanes prétendant représenter les descendants de la plus élevée de celles-ci (1).

Puis il y a encore les Sapta-Pura (les sept villes saintes) ; les Sapta-Dvipa (les sept îles saintes) ; les Sapta-Samudra (les sept lacs sacrés) ; les Sapta-Parvata (les sept montagnes saintes) ; les Sapta-Arania (les sept désers sacrés) ; les Sapta-Vruksha (les sept arbres sacrés), et ainsi de suite.

Dans l'incantation Chaldéo-Babylonienne, ce nombre apparaît d'une manière aussi prononcée que chez les hindous. Les attributs de ce nombre sont *doubles*, c'est-à-dire que s'il est sacré dans un de ses aspects, il devient néfaste dans d'autres conditions. Nous voyons ainsi l'incantation suivante tracée sur des tablettes assyriennes, interprétées aujourd'hui avec tant d'exactitude.

« Le soir du mauvais présage, la région du firmament, qui produit l'infortune...

« Le Message de la peste.

« Les déprécateurs de Nin-Ki-Gal.

« Les sept dieux du vaste firmament.

« Les sept dieux de la vaste terre.

« Les sept dieux des sphères ardentes.

« Les sept dieux de la légion céleste.

« Les sept dieux malfaisants.

« Les sept mauvais fantômes.

« Les sept fantômes des flammes malfaisantes...

« Le mauvais démon, mauvais *alal*, mauvais *gigim*, mauvais *télal*... le méchant dieu, le méchant *maskim*.

« Rappelle-toi, esprit des sept cieux... Rappelle-toi esprit des sept terres..., etc. »

principal sortit de « l'incréé ». C'est l'Adam de la terre, et il représente l'homme. Ses « fils », les six Manous suivants, représentent chacun une race d'hommes, et dans l'ensemble ils constituent l'humanité, passant graduellement à travers les sept stages primitifs de l'évolution.

1. Anciennement lorsque les Brahmanes étudiaient plus qu'ils ne le font aujourd'hui le sens caché de leur philosophie, ils expliquaient que chacune de ces six races distinctes qui précédèrent la nôtre avaient disparu. Mais, aujourd'hui, ils prétendent qu'un spécimen fut préservé et ne fut pas anéanti avec le reste, mais qu'il atteint le *septième* degré actuel. Par conséquent, eux, les Brahmanes, sont les spécimens du Manou céleste, et furent émis de la bouche de Brahma ; tandis que les Sudras furent créés de son pied.

Ce nombre apparaît également presque à chaque page de la *Genèse*, et dans tous les livres mosaïques, et nous le retrouvons bien en vue (voyez le chapitre suivant) dans le *Livre de Job* et la *Cabale* orientale. Si les sémites hébreux l'adoptèrent si aisément, ce ne fut certes pas à l'aveuglette, mais bien en connaissance de cause pour sa signification cachée ; ils ont dû, par conséquent, adopter aussi les doctrines de leurs voisins « païens ». Quoi de plus naturel, alors, que nous cherchions dans la philosophie *païenne*, l'interprétation de ce nombre, qui réapparaît dans le christianisme dans les *sept* sacrements, les *sept* églises de l'Asie Mineure, les *sept* péchés capitaux, les *sept* vertus (quatre cardinales et trois théologales), etc.

Les sept couleurs du prisme de l'arc-en-ciel vu par Noé, n'ont-elles pas d'autre signification que celle d'une alliance entre Dieu et l'homme, pour rafraichir la mémoire de celui-là ? Du moins, pour le cabaliste, elles ont une signification inséparable des sept travaux de la magie, des sept sphères supérieures, des sept notes de la gamme musicale, des sept nombres de Pythagore, des sept merveilles du monde, des sept âges, et même des sept pas des Franc-Maçons qui conduisent au Saint des Saints après avoir passé par les degrés de *trois* et de *cinq*.

Quelle est alors l'identité de ces nombres énigmatiques, qui reviennent constamment et que nous trouvons à chaque page des Ecritures Juives, de même que dans chaque verset des livres bouddhistes ou brahmaniquee ? D'où viennent ces nombres qui sont l'âme de la pensée pythagoricienne et platonicienne et qu'aucun orientaliste ou étudiant biblique non-illuminé n'est capable d'approfondir ? Et cependant ils ont la clé entre les mains, si seulement ils savaient s'en servir. La valeur mystique du langage humain et ses effets sur l'action humaine ne sont nulle part si parfaitement compris que dans l'Inde, ni mieux expliqués que par les auteurs des plus anciens *Brahmanas*. Si ancienne que paraisse aujourd'hui cette époque lointaine, ils ne font qu'essayer d'exprimer, d'une manière plus concrète, les spéculations abstraites, métaphysiques de leurs propres ancêtres.

Tel est le respect que professent les Brahmanes pour les mystères du sacrifice, qu'ils soutiennent que la création du monde lui-même, est une conséquence du « mot sacrificiel » pronsncé par la Cause Première. Ce mot est le « Nom Ineffable » des cabalistes, que nous avons traité au long dans le chapitre précédent.

Tout en étant la « Connaissance Sacrée », le secret des *Védas* est impénétrable sans le secours des *Brahmanas*. A vrai dire, les *Védas* (qui sont écrits en vers et comprennent quatre livres) constituent la partie nommée les *Mantras*, ou prière magique, et les *Brahmanas* (écrits en prose) en sont la clé. Tandis que seule la partie des Mantras est considérée comme sainte, les Brahmanas contiennent toute l'exégèse théologique, les spéculations et les explications sacerdotales. Nos orientalistes, nous le répétons, ne feront aucun progrès important vers la compréhension de la littérature védique, s'il n'apprennent à apprécier à leur juste valeur les ouvrages qu'ils méprisent aujourd'hui ; comme par exemple, le *Aitareya* et les *Kausihtaki Brâhmanas*, qui font partie du *Rig-Véda*.

On appelait Zoroastre un *Manthran*, ou réciteur de Mantras, et, suivant Haug, un des premiers noms donnés aux Ecritures Sacrées des Parsis, était *Mânthra-spenta*. Le pouvoir et la signification du Brahmane qui fait office de prêtre Hotri, dans le Sacrifice du Soma, réside dans sa possession et sa connaissance des usages de la parole ou mot sacré — *Vâch*. Celui-ci est personnifié dans Sara-isvati, l'épouse de Brahma, qui est la déesse de la « Connaissance Secrète » ou sacrée. On la représente généralement montée sur un paon, faisant la roue. Les yeux sur les plumes de l'oiseau sont le symbole des yeux toujours ouverts qui voient tout. Ils rappellent à celui qui ambitionne de devenir un adepte de la « Doctrine Secrète », qu'il faut qu'il ait les cent yeux d'Argus pour tout voir et tout comprendre.

Voilà pourquoi nous disons qu'il est impossible de résoudre entièrement les profonds problèmes des livres sacrés brahmaniques et bouddhistes, sans la parfaite compréhension de la signification ésotérique des nombres de Pythagore. Le plus grand pouvoir de ce Vâch, ou Parole Sacrée, se développe suivant la forme donnée au Mantra par le Hotri officiant, et cette forme réside tout entière dans les nombres et les syllabes de la mesure sacrée. Si on le prononce lentement et suivant un certain rythme, il se produira un effet ; si on le prononce rapidement et sur un autre rythme le résultat est différent. « Chaque mètre » dit Haug, « est le maître invisible de quelque chose visible dans ce monde : il est, pour ainsi dire, son représentant et son idéal. Cette puissante signification de la parole métrique provient du nombre des syllabes qui la composent, car chaque chose a, (comme dans le système pythagoricien) une certaine proportion numérique. Toutes ces choses, les mètres (chandas), les stomas et les prishthas, sont censées être aussi éternelles et aussi divines que les mots eux-mêmes qu'ils renferment. Les prêtres hindous primitifs, non seulement croyaient à la révélation des mots constituant les textes sacrés, mais même à celle des diverses formes. Ces formes, de même que leur contenu, les paroles *védiques* éternelles, sont le symbole des choses du monde invisible, comparables dans bien des cas, aux idées de Platon. »

Cette attestation d'un témoin récalcitrant vient encore démontrer l'identité qui existe entre les anciennes religions quant à leurs doctrines secrètes. Le mètre (pied) Gâyatri, par exemple, comprend *trois fois huit* syllabes, et on le considère comme le plus sacré de tous les mètres. C'est la mesure d'Agni, le dieu du feu, et il devient à de certains moments, l'emblème de Brahma lui-même, le principal créateur, et « celui qui façonne » l'homme à son image. Or, Pythagore dit que : « Le nombre huit, ou l'Octade, est le premier cube, c'est-à-dire, carré dans tous les sens, comme un dé, procédant de sa racine deux, ou nombre pair ; *c'est ainsi que l'homme est le carré de quatre, ou parfait.* » Naturellement, à l'exception des Pythagoriciens et des cabalistes, rares sont ceux qui peuvent complètement saisir cette idée ; mais cet exemple suffit pour démontrer la parenté étroite qui existe entre les nombres et les *Mantras* védiques. Le problème essentiel de chaque théologie se cache sous cette image du feu et du rythme varié des flammes. Le Buisson Ardent de la Bible, les feux sacrés des Zoroastriens et d'autres, l'âme universelle de Platon, et les doctrines des Rose-croix, tant au sujet de l'âme que du corps humain évoluant du feu, l'élément raisonnant et immortel qui pénètre toutes choses, et qui est Dieu suivant

Héraclite, Hippocrate, et Parménide, ont tous la même signification.

Chaque mesure (pied) des *Brahmanas* correspond à un nombre et, comme le démontre Haug, tel qu'il est dans les volumes sacrés, il est le prototype d'une forme ici-bas, et ses effets sont bons ou mauvais. La « parole sacrée » peut sauver, mais elle peut aussi tuer ; ses nombreuses interprétations et ses pouvoirs ne sont connus que des *Dikshitas* (les adeptes), qui ont été initiés à de nombreux mystères, et dont la « naissance spirituelle » est accomplie ; le Vâch du *Mantra*, est un pouvoir articulé, qui éveille un pouvoir correspondant et plus occulte ; chacun de ces pouvoirs est personnifié allégoriquement par un dieu dans le monde des esprits et, suivant la manière dont il est utilisé, on obtient une réponse des dieux ou des *Rakshasas* (les mauvais esprits). Suivant les notions brahmaniques et bouddhiques, une malédiction, une bénédiction, un vœu, un désir, une pensée fugitive, prennent tous une forme visible et se manifestent *objectivement* à la vue de leurs auteurs, ou de celui qui en est l'objet. Chaque péché s'incarne, pour ainsi dire, et comme un démon vengeur poursuit son auteur.

Il y a des mots qui ont un pouvoir destructeur dans les syllabes mêmes qui le constituent, comme si c'étaient des choses objectives ; car, chaque son éveille un son correspondant dans le monde invisible de l'esprit, et sa répercussion produit soit un bon, soit un mauvais effet. Un rythme harmonieux, une mélodie vibrant doucement dans l'atmosphère, crée à la ronde une douce et bienfaisante influence, et agit puissamment sur les natures psychologiques aussi bien que physiques de tout être vivant sur la terre ; il réagit même sur les objets inanimés, car la matière est encore spirituelle par son essence, tout invisible que ceci puisse paraître à nos sens plus grossiers.

Il en est de même des nombres. Où que ce soit que nous nous tournions, des Prophètes à l'Apocalypse, nous voyons que les auteurs bibliques se servent constamment des nombres, *trois*, *quatre*, *sept* et *douze*.

Néanmoins nous avons connu des partisans de la *Bible* qui soutiennent que les *Védas* ont été copiés des livres mosaïques (1) ! Les *Védas*, écrits en sanscrit, langage dont les règles grammaticales et les formes (ainsi que l'avouent Max Müller et d'autres savants, *étaient établies* longtemps avant que la grande vague d'émigration l'ait porté de l'Asie sur tout l'Occident), sont là pour proclamer leur parenté avec chaque philosophie, et chaque institution religieuse qui se développa dans la suite, parmi les peuples sémites. Et quels sont les nombres qui reviennent le plus souvent dans les chants sanscrits, ces hymnes sublimes à la création, à l'unité de Dieu, et aux innombrables manifestations de Sa puissance ? UN, TROIS et SEPT. Ecoutez l'hymne de Dirghatamas :

« A CELUI QUI REPRÉSENTE TOUS LES DIEUX. »

« Le *Dieu* ici présent, notre bienheureux patron, notre sacrificateur, a un frère qui s'étend à mi-air. Il existe un *troisième* Frère, que nous aspergeons avec nos libations... C'est lui que j'ai reconnu comme le maître des hommes, armé des *sept* rayons (2). »

Et encore :

« *Sept* reines concourent à conduire un char qui n'a qu'UNE seule roue, et qui est tiré par un seul cheval qui luit de *sept* rayons. La roue a *trois* membres, roue immortelle, inlassable, à laquelle sont suspendus tous les mondes. »

« Parfois *sept* chevaux entraînent un chariot avec *sept* roues, et *sept* personnages y prennent place, accompagnés de *sept* fécondes nymphes des eaux. »

Et puis encore le suivant à l'honneur du dieu du feu, *Agni*, qu'on reconnaît clairement n'est qu'un esprit subordonné au Dieu UN.

« Toujours UN, bien qu'ayant *trois* formes d'une double nature (androgyne) — il s'élève ! et les prêtres offrent à *Dieu*, dans l'acte du sacrifice, leurs prières qui atteignent le ciel, emportées là-haut par Agni. »

Sommes-nous ici en présence d'une coïncidence, ou, plutôt, ainsi que la raison nous l'enseigne, n'est-ce que le ré-

1. Afin d'éviter une discussion, nous adoptons les conclusions paléographiques de Martin Haug et d'autres savants prudents. Personnellement nous acceptons les affirmations brahmaniques et celles de Halhed, le traducteur des *Shastras*.

2. Le dieu Heptaktis.

sultat de la dérivation de beaucoup de cultes nationaux d'un culte primitif, d'une religion universelle ? Un *mystère* pour les non initiés ; mais pour l'initié c'est la levée du voile des problèmes psychologiques et physiologiques les plus sublimes (en raison de leur exactitude et de leur vérité). C'est la révélation de l'esprit personnel de l'homme, qui est divin parce que cet esprit est non seulement l'émanation du Dieu UNIQUE suprême, mais c'est le seul Dieu que l'homme dans sa débilité et son impuissance soit capable de comprendre — de sentir *au dedans* de lui. C'est cette vérité que reconnaît le poète védique lorsqu'il dit :

« Le Seigneur, le Maître de l'univers, plein de sagesse, est entré chez moi (au dedans de moi) — faible et ignorant — et il m'a formé de *lui-même*, à cet endroit (1), où les esprits acquièrent, à l'aide de la *Science*, la paisible jouissance du *fruit*, doux comme l'ambroisie. »

Que ce fruit soit « une pomme » de l'Arbre de la Connaissance ou le pippala du poète hindou, cela n'a pas d'importance. C'est le fruit de la sagesse ésotérique. Notre but est de montrer l'existence d'un système religieux aux Indes, des milliers d'années avant que la fable exotérique du Jardin d'Eden, ou que le Déluge eussent été inventés. De là l'identité des doctrines. Instruits dans cette doctrine, les initiés d'autres pays devinrent à leur tour, les fondateurs de quelque grande école philosophique de l'Occident.

Lequel de nos savants sanscritistes a jamais pris l'intérêt de découvrir la véritable signification de l'hymne suivant, si évidente qu'elle paraisse : « *Pippala*, le doux fruit de cet arbre sur lequel viennent les *esprits* qui aiment la *science* (?) et où *les dieux produisent toutes les merveilles*. Ceci est un mystère *pour celui qui ne connaît point le Père* du monde. »

Ou cet autre :

« Ces stances portent comme entête qu'elles sont consacrées aux Viswadêvas (c'est-à-dire, à tous les dieux). Celui qui ne connaît pas l'Etre que je chante *dans toutes ses manifestations*, ne comprendra rien à mes vers ; ceux qui LE connaissent, ne sont pas étrangers à cette réunion. »

1. Le sanctuaire de l'initiation.

Ceci a trait à la réunion et à la séparation des parties mortelles et immortelles de l'homme. « L'Être immortel », dit la stance précédente, « est dans le berceau de l'Être mortel. Les deux esprits éternels vont et viennent partout ; seulement quelques hommes connaissent l'un sans connaître l'autre » (*Dirghatamas*).

Qui donnera une idée correcte de Celui dont parle le *Rig-Véda :* « Ce qui est UN, les sages l'appellentde diverses manières. » Cet UN est chanté par les poètes védiques dans toutes ses manifestations de la nature ; et les livres qu'on traite « d'enfantins et bêtes », enseignent comment on peut, à volonté, appeler à notre aide, les êtres de sagesse pour nous instruire. Ils enseignent, comme le dit Porphyre : « la libération de tous les intérêts terrestres... le vol de *l'unique* vers L'UNIQUE ».

Le Professeur Max Müller, dont chaque parole est acceptée par ses partisans comme un évangile philologique, a parfaitement raison dans un sens, lorsqu'il détermine la nature des dieux hindous, en disant que ce sont des « masques sans acteurs... des noms sans êtres, mais non des êtres sans noms (1) ». Il n'établit par cela que le monothéisme de l'ancienne religion védique. Mais il nous semble plus que douteux que lui ou n'importe quel autre savant de son école, puisse entretenir l'espoir d'approfondir la vieille pensée aryenne (2), sans une étude sérieuse de ces « masques » eux-mêmes. Pour le matérialiste, de même que pour le savant, qui, pour diverses raisons cherchent à élucider le difficile problème de faire cadrer les faits avec leurs propres dadas ou ceux de la Bible, ils ne paraissent être que les fantômes vides de sens. Cependant les autorités de cette nature ne seront, comme elles l'ont toujours été, que les guides les moins autorisés, sauf en ce qui concerne les choses de la science exacte. Les patriarches de la Bible sont

1. *Comparative Mythology*.

2. Bien que nous n'ayons pas l'intention d'entamer ici une discussion à propos des races nomadiques de la « période rhématique », nous nous réservons le droit de douter de la convenance de donner le nom d'Aryens, à cette partie du peuple primitif, aux traditions duquel nous devons les Védas. Quelques savants prétendent que l'existence des Aryens n'est, non seulement, pas prouvée par la science, mais que les traditions de l'Hindoustan protestent contre une pareille affirmation.

aussi bien des « masques sans acteurs » que les prajâpatis, et cependant, si le personnage bien vivant qu'on aperçoit derrière ces masques n'est qu'une ombre abstraite, il s'incorpore une idée dans chacune d'eux, qui appartient aux théories philosophiques et scientifiques de la sagesse antique (1). Et qui rendra de plus grands services à cette occasion, sinon les Brahmanes indigènes eux-mêmes, et les cabalistes ?

Le fait de nier d'emblée qu'il y ait une saine philosophie dans les doctrines Brahmaniques au sujet du *Rig-Véda*, équivaut à refuser de comprendre correctement la religion mère elle-même, qui leur donna naissance et qui est l'expression de la pensée intime des ancêtres directs des auteurs postérieurs des *Brahmanas*. Si les savants européens savent si bien démontrer que tous les dieux védiques ne sont que des masques vides, il faut aussi qu'ils soient préparés à démontrer que les auteurs brahmaniques étaient aussi incapables qu'eux-mêmes, pour découvrir ces « acteurs » en d'autres endroits. Dans ce cas, non seulement les trois autres livres sacrés qui, suivant Max Müller, « ne méritent pas le nom de Védas », mais le Rig-Véda, lui-même, devient un amas confus de paroles inintelligibles ; car ce que l'intelligence subtile et renommée des anciens sages hindous a été incapable de comprendre, aucun savant moderne, tout érudit qu'il soit, ne peut espérer l'approfondir. Le pauvre Thomas Taylor avait raison de dire que « la philologie n'est pas de la philosophie ».

Il est, pour le moins, illogique d'admettre qu'il y a une pensée cachée dans l'œuvre littéraire d'une race, peut-être ethnologiquement différente de la nôtre ; puis de nier qu'elle ait un sens quelconque parce qu'elle est totalement inintelligible pour nous, dont le développement spirituel a pris une direction opposée pendant les quelques milliers

1. Sans les explications ésotériques, l'Ancien Testament,est un mélange confus de récits sans aucune signification.— pire que cela, il doit être classé parmi les livres *immoraux*. Il est étonnant qu'un érudit si profond dans la Mythologie Comparée, comme l'est le Professeur Max Müller, dise des prajâpatis et des dieux hindous que ce sont des *masques sans acteurs ;* et d'Abraham et d'autres patriarches mythiques, que c'étaient des hommes bien vivants ; surtout en parlant d'Abraham, dont il dit (voyez *Semitic Monotheism*) qu'il « se dresse devant nous comme un personnage au second rang, seulement, dans toute l'histoire du monde ».

d'années intermédiaires. Mais c'est précisément ce que font du moins à cet égard le Professeur Max Müller et son école, soit dit avec tout le respect que nous professons pour son érudition.

On nous dit, en premier lieu, que nous pouvons encore marcher sur les traces des auteurs des Védas, mais en ayant soin de le faire avec effort et prudence. « Nous nous verrons remis face à face avec des hommes intelligibles pour nous, *après nous être libérés de nos prétentions modernes*. Nous n'y réussirons pas toujours ; des mots, des versets, que dis-je, des hymnes entiers du *Rig-Véda* demeureront à jamais pour nous lettre morte... Car, à peu d'exceptions près... le monde entier des notions védiques est tellement au delà de notre horizon intellectuel, qu'au lieu de traduire, nous ne pouvons guère que deviner et que supposer (1) ».

Et néanmoins, afin de ne pas laisser la possibilité d'un doute au sujet de la véritable valeur de ses mots, le savant professeur exprime, dans un autre passage, son opinion au sujet de ces mêmes Védas (à une exception près) comme suit : « Le seul important, le seul Véda, c'est le Rig-Véda, les autres soi-disant *Védas* ne méritent pas plus le nom de *Véda*, que le *Talmud* ne mérite celui de *Bible*. Le Professeur Müller les rejette comme indignes de l'attention de qui que ce soit et, si nous comprenons bien sa pensée, parce qu'ils contiennent tout particulièrement « les formules sacrificielles, les charmes et les incantations (2) ».

Qu'il nous soit permis maintenant de poser une question : quelqu'un de nos savants est-il préparé à démontrer que; jusqu'à présent, ils sont intimement au courant du sens caché de ces absurdités « les formules sacrificielles, les charmes et les incantations » et tous les fatras magique de l'*Atharva* Véda ? Il nous est permis d'en douter, et nos doutes sont fondés sur la confession du Professeur Müller lui-même. Si « le monde entier des notions védiques » (le Rig-Véda n'est pas seul mis en cause dans ce *monde* croyons-nous), est tellement au delà de notre horizon intellectuel

1. Les italiques sont de nous. « The Védas », conférence de Max Muller, p. 73.
2. *Chips*. Vol. I, p. 8.

(celui des savants), qu'au lieu de traduire nous ne pouvons encore que deviner et que supposer » ; et que le *Yagur-Véda*, le *Sama-Véda*, et l'*Atharva-Véda* sont « enfantins et bêtes (1) » ; et que les *Brahmanas*, les *Sutras-Yaska* et le *Sayana*, « bien que *contemporains* des hymnes du *Rig-Véda* se complaisent dans les interprétations les plus frivoles et les plus déplacées », comment peut-il, lui-même, ou d'autres savants, se former une opinion adéquate de n'importe laquelle de celles-ci ? Si, de plus, les auteurs des Brahmanas, contemporains des hymnes védiques étaient déjà incapables d'offrir autre chose que des « interprétations déplacées », à quelle période de l'histoire, où et par qui, ces merveilleux poèmes dont le sens mystique s'est éteint avec leur génération, ont-ils été écrits ? Avons-nous, alors, si tort d'affirmer que les textes sacrés trouvés en Egypte sont devenus — même pour les scribes sacerdotaux d'il y a 4.000 ans — parfaitement inintelligibles (2), et que les Brahmanas ne donnent qu'une interprétation « enfantine et bête » du *Rig-Véda*, au moins aussi loin en arrière que cela, alors : 1° les philosophies religieuses égyptiennes et hindoues sont d'une antiquité incalculable, bien antérieurs aux siècles que leur ont assigné nos étudiants de mythologie comparée ; et 2° les prétentions des anciens prêtres de l'Egypte et celles des Brahmanes modernes, au sujet de leur antiquité, sont, après tout, parfaitement correctes.

Nous n'admettons pas que les trois autres *Védas* méritent moins leur nom que les Rig-hymnes, ou que le *Talmud* et la *Cabale* soient, à ce point, inférieurs à la *Bible*. Le seul nom des *Védas* (dont la signification littérale est *connaissance* ou *sagesse*) prouve qu'ils appartiennent à la littérature de ces hommes qui, dans chaque pays, dans chaque langue, et à toute époque, ont eu la réputation de « ceux qui savaient ». En sanscrit, la troisième personne du singulier est *véda* (il sait), et le pluriel est *vidá* (ils savent). Ce mot est synonyme du grec Θεοσέβεια, dont se sert Platon en parlant des *sages* — les magiciens ; et de l'hébreu Hakanim, חכמים (hommes sages). Rejetez le *Tal-*

1. Nous croyons avoir émis autre part une opinion contraire au sujet de l'Atharva-Véda du professeur Whitney, de Yale College.
2. Voyez L'*Egypte* du Baron. Bunsen. Vol V.

mud et son antique prédécesseur la *Cabale*, et il sera impossible de jamais rendre correctement un seul mot de cette Bible, si vantée à leur détriment. Mais c'est probablement ce que désirent ses partisans. Ecarter les *Brahmanas*, c'est écarter la clé qui ouvre la porte du *Rig-Véda*. L'interprétation *littérale* de la Bible a déjà porté ses fruits; il en sera de même des *Védas* et des livres sacrés sanscrits en général, avec cette seule différence, que l'absurde interprétation de la Bible a obtenu depuis longtemps droit de cité dans le domaine du ridicule, et trouve ses partisans, malgré la lumière qui a été faite et les preuves du contraire. Pour ce qui concerne la littérature païenne, après encore quelques années d'essais infructueux pour l'interpréter, sa signification religieuse sera reléguée au néant des superstitions condamnées, et on n'en parlera plus.

Nous désirons être clairement compris avant qu'on ne nous blâme et qu'on ne nous critique au sujet des remarques antérieures. L'énorme somme de connaissances du célèbre professeur d'Oxford ne peut être mise en doute même par ses ennemis, et néanmoins nous avons le droit de regretter sa précipitation pour condamner ce qu'il admet lui-même, comme étant « tellement au delà de notre horizon intellectuel ». Car même dans ce qu'il considère comme une erreur ridicule de la part des auteurs des *Brahmanas*, d'autres personnes plus spirituellement disposées, peuvent y voir tout le contraire. « *Lequel* est le plus grand des dieux? Lequel sera le premier à recevoir la louange de nos chants? » s'écrie un ancien Rishi du *Rig-Véda;* prenant (ainsi que le suppose le professeur M.) le pronon interrogatif « Lequel » pour un nom divin quelconque. Ainsi le professeur dit : « Une place est allouée dans les invocations sacrificielles à un dieu « Lequel », et on lui adresse des hymnes qu'on nomme « hymnes *whoish* » (Intraduisible; note du Trad.) (1). Est-il moins naturel de dire le dieu « Lequel » que le dieu « Je suis » ? ou les hymnes « whoish » sont-ils moins révérencieux que les psaumes « Je suis »? Et qui est-ce qui prouve qu'il s'agit ici d'une erreur et que ce ne soit pas au contraire une expression voulue? Es-t-il aussi

1. Approximativement : hymnes interrogatifs. (Note de l'Éditeur).

impossible de croire que l'étrange expression est le résultat de la crainte révérencieuse, qui fit hésiter le poète avant de donner un nom à la forme considérée, avec raison, comme la plus haute abstraction de l'idéal métaphysique — Dieu ? Ou que le même sentiment obligea le commentateur qui vint après lui, à s'arrêter et à abandonner l'œuvre d'anthropomorphiser « l'Inconnu », le « Lequel » aux conceptions futures de l'humanité ? « Ces anciens poètes », remarque Max Müller, « pensaient plus pour eux-mêmes, que pour les autres. » « Ils cherchaient plutôt, par leur langage, à être conséquents avec leur propre pensée que d'être agréables à l'imagination de leurs auditeurs (1). » Malheureusement, c'est cette pensée, elle-même, qui n'éveille aucun écho dans l'esprit de nos philologues.

Nous lisons, plus loin, le judicieux conseil donné aux étudiants des hymnes du *Rig-Véda*, de réunir, de collationner, de passer au crible et de rejeter. « Qu'il étudie les commentaires, les *Sûtras*, les *Brahmanas*, et de même les ouvrages modernes, afin d'épuiser toutes les sources d'où il pourrait tirer ses informations. Il (l'étudiant) *ne doit mépriser aucune des traditions des Brahmanes*, même là où leurs fausses conceptions... sont palpables... Il ne doit laisser inexploré aucun recoin des *Brahmanas*, des *Soutras*, du *Yaska* et du *Sayana*, *avant d'imposer sa propre interprétation*... Après que l'étudiant aura complété son œuvre, c'est au poète et au philosophe de la reprendre et de la terminer (2). »

Quelle chance aurait un philosophe, s'il voulait empiéter sur le terrain d'un philologue et se permettre de corriger *ses* erreurs ? Comment le public lettré d'Europe et d'Amérique accueillerait-il le plus savant des professeurs hindous, s'il se permettait de relever l'erreur d'un savant qui aurait passé au crible, accepté, rejeté, expliqué et déclaré ce qu'il y avait de bon, ou ce qui était « enfantin et bête » dans les écritures sacrées de leurs ancêtres ? Ce qui aurait été déclaré « une fausse interprétation brahmanique » par le conclave des savants européens et tout particulièrement des allemands, aurait aussi peu de chances d'être reconsidéré

1. *Chips*, vol. I ; *The Vedas*.
2. Max Müller, conférence sur « Les Védas ».

à la demande des pandits les plus érudits de Bénarès ou de Ceylan, que l'interprétation des Ecritures juives de Maïmonide et de Philon le Juif par les Chrétiens, après que les Conciles de l'Eglise eurent accepté les fausses traductions et les explications d'Irénée et d'Eusèbe. Quel est le pandit hindou, ou le philosophe indigène qui soit aussi bien au courant du langage, de la religion ou de la philosophie de ses ancêtres qu'un Anglais ou un Allemand? Ou pourquoi permettrait-on plutôt à un hindou d'exposer la doctrine des brahmanes, qu'à un savant rabbin d'interpréter la religion judaïque ou les prophéties d'Esaïe ? Sans doute avons-nous chez nous des traducteurs bien plus capables et bien plus dignes de foi ! Espérons, néanmoins, qu'on rencontrera enfin, si même ce ne doit avoir lieu que dans un avenir très lointain, un philosophe européen, capable de passer au crible les Ecritures sacrées de la religion-science, sans être contredit par tous les autres de son école.

Entre temps, essayons nous-mêmes de passer au crible quelques-uns de ces mythes de l'antiquité sans nous inquiéter de l'opinion des prétendues autorités en la matière. Nous en chercherons l'explication dans l'interprétation populaire, et nous éclairerons le terrain à l'aide du flambeau du Trismégiste — le mystérieux nombre *sept*. Il doit y avoir une raison pour que ce nombre ait été universellement accepté comme calcul mystique. Chez tous les peuples de l'antiquité, le Créateur, ou le Démiurge a été placé au-dessus du septième ciel. « Et si j'avais à aborder l'initiation à nos Mystères sacrés », dit l'Empereur Julien le Cabaliste, « que les Chaldéens instituèrent à l'instar de ceux de Bacchus par rapport *au Dieu des sept rayons, élevant les âmes par Lui*, je dévoilerai *des choses ignorées, et inconnues de la populace*, mais bien connues des *bienheureux Théurgistes* (1). » Dans *Lydus* il est dit que « les Chaldéens nomment le Dieu IAO, et il est souvent appelé SABAOTH, *comme Celui* qui est au-dessus des sept orbites (cieux ou sphères) c'est-à-dire le Demiurge (2) ».

C'est dans les ouvrages des pythagoriciens et des cabalistes qu'il faut apprendre à connaître la puissance de ce

1. Julien : *In matrem*, p. 173; Julien : *Oratio*, V, 177.
2. Lyd : *De Mensibus*, IV,38-74; *Movers*, p. 550; Dunlap : *Saba*, p. 3.

nombre. Exotériquement, les sept rayons du spectre solaire sont représentés d'une manière concrète dans le dieu Heptakis aux sept rayons. Ces sept rayons, résumés en TROIS rayons primitifs, c'est-à-dire, rouge, bleu et jaune, composent la trinité solaire, et représentent respectivement la matière-esprit, et l'essence-esprit. La science aussi a dernièrement réduit les sept rayons à trois primordiaux, corroborant ainsi la conception scientifique des anciens, au moins d'une des manifestations visibles de la divinité invisible, le sept se divisant en quaternaire et trinité.

Les pythagoriciens nommaient le nombre sept le véhicule de la vie, parce qu'il contient le corps et l'âme. Ils l'expliquaient en disant que le corps humain est composé de quatre éléments principaux, et que l'âme est triple, car elle comprend la raison, la passion et le désir. La PAROLE ineffable était considérée la *Septième*, la plus élevée de toutes, car il y a six substituts mineurs, appartenant, chacun, à un degré de l'initiation. Les Juifs empruntèrent leur Sabbat aux anciens, qui l'appelaient le jour de *Saturne* et lui attribuaient une influence fâcheuse ; et non ceux-là aux Israélites après leur conversion au christianisme. Les nations de l'Inde, de l'Arabie, de la Syrie et de l'Egypte avaient des semaines de sept jours ; et les Romains apprirent la méthode hebdomadaire de ces pays étrangers lorsque ceux-ci furent assujettis par l'Empire. Ce ne fut, néanmoins, qu'au IVᵉ siècle qu'on abandonna les calendes romains pour y substituer la computation par semaines ; et les noms astronomiques de *dies Solis* (jour du Soleil), *dies Lunæ* (jour de la Lune), *dies Martis* (jour de Mars), *dies Mercurii* (jour de Mercure), *dies Jovis* (jour de Jupiter), *dies Veneris* (jour de Vénus), et *dies Saturni* (jour de Saturne) prouvent que ce ne fut pas d'après les Juifs que l'on adopta la semaine de sept jours. Mais avant d'examiner ce nombre au point de vue de la *cabale*, analysons-le au point de vue du Sabbat judaïco-chrétien.

Lorsque Moïse institua le *yom shaba*, ou Shebang (le Shabbath) l'allégorie de l'Eternel se reposant le septième jour de son œuvre de la crétation, n'était qu'un *masque*, ou, ainsi que s'exprime le *Sohar*, un voile pour cacher son sens véritable.

Les Juifs calculaient alors, comme ils le font encore aujourd'hui, leurs jours par des nombres : *premier* jour ; *second* jour et ainsi de suite ; *yom ahad ; yom sheni ; yom shelisho ; yom rebis ; yom shamishi ; yom shishi ; yom SHABA*.

« Le dombre *sept* שבע hébraïque, composé des trois lettres S.B.O. a plus d'une signification. En premier lieu il signifie l'*âge* ou le cycle, Shab-ang ; le Sabbath שבת peut aussi bien se traduire par *vieillesse* (âge ancien) que par *repos*, et dans l'ancien langage des Coptes *Sabe* veut dire *sagesse*, connaissance. Les archéologues modernes ont trouvé que comme en hébreu *Sab* שב veut également dire *tête blanche*, par conséquent le jour de *Saba* était le jour où les « hommes à tête blanche », ou les pères âgés » d'une tribu, avaient coutume de se rassembler pour le conseil ou le sacrifice (1) .»

« Ainsi la période de la semaine de six jours et le septième le jour de *Saba* ou *Sapla*, appartiennent à la plus haute antiquité. L'observance des fêtes lunaires aux Indes, montre que cette nation avait également ses réunions hebdomadaires. A chaque nouveau quartier la lune apporte des changements dans l'atmosphère, par conséquent certains changements ont lieu dans tout notre univers, dont les plus insignifiants sont les changements météorologiques. C'est en ce *septième* jour, le plus puissant des jours prismatiques que se réunissent les adeptes de la « Science Secrète », ainsiqu'ils le faisaient il y a des milliers d'années, afin de devenir les agents des pouvoirs occultes de la nature (émanations du Dieu en action), et de correspondre avec les mondes invisibles. C'est cette observation du septième jour par les anciens sages — non pas comme jour de repos de la Divinité, mais parce qu'ils avaient pénétré dans son pouvoir occulte, — que réside la vénération profonde de tous les philosophes païens pour le nombre *sept*, qu'ils appellent le nombre « vénérable » ou sacré. Le *Tetraktis* de Pythagore, vénéré par les Platoniciens, était le *carré* placé au-dessous du *triangle ;* celui-ci, ou la Trinité incorporant la *Monade* invisible — l'Unité, était considéré

1. *Westminster Review*. Institutions septenaires ; *Stone him to Death*.

trop sacrée pour être prononcée en dehors des murs du Sanctuaire.

L'observation ascétique du Sabbat chrétien par les Protestants est une pure tyrannie religieuse, et fait, croyons-nous, plus de mal que de bien. Elle ne date que de l'ordonnance de Charles II en 1678, qui interdit à tout commerçant, ouvrier, travailleur ou autre personne de « faire ou d'exécuter un travail mondain quelconque etc. etc. le jour du Seigneur ». Les Puritains le portèrent à l'extrême, sans doute pour prouver leur haine du catholicisme, tant Romain qu'Episcopal. Il ressort non seulement des paroles, mais des actes de Jésus, qu'il n'a jamais eu l'intention de mettre ce jour à part. Les chrétiens primitifs ne l'observaient pas.

Lorsque Trypho, *le Juif*, reprocha aux chrétiens *de ne pas avoir de Sabbat*, quelle fut la réponse du martyr? « La nouvelle loi veut que vous observiez un sabbat perpétuel. *Vous croyez que vous êtes religieux après avoir passé un jour dans l'oisiveté*. Le Seigneur ne se complaît point en choses de cette nature. Que celui qui est coupable de *parjure ou de fraude* se réforme ; *il aura alors observé l'espèce de Sabbat qui est vraiment agréable à Dieu*... Les éléments ne sont jamais oisifs et ils n'observent pas de Sabbat. Il n'y avait pas lieu d'observer le Sabbat avant Moïse, et il n'y a pas lieu de le faire après Jésus-Christ. »

Le *Heptaktis* n'est pas la *Cause Suprême*, mais simplement une émanation de *Lui*, — la première manifestation visible du Pouvoir Non Révélé. « Son *Souffle* Divin, s'échappant avec force, se condensa en brillant avec éclat jusqu'à se transformer en Lumière, devenant, de cette manière perceptible aux sens extérieurs », dit John Reuchlin (1). C'est à l'émanation du Suprême, du Démiurge, la multiplicité dans *l'unité*, *l'Elohim*, que nous voyons *créant* notre monde ou plutôt le façonnant en six jours, et se reposant le *septième*. Et qui sont ces *Elohim* sinon les pouvoirs euphémiques de la nature les fidèles serviteurs manifestés, les lois de Celui qui est Lui-même, la loi immuable de l'harmonie.

Ils résident au-dessus du septième ciel (ou monde spiri-

1. *Di Verbo Mirifico*.

tuel) car ce sont eux qui, suivant les cabalistes, façonnèrent successivement les six mondes matériels, ou plutôt les essais des mondes qui précédèrent le nôtre, lequel, disent-ils, est le *septième*. Si, laissant de côté la conception métaphysico-spirituelle, nous portons notre attention uniquement sur le problème religieux-scientifique de la création en six jours, sur laquelle nos meilleurs savants bibliques ont médité depuis si longtemps en vain, nous serions, peut-être, sur la voie de la véritable idée sur laquelle l'allégorie est fondée. Les anciens étaient des philosophes conséquents en toutes choses. Ils enseignaient que chacun de ces mondes disparus ayant achevé son évolution physique, et atteint — à la suite de la naissance, croissance, maturité, vieillesse et mort — la fin de son cycle, était retourné à la forme primitive, subjective, d'un monde *spirituel*. A la suite de cela, ce monde servit de demeure, pour toute l'éternité, à ceux qui y vécurent comme hommes, et même comme animaux et qui sont à l'heure qu'il est des esprits. Cette notion, toute incapable qu'elle soit d'être aussi exactement démontrée que celle de nos théologiens par rapport au Paradis, est, tout au moins, un tant soit peu plus philosophique.

De même que l'homme, et tout autre être qui l'habite, notre planète a son évolution spirituelle et physique. Né d'une *pensée* idéale impalpable, dans la Volonté créatrice de Celui dont nous ne savons rien, et que nous ne faisons que faiblement concevoir dans notre imagination, ce globe devint fluide et *semi* spirituel, puis, se condensant de plus en plus jusqu'à ce que son développement physique — la matière, le démon tentateur — l'ait obligé à essayer ses propres facultés créatrices. La *Matière* lança un défi à l'ESPRIT, et la terre eut, aussi, sa « chute ». La malédiction allégorique dont elle souffre n'est due qu'à ce qu'elle *procrée* au lieu de *créer*. Notre planète physique n'est qu'une servante ou plutôt, une bonne à tout faire, de l'esprit son maître. « Maudit soit le sol ..... il portera des épines et des chardons », fait-on dire aux Elohim. « Tu enfanteras tes enfants dans la douleur. » Les Elohim le disent aussi bien au sol qu'à la femme. Et cette malédiction durera jusqu'à ce que la plus petite particule de terre ait vécu sa vie, jusqu'à ce que chaque grain de poussière soit devenu, par transformation graduelle en évoluant, la partie constituante d'une « âme vivante », et jusqu'à ce que celle-ci remonte le long de l'arc cyclique, pour se dresser finalement — son propre *Métatron* ou Esprit Rédempteur — au pied de l'échelon supérieur des mondes spirituels, comme il était à la première heure de son émanation. Au delà, c'est le « Gouffre », — le MYSTÈRE !

Rappelons-nous que toute cosmogonie a une *trinité* d'artisans qui y travaillent — Le Père, l'esprit ; la Mère, la nature ou la matière ; et l'univers manifesté, le Fils, autrement dit le résultat des deux. L'univers, de même que chaque planète qui le compose, passe par *quatre* âges, comme l'homme lui-même. Tous ont leur enfance, leur jeunesse, leur maturité et leur vieillesse, et ces quatre, ajoutés aux trois autres, composent encore une fois le nombre sacré de sept.

Les chapitres de l'introduction de la *Genèse* n'ont jamais été censés présenter même une allégorie de la création de *notre* terre. Ils embrassent (Chapitre Ier) l'idée métaphysique d'une période indéfinie de l'éternité, dans laquelle des efforts successifs furent faits par la loi de l'évolution, pour former un univers. Cette notion est clairement présentée dans le *Sohar* : « Il existait d'anciens mondes qui périrent aussitôt venus à l'existence ; ils n'avaient pas de forme et on les appelait des *étincelles*. De même le forgeron, en battant le fer, fait voler les étincelles dans tous les sens. Les étincelles sont les mondes primordiaux qui ne purent continuer leur existence parce que l'*Ancien vénérable* (Séphira) n'avait pas encore revêtu sa forme (de sexes opposés ou androgyne) du roi et de la reine (Séphira et Kadmon) et que le Maître ne s'était pas encore mis à son travail (1). »

Les six périodes ou « jours » de la Genèse ont rapport à la même donnée métaphysique. Cinq essais infructueux furent faits par l'*Elohim*, mais le résultat du sixième fut des mondes comme le nôtre, (c'est-à-dire que toutes les

1. Idra Suta : *Sohar*, livre III, p. 292, b. Le Suprême consultant l'Architecte du monde — son Logos — au sujet de la créature.

planètes et la plupart des étoiles sont des mondes habités, quoiqu'ils ne le soient pas de la même manière que notre terre). Ayant façonné enfin ce monde dans la sixième période, l'Elohim se reposa dans la *septième*. C'est ainsi que le « Très Saint » lorsqu'il créa le monde actuel dit : « Celui-ci me satisfait ; les autres antérieurs ne me satisfaisaient point (1). » Et l'Elohim « vit tout ce qu'il avait fait ; et voici *cela était* très bon. Ainsi il y eut un soir, et il y eut un matin : ce fut le sixième *jour* » (Genèse I. 31).

Le lecteur se souviendra qu'au chapitre IV nous avons donné une explication des « jours » et des « nuits » de Brahma. Les premiers représentent une certaine période de l'activité cosmique, et les seconds une autre période de repos cosmique. Dans l'un, les mondes sont évolués et passent par leurs quatre phases d'existence ; dans le dernier « l'inspir » de Brahma renverse la tendance des forces naturelles ; toute chose visible se disperse graduellement ; puis survient le chaos ; et une longue nuit de repos donne une nouvelle vigueur au comos, pour sa prochaine période d'évolution. Pendant le matin d'un de ces « jours », les processus en formation atteignent graduellement le point le plus élevé de leur activité ; le soir celle-ci diminue imperceptiblement jusqu'à ce que vienne le *pralaya*, et avec lui la « *nuit* ». Un de ces matins et un de ces soirs constituent, de fait, un jour cosmique ; et c'est un « jour de Brahma » que l'auteur cabalistique de la *Genèse* a en vue, toutes les fois qu'il dit : « Et il y eut un soir, et il y eut un matin ; ce fut le premier (ou n'importe lequel le cinquième ou le sixième) *jour*. » Six jours d'évolution graduelle, un jour de repos, puis — le soir ! Depuis l'apparition de l'homme sur notre terre, il y a un sabbat ou un repos éternel pour le Démiurge.

Les théories cosmogoniques des six premiers chapitres

1. Idra Suta : *Sohar*, III. 135 b. Si les chapitres de la Genèse et les autres livres mosaïques, de même que les sujets qu'ils traitent sont un peu embrouillés, la faute en est au compilateur et non pas à la tradition orale. Hilkiah et Josiah furent obligés de se concerter avec Huldah la prophétesse, et par conséquent avoir recours à la *magie* pour comprendre la parole du « Seigneur Dieu d'Israel » retrouvée si à propos par Hilkiah (2 Rois XXII) : et il n'est que trop bien prouvé, par les fréquentes incongruités, les répétitions et les contradictions, qu'ils passèrent plus tard par plus d'une révision et plus d'un remodelage.

de la Genèse apparaissent dans les races des « Fils de Dieu », des « géants », etc, du chapitre VI. A proprement parler, le récit de la formation de notre terre, ou « création », comme on l'a appelée bien à tort, commence avec la délivrance de Noé du déluge. Les tablettes Chaldéo-babyloniennes récemment traduites par George Smith ne laissent aucun doute à ce sujet dans l'esprit de ceux qui savent lire ésotériquement les inscriptions. Ishtar, la grande déesse, parle dans la colonne III de la destruction du *sixième* monde et de l'apparition du septième, en ces termes :

« SIX *jours* et six *nuits*, le vent, le déluge et la tempête firent rage.
« Le septième jour se calma le cours de la tempête et le déluge,
« qui avait détruit comme un tremblement de terre[1]
« se calma. Il fit sécher la mer, et le vent et le déluge prirent fin...
« J'aperçus le rivage sur la limite de la mer...
« le navire (l'argha, ou la lune) alla au pays de Nizir.
« la montagne de Nizir arrêta le navire...
« le *premier* jour, et le *second* jour, la montagne de Nizir fit de même.
« le cinquième et le sixième la montagne de Nizir fit de même.
« le septième jour, et pendant sa durée
« J'envoyai une colombe et elle partit. La colombe s'en alla et revint et... le corbeau s'envola... mais ne revint point.
« J'élevai un autel sur le sommet de la montagne.
« par *sept* herbes que je coupai, et au-dessous d'elles je plaçai des joncs, des pins et du timgar...
« les dieux se réunirent comme des mouches autour du sacrifice.
« de l'ancien *aussi*, *le grand Dieu* dans sa course.

1. Cette assimilation du déluge à un tremblement de terre, dans les tablettes assyriennes, tendrait à prouver que les nations antediluviennes étaient au courant d'autres cataclysmes géologiques antérieurs au déluge que la Bible présente comme la *première* calamité qui frappe l'humanité, et comme un chatiment.

« la grande splendeur (le soleil) d'Anu avait créé (1).
« Lorsque la gloire de ces dieux ne voulut repousser le charme autour de mon cou, etc. »

Tout ceci a un rapport purement astronomique, magique et ésotérique. En lisant ces tablettes, on reconnaît le récit biblique, au premier coup d'œil, et l'on voit, en même temps, jusqu'à quel point le grand poème babylonien a été défiguré par des personnages euphémiques — tombés de la position élevée de dieux qu'ils occupaient, au rang de simples patriarches. La place nous manque pour étudier tout au long cette parodie biblique des allégories chaldéennes. Nous nous bornerons à rappeler au lecteur que d'après l'aveu des témoignages les plus récalcitrants, — comme celui de Lenormant, le premier inventeur et le champion des Akkadiens — la trinité chaldéo-babylonienne placée au-dessous d'Ilon, la divinité *non révélée*, se compose de Anu, Nuah et Bel. Anu est le chaos primordial, le dieu aussi bien du temps que du monde, χρόνος et κόσμος, la matière, non-créée issue du seul principe fondamental de toutes choses. Qnant à *Nuah*, il est, suivant le même orientaliste :

« ... l'intelligence, nous dirions volontiers le *verbum*, qui anime et féconde la matière, qui pénètre l'univers, qui le dirige et le fait vivre ; Nuah est, en même temps, le roi *du principe humide ; l'Esprit qui se meut à la surface des eaux*.

Est-ce assez clair ? Nuah c'est Noé, *flottant sur les eaux* dans son arche ; celle-ci étant l'emblème de l'argha, ou de

1. George Smith fait observer dans les tablettes, en premier lieu la création de la lune, puis ensuite celle du soleil : « Sa beauté et sa perfection sont vantées ainsi que la régularité de son orbite qui fit qu'on la considéra comme le type d'un juge et du régulateur du monde. » Si ce récit du déluge avait simplement un rapport avec un cataclysme cosmogonique, — même s'il avait été universel — pourquoi la déesse Ishtar ou Astoreth (la lune) parlerait-elle de la *création du soleil* après le déluge ? Les eaux auraient pu atteindre la hauteur de la montagne de *Nizir* (version chaldéenne), ou de Jebel-Djudi (les montagnes du déluge des légendes arabes) ou même du mont Ararat (suivant le récit biblique) et même de l'Himalaya dans la tradition hindoue, sans cependant atteindre le soleil — car même la Bible n'est pas allée jusqu'à un miracle de cette nature. Il est évident que le déluge de la nation, qui la première en garda le souvenir, avait une autre signification, moins problématique et plus philosophique que celle d'un déluge *universel*, dont il ne reste aucune trace géologique.

la lune, le principe féminin; Noé c'est l'« esprit » descendant dans la matière. Nous le voyons, à peine débarqué sur la terre, plantant une vigne, buvant le vin, et s'en enivrant ; c'est-à-dire que l'esprit pur s'enivre aussitôt qu'il est emprisonné dans la matière. Le septième chapitre de la genèse n'est qu'une autre version du premier. Ainsi, pendant que danscelui-ci on lit : « il y avait des ténèbres à la surface de l'abîme, et l'esprit de Dieu se mouvait au-dessus des eaux », au chapitre sept, on lit : « Les eaux grossirent... et l'arche flotta (avec Noé —l'esprit) sur la surface des eaux. » De sorte que Noé, s'il est le Nuah chaldéen, est l'esprit qui vivifie la *matière*, et le chaos est représenté par l'abîme, ou les eaux du déluge. Dans la légende babylonienne, c'est Ishtar (Astoreth, la lune) qui est enfermée dans l'arche, et qui envoie une colombe (emblème de Vénus et de toutes les déesses lunaires) à la recherche de la terre ferme. Et tandis que dans les tablettes sémitiques c'est Xisuthros ou Hasisadra qui est « enlevé en compagnie des dieux, pour sa piété », dans la Bible c'est Enoch qui agit selon Dieu et qui ayant été enlevé auprès de lui, « n'est plus ».

Tous les anciens peuples croyaient à l'existence successive d'un nombre incalculable de mondes avant l'évolution ultérieure du nôtre. Le châtiment des chrétiens pour avoir ravi aux juifs leur chronologie et refusant la clé véritable pour la déchiffrer, commença dès les premiers siècles. Voilà la raison pour laquelle nous voyons les saints Pères de l'église luttant pour faire concorder une chronologie impossible avec les absurdités de l'interprétation littérale, tandis que les doctes rabbins étaient parfaitement au courant de la véritable signification de leurs allégories. De cette manière, non seulement dans le *Sohar*, mais aussi dans d'autres ouvrages cabalistiques mentionnés par les Talmudistes, tels que le *Midrash Berasheth*, ou la *Genèse* universelle, laquelle, avec la *Merkaba* (le chariot d'Ezéchiel) compose la *Cabale*, on reconnaît la doctrine de toute une série de mondes évoluant du chaos, et qui ont été successivement détruits.

Les doctrines hindoues reconnaissent deux *Pralayas* ou dissolutions ; un pralaya universel, le Maha-Pralaya, et l'autre partiel, ou Pralaya mineur. Ceci n'a aucun rapport avec la dissolution universelle qui a lieu à la fin de chaque « jour de Brahma », mais avec les cataclysmes géologiques à la fin de chaque cycle mineur de notre globe. Ce déluge historique et purement local, de l'Asie centrale, dont la tradition se retrouve dans chaque pays, et qui, suivant Bunsen, eut lieu environ 10.000 ans avant J.-C, n'avait rien à faire avec le Noé ou Nuah mythique. Un cataclysme partiel a lieu dit-on à la fin de chaque « âge » du monde, qui ne détruit pas celui-ci, mais ne fait qu'en changer la disposition générale. De nouvelles races d'hommes et d'animaux, et une nouvelle flore évoluent de la dissolution des précédentes.

Les allégories de la « chute de l'homme » et du « déluge » sont les deux traits caractéristiques les plus importants du Pentateuque. Ce sont, pour ainsi dire, l'Alpha et l'Omega, les échelons le plus haut et le plus bas de l'échelle d'harmonie qui forme la base des majestueux hymnes de la création humaine ; car ils dévoilent à celui qui interroge le *zura* (la Gémantrie figurative) les processus de l'évolution de l'homme, depuis la plus haute entité spirituelle jusqu'à la plus inférieure physique — l'homme post-diluvien. Comme c'est le cas pour les hiéroglyphes égyptiens, (où chaque signe de l'écriture peinte qui ne cadre pas dans une certaine figure géométrique circonscrite, doit être rejeté comme un masque voulu par le hiérogrammate sacré ;) beaucoup de détails de la Bible doivent être traités de la même manière, ne retenant que ce qui correspond aux méthodes numériques enseignées par la *Cabale*.

Le déluge n'apparaît dans les livres hindous que comme une tradition. Il n'a aucun caractère sacré, et nous ne rencontrons que dans le *Mahâbhârata*, les *Puranas*, et plus antérieurement encore dans le *Satapatha*, un des derniers *Brahmanas*. Il est plus que probable que Moïse, ou, du moins celui qui écrivit pour lui, se soit servi de ces récits comme base de son allégorie défigurée, en y ajoutant le récit chaldéen de Bérose. Dans le *Mahâbhârata*, nous retrouvons Nemrod, sous le nom du *Roi Daytha*. L'origine de la fable grecque des titans montant à l'Olympe, et l'autre de la construction de la Tour de Babel, afin d'atteindre le ciel, se reconnaît dans l'impie *Daytha*, qui lance ses imprécations contre le tonnerre céleste, et menace de conquérir le ciel avec ses puissants guerriers, attirant ainsi la colère de Brahma sur l'humanité. « Le seigneur résolut alors», dit le texte, «de châtier ses créatures par une punition terrible qui devrait servir d'avertissement à leurs successeurs et à leurs descendants.»

Vaivasvata (qui dans la Bible devient Noé) sauve un petit poisson, qu'on reconnaît ensuite pour un *avatar* de Vichnou. Le poisson avertit le saint homme que le globe va être submergé, que tous ses habitants vont périr, et lui ordonne de construire un navire, où lui et sa famille s'embarqueront. Lorsque le navire fut prêt, et que *Vaivasvata* y eut enfermé sa famille, *les racines de toutes les plantes et un couple de chaque animal* la pluie commença à tomber et un poisson gigantesque, armé d'une corne, se plaça à la proue de l'arche. Le saint homme, suivant ses ordres attacha un câble à cette corne, et le poisson conduisit heureusement le navire à travers les éléments déchaînés. Dans la tradition hindoue, le nombre de jours pendant lequel dura le déluge, *coïncide exactement avec celui du récit de Moïse.* Lorsque les éléments furent apaisés, le poisson échoua l'arche sur le sommet des monts Himalayas.

Beaucoup de commentateurs orthodoxes prétendent que cette fable fut empruntée aux *Ecritures* Mosaïques(1). Mais certes, si un pareil cataclysme universel a jamais eu lieu de mémoire d'homme, quelques monuments égyptiens, dont beaucoup ont une antiquité fabuleuse, l'auraient mentionné, de concert avec le récit de la disgrâce de Cham, Chanaan et de Mizraïm, leurs ancêtres présumés. Mais jusqu'à maintenant, on n'a pas retrouvé la moindre allusion à cette calamité, bien que Mizraïm certainement fait partie de la pre-

1. La « lettre morte qui tue » est fort bien illustrée dans le cas du Jésuite Carrière mentionné dans la *Bible dans l'Inde*. La dissertation suivante donne une excellente idée de l'esprit du monde catholique tout entier : « De manière que la création du monde », dit le fidèle disciple de Loyola, en expliquant la Chronologie de Moïse, et tout ce qui est rapporté dans la *Genèse* a pu être connu de Moïse par *les récits personnels que lui avaient fait ses parents*. Peut-être les souvenirs existaient-ils encore parmi les Israélites, et que d'après ces souvenirs il a pu noter les dates de la naissance et de la mort des patriarches, le nombre de leurs enfants et les noms des différents pays où chacun d'eux s'établit sous la conduite *du saint esprit que nous devons toujours considérer comme le principal auteur de tous les livres sacrés !!!*

mière génération après le déluge, s'il n'était pas antédiluvien lui-même. D'autre part, les Chaldéens conservent la tradition, nous le tenons de Bérose lui-même, et les anciens hindous conservent la légende telle que nous la reproduisons ci-dessus. Or, il n'existe qu'une seule explication du fait extraordinaire, que des deux nations civilisées contemporaines comme l'Egypte et la Chaldée, l'une n'en ait gardé aucune tradition, bien qu'elle était la plus intéressée à le faire, — si nous devons en croire la *Bible* — et que l'autre l'ait conservée. Le déluge mentionné dans la Bible, dans un des *Brahmanas* et dans les *Fragments* de Bérose, se réfère à l'inondation partielle qui, suivant Bunsen, et les calculs brahmaniques du Zodiaque changea, environ 10.000 ans avant J.-C. la face totale de l'Asie Centrale (1). Par conséquent les Babyloniens et les Chaldéens ont pu l'apprendre de leurs hôtes mystérieux, baptisés par quelques assyriologues du nom d'Akkadiens, ou il est encore plus probable qu'ils aient été eux-mêmes, les descendants de ceux qui peuplaient les cités submergées. Les Juifs recueillirent la légende de ces derniers comme ils reçurent d'eux tout le reste ; les Brahmanes auront probablement gardé la tradition des contrées qu'ils envahirent en premier lieu, et qu'ils avaient peut-être déjà habitées avant leur conquête du Pendjab. Mais les Egyptiens originaires du sud de l'Inde avaient moins d'intérêt à se souvenir du cataclysme, puisqu'il ne les avait affectés qu'indirectement, l'inondation ayant été confinée à l'Asie Centrale.

Burnouf, en mentionnant le fait que le récit du déluge ne se trouve que dans un des *Brahmanas* modernes, croit également que les hindous ont pu l'emprunter aux nations sémitiques. Toutes les traditions et les coutumes des hindous s'opposent à une pareille supposition. Les Aryens, et surtout les brahmanes n'ont jamais rien emprunté aux sémites et en ceci nous sommes corroborés par un de ces « témoins récalcitrants », comme Higgins appelle les partisans de Jéhovah et de la Bible. « Je n'ai jamais rien vu dans l'histoire des Egyptiens et des Juifs », écrit l'abbé Dubois, qui avait résidé pendant quarante ans aux Indes, « qui laisse-

1. Voyez chapitre XV et dernière partie du second volume.

rait supposer que n'importe laquelle de ces deux nations, ou une autre quelconque sur la surface de la terre, aient été établie antérieurement aux hindous et tout particulièrement aux brahmanes ; je ne puis, donc, m'imaginer que ceux-ci aient tiré leurs rites des nations étrangères. Bien au contraire, j'en déduis qu'ils viennent d'une source originelle qui leur est propre. Quiconque connaît tant soit peu la valeur et le caractère des brahmanes, leur dignité, leur orgueil et leur extrême vanité, l'éloignement et le souverain mépris qu'ils professent pour tout ce qui est étranger, et dont ils ne peuvent pas se vanter d'être les inventeurs, sera d'accord avec moi qu'un pareil peuple ne consentirait jamais à prendre ses coutumes et ses règles de conduite dans celles d'un pays étranger (1). »

Cette fable, qui donne le récit du plus ancien avatar — le Matsya — se réfère à un autre yuga que le nôtre, celui de la première apparition de la vie animale ; qui sait peut-être à la période Dévonienne de nos géologues ? Elle correspond certainement mieux à celle-ci qu'à l'an 2348 avant J. C.

A part cela l'absence même de toute allusion au déluge dans les plus anciens livres des hindous, et un argument des plus puissants, lorsque nous en sommes réduits à des suppositions comme c'est ici le cas. « Les *Védas* et le *Manou* », dit Jaccolliot, « ces monuments de l'ancienne pensée asiatique, existaient bien avant la période diluvienne ; *ceci est un fait incontestable*, *qui a toute la valeur d'une vérité historique*, car, outre la tradition qui nous montre Vichnou, en personne, sauvant les *Védas* du déluge — tradition qui, malgré sa forme légendaire, doit certainement reposer sur un fait réel — on a remarqué qu'aucun de ces livres sacrés ne fait mention du cataclysme, tandis que les *Pouranas* et le *Mahâbhârata* et quantité d'autres ouvrages plus récents le décrivent dans ses moindres détails, *ce qui est une preuve de la priorité des premiers*. Les Védas n'auraient certainement pas manqué de dédier quelques hymnes à la terrible calamité, qui entre toutes les manifestations de la nature, a dû frapper l'imagination de ceux qui en furent les témoins.

1 *Description, etc. des peuples de l'Inde,* par l'Abbé J.-A Dubois, missionnaire à Mysore. Vol. I, p. 186.

« De même le *Manou*, qui nous fait un récit complet de la création, avec la chronologie depuis l'âge divin et héroïque jusqu'à l'apparition de l'homme sur la terre, aurait eu garde de passer sous silence un fait de cette importance ». Le *Manou* (livre I, sloka 35) donne les noms de dix saints éminents qu'il nomme de pradjapatis (ou plus correctement des *pragâpatis*) dans lesquels les théologiens brahmaniques voient les prophètes, les ancêtres de la race humaine, et que les Pandits considèrent comme dix rois puissants qui vécurent dans le Krita-Yug, ou l'âge du bien (l'âge d'or des Grecs.)

Le dernier de ces pragâpatis est Brighou.

« En détaillant la succession de ces grands êtres qui, d'après le Manou, ont gouverné le monde, l'ancien législateur brahmanique donne les noms suivants des descendants de Brighou : Swarotchica, Ottami, Tamasa, Raivata, le glorieux Tchakchoucha et le fils de Vivasvat, chacun des six s'étant rendu digne de porter le titre de Manou (divin législateur), titre qui avait également appartenu aux Pradjâpatis, et à tous les grands personnages de l'Inde primitive. La généalogie s'arrête à son nom.

« Or, d'après les *Pouranas* et le *Mahâbhârata* ce fut sous un descendant de ce fils de Vivaswata, nommé Vaivaswata qu'eut lieu le grand cataclysme, dont le souvenir, comme nous le verrons, a passé dans la tradition, et fut colporté par l'émigration dans tous les pays de l'est et de l'ouest colonisés depuis lors par les hindous...

« La généalogie du Manou, s'arrêtant, ainsi que nous venons de le voir, à Vivaswata, il s'ensuit que cet ouvrage (celui du Manou) n'a eu connaissance ni de Vivaswata, ni du Déluge (1). »

L'argument est incontestable ; et nous le recommandons aux savants officiels qui, pour plaire au clergé, nient chaque fait qui vient corroborer l'immense antiquité des *Védas* et du *Manou*. Il y a longtemps que le colonel Vans Kennedy a déclaré que Babylone avait été, dès l'origine, le siège de la littérature sanscrite et des connaissances des brahmanes. Alors pourquoi et comment les brahmanes auraient-ils péné-

1. *Fétichisme, Polythéisme, Monothéisme*, pp, 170, 171

tré jusque-là, sinon à la suite de guerres intestines et d'émigration des Indes ? Le récit le plus complet du déluge, se trouve dans le *Mahâbhârata* de Vedavyasa, poème en honneur des allégories astrologiques, au sujet des guerres entre les races Solaires et Lunaires. Une de ces versions prétend que Vivaswata devint par sa propre progéniture le père de toutes les nations de la terre, et c'est là la formule adoptée dans la version de Noé ; l'autre veut — comme celle de Deukalion et Pyrrha — qu'il n'eut qu'à jeter des cailloux dans la boue déposée par les eaux de l'inondation, pour produire des hommes à volonté. Ces deux versions, — l'une juive et l'autre grecque — ne nous laissent pas de choix. Il faut, ou croire que les hindous ont emprunté la légende aux Grecs païens, ainsi qu'aux juifs monothéistes, ou alors, — ce qui est bien plus probable — que les versions de ces deux nations ont été tirées de la littérature védique par les Babyloniens.

L'histoire rappelle le flot d'immigration à travers l'Indus, qui, plus tard, se déversa sur l'occident ; elle relate aussi le passage des populations d'origine hindoue de l'Asie Mineure, pour aller coloniser la Grèce. Mais l'histoire ne dit rien au sujet du « peuple élu », ou des colonies grecques qui auraient pénétré dans l'Inde antérieurement au ve et au IVe siècle avant J.-C., époque à laquelle nous trouvons les premières vagues traditions, d'après lesquelles quelques-unes des problématiques tribus *perdues* d'Israël, auraient pris, depuis Babylone, la route des Indes. Mais même si on devait ajouter foi au récit des dix tribus, et qu'on puisse prouver que ces tribus, elles-mêmes, aient existé dans l'histoire profane comme dans l'histoire sacrée, cela ne résoudrait en aucune façon le problème. Colebrooke, Wilson et d'autres éminents hindouistes prouvent que le *Mahâbhârata*, sinon le *Satapatha*-brahmana, qui donne aussi la version du récit, sont de beaucoup antérieurs à l'époque de Cyrus, et par conséquent à l'époque possible de l'apparition aux Indes de l'une quelconque des tribus d'Israël (1).

1. Contre cette dernière affirmation, dérivée uniquement du récit de la Bible, nous pouvons opposer tous les faits historiques : 1° Il n'existe aucune preuve que ces douze tribus aient jamais existé ; celle de Lévi était une caste sacerdotale, et toutes les autres sont imaginaires. 2° Hérodote,

Les orientalistes attribuent au *Mahâbhârata* une antiquité de douze à quinze cents ans avant J.-C. ; quant à la version grecque, la preuve n'en est pas plus certaine que pour l'autre, et les efforts des hellénistes dans ce sens, ont eu aussi peu de succès. L'histoire des armées conquérantes d'Alexandre pénétrant dans l'Inde septentrionale soulève aujourd'hui plus d'un doute. Il n'existe pas un seul record national hindou, ni le plus petit souvenir historique, d'un bout du pays à l'autre, qui ait laissé la moindre trace d'une invasion de cette nature.

Si nous sommes obligés d'admettre que de pareils *faits historiques* n'ont été que des fictions, que devons-nous penser des narrations qui portent en elles-mêmes la marque d'avoir été inventées de toutes pièces ? Nous sympatisons de tout cœur avec le professeur Müller, lorsqu'il dit que « cela paraît être un blasphème que de considérer ces fables du monde païen comme des fragments corrompus et faussement interprétés de la Révélation *divine*, donnée, autrefois, à l'humanité tout entière. » Toutefois, ce savant est-il aussi impartial pour les deux partis, s'il ne comprend dans ces fables, celles de la Bible elle-même ? Et le langage de l'*Ancien Testament* est-il plus pur ou plus moral que celui des livres brahmaniques ? Ou les fables du monde païen sont-elles plus impies et plus ridicules que celle de la conversation de Jéhovah avec Moïse (*Exode*, XXXIII, 23) ? Quel est le dieu païen qui prenne un aspect plus diabolique que ce même Jéhovah en plus d'une occasion ? Si les sentiments des pieux chrétiens se révoltent à l'absurbe récit du Père Kronos mangeant ses enfants, et mutilant Uranus ; ou à celui de Jupiter précipitant Vulcain du haut de l'Olympe et lui cassant la jambe ; d'autre part il ne peut en vouloir à un *non*-chrétien de se faire des gorges chaudes à l'idée de Jacob engageant une partie de boxe avec le Créateur, lequel « voyant qu'il ne pouvait *le vaincre* » lui démit la hanche ; le patriarche tenant bon contre Dieu et ne le laissant point aller, malgré sa prière.

Pourquoi l'histoire de Deukalion et de Pyrrha, jetant des

le plus consciencieux de tous les historiens, qui était en Assyrie lorsque florissait Esra, ne fait aucune mention des Israélites ? Hérodote naquit en l'an 484 avant J.-C.

pierres dans le limon et créant ainsi la race humaine, seraitelle plus ridicule que celle de la femme de Loth, changée en un pilier de sel, ou celle de l'Eternel façonnant des hommes de *terre glaise* et leur soufflant le souffle de vie dans les narines ? La différence entre ce mode de création et celui du dieu égyptien aux cornes de bélier, formant un homme sur un tour de potier, est à peine perceptible. La légende de Minerve, déesse de la sagesse, venant à l'existence après une période de gestation dans le cerveau de son père est, tout au moins, une allégorie poétique et suggestive. Aucun ancien grec ne fut jamais brûlé pour ne pas l'avoir acceptée au pied de la lettre ; et de toutes manières, les fables « païennes » sont, en général, beaucoup moins absurbes et impies que celles qu'on impose aux chrétiens, depuis que l'Église a accepté l'*Ancien Testament*, et que l'Église Catholique Romaine a ouvert son registre des saints thaumaturgiques.

« Beaucoup d'indigènes hindous », continue le professeur Müller, « confessent être outrés des impuretés attribuées à leurs dieux dans ce qu'ils appellent leurs écritures sacrées : et cependant il ne manque pas d'honnêtes brahmanes qui soutiennent que *ces fables ont une signification plus profonde ;* que l'immortalité étant incompatible avec un être divin, on suppose *qu'un mystère* se cache dans ces fables consacrées par le temps, mystère qu'un esprit investigateur et révérencieux peut espérer approfondir. »

Voilà précisément ce que prétend le clergé chrétien lorsqu'il cherche à expliquer les indécences et les incongruités de l'*Ancien Testament*. Mais, au lieu d'en laisser l'interprétation à ceux qui possèdent la clé de ces prétendues incongruités, ils se sont arrogé la fonction et le droit, par le pouvoir *divin*, de les interpréter à leur guise. Ils ont non seulement fait cela, mais ils ont, peu à peu, privé le clergé hébreu des moyens d'interpréter leurs Ecritures, comme l'avaient fait leurs ancêtres ; de sorte qu'au siècle actuel, il est fort rare de rencontrer parmi les Rabbins, un cabaliste profondément versé dans la science. Les Juifs, eux-mêmes, en ont perdu la clé ! Et pourrait-il en être autrement ? Où sont les manuscrits originels ? Le plus ancien manuscrit hébreu existant est, dit-on, le *Bodléian Codex*, qui date, tout au plus, de huit ou neuf cents ans (1). La lacune entre Ezra et ce *Codex* serait donc de quinze siècles.

En 1490 l'Inquisition *fit brûler toutes les Bibles hébraïques :* Torquemada, à lui seul, détruisit plus de 6000 volumes à Salamanque. Exception faite de quelques manuscrits du *Tora Ketubim* et du *Nebiim*, employés dans les synagogues, nous ne croyons pas qu'il y ait un seul manuscrit ancien qui n'ait pas été ponctué et, par conséquent, mal interprété et transformé par les Masorets. Sans cette invention venue fort à propos de la *Masorah*, il n'aurait pas été possible de tolérer au siècle actuel un seul exemplaire de l'Ancien Testament. Il est bien connu que les Masorets prirent à tâche d'effacer, sauf dans quelques passages qui ont probablement dû leur échapper, toutes les expressions *immodestes* en les remplaçant par places avec des phrases de leur crû, ce qui changeait souvent complètement le sens du verset. « Il est évident », dit Donaldson, « que l'école masorétique, à Tibérias, s'occupa de faire et de défaire le texte hébreu, jusqu'à la publication finale de la *Masorah* elle-même. » Par conséquent, si nous avions seulement les textes originels, — si nous nous en rapportons aux exemplaires actuels de la Bible en notre possession — ce serait édifiant de comparer l'*Ancien Testament* avec les *Védas* et même avec les livres brahmaniques. Nous croyons certainement qu'aucune foi, pour aveugle qu'elle soit, puisse tenir debout devant une pareille avalanche de fables et de crues impudicités. Si celles-ci ne sont pas seulement acceptées par des millions de personnes civilisées, qui s'imaginent qu'il est honorable et édifiant d'y croire comme étant une *révélation divine*, mais aussi qu'elles leur ont été imposées, pourquoi nous étonnerions-nous de ce que les Brah-

1. Le Dr Kennicot, lui-même, et Bruns sous sa direction vers 1780 collationna 692 manuscrits de la « Bible » hébraïque. Parmi tous ceux-ci, *deux* seulement étaient attribués, au xe siècle, et trois à une époque aussi lointaine que le xie et xiie siècle. Les autres allaient du xiiie au xvie.

Dans son *Introduzione alla Sacra Scrittura*, pp. 34-47, de Rossi, de Parme, parle de 1418 MSS, collationnés et de 374 éditions. Le plus ancien manuscrit le *Codex*, affirme-t-il — celui de Vienne — date de l'an 1019; puis vient celui de Reuchlin, de Carlsruhe, 1038. » Il n'y a », déclare-t-il, « rien dans les manuscrits de l'Ancien Testament hébreu, qui soit antérieur au xie siècle après le Christ. »

manes croient également que leurs écritures sont une *Sruti*, c'est-à-dire une révélation ?

De toutes façons, rendons grâces aux Masorets, mais considérons en même temps les deux faces de la médaille.

Les légendes, les mythes, les allégories, les symboles, s'ils appartiennent à la tradition hindoue, chaldéenne, ou égyptienne, sont tous classés sous la même rubrique, de fiction. On ne leur concède même pas une recherche superficielle au sujet de leur relation possible avec l'astronomie ou les emblèmes sexuels. Les mythes. — lorsqu'ils sont mutilés, et justement par cette raison — sont acceptés comme Ecriture Sainte, bien plus, comme la Parole de Dieu ! Est-ce là de l'histoire impartiale ? Est-ce là de la justice pour le passé, le présent ou le futur ? « Vous ne pouvez servir Dieu et Mammon », disait le Réformateur il y a dix-neuf siècles. « Vous ne pouvez servir la vérité et le parti pris public », serait plus applicable en s'adressant à notre époque actuelle. Et cependant nos autorités prétendent servir Dieu !

Il est rare qu'un mythe dans un système religieux quelconque, n'ait pas une base historique aussi bien que scientifique. Les Mythes, ainsi que le dit fort judicieusement Pococke, « sont reconnus aujourd'hui comme des fables, en proportion de ce que nous les interprétons faussement ; des vérités en proportion de ce qu'elles furent autrefois comprises. C'est notre ignorance qui a fait un mythe de l'histoire ; et notre ignorance est un héritage des Hellènes, et la plus grande partie de celle-ci est le résultat de la vanité hellénique (1) ».

Bunsen et Champollion ont déjà démontré que les livres sacrés des Égyptiens étaient bien plus anciens que les parties les plus anciennes du *Livre de la Genèse*. Et aujourd'hui, de soigneuses recherches paraissent autoriser le soupçon, — qui pour nous est une certitude — que les lois de Moïse sont copiées sur le code du *Manou* brahmanique. Ainsi, selon toute probabilité, l'Egypte est redevable aux Indes de sa civilisation, de ses institutions civiles, et de son art. Toute une armée « d'autorités » s'érigent contre

1. *India in Greece*. Préface, IX.

cette dernière assertion ; mais que nous importe si celles-ci nient aujourd'hui le fait. Tôt ou tard il faudra qu'elles l'acceptent, qu'elles appartiennent à l'école allemande ou française. Il existe parmi eux, mais non chez ceux qui transigent si aisément entre l'intérêt et la conscience, quelques savants intrépides, qui jetteront la lumière sur certains faits irrécusables. Il y a quelque vingt ans, Max Müller, dans une lettre à l'éditeur du *Times* de Londres, en avril 1857, soutenait fermement que le Nirvâna voulait dire *annihilation*, au sens le plus large du mot. (Voyez *Chips*, etc. Vol. I. p.287, au sujet de la signification de Nirvâna.) Mais en 1869, dans une conférence devant l'assemblée générale de l'Association des Philologues Allemands, à Kiel, il déclara nettement « qu'il croyait que le nihilisme attribué à l'enseignement du Bouddha, ne fait pas partie de sa doctrine, et qu'il est tout à fait erroné de supposer que le Nirvâna signifie annihilation » (*American and Oriental Litterary Record*, de Trübner, October 16, 1869 ; voyez aussi *Ancient Faiths and Modern* de Inmann, p. 128). Et cependant si nous ne nous trompons fort, le professeur Müller passait aussi bien pour une autorité en 1857 qu'en 1869.

« Il sera difficile d'établir », dit maintenant ce célèbre savant, « si les *Védas* sont les livres les plus anciens, ou si quelques parties de l'*Ancien Testament* ne peuvent être attribuées à une date contemporaine, sinon antérieure aux plus anciens hymnes des Védas(1). » Toutefois sa rétraction au sujet du Nirvâna nous laisse l'espoir qu'il pourra encore changer d'opinion quant à la *Genèse*, de sorte que le public aura le bénéfice simultané de la vérité et de la sanction d'une des plus hautes autorités de l'Europe.

Nul n'ignore que les orientalistes n'ont jamais pu se mettre d'accord sur l'époque de Zoroastre, et jusqu'à ce que cette question ait été élucidée on fera bien de s'en tenir implicitement, plutôt aux calculs brahmaniques au moyen du zodiaque, qu'à l'opinion des savants. Laissant de côté toute la horde profane des savants méconnus, ceux qui attendent encore leur tour pour devenir les idoles du public comme symbolistes de la direction scientifique, où trouverons-nous,

1. *Chips*, Vol. I.

parmi les autorités reconnues aujourd'hui comme telles, deux hommes qui soient d'accord au sujet de cette époque ? Voici Bunsen qui place Zoroastre à Baktra, et l'émigration des Baktriens vers l'Indus en l'an 3784 avant J.-C. (1) et la naissance de Moïse en 1392 (2). Or il est plutôt malaisé de mettre Zoroastre avant les *Védas* puisque sa doctrine tout entière est celle des Védas primitifs. Certes, il séjourna en Afghanistan pendant une période plus ou moins problématique, avant de traverser le Pendjab ; mais les *Védas* furent commencés dans ce dernier pays. Ils signalent le progrès des hindous de même que l'*Avesta* signale celui des Iraniens. Puis il y Haug qui assigne à l'*Aitareya Brahmanam* — une doctrine brahmanique et un commentaire du Rig-Véda, d'une date bien plus récente que le Véda lui-même — une date de 1.400 à 1.200 avant J.-C., tandis qu'il met les *Védas* entre 2.000 et 2.400 ans avant J.-C. Max Müller fait prudemment ressortir certaines difficultés dans ce calcul chronologique, mais, tout de même, il ne le nie pas entièrement (3). Quoi qu'il en soit, et en supposant même que le *Pentateuque* ait été écrit par Moïse en personne, — nonobstant qu'en ce faisant, il ait fait deux fois le récit de sa mort — néanmoins, si Moïse est né, ainsi que le dit Bunsen en 1392 avant J.-C. il est impossible que le *Pentateuque* ait été écrit *avant les Védas ;* et surtout si Zoroastre est né en 3784 avant J.-C. Si, comme le dit le Dr Haug (4), quelques-uns des hymnes du *Rig-Véda* furent écrits avant le schisme de Zoroastre, quelque trente-sept siècles avant J.-C. et Max Müller affirme lui-même que les « Zoroastriens et leurs ancêtres partirent de l'Inde pendant la période védique », comment se fait-il que quelques parties de *l'Ancien Testament* soient attribuées à la même date, sinon « à une date antérieure aux plus anciens hymnes du *Véda* »?

Les orientalistes en général sont d'accord que les Aryens, 3.000 ans avant J.-C., occupaient encore les steppes à l'est

1. *Egypt's place in Universal History*. Vol. V, p.77.
2. *Ibidem*, p. 78.
3. *Chips. Aytereya. Brahmanam.*
4. Dr M.Haug, surintendant des études sanscrites au Collège de Poona, à Bombay.

de la mer Caspienne, et qu'ils étaient encore unis. Rawlinson suppose qu'ils « vinrent de l'est » de l'Arménie, comme centre commun ; tandis que deux courants congénères s'acheminèrent l'un vers le nord sur le Caucase et l'autre à l'ouest sur l'Asie Mineure et l'Europe. Il retrouve les Aryens, à une période antérieure au xve siècle avant notre ère, « établis dans le territoire baigné par l'Indus supérieur ». De là les Aryens Védiques se transportèrent au Pendjab et les Aryens du Zend à l'occident où ils fondèrent les nations historiques. Mais ceci, comme tout le reste, n'est qu'une hypothèse, et nous ne la donnons que comme telle.

Rawlinson encore emboîtant le pas à Max Müller dit que : « l'histoire primitive des Aryens demeure pendant plusieurs siècles une lacune absolue ». Toutefois beaucoup de brahmanes instruits nous ont déclaré qu'ils ont trouvé la trace de l'existence des *Védas* dès l'an 2100 avant J.-C. ; et Sir William Jones, se basant sur les données astronomiques assigne au *Yagur-Véda*, une date de 1.580 avant J.-C. Ceci serait encore antérieur à Moïse.

C'est sur la supposition que les Aryens ne quittèrent l'Afghanistan pour le Pendjab avant 1.500 ans avant J.-C. que Max Müller et les autres savants d'Oxford croient que certaines parties de l'*Ancien Testament* peuvent être attribuées à la même date, sinon à une date antérieure aux plus anciens hymnes du *Véda*. Par conséquent, jusqu'à ce que les orientalistes puissent nous dire la date exacte à laquelle Zoroastre était florissant, aucune autorité ne doit être considérée plus compétente pour déterminer l'âge des *Védas* que les Brahmanes eux-mêmes.

Comme c'est un fait notoire que les Juifs empruntèrent la plupart de leurs lois aux Égyptiens, examinons qui étaient les Égyptiens. A notre avis — qui n'a, sans doute, pas une grande valeur — ils étaient les anciens habitants de l'Inde, et dans notre premier volume nous avons cité des passages de l'historien Collouca-Batta, à l'appui de cette thèse. Voici ce que nous voulons dire par les anciens habitants de l'Inde :

Aucune contrée sur la carte — si ce n'est l'ancienne Scythie — n'est moins bien définie que celle qui porta la dénomination de l'Inde. L'Ethiopie est peut-être la seule de ce genre. C'est le berceau des races Cushites ou Kamitiques, et il était situé à l'Est de Babylone. Ce fut jadis le nom de l'Hindoustan, lorsque les races noires, adorateurs de Bala-Mahadeva et Bhavani-Mahidévi régnaient suprêmes sur ce pays. L'Inde des sages primitifs paraît avoir été la région des sources de l'Oxus et du Jaxartes. Apollonius de Tyane traversa le Caucase ou le Kush hindou, où il rencontra un roi qui lui indiqua la demeure des sages — peut-être étaient-ce les descendants de ceux qu'Ammianus appelle les « Brahmanes de l'Inde supérieure », et que visita Hystaspes, le père de Darius (ou plus probablement Darius Hystaspes lui-même) ; et lequel, ayant été instruit par eux, infusa leurs rites et leurs idées dans la doctrine des Mages. Ce récit d'Apollonius paraît laisser supposer que le pays qu'il visita fut le Cashmire, et que les *Nagas* — après leur conversion au Bouddhisme — furent ses instructeurs. A ce moment l'Inde Aryenne ne s'étendait pas au delà du Pendjab.

A notre avis, l'obstacle le plus déconcertant pour tout progrès de l'ethnologie, a toujours été la triple progéniture de Noé. En conciliant les races post-diluviennes avec la descendance généalogique de Sem, Kam et Japhet, les orientalistes chrétiens ont entrepris une tâche impossible à accomplir. L'arche biblique de Noé a été une couche procrustéenne dans laquelle tout devait cadrer. Par conséquent on a attiré l'attention loin des véritables sources d'information par rapport à l'origine de l'homme, et on a confondu une allégorie purement locale, avec une donnée historique venant d'une source inspirée. Quelle drôle et malencontreuse idée. De toutes les écritures sacrées des nations, nées de la racine primitive de l'humanité, ne faut-il pas que le Christianisme choisisse comme guide les annales nationales et les écritures d'un peuple qui est peut-être le moins spirituel entre tous ceux de la famille humaine, — nous voulons parler des Sémites. Une nation qui n'a jamais été capable de développer parmi toutes ses langues, un langage qui permette de résumer les notions d'un monde intellectuel et moral ; dont les modes de manifestation et les tendances ne se sont jamais élevés au-dessus d'expression purement sensuelles et terre à terre ; dont la littérature n'a jamais laissé quoi que ce soit d'original, rien qui n'ait été emprunté à la pensée aryenne ; et dont la science et la philosophie sont absolument dénuées des nobles traits qui caractérisent les doctrines éminemment spirituelles et métaphysiques des races Indo-européennes (c'est-à-dire Japhétiques).

Bunsen démontre que le Khamisme (le langage de l'Egypte) est un très ancien reste de l'Asie occidentale, et contenant *le germe* du sémite ; il témoigne, ainsi, « de l'unité de parenté primitive entre les races Sémite et Aryenne. » Rappelons-nous à ce sujet, que les peuples du Sud-Ouest et de l'Ouest de l'Asie, y compris les Mèdes, étaient tous des Aryens. Il est encore loin d'être prouvé qui furent les maîtres originels et primitifs de l'Inde. Que cette période soit maintenant hors de la portée de l'histoire documentaire, n'empêche en aucune manière la probabilité de notre théorie que c'était la puissante race de constructeurs, qu'on les appelle Ethiopéens orientaux ou Aryens à peau noire (ce mot signifiant simplement « noble guerrier », un « brave »). Ils régnèrent, à une époque, en souverains maîtres sur l'ancienne Inde tout entière, désignée, plus tard, par le Manou, comme la possession de ceux que nos savants appellent les peuples de langue sanscrite.

On suppose que ces hindous pénétrèrent dans le pays par le Nord-Ouest ; d'aucuns *croient* qu'ils apportèrent avec eux la religion brahmanique, et le langage de ces conquérants était *probablement* le sanscrit. C'est sur ces pauvres données que nos philologues ont travaillé depuis que sir William Jones a appelé l'attention sur l'hindoustan et son immense littérature sanscrite — mais traînant toujours après eux le boulet des trois fils de Noé. Ceci est de la science *exacte*, dégagée de tout parti pris religieux ! Certes, l'ethnologie n'y aurait rien perdu, si le trio des trois fils de Noé était tombé à l'eau et s'était noyé dans les eaux du déluge, avant que l'arche n'ait touché terre !

On classe, généralement, les Éthiopiens dans le groupe des Sémites ; mais nous allons étudier jusqu'à quel point ils ont droit à cette classification. Nous aurons aussi à considérer jusqu'à quel point ils ont été mêlés à la civilisation égyptienne, laquelle, comme le dit certain auteur, paraît avoir joui de la même perfection dès les âges les plus reculés, sans avoir passé par une ascension et un progrès, comme cela a été le cas pour tous les autres peuples. Pour des raisons que nous allons exposer, nous sommes prêts à affirmer que l'Egypte doit sa civilisation, son gouvernement et ses arts — et surtout celui de la construction — à l'Inde pré-védique, et que ce fut une colonie d'Aryens à peau foncée, ou ceux qu'Homère et Hérodote appellent les Ethiopiens orientaux, c'est-à-dire les habitants de l'Inde méridionale, qui y apportèrent leur civilisation déjà parfaite, dans les temps anté-chronologiques, ce que Bunsen appelle l'histoire préménite, mais néanmoins, appartenant à une époque déterminée.

Dans le *India in Greece* de Pococke, nous lisons le paragraphe suggestif suivant : « Le récit, sans ornements, des guerres entre les chefs solaires, Oosras (Osiris) le prince des Guclas, et Tu-Phoo, n'est rien de plus que le fait historique des guerres des Apiens, ou tribus solaires d'Oude et des peuples de Tu-Phoo ou Thibet (1), qui étaient, de fait, de race lunaire, pour la plupart Bouddhistes, et combattus par Rama et les Aitho-Pias, ou peuple d'Oude, connus ensuite comme les Aith-io-piens de l'Afrique (2). »

Nous rappellerons au lecteur, à cet égard, que Ravan, le géant, qui, dans le *Ramayana*, combattit Rama Chandra, y est présenté comme Roi de Lanka, qui était l'ancien nom de Ceylan ; et qu'à cette époque, Ceylan faisait probablement partie de la terre ferme de l'Inde méridionale, qui était peuplée par les « Ethiopiens orientaux ». Vaincus par Rama, le fils de Dasarata, le Roi Solaire de l'ancienne Oude, une colonie de ceux-ci émigra dans le Nord de l'Afrique. Si, ainsi que beaucoup le soupçonnent, *l'Iliade* d'Homère, et une grande partie de son récit de la guerre de Troie, est un plagiat du *Ramayana*, les traditions qui servirent de base pour ce dernier, doivent avoir une antiquité fabuleuse. Il y a donc amplement de la place dans l'histoire pré-chronologique pour y placer une période pendant laquelle les

1. Pococke appartient à la classe d'orientalistes qui croient que le Bouddhisme précéda le Brahmanisme, et était la religion des premiers Vedas, Gautama n'ayant été que le restaurateur de cette religion dans sa forme la plus pure, et qui retombe de nouveau après lui dans le dogmatisme.

2. *India in Greece*, p. 200.

« Ethiopiens orientaux » auraient pu établir l'hypothétique colonie Mizraïque, avec son éminente civilisation et ses arts indiens.

La science est encore dans l'ignorance au sujet des inscriptions cunéiformes. Jusqu'à ce qu'elles aient été complètement déchiffrées, et tout spécialement celles gravées dans les rochers, si abondamment trouvées dans les limites de l'ancienne Iran, qui sait les secrets qu'elles auront à nous révéler ? Il n'y a pas d'inscriptions monumentales sanscrites plus anciennes que Chandragupta (315 avant J.-C.) et les inscriptions de Persépolis sont de 220 ans plus anciennes. Il existe aujourd'hui même quelques manuscrits en caractères totalement inconnus des philologues et des paléographes, et un de ceux-ci est, ou était, il n'y a pas longtemps, dans la bibliothèque de Cambridge en Angleterre. Les écrivains linguistiques classent la langue sémite parmi les langages indo-européens, en y comprenant généralement l'éthiopien et l'ancien égyptien. Mais si quelques dialectes de l'Afrique du Nord moderne, et même le Gheez moderne ou éthiopien, sont aujourd'hui si dégénérés et corrompus au point de permettre de fausses conclusions au sujet de leur parenté originelle avec les autres langages sémites, nous ne sommes pas si sûrs que ceux-ci aient droit à une pareille classification, sauf en ce qui concerne l'ancienne langue copte et l'ancien Gheez.

Il reste encore à prouver qu'il existe une plus étroite parenté entre les Éthiopiens et les Aryens à peau foncée, et entre ceux-ci et les Égyptiens. On a reconnu il n'y a pas longtemps que les anciens Égyptiens appartenaient au type caucasien de l'humanité, et que la forme de leur crâne est purement asiatique (1). Si leur peau était moins cuivrée que celle des Éthiopiens modernes, les Éthiopiens, eux-mêmes, ont pu avoir un teint plus clair dans les anciens temps. Le fait que, chez les rois éthiopiens, l'ordre de succession don-

1. L'origine asiatique des premiers habitants de la vallée du Nil est clairement prouvée par des témoignages concurrents et indépendants. Cuvier et Blumenbach affirment que les crânes des momies qu'ils ont eu l'occasion d'examiner présentent le type caucasien. Dernièrement, un physiologiste américain (le Dr Morton), a adopté la même conclusion. (*Crania Ægyptiaca*. Philadelphie, 1844.)

nait la couronne au neveu du roi, *au fils de sa sœur*, et non à son propre fils, est fort suggestif. C'est une ancienne coutume qui a encore cours dans l'Inde méridionale. Les successeurs du rajah ne sont pas ses propres fils, mais ceux de sa sœur (1).

De toutes les langues et les dialectes, soi-disant sémitiques, seul l'éthiopien s'écrit de gauche à droite, comme le sanscrit et les langages des nations indo-aryennes (2).

Par conséquent, contre l'attribution de l'origine des Égyptiens à une ancienne colonie indienne, il n'existe pas de plus sérieux obstacle que le fils irrespectueux de Noé — Cham — lui-même un mythe. Mais la forme la plus ancienne du culte et du gouvernement égyptien, théocratique et sacerdotal, ses habitudes et ses coutumes tout parle en faveur d'une origine indienne.

Les plus anciennes légendes de l'histoire de l'Inde, parlent de deux dynasties, aujourd'hui perdues dans la nuit des temps ; la première était la dynastie des rois « de la race du soleil », qui régnait à Ayodhia (aujourd'hui Oude) ; la seconde était celle de la « race de la lune », qui régnait

1. Feu le Rajah de Travancore eut comme successeur le fils ainé de sa sœur, qui règne aujourd'hui, le Maharajah *Rama Vurmah*. Les héritiers en première ligne sont les fils de sa sœur décédée. Dans le cas où la ligne féminine serait interrompue par la mort, la famille royale est obligée d'adopter la fille d'un autre Rajah, et si cette Rani n'a pas de descendance féminine, on adopte une autre fille, et ainsi de suite.

2. Quelques orientalistes sont d'opinion que cette coutume ne fut introduite qu'à la suite des premiers colons chrétiens en Éthiopie : mais, comme sous les Romains la population de ce pays fut presque entièrement changée, l'élément devint tout à fait arabe ; nous pouvons donc, sans mettre l'affirmation en doute, supposer que ce fut l'influence prédominante arabe qui causa le changement dans le mode primitif de l'écriture. Leur mode actuel est encore plus rapproché du Devanâgari et des autres anciens alphabets indiens, qu'on lit de gauche à droite ; et les lettres ne ressemblent nullement aux caractères phéniciens. De plus, toutes les anciennes autorités viennent corroborer ce que nous avançons. Philostrat fait dire au Brahamane Iarchus (V. A., III, 6) que les Ethiopiens étaient originairement *une race indienne*, qui dut émigrer de sa patrie pour cause de sacrilège et de régicide (Voyez le *India* de Pococke, etc. II, p. 206). On fait dire à un Égytien qu'il avait entendu dire par son père que les Indiens étaient les plus sages parmi les hommes, et que les Éthiopiens, une colonie des Indiens, conservaient la sagesse et les coutumes de leurs ancêtres, et reconnaissaient leur antique origine. Julius Africanus (dans Eusebius et Sycellus)affirme la même chose. Et Eusebius écrit que : « Les Éthiopiens qui émigrèrent du fleuve Indus, s'établirent dans les environs de l'Egypte ». (Lemp., édition de Barker, « Meroë ».)

à Pruyag (Allahabad). Que celui qui voudrait se documenter sur le culte religieux de ces rois primitifs, lise le *Livre des Morts* des Égyptiens, qui traite tout en détail, du culte solaire et des dieux solaires. On ne fait jamais mention d'Osiris ou de Horus sans y joindre le nom du soleil. Ils sont les « *Fils du Soleil* » ; ils s'intitulent « le Seigneur et l'adorateur du Soleil ». « Le Soleil est le créateur du corps, le générateur des dieux qui sont *les successeurs du Fils.* » Pococke dans son ingénieux ouvrage, parle hautement en faveur de cette idée, et cherche à établir encore mieux l'identité des mythologies égyptienne, grecque et indienne. Il démontre que le chef de la race solaire Rajpout, de fait, le célèbre Cuclo-pos (Cyclope ou le constructeur) nommé « Le Grand Soleil », date de la plus ancienne tradition hindoue. Ce prince Gok-la, le patriarche des immenses hordes d'Inachienses, dit-il, « ce *Grand Soleil* fut déifié à sa mort, et suivant la doctrine indienne de la métempsychose, son âme est supposée avoir transmigré dans le taureau « Apis », le Sera-pis grec, et le SOORA-PAS, ou Chef Solaire des égyptiens... *Osiris*, proprement dit Oosras, signifie à la fois *un taureau* et un *rayon de lumière. Soora-pas* (Sérapis) le Chef solaire, car le Soleil, en sanscrit, est Surya. La *Manifestation de la Lumière* de Champollion rappelle, dans chaque chapitre, les deux Dynasties des Rois du Soleil et de la Lune. Par la suite, ces rois furent tous déifiés et transformés, après leur mort, en divinités solaires et lunaires. Leur culte fut la plus ancienne corruption de la grande religion primitive qui, avec raison, considérait le soleil et ses rayons vivifiants comme le symbole le plus approprié pour nous rappeler la présence universelle, invisible de Celui qui est le maître de la Vie et de la Mort. On en suit la trace maintenant à travers le monde entier. C'était la religion des premiers Brahmanes védiques, qui appellent, dans les plus anciens hymnes du *Rig Véda*, Surya (le soleil) et Agni (le feu) « le maître de l'univers », le « Seigneur des hommes » et le « roi sage ». Il constituait le culte des Mages, des Zoroastriens, des Egyptiens et des Grecs, qu'ils l'aient appelé Mithra, Ahura-Mazda, Osiris ou Zeus, honorant comme son plus proche parent Vesta, le pur feu céleste. Cette religion se trouve dans le culte du soleil du Pérou ;

dans le Sabianisme et l'héliolâtrie des Chaldéens, dans le « buisson ardent » de Moïse, dans l'abaissement de la tête des chefs du peuple devant le Seigneur, le « Soleil », et jusque dans la construction par Abraham des autels de feu, et dans les sacrifices des juifs monothéistes à Astarté, la Reine du Ciel.

Malgré toutes leurs controverses et leur recherches, l'histoire et la science demeurent encore dans l'ignorance au sujet de l'origine des Juifs. Ils peuvent être aussi bien les Tchandalas exilés, ou les Parias de l'Inde antique, les « maçons » mentionnés par Vina-Svati, Veda Vyasa et le Manou, que les Phéniciens d'Hérodote, ou les Hyk-sos de Josèphe, ou les descendants des bergers pali, ou un mélange de tous ceux-là. La Bible parle des Tyriens comme d'un peuple apparenté, et prétend exercer un droit sur eux (1).

Il y a plus d'un personnage important dans la Bible, dont la biographie fournit la preuve qu'il est un héros mythique. Samuel est tout indiqué comme le personnage de la république hébraïque. Il est le *double* du Samson du *Livre des Juges*, ainsi qu'on s'en rend compte — étant le fils d'Anna et d'El-Kaina, de même que Samson l'était de Manua ou Manoah. Tous les deux étaient des personnages fictifs, tels qu'ils sont représentés dans le livre révélé ; l'un était l'Hercule hébreu, et l'autre le Ganesa. Samuel est réputé avoir fondé la république, ainsi que d'avoir renversé le culte canaanite de Baal et d'Astarté, ou d'Adonis et de Vénus, et d'avoir institué celui de Jéhovah. Puis le peuple ayant demandé un roi, il oignit Saül et après lui David de Bethléem.

1. Ils ont pu être aussi bien, d'après l'avis de Pococke, tout simplement les tribus de l'Oxus, nom dérivé des « Ookshas », ce peuple dont la richesse était située dans « l'Ox », car il prouve que *Ookshan* n'est qu'une forme imparfaite de Ooksha un bœuf (en sanscrit, ou *ox* en anglais. Il croit que ce furent eux, « les seigneurs de l'Oxus » qui donnèrent leur nom à la mer qui entourait le pays qu'ils gouvernaient, *l'Euxine* ou Ooksh-ine. *Pali* veut dire un berger, et *s'than* un pays. « Les tribus guerrières de l'Oxus pénétrèrent en Egypte puis s'acheminèrent vers la Palestine (Palis-stan), le pays des Palis ou des bergers et créèrent là des établissements plus permanents » (*India in Greece.*) Cependant, si c'est le cas, cela ne ferait que confirmer notre opinion que les Juifs sont une race hybride, car la Bible nous les fait voir à tout instant se mariant, non seulement avec les Cananéens, mais aussi avec toutes les autres nations et races avec lesquelles il entraient en contact.

David est le Roi Arthur israélite. Il accomplit de grandes choses et établit un gouvernement sur toute la Syrie et l'Idumée. Sa domination s'étendit sur l'Arménie et l'Assyrie au nord et au nord-est, le désert Syrien et le Golfe de Perse à l'est, l'Arabie au sud, et l'Egypte et le Levant à l'ouest. Seule la Phénicie en fut exclue.

Son amitié avec Hiram laisse croire qu'il fit de ce pays sa première expédition dans la Judée ; et sa longue résidence à Hébron, la cité des Kabéiriens (*Arba* ou quatre) donnerait également à supposer qu'il établit une nouvelle religion dans ce pays.

Après David vint Salomon, puissant et adonné au luxe, et qui chercha à consolider le royaume conquis par David. David étant un adorateur de Jéhovah, un temple à Jéhovah (Tukt Suleima) fut construit à Jérusalem, tandis qu'on érigeait des autels à Moloch-Hermès, Khemosh et Astarté sur le mont des Oliviers. Ces autels subsistèrent jusqu'à l'époque de Josias.

Des conspirations éclatèrent ; des révoltes eurent lieu en Idumée et à Damas ; et Ahijah le prophète se mit à la tête du mouvement qui eut pour résultat la déposition de la maison de David et l'élection de Jéroboam comme roi. Depuis lors, les prophètes dominèrent en Israël, où le culte du veau prédomina ; les prêtres gouvernèrent la faible dynastie de David et le culte lascif local s'étendit sur le pays tout entier. Après la destruction de la maison d'Ahab, et de l'échec de Jéhu et de ses descendants d'unir le pays sous un seul chef, l'essai fut tenté en Judée. Esaïe avait terminé la ligne directe dans la personne d'Achaz (Esaïe VII, 9) et il plaça sur le trône un prince de Bethléem (Michée V. 2. 5). Ce fut Ezéchias. En montant sur le trône, il invita les chefs d'Israël à s'allier à lui contre les Assyriens (2 chroniques XXX, 1, 21 : XXXI, 1, 5 ; 2 Rois XVIII, 7). Il paraît aussi avoir établi un sacré collège (Proverbes XXV. I) et avoir complètement transformé le culte. Il alla même jusqu'à briser le serpent d'airain que Moïse avait instauré.

Tout ceci transforme en mythe l'histoire de Samuel, de David et de Salomon. La plupart des prophètes, qui étaient lettrés, paraissent avoir commencé à écrire à cette époque.

Le pays fut finalement conquis par les Assyriens qui y

trouvèrent le même peuple et les mêmes institutions que chez les Phéniciens et les autres nations.

Ezéchias ne descendait pas en ligne d'Achaz, mais il était son fils titulaire. Esaïe, le prophète, appartenait à la famille royale, et Ezéchias passait pour son beau-fils. Achaz refuse de s'allier avec le prophète et son parti en disant : « Je ne *tenterai pas* (dépendrai pas de) l'Eternel. » (*Esaïe*, VII, 12.) Le prophète avait déjà déclaré : « Si vous ne croyez pas, vous ne subsisterez pas », prédisant ainsi la déposition de sa lignée directe. « Vous lassez la patience de mon Dieu », répondit le prophète, qui prédit alors la naissance d'un enfant d'une *alma*, ou femme du temple, et qu'avant qu'il sache rejeter le mal et choisir le bien (*Hébreux*, V, 14 ; *Esaïe*, VII, 16 ; VIII, 4), le roi d'Assyrie renverserait la Syrie et Israël. C'est cette prophétie qu'Irénée prit tant le soin de rattacher à Marie et à Jésus, en la donnant comme la raison pour laquelle la mère du prophète Nazaréen est représentée faisant partie du temple, et consacrée à Dieu dès son enfance.

Dans le second chant, Esaïe célèbre le nouveau chef assis sur le trône de David (*Esaïe*, IX, 6, 7 ; XI, I), qui devait rendre leurs foyers aux Juifs que la ligue avait emmenés captifs (*Esaïe*, VIII, 2-12 ; Noë, III, 1-7 ; Abdias, 7, II, 14). Michée, son contemporain, prédit également la même chose (IV, 7-13 ; V. 1-7). Le Rédempteur devait venir de Bethléem ; en d'autres termes, il devait être de la maison de David ; il devait aussi résister aux Assyriens auxquels Achaz avait juré obéissance, et réformer la religion (2 Rois XVIII, 4, 8). C'est ce que fit Ezéchias. Il était le petit-fils de Zacharie, le voyant, (2 chroniques XXIX, I ; XXVI, 5) le conseiller d'Ozias ; aussitôt monté sur le trône il restaura la religion de David et détruisit les derniers vestiges de celle de Moïse, c'est-à-dire la doctrine *ésotérique*, en déclarant que « nos pères ont péché » (2 chroniques XXIX 6-9). Puis il cherche à renouer les relations avec la monarchie septentrionale, parce qu'à ce moment il y avait un interrègne en Israël (2 chroniques XXIX, 1 2, 6 ; XXVI, 1, 6, 7). Il y réussit ; le résultat fut une invasion du roi d'Assyrie. Mais c'était un nouveau régime ; et tout ceci nous fournit la preuve qu'il existait deux courants parallèles dans le culte religieux des Israélites ; l'un appartenant à la religion de l'état et adopté pour cadrer avec les exigences politiques ; l'autre, de l'idolâtrie pure, résultant de l'ignorance de la véritable doctrine ésotérique prêchée par Moïse. Pour la première fois depuis Salomon « les hauts lieux furent enlevés ».

Ezéchias était le Messie attendu de la religion d'état ésotérique. Il était le rejeton de la branche de Jesse, qui devait ramener les juifs de la lamentable captivité, au sujet de laquelle les historiens sont si muets, évitant avec soin toute allusion à ce fait particulier, mais que les prophètes irascibles mettent fort imprudemment en lumière. Si Ezéchias écrasa le culte de Baal esotérique, il arracha violemment aussi le peuple d'Israël à la religion de ses ancêtres, et aux rites secrets institués par Moïse.

Darius Hystaspes fut le premier à fonder une colonie persane en Judée, et Zoro-babel en fut probablement le chef. « Le nom de *Zoro-babel* signifie la semence, ou fils de Baby lone, — de même que Zoro-aster זרו־אשתר est la semence, le fils, ou prince d'Istar (1). » Les nouveaux colons étaient, sans contredit, des *Judæi*, ce qui est une désignation orientale. Même Siam est appelée Judia, et il y avait un Ayodia aux Indes. Les temples de *Solom* ou la Paix étaient fort nombreux. A travers toute la Perse et l'Afghanistan les noms de Saül et de David sont très répandus. La « Loi » est tour à tour attribuée à Ezéchias, à Ezra, à Simon le Juste, et à la période Asmonéenne. Il n'y a rien de défini ; partout naissent des contradictions. Lorsque débuta la période Asmonéenne les principaux soutiens de la Loi étaient appelés Asédiens ou Kashdim (Chaldéens) et plus tard Pharisiens ou Pharsi (Parsis). Ceci indique que les colonies persanes étaient établies en Judée et qu'elles faisaient la loi dans le pays ; tandis que tous les habitants mentionnés dans le livre de la Genèse et de Josué y formaient la masse du peuple (Voyez *Esdras* IX, 1).

Il y a pas de véritable histoire dans l'*Ancien Testament*, et le peu d'informations historiques qu'il contient se trouve dans les révélations indiscrètes des prophètes. Dans son

1. Professeur S. Wilder, « Notes ».

ensemble, ce livre a dû être écrit à différentes époques, ou plutôt inventé pour autoriser par la suite un culte dont l'origine se retrouve aisément, partie dans les Mystères Orphiques et partie dans les anciens rites égyptiens, avec lesquels Moïse était familier dès son enfance.

Depuis le siècle dernier l'Eglise s'est vue obligée de faire quelques concessions au territoire biblique dérobé à ceux auxquels il appartenait de droit. Pouce par pouce ce territoire a été reconquis et un personnage après l'autre a été prouvé n'être qu'un mythe païen. Mais aujourd'hui, après les découvertes de M. George Smith, le regretté assyriologue un des plus fermes soutiens de la Bible a été renversé. Sargon et ses tablettes ont été reconnus plus anciens que Moïse. De même que le récit de l'*Exode*, la naissance et l'histoire du législateur paraissent avoir été « empruntées » aux Assyriens, de même que les « ornements d'or et d'argent » l'avaient été des Egyptiens.

A la page 244 des *Assyrian Discoveries* M. George Smith écrit : « Dans le palais de Sennacherib à Kouyounjik je trouvai un autre fragment de la curieuse histoire de Sargon, dont je publiai la traduction dans les *Transactions de la société d'archéologie biblique*, Vol. I, part. I, page 46. Ce texe raconte que Sargon, un ancien monarque babylonien, naquit de parents royaux, mais qu'il fut caché par sa mère, qui le posa sur l'Euphrate dans un berceau de joncs enduits de bitume, comme celui dans lequel la mère de Moïse cacha son enfant. (Voir *Exode*, II.) Sargon fut trouvé par un homme nommé Akki, un porteur d'eau, qui l'adopta comme son fils ; il devint ensuite Roi de Babylone. La capitale de Sargon était la grande cité d'Agadi — nommé par les sémites accad — mentionné dans la *Genèse* comme la capitale de Nemrod (*Genèse*, X, 10) où il régna pendant quarante-cinq ans (1).

Accad était située près de la cité de Sippara (2), sur l'Euphrate au nord de Babylone. « La date à laquelle vécut Sargon, qu'on pourrait nommer le Moïse babylonien, était le XVIe siècle et peut-être même une date antérieure. »

1. Moïse régna sur le peuple d'Israël, dans le désert, pendant plus de *quarante* ans.
2. Le nom de la femme de Moïse était Zipporah (*Exode*, II).

George Smith ajoute dans son *Chaldean Account*, que Sargon I était un monarque babylonien qui règna dans la cité d'Accad, environ 1.600 ans avant J.-C. La signification du nom de Sargon est le roi véritable ou légitime. Cette étrange histoire a été trouvée sur des fragments de tablettes à Kouyunjik, comme suit :

1. Je suis Sargona, le puissant roi d'Accad.
2. Ma mère était une princesse ; je n'ai pas connu mon père ; un frère de mon père gouvernait le pays.
3. Dans la cité d'Azupirana qui est située sur les rives de l'Euphrate.
4. Ma mère, la princesse, me conçut ; elle me donna le jour avec douleur.
5. Elle me plaça dans une arche faite de joncs, elle scella ma sortie avec du bitume.
6. Elle me laissa aller à la dérive sur la rivière qui ne me noya point.
7. La rivière m'amena à Akki, le porteur d'eau.
8. Akki, le porteur d'eau, avec grande tendresse de ses entrailles, me prit, etc., etc.

Voyons, maintenant, ce que dit l'*Exode* (II) :

« Ne pouvant plus le cacher, elle (la mère de Moïse) prit une caisse de jonc, qu'elle enduisit de bitume et de poix ; elle y mit l'enfant et le déposa parmi les roseaux, sur le bord du fleuve. »

Cette histoire, dit M. G. Smith, « est supposée avoir eu lieu environ 1.600 ans avant J-C. un peu avant l'âge qu'on donne à Moïse (1), ainsi que nous le savons, lorsque la renommée de Sargon fut connue en Egypte ; il est donc fort probable que ce récit a eu un rapport avec le fait relaté dans l'*Exode* II, car toute action une fois exécutée a une tendance à se reproduire ».

1. Vers 1040, les docteurs juifs transportèrent leurs collèges de Babylone en Espagne, et les ouvrages des grands Rabbins qui florissaient dans les quatre siècles suivants, ont tous des significations différentes et fourmillent d'erreurs dans les manuscrits. La « Masorah » vint encore augmenter les difficultés. Beaucoup de choses qui existaient dans les manuscrits ne s'y retrouvent plus, et leurs ouvrages sont pleins d'interpellations et de lacunes. Le plus ancien manuscrit hébreu appartient à cette époque. Voilà la révélation divine à laquelle nous devons croire.

Les « âges » des hindous ne diffèrent pas sensiblement de ceux des grecs, des romains, et même des juifs. Nous y comprenons délibérément la compuiation mosaïque dans le but de faire la preuve de ce que nous avançons. La chronologie qui ne sépare Moïse de la création du monde *que par quatre générations*, simplement parce que le clergé chrétien a voulu l'imposer littéralement au monde est tout à fait ridicule (1). Les cabalistes savent parfaitement que ces générations représentent des âges mondiaux. Les allégories qui, dans les calculs hindous, embrassent la prodigieuse étendue des quatre âges, sont habilement entassés, grâce à la *Masorah*, dans l'infime espace de deux millénaires et demi (2.513 ans) !

On a fait cadrer les quatre âges dans le plan exotérique de la Bible. C'est ainsi qu'on y calcule l'âge d'or depuis Adam à Abraham ; l'âge d'argent d'Abraham à David ; celui du cuivre de David à la captivité ; ce qui vient après appartient à celui du fer. Mais la computation secrète est toute différente et ne varie pas avec les calculs zodiacaux des Brahmanes. Nous sommes aujourd'hui dans l'âge de fer, le Kali-Yug, mais celui-ci commença avec Noé, l'ancêtre mythique de notre race.

Noé ou Nuah, comme toutes les manifestations euhémérisées du Non Révélé — Swayambhuva (ou Swayambhu), était androgyne. C'est ainsi que dans certains cas il fait partie de la triade purement féminine des Chaldéens, connue sous le nom de « Nuah, la Mère universelle ». Nous avons fait voir dans un autre chapitre, que chaque trinité mâle avait sa contrepartie féminine, une en trois, comme celle-là. C'était le complément passif du principe actif, sa *réflexion*. Dans l'Inde, la trimurti mâle se reproduit dans la féminine, la Sakti-Trimurti ; et en Chaldée, Ana, Belita et Davkina cor-

1. Aucune chronologie n'a été acceptée par les Rabbins, comme faisant autorité, jusqu'au XIIe siècle. Le 40 et le 1000 ne sont pas des nombres exacts, mais y ont été ajoutés pour répondre au monothéisme et aux exigences d'une religion calculée pour paraître différente de celle des païens (*Chron. Orth*, p. 238). On ne trouve dans le *Pentateuque* que des faits ayant eu lieu environ deux ans avant la fable de *l'Exode* et pendant l'année qui le précède. Tout le reste de la chronologie est non existant et ne peut se suivre que par les calculs cabalistiques, et encore lorsqu'on en possède la clé.

respondaient à Anu, Bel, Nuah. Les premières réunies en une — Bélita, étaient appelées : « Souveraine déesse, Notre-Dame de l'abîme inférieur, mère des dieux, reine de la terre, reine de la fécondité. »

Sous la forme de l'humidité primordiale, d'où *tout* procède, Bélita est Tamti, ou la mer, la mère de la *cité d'Erech* (la grande nécropole chaldéenne) ; elle est, par conséquent, une déesse infernale. Dans le monde des étoiles et des planètes elle porte le nom d'Istar ou d'Astoreth. Elle est, par conséquent, identique à Vénus et à toutes les autres reines du ciel, auxquelles on offrait en sacrifice des gâteaux et des pains (1), et, comme le savent tous les archéologues, avec *Eve*, la mère de tous les vivants, et avec Marie.

L'arche, dans laquelle furent conservés les germes de toutes choses vivantes nécessaires à la repopulation de la terre, représente la survivance de la vie et la suprématie de l'esprit sur la matière, au moyen du conflit des pouvoirs opposés de la nature. Dans la charte astro-théosophique du Rite occidental, l'arche correspond au nombril, et est placée du côté gauche, le côté de la femme (la lune), dont un des symboles est le pilier de gauche du temple de Salomon, — BOAZ. Le nombril est relié au réceptacle dans lequel fructifient les germes de la race (2). L'Arche c'est l'*Argha* sacrée des hindous, et par conséquent, sa relation avec l'arche de Noé est aisément reconnaissable, quand nous saurons que l'Argha était un vaisseau oblong, dont se servaient les prêtres comme de calice sacrificiel dans le culte d'Isis, d'Astarté, de Vénus-Aphrodite, qui, toutes, étaient des déesses du pouvoir générateur de la nature, ou de la matière — et par conséquent, représentées symboliquement

1. Les Gnostiques, appelés Collyridiens, avaient transféré leur culte d'Astoreth à Marie, également Reine du Ciel. Ils furent persécutés et mis à mort par les Chrétiens orthodoxes, sous l'inculpation d'hérésie. Mais si ces Gnostiques avaient fondé leur culte en lui offrant des sacrifices de gâteaux, de craquelins et d'hosties, c'était parce qu'ils croyaient qu'elle était née d'une vierge immaculée, de même qu'on prétend que le Christ est né de sa mère. Et aujourd'hui, que l'*infaillibilité* du Pape a été reconnue et acceptée, sa première manifestation pratique a été la restauration de la croyance Collyridienne en un article de foi. (Voyez *Apocryphal New Testament*; *The Gospel of Mary attribute to Matthew* par Hone.

2. *Rosicrucians*, par Hargrave Jennings.

par l'arche qui contient les germes de toutes les choses vivantes.

Nous admettons volontiers que les païens avaient, et ont encore, — comme c'est le cas dans l'Inde — d'étranges symboles, qui aux yeux des hypocrites et des puritains peuvent paraître scandaleusement immoraux. Mais les anciens Juifs n'avaient-ils pas, eux-mêmes, copié la plupart de ces symboles? Nous avons, d'autre part, décrit l'identité du lingham avec le pilier de Jacob, et si la place nous le permettait, nous pourrions citer maints autres exemples dans les rites chrétiens actuels, qui ont la même origine; ils ont, d'ailleurs, tous été mentionnés par Inman et autres. (Voyez *Ancient Faiths Embodied in Ancient Names* par Inman.)

Dans sa description du culte des anciens Egyptiens, Mme Lydia Maria Childe dit ce qui suit : « Cette vénération pour ce qui produit la vie, introduisit dans le culte d'Osiris, les emblèmes sexuels si communs dans l'Hindoustan. Une image colossale de ce genre fut donnée à son temple à Alexandrie, par le roi Ptolémée Philadelphe... La vénération pour le mystère de la vie organisée amena la reconnaissance des principes masculin et féminin dans toutes choses, spirituelles aussi bien que matérielles... La description des emblèmes sexuels, partout visibles dans les ornements sculptés de leurs temples, semblerait indécente, *mais nul esprit pur et réfléchi* ne les considérerait à ce point de vue, en se rendant compte de la candeur évidente et de la solennité aves lesquels le sujet est traité (1). »

C'est ainsi que parle cette femme respectable, doublée d'un auteur admirable, et nul homme ou femme purement pensants ne sauraient l'en blâmer. Mais une pareille perversion de la pensée antique sied bien à une époque d'hypocrisie et de pruderie comme la nôtre.

Les eaux du déluge prises dans l'allégorie, comme la « mer » symbolique, Tamti, sont le type du chaos en mouvement. ou la matière, appelée « le grand dragon ». Suivant la doctrine des Gnostiques et des Rosecroix, du moyen âge, la création de la femme n'était pas prévue à l'origine. Elle est la progéniture de la propre pensée impure de l'homme

1. *Progress of Religions Ideas.*

et, comme le disent les Hermétistes, « une intrusion ». Créée par une pensée impure, elle vint à l'existence à la *néfaste* « septième heure », lorsque les mondes réels, « surnaturels », avaient disparu et que les mondes « naturels » ou *illusoires* commencèrent à évoluer sur le « Microcosme descendant », ou pour parler clairement, sur l'arc du grand cycle. En premier lieu « Virgo », la Vierge Céleste du Zodiaque, devint la « Virgo-Scorpio ». Mais en évoluant son second compagnon, l'homme la doua inconsciemment de sa propre part de Spiritualité ; et le nouvel être que son « imagination » appela à l'existence devint son « Sauveur » des embûches de l'Eve-Lélith, la première Eve qui avait, dans sa composition, une plus grande part de matière que l'homme « spirituel » primitif (1).

De sorte que la femme apparaît dans la cosmogonie, par rapport à la « matière », ou le *grand abime*, comme la « Vierge de la Mer » qui écrase le « Dragon » sous son talon. Dans la phraséologie symbolique, ainsi que nous l'avons vu à diverses reprises, les « Eaux » sont souvent dénommées « le Grand Dragon ». Car pour celui qui est au courant de ces doctrines, il est suggestif de savoir que chez les catholiques la Vierge Marie est non seulement la patronne des marins chrétiens, mais qu'elle est également la « Vierge de la Mer ». Didon était aussi la patronne des marins phéniciens (2) ; et avec Vénus et les autres déesses lunaires — car la lune a une influence prépondérante sur les marées — elle était également la « Vierge de la Mer ». *Mar*, la mer est la racine du nom de Marie. La couleur bleue, qui chez les anciens symbolisait le « Grand Abîme », ou le monde matériel, et par conséquent le mal, était consacrée à « Notre-Dame ». C'est aussi la couleur de « Notre-Dame de Paris ». Par sa relation avec le serpent symbolique, cette couleur est tenue en grande aversion par les ex-Nazaréens, les disciples de

1. Lilith était la *première* femme d'Adam, « avant qu'il *n'épousât* Eve », de laquelle « il n'eut que des démons » ; c'est une explication nouvelle, sinon pieuse d'une allégorie bien philosophique : *Anatomy of Melancholy* de Burton.

2. C'est pour commémorer l'Arche du Déluge que les Phéniciens, ces hardis explorateurs de la mer, fixaient sur la paroi de leurs navires, l'image de la déesse Astarté, qui est Elissà, la Vénus Erycina de la Sicile, et Didon qui est le féminin de David.

saint Jean-Baptiste, aujourd'hui les Mendéens de Basra.

Parmi les superbes illustrations de Maurice, il y en a une qui représente Christna écrasant la tête du Serpent. Il porte sur la tête la mitre à trois pointes (symbole de la trinité) et le corps et la queue du serpent vaincu, encerclent la figure du dieu hindou.

Cette gravure nous révèle d'où procède l'inspiration pour la confection d'une autre histoire d'après une prétendue prophétie.

« Je mettrai inimitié entre toi et la femme et entre ta descendance et sa descendance ; elle t'écrasera la tête et tu la mordras au talon. »

L'Orante égyptien est aussi représenté les bras étendus comme sur un crucifix et écrasant un « Serpent » ; et on voit Horus (le Logos), perçant la tête du dragon, Typhon ou Aphophis. Ceci nous fournit la clé de l'allégorie biblique de Caïn et d'Abel. Caïn est réputé être l'ancêtre des Hivites les Serpents, et les jumeaux d'Adam sont évidemment une copie de la fable d'Osiris et de Typhon. Toutefois, laissant de côté la forme extérieure de l'allégorie, elle personnifie la conception philosophique de la lutte éternelle entre le bien et le mal.

Mais quelle étrange élasticité, quelle adaptabilité à tout et pour tout cette philosophie mystique n'a-t-elle pas donné lieu après l'ère chrétienne ! Quand jamais les faits incontestables, irréfragables ont-ils été moins puissants pour le rétablissement de la vérité que dans notre siècle de casuistes et de duplicité chrétienne ? Si l'on a prouvé que Christna était connu comme le « Bon Berger » des siècles avant notre ère, qu'il avait écrasé le Serpent Kalinaga et qu'il a été crucifié — tout cela n'est qu'une représentation prophétique de ce qui devait arriver ! Si l'on démontre que le Thor scandinave qui écrase la tête du serpent avec sa massue en forme de croix, et qu'Apollon qui tue Python, présentent les plus grandes ressemblances avec les héros des fablesc hrétiennes ; ce ne sont que les conceptions originales de la pensée « païenne », « agissant sur les anciennes prophéties patriarcales au sujet du christ, telles qu'elles étaient contenues ans la Révélation unique et primordiale (1) »

1. *Monnmental Christianity* du Dr Lundy.

Le flot est, par conséquent, « l'Ancien Serpent », sur le grand abîme de la matière, le « dragon de la mer » d'Esaïe (XXVII, 1) sur lequel l'arche passe en sûreté, en route pour la montagne du Salut. Mais, si nous avons eu connaissance de l'arche de Noé et de la *Bible* elle-même c'est parce que la mythologie des Egyptiens avait été à portée de la main de Moïse (si tant est que Moïse ait écrit une partie quelconque de la Bible) et qu'il était au courant de l'histoire d'Horus, debout sur son navire de forme serpentine, et tuant le Serpent avec son javelot ; sans oublier la signification occulte de ces fables et leur véritable origine. Nous le reconnaissons encore dans le *Lévitique*, et autres parties de ses livres, dont des pages entières de lois sont copiées sur celles du *Manou*.

Les animaux enfermés dans l'arche sont les passions humaines. Ils représentent certaines épreuves de l'initiation, et les mystères institués chez beaucoup de peuples pour commémorer cette allégorie. L'arche de Noé s'arrêta le dix-septième jour du *septième* mois. Nous retrouvons ici le nombre *sept* ; ainsi que dans les « animaux purs » qu'il prit dans l'arche au nombre de *sept* à la fois. En parlant des mystères de l'eau de Byblos, Lucien dit : « Sur le sommet des deux piliers élevés par Bacchus, un homme demeure pendant *sept* jours (1). » Il croit que ceci est en honneur de Deukalion. Elie, lorsqu'il prie au sommet du Mont Carmel, envoie son serviteur voir s'il n'y a pas de nuage du côté de la mer, et lui répète « retourne *sept* fois ». A la septième fois, il dit : « Voici un petit nuage qui s'élève de la mer et qui est comme la paume de la main d'un homme (2). »

« *Noé* est le *revolutio* d'Adam, de même que Moïse est le *revolutio* d'Abel et de Seth », dit la *Cabale ;* c'est-à-dire, une répétition ou une autre version de la même histoire. La meilleur preuve en est dans la distribution des caractères de la Bible. Par exemple, en commençant par Caïn le premier meurtrier, chaque *cinquième* personnage dans la lignée de sa descendance est un assassin. Nous avons donc, Enoch, Irod, Mehujael, Methusalem, et le cinquième

1. Lucien IV, 276.
2. 1er Livre des Rois XVIII. Tout ceci est allégorique, et ce qui plus est, magique. Car Elie, à ce moment, est entrain d'exécuter une incantation.

est *Lamech*, le second meurtrier, et il est le père de Noé. Si l'on dessine l'étoile à cinq branches de Lucifer (dont la pointe coronale est inclinée vers le bas) et qu'on écrit le nom de Caïn au-dessous de cette branche inférieure, et celui de ses descendants successivement en face de chacune des autres branches, on verra que chaque cinquième nom, — qui vient s'écrire au-dessous de celui de Caïn — correspond à celui d'un assassin. Le *Talmud* donne cette généalogie complète, et c'est ainsi que les noms de treize assassins viennent se ranger au-dessous de celui de Caïn. Ceci *n'est point* une coïncidence. Shiva est le Destructeur, mais il est aussi le *Régénérateur*. Caïn est un assassin, mais il est aussi le fondateur de nations, et un inventeur. Cette étoile de Lucifer est la même que celle que voit saint Jean tombant sur la terre, dans son *Apocalypse*.

On remarque à Thèbes, ou Theba, qui signifie arche — TH-ABA étant synonyme de Kartha ou Tyr, Astu ou Athènes et Urbs ou Rome, signifiant également la cité — les mêmes feuillaisons que celles décrites sur les piliers du temple de Salomon. La feuille d'olive, à deux couleurs, la feuille de figuier à trois lobes, et la feuille de laurier en forme de lance, avaient, toutes, chez les anciens, des significations ésotériques et populaires ou vulgaires.

Les recherches des égyptologues nous fournissent d'autres corroborations de l'identité des allégories bibliques avec celles des pays des Pharaons et des Chaldéens. La dynastie chronologique des Egyptiens, rapportée par Hérodote, Manetho, Eratosthènes, Diodore de Sicile, et acceptée par nos antiquaires, divise la période de l'histoire de l'Egypte en quatre parties : le gouvernement des dieux, des demi-dieux, des héros et des hommes mortels. En réunissant les demi-dieux et les héros dans une seule classe, Bunsen réduit les périodes à trois ; les dieux-rois, les demi-dieux ou héros, — fils de dieux mais nés de mères mortelles — et les Manès, qui furent les ancêtres des tribus individuelles. Ces subdivisions, ainsi qu'on le constate, correspondent parfaitement aux Elohim bibliques, les fils de Dieu, les géants et les hommes mortels de la race de Noé.

Diodore de Sicile et Bérose donnent les noms des douze grands dieux qui président aux douze mois de l'année et aux douze signes du Zodiaque. Ces noms, qui comprennent celui de Noé (1), sont trop connus pour que nous les répétions. Le Janus à double face était également à la tête de douze dieux, et dans les représentations qu'on nous en donne, on lui fait tenir les clés du domaine céleste. Comme tous ceux-ci ont servi de modèles pour les patriarches bibliques, ils nous ont rendu de signalés services — tout spécialement Janus — en fournissant le modèle de saint Pierre et des douze apôtres ; saint Pierre étant aussi à double face par suite de son reniement, et tenant en mains les clés du Paradis.

L'affirmation que l'histoire de Noé n'est qu'une autre version, dans sa signification occulte, de celle d'Adam et de ses trois fils, est renforcée à la lecture de chaque page du livre de la *Genèse.* Adam est le prototype de Noé. La chute d'Adam est provoquée parce qu'il mange du fruit de l'arbre de la connaissance *céleste ;* celle de Noé est dûe parce qu'il goûte au fruit *terrestre ;* le jus de la vigne représente l'abus de la connaissance chez un esprit mal balancé. Adam est dépouillé de son enveloppe spirituelle ; Noé de ses vêtements terrestres ; et la *nudité* des deux leur causa honte. La méchanceté de Caïn se répète dans celle de Cham. Mais les descendants des deux sont les races les plus sages de la terre ; on les appelle à cause de cela les « serpents » et les « fils de serpents », c'est-à-dire des *fils de la sagesse* et non de Satan, ainsi que certains prêtres ont voulu le faire croire. Il y a inimitié entre le « serpent » et la « femme », seulement dans ce « monde de l'homme » mortel et phénoménal, de l'homme « né de la femme ». Avant la chute charnelle, le « serpent » était *Ophis,* la sagesse divine, qui n'avait pas besoin de matière pour procréer des hommes, l'humanité étant purement spirituelle. Voilà d'où provient la guerre entre le serpent et la femme, ou entre l'esprit et la matière. Si, sous son aspect matériel, « l'ancien serpent » est la matière, représentée par

1. Les livres talmudiques disent que Noé, lui-même, fut la *colombe* (l'esprit), l'identifiant, ainsi, une fois de plus avec le Nuah Chaldéen. Baal est représenté avec les ailes d'une colombe et les Samaritains adoraient l'image d'une colombe sur le Mont Gérézim. *Talmud Tract. Chalin,* fol. 6, col. 1.

Orphiomorphos, dans sa signification spirituelle il devient l'Ophis-Christos. Dans la magie de anciens Syro-Chaldéens les deux sont réunis dans le signe zodiacal du Virgo-Scorpio androgyne, et peuvent être, à volonté, *divisés* ou séparés. Ainsi dans l'acceptation de l'origine du « bien et du mal », la signification de S S et Z Z ont toujours été interchangeables ; et si, à l'occasion, les S S sur les cachets et les talismans suggèrent une influence serpentine du mal, et dénotent une intention de magie noire contre autrui, les doubles S S se trouvent sur les calices sacramentels de l'Eglise pour signifier la présence du Saint-Esprit, ou la sagesse pure.

Les Madianites étaient connus comme les *sages*, ou les fils de serpents, comme aussi les Canaanites et les Chamites ; et telle était la renommée des Madianites, que nous voyons Moïse, *le prophète conduit et inspiré par l'Eternel*, s'humilier devant Hobab, le fils de Raguel le *Madianite*, et le suppliant de rester avec le peuple d'Israël : « Ne nous quitte pas, je te prie ; puisque tu connais les lieux où nous campons DANS LE DESERT, tu nous serviras de guide » (1). De plus, lorsque Moïse envoie des espions pour explorer le pays de Canaan, ils rapportent, comme preuve de la sagesse (cabalistiquement parlant) et de la richesse du pays, une branche avec *une* grappe de *raisin* qu'ils sont obligés de se mettre à deux pour la porter au moyen d'une perche. Et ils ajoutent : « nous y avons vu les géants, enfants d'Anak, *de la race des géants* (2) : nous étions à nos yeux et aux leurs comme des sauterelles (3) ».

Anak est Enoch, le patriarche, qui *ne mourut point*, et qui fut le premier possesseur du « nom ineffable » suivant la *Cabale* et le rituel de la Francmaçonnerie.

Si nous comparons les patriarches bibliques aux descendants de Vaiswasvata, le Noé hindou, et aux anciennes traditions sanscrites au sujet du déluge dans le *Mahâbhârata* brahmanique, nous les trouvons calqués sur les patriar-

1. *Nombres*, X, 29-31.
2. La bible et le récit chaldéen se contredisent en ceci, car, au chapitre VII de la Genèse on dit « que tout ce qui se mouvait sur la terre périt », dans le déluge.
3. Livre des Nombres XIII.

ches Védiques qui sont les types primitifs, ayant servi de modèle à tous les autres. Mais avant de pouvoir établir une comparaison il est nécessaire de comprendre la véritable signification des mythes hindous. Outre sa signification astronomique, chacun de ces personnnages mythiques a aussi une signification spirituelle ou morale, et une autre anthropologique ou physique. Les patriarches ne sont pas seulement des dieux euhémérisés — les anté-diluviens correspondant aux *douze* grands dieux de Bérose, et aux *dix* Pradjâpatis, et les post-diluviens aux sept dieux de la célèbre tablette dans la bibliothèque de Ninive, mais ils correspondent également aux symboles des Æons grecs, les Séphiroth cabalistiques et les signes du Zodiaque, comme types d'une série de races humaines (1). Nous expliquerons, plus loin, cette variation de *dix* à *douze*, dont nous déduirons

1. Nous ne voyons pas pourquoi le clergé — et surtout le clergé catholique — objecterait à notre affirmation que les patriarches sont les signes du Zodiaque, et en même temps les anciens dieux des « païens ». Il fut un temps, il n'y a pas plus de deux siècles, où ils émirent les désirs les plus fervents de retourner au culte du soleil et des étoiles. Ce pieux et curieux essai fut dévoilé il y a quelques mois par Camille Flammarion, l'astronome français. Il nous dit que deux jésuites d'Augsburg, Schiller et Boyer, avaient à cœur de changer les noms de toutes les armées sabéennes du ciel étoilé et de les adorer, à nouveau, sous des noms chrétiens ! Après avoir lancé l'anathème contre tous les adorateurs idolâtres du soleil pendant plus de quinze siècles, l'Église se proposait, fort sérieusement, de continuer l'héliolâtrie — *au pied de la lettre*, cette fois — car leur idée était de substituer des personnages bibliques véritables (à leurs yeux) aux mythes du paganisme. Ainsi, ils auraient appelé le soleil, Christ ; la lune, la Vierge Marie ; Saturne, Adam ; Jupiter, Moïse (!) ; Mars, Josué : Vénus, Jean-Baptiste ; et Mercure, Elie. Substituts fort appropriés, *si nous tenons compte de la grande familiarité de l'Eglise* Catholique avec l'ancienne connaissance cabaliste et païenne, et peut-être de son empressement à confesser, enfin, la source de laquelle elle avait tiré tous ses propres mythes. Car le roi Messie n'est-il pas le soleil, le Démiurge des héliolâtres, sous des appellations diverses ? N'est-il pas l'Osiris des égyptiens et l'Apollon des grecs ? Et quel nom serait plus approprié que celui de la Vierge Marie, pour la Diane-Astarté païenne, la « Reine du Ciel », contre laquelle Jérémie épuise tout son vocabulaire d'imprécations ? Cette adoption aurait été historiquement et religieusement exacte. On avait préparé deux grandes illustrations, dit Flammarion, dans un des numéros de *La Nature*, qui représentaient le firmament avec les constellations chrétiennes, à la place des païennes. Les apôtres, les papes, les saints, les martyrs et tous les personnages de l'Ancien et du Nouveau Testament complétaient ce Sabeanisme chrétien. « Les disciples de Loyola tirent des pieds et des mains pour faire réussir ce plan. » Il est curieux de rencontrer aux Indes, parmi les Musulmans le nom de Terah, le père d'Abraham, Azar ou Azarh, et Azur, qui veut dire aussi

la preuve de la Bible elle-même. Seulement ce ne sont pas les premiers dieux, décrits par Cicéron (1), qui appartiennent à la hiérarchie des pouvoirs élevés, les Elohim — mais ils appartiennent plutôt à la seconde classe des « douze dieux », les *Dii menores*, qui sont la réflexion terrestre des premiers, parmi lesquels Hérodote place Hercule (2).

Seul, dans le groupe des douze, Noé, en raison de sa situation sur le point de la transition, appartient à la plus élevée des trinités babyloniennes; Nouah, l'esprit des eaux. Tous les autres sont identiques aux dieux inférieurs de l'Assyrie et de Babylone, qui représentaient l'ordre inférieur des émanations, introduites autour de Bel, le Demiurge, pour l'aider dans son œuvre, ainsi que les patriarches sont censés assister Jéhovah — l' « Eternel ».

Outre ceux-ci, dont beaucoup étaient des divinités *locales*, protectrices de rivières et de cités, il y avait quatre classes de génies auxquels Ezéchiel, dans sa vision, fait supporter le trône de Jéhovah. Ce fait, s'il identifie « l'Eternel » juif, avec une des trinités babyloniennes, apparente, en même temps, le dieu chrétien actuel, avec la même trinité, d'autant plus que ce sont ces quatre chérubins, ne l'oublions pas, auxquels Irénée fait porter Jésus, et qu'on nous donne comme les compagnons des évangélistes.

La source cabalistique hindoue des livres d'*Ezéchiel* et de l'*Apocalypse* se retrouve d'autant plus clairement dans cette description des quatre bêtes, qui symbolisent les quatre règnes élémentaires — la terre, l'air, le feu et l'eau. Ce sont, nul n'en ignore, les sphinx assyriens, mais on retrouve également ces figures sculptées sur les murs de presque toutes les pagodes hindoues.

L'auteur de l'*Apocalypse* copie fidèlement dans son texte, (voyez le Chap. IV, verset 17) le pentacle pythagoricien, dont nous donnons à la page suivante une exacte reproduction du dessin admirable de Lévi.

La déesse hindoue Adanari (ou plutôt Adonari, puisque

le feu, et qui est, en même temps, le nom du troisième mois solaire hindou (de juin à juillet) pendant lequel le soleil est dans les *Gemeaux* et la pleine lune voisine du *Sagittaire*.

1. Cicéron : *De Nat. Deo*, I, 13.
2. *Herodote*, II, 145.

le second a se prononce comme un o) est représentée entourée des mêmes images. Cette représentation s'adapte parfaitement à la « roue de l'Adonai », connue sous le nom de « chérubin de Jeheskiel » et donne à connaître, sans contredit, la source à laquelle le voyant hébreu a puisé ses allégories. Pour faciliter la comparaison nous avons placé l'image dans le pentacle (Voyez page 143).

Au-dessus de ces bêtes étaient les anges ou esprits, divi-

sés en deux groupes : les Igili, ou êtres célestes, et les Amanakis, ou esprits terrestres, les géants, les enfants d'Anak, à propos desquels les espions se plaignirent à Moïse.

La *Kabbala Denudata* donne aux cabalistes une description très claire, mais très obscure aux profanes des permutations ou des substitutions de personnages. Ainsi, par exemple, on y dit, que « la scintilla (étincelle spirituelle ou âme) d'Abraham fut prise de Michel, le chef des Æons, la plus haute émanation de la Divinité ; si haute, en vérité, qu'aux yeux des Gnostiques, Michel était identifié avec le Christ. Et cependant Michel et Enoch sont une seule et même personne. Tous deux occupent, en tant qu'« hommes » le point d'intersection de la croix du Zodiaque. L'étincelle d'Isaac est celle de Gabriel, le chef des armées angéliques, et l'étincelle de Jacob fut détachée d'Uriel, dénommé « le feu de Dieu », l'esprit à la vision la plus perçante de toute l'armée céleste. Adam n'est pas l'Adam Kadmon, mais bien

l'Adam *Primus*, le *Microprosopus*. Celui-ci sous un de ses aspects est Enoch, le patriarche terrestre et le père de Mathusalem. Celui qui « vécut selon Dieu » et « ne mourut point » est l'Enoch spirituel qui symbolise l'humanité, éternel en esprit et aussi éternel dans la chair, bien que celui-ci soit *mortel*. La mort n'est qu'une nouvelle naissance et l'esprit est immortel ; par conséquent l'humanité ne meurt jamais, car le *Destructeur* est devenu le *Créateur*, Enoch est le type de l'homme double, spirituel et terrestre. C'est pour cette raison que sa place est au centre de la croix astronomique.

Mais cette idée tira-t-elle son origine des hébreux ? Nous ne le croyons pas. Chaque nation qui possédait un système astronomique, et tout spécialement l'Inde, avait une grande vénération pour la croix, car elle était la base géométrique du symbolisme religieux des *avatars ;* la manifestation de la Divinité, ou du Créateur dans sa créature l'HOMME ; de Dieu dans l'humanité et de l'humanité en Dieu, en tant qu'esprits. Les plus anciens monuments de la Chaldée, de la Perse et de l'Inde mettent en lumière la double croix, ou croix à huit pointes. Ce symbole, que l'on retrouve tout naturellement, comme d'ailleurs toutes les formes géométriques, dans la nature, dans les plantes comme dans les flocons de neige, a suggéré au Dr Lundy, dans son mysticisme super-chrétien, de dénommer les fleurs cruciformes qui dessinent une étoile à huit pointes par l'intersection de deux croix — l'*Etoile Prophétique de l'Incarnation*, qui unit le ciel et la terre, Dieu et l'homme ». Cette expression est parfaite ; seulement, l'ancien axiome cabalistique « en haut comme en bas », l'exprime encore mieux, car il nous révèle le même Dieu pour toute l'humanité et non seulement pour une poignée de chrétiens. C'est la croix *Mondiale* Céleste qui se reproduit ici-bas dans les plantes et dans l'homme double ; c'est l'homme physique se substituant à l'homme spirituel au point de jonction duquel s'élève le Libra —l'Hermès—Enoch mythique. Le geste d'une main montrant le ciel est contre-balancé par l'autre montrant la terre ; générations innombrables ici-bas, régénérations innombrables là-haut ; le visible, la manifestation de l'invisible ; l'homme de poussière abandonné à la poussière, l'homme esprit, renaissant dans l'esprit ; c'est ainsi que l'humanité finie est le Fils du Dieu Infini. Abba-le-Père ; Amona-la-Mère ; le Fils, l'Univers. Cette trinité primitive se répète dans toutes les théogonies. Adam Kadmon, Hermès, Enoch, Osiris, Christna, Ormazd, ou le Christ, sont tous un. Ils s'érigent comme les *Métatrons* entre le corps et l'âme — esprits éternels qui rachètent la chair par la régénération de la chair *ici-bas*, et l'âme par la régénération *là-haut*, ou l'humanité vit encore une fois selon Dieu.

Nous avons dit, d'autre part, que le symbole de la croix, ou le *Tau* égyptien **T**, était antérieur de bien des siècles à la période assignée à Abraham, le soi-disant ancêtre des Israélites, car autrement Moïse n'aurait pas appris à le connaître par les prêtres. Que le Tau ait été tenu sacré par les Juifs de même que par les autres nations « païennes », est certifié par un fait aujourd'hui admis par le clergé chrétien ainsi que par les archéologues non croyants. Dans l'*Exode* XII, 22, Moïse ordonne au peuple de peindre les *deux poteaux et le linteau* des portes avec du sang, de peur que « l'Eternel » ne fasse erreur et ne frappe un de ses élus au lieu des Egyptiens condamnés (1). Ce signe peint sur les portes est le Tau ! C'est cette même *croix* ansée, dont la moitié servait de talisman à Horus pour ressusciter les morts, qu'on voit reproduite sur les ruines sculptées de Philæ (2). Le peu de fondement, à la base de cette idée que toutes ces croix et tous ces symboles étaient autant de prophéties inconscientes du Christ, est démontré dans le cas des Juifs, sur l'accusation desquels Jésus fut mis à mort. Le même savant auteur remarque, par exemple, dans le *Monumental Christianity* que « les Juifs eux-mêmes reconnurent ce signe de la rédemption, jusqu'au moment où ils rejetèrent le Christ » ; et dans un autre passage, il affirme que la verge de Moïse, dont il se servit pour exécuter ses miracles devant Pharaon « était sans aucun doute, cette *croix ansée* ou quelque chose d'analogue, *dont se servaient également les prêtres égyptiens* (3) ». La déduction logique, serait alors : 1° que si les Juifs adoraient les mêmes symboles que les païens, ils n'étaient pas meilleurs qu'eux ; et 2°, si, étant aussi bien au courant du symbolisme de la croix, ils ont attendu le Messie pendant des siècles, mais qu'ils rejetèrent aussi le Messie chrétien que la Croix chrétienne, il faut croire alors, qu'il y avait quelque chose de mauvais dans l'un et dans l'autre.

1. Qui d'autre que les auteurs du Pentateuque aurait inventé un Dieu suprême ou son ange si parfaitement humains, pour qu'il ait été nécessaire de peindre les linteaux des portes avec du sang afin d'empêcher qu'il ne tuât une personne pour une autre ! En fait de grossier matérialisme cela dépasse tout ce qu'on aurait pu rêver dans la littérature païenne.

2. Denon : *Egypt*, II, pl. 40, n° 8, p. 54.

3. Pages 13 et 42.

Ceux qui n'admettaient pas que Jésus fût le « Fils de Dieu » n'étaient ni le peuple ignorant des symboles religieux, ni la poignée de Saducéens athées qui le mirent à mort mais ceux-là mêmes qui étaient instruits dans la sagesse secrète, qui connaissaient l'origine aussi bien que la signification du symbole de la croix, et qui rejetèrent l'emblème chrétien et le sauveur qu'on y avait attaché, parce qu'ils ne voulaient pas être les complices d'une pareille supercherie impie envers le pauvre peuple.

On attribue aux patriaches et aux prophètes presque toutes les prophéties au sujet du Christ. Si quelques-uns de ces derniers ont réellement existé, tous les premiers ne sont que des mythes. Nous allons le prouver par l'interprétation occulte du Zodiaque, et la relation des signes zodiacaux avec les hommes antédiluviens.

Si le lecteur veut bien se rappeler ce que nous disions au chapitre VI, il comprendra mieux la relation qui existe entre les patriarches antédiluviens, et cette énigme des commentateurs la « Roue d'Ezéchiel ». Rappelons, donc : 1° que l'univers n'est pas une création spontanée, mais bien l'évolution d'une matière pré-existante ; 2° qu'il n'est qu'un univers dans une série infinie d'autres ; 3° que l'éternité se divise en grands cycles, dans chacun desquels ont lieu douze transformations de notre monde, à la suite de sa destruction partielle, alternativement par le feu et par l'eau. De sorte que lorsque commence une nouvelle période mineure, la terre est changée, même géologiquement, au point d'être pratiquement un monde nouveau ; 4° qu'à la suite de ces douze transformations, la terre est plus grossière après les six premières, tout ce qui y vit, y compris l'homme, est plus matériel, qu'après la transformation précédente : tandis qu'après les six autres le contraire a lieu, la terre et l'homme deviennent de plus en plus raffinés et spirituels avec chaque changement terrestre ; 5° que lorsque le sommet du cycle a été atteint, une dissolution graduelle a lieu, et chaque être vivant et chaque forme objective sont détruits. Mais lorsque ce point est atteint l'humanité est devenue propre à vivre la vie subjective aussi bien qu'objective. Et non seulement l'humanité, mais aussi les animaux, les plantes et chaque atome. Après une époque de repos, disent les Bouddhistes, lorsqu'un nouveau monde se reforme, les âmes astrales des animaux, et de tous les êtres, sauf ceux qui ont atteint le Nirvâna le plus élevé, reviennent sur la terre pour terminer leurs cycles de transformations et devenir des hommes à leur tour.

Pour l'instruction des masses, les anciens synthétisaient cette merveilleuse idée, en une seule conception imagée, le Zodiaque ou la ceinture céleste. Au lieu des douze signes employés aujourd'hui, il n'y en avait, à l'origine, que dix connus du public en général ; ce sont : Aries, Taurus, Gemini, Cancer, Leo, Virgo-Scorpio, Sagittarius, Capricornus, Aquarius et Pisces (1). C'étaient les signes exotériques. Mais on y ajoutait deux signes mystiques, que seuls les initiés comprenaient, à savoir: au point médian, à la jonction où aujourd'hui se trouve *Libra* (la Balance) et au signe aujourd'hui appelé le Scorpion, qui vient après celui de la Vierge. Lorsqu'on était obligé de les rendre exotériques, ces deux signes étaient ajoutés sous leurs dénominations actuelles, comme un masque pour cacher leurs véritables noms qui donnaient la clé de tout le secret de la création, et divulgaient l'origine du « bien et du mal ».

La véritable doctrine astrologique sabéenne, enseignait secrètement, que l'explication de la transformation graduelle du monde, de son état spirituel et subjectif, en un état sub-lunaire bi-sexuel, était renfermée dans ce double signe. Les douze signes étaient, par conséquent, divisés en deux groupes. Les premiers étaient désignés par ascendants, ou ligne du Macrocosme (le grand monde spirituel) ; les six derniers, par la ligne descendante, ou le Microcosme (le petit monde secondaire), qui n'est, pour ainsi dire, que la réflexion du premier. Cette division porte le nom de Roue d'Ezéchiel et se complète de la manière suivante : en premier lieu viennent les cinq signes ascendants (euphémérisés en patriarches) le Bélier, le Taureau, les Gémeaux, le

1. Dans le *Ruins of Empires* de Volney, p. 360, on remarque qu'*Aries* était dans son quinzième degré 1.447 ans avant J.-C. ; par conséquent le premier degré de *Libra* n'a pas pu coïncider avec l'équinoxe d'été plus tard que 15.194 ans avant J.-C. ; et si on y ajoute les 1.790 ans depuis le Christ, il apparaît que 16.984 ans sont révolus depuis l'origine du Zodiaque.

Cancer, le Lion et le groupe terminait avec la Vierge-Scorpion. Puis venait le point tournant *Libra*, la Balance. Après cela, la première moitié du signe de la Vierge-Scorpion se dédoublait et était transféré pour servir de chef au groupe inférieur, ou descendant, du Microcosme qui continuait jusqu'au signe des Poissons, ou Noé (le déluge). Afin de le rendre plus clair, le signe de la Vierge-Scorpion qui était représentée par ♍, devint simplement la Vierge, *Virgo*,et la duplication ♏, ou Scorpion, fut intercalée entre Libra (la Balance), le *septième* signe (lequel est Enoch, ou l'ange Metatron, ou le *Médiateur* entre l'esprit et la matière, ou entre Dieu et l'homme). Il devint alors, le Scorpion ou Caïn, lequel signe ou patriarche conduit l'*humanité à la perdition*, suivant la théologie exotérique ; mais d'après la véritable doctrine de la religion sagesse, il dénote *la chute de l'univers tout entier au cours de son évolution depuis la condition subjective à la condition objective.*

On prétend que le signe *Libra*, la Balance, est une invention postérieure des Grecs, mais on ne dit pas que ceux parmi eux qui étaient initiés, n'avaient fait qu'un échange de noms, pour exprimer la même idée que le nom secret pour ceux « qui savaient », en laissant les masses dans la même ignorance qu'auparavant. Leur idée toutefois, était fort belle, car cette *Libra*, ou Balance exprimait autant qu'il était possible, de le faire sans dévoiler cependant la vérité ultime tout entière. Ils voulaient faire entendre par là que lorsque le cours de l'évolution avait amené les mondes au point le plus bas de la matérialité, où les mondes et leurs produits étaient les plus grossiers et leurs habitants les plus bestiaux, le point tournant était atteint et les forces également balancées. Au point le plus bas, l'étincelle divine de l'esprit, encore latente en eux, donne l'impulsion pour les faire remonter. La Balance est le symbole de l'équilibre éternel, qui est une des nécessités d'un univers harmonieux, de la justice parfaite, de la balance des forces centripète et centrifuge, des ténèbres et de la lumière, de l'esprit et de la matière.

Ces signes additionnels du Zodiaque nous autorisent à affirmer que le livre de la Genèse, tel que nous le voyons aujourd'hui, est d'une date plus récente que celle de l'invention du signe Libra, par les Grecs ; car nous constatons que les chapitres de généalogies y sont remodelés pour cadrer avec le nouveau Zodiaque, au lieu de faire concorder ceux-ci avec la liste des patriarches. Et c'est cette addition, et la nécessité de cacher la véritable clé, qui ont amené les compilateurs rabbiniques à répéter deux fois les noms d'Enoch et de Lamech, comme nous le voyons maintenant dans le tableau Kénite. De tous les livres de la Bible, seule la Genèse appartient à une antiquité très éloignée. Tous les autres sont des ajoutures plus ou moins récentes, dont les plus anciens apparurent avec Hilkiah, qui, sans doute, les confectionna avec l'aide de la prophétesse Huldah.

Comme plus d'une signification se rattache à l'histoire du déluge et de la création, nous maintenons, par conséquent, que le récit biblique ne peut être séparé de la version babylonienne de la même histoire ; et que ni l'une ni l'autre ne seront parfaitement claires sans l'interprétation ésotérique des Brahmanes, au sujet du déluge, telle qu'on la trouve dans le *Mahâbhârata* et la *Sathapatha Brahmana.* Ce furent les Babyloniens auxquels les « mystères », le langage sacerdotal et la religion, furent enseignés par les problématiques Akkadiens, — lesquels suivant Rawlinson vinrent d'Arménie — et non ceux-là qui émigrèrent aux Indes. Voilà où la preuve devient évidente. Movers nous fait voir le Xisuthros babylonien plaçant le « soleil » dans le Zodiaque, dans le signe Aquarius, et *Oannès,* l'homme-poisson, le demi-démon, c'est Vichnou dans son premier avatar ; nous avons, ainsi, la clé de la double source de la révélation biblique.

Oannès est le symbole de la sagesse ésotérique sacerdotale ; il sort de la mer, parce que le « grand abîme », l'eau, symbolise, nous l'avons déjà dit, la doctrine secrète. Pour cette même raison, les Egyptiens déifiaient le Nil, outre qu'en vertu de son inondation périodique, il était considéré comme le « Sauveur » du pays. Ils allaient jusqu'à tenir sacrés les crocodiles, qui avaient leur demeure dans l'eau. Les soi-disant « Chamites » ont toujours préféré s'établir dans le voisinage des rivières et des océans. D'après certaines anciennes cosmogonies, l'eau fut le premier élément créé. Ce nom d'Oannès est tenu en grande vénération, dans les annales chaldéennes. Les prêtres chaldéens portaient une coiffure en forme de tête de poisson et un vêtement couvert d'écailles imitant le corps d'un poisson (1).

« Thalès », dit Cicéron, « affirme que *l'eau* est le principe de toutes choses ; et que Dieu est cet Esprit qui façonna et créa toutes choses de l'eau (2). »

> « Apprenez d'abord, que le ciel, la terre, la mer, le globe brillant de la Lune et l'astre de Titan, ont une AME commune, qui répandue dans les membres de ce GRAND CORPS, donne la vie et le mouvement à l'univers (3). »

L'eau représente la dualité tant du Macrocosme que du Microcosme, uni à l'ESPRIT vivifiant, et l'évolution du petit monde du cosmos universel. A ce point de vue, le déluge appelle l'attention sur la lutte finale entre les éléments opposés, qui termina le premier grand cycle de notre planète. Ces périodes graduellement s'interpénétrèrent, l'ordre naissant du chaos, ou du désordre, et les types successifs d'organismes n'étant évolués qu'à mesure que les conditions physiques de la nature étaient prêtes pour leur apparition ; car la race actuelle n'aurait pas pu respirer sur notre globe pendant cette période intermédiaire, puisqu'elle n'avait pas encore le vêtement de peau allégorique (4).

Dans les quatrième et cinquième chapitres de la *Genèse*, nous voyons les soi-disant générations de Caïn et de Seth. Considérons-les dans l'ordre dans lequel elles sont présentées :

1. Voyez les illustrations de *Ancient Faiths* de Inman.
2. Cicéron : *De Nat. Deorum*, I, 10.
3. Virgile : *Enéide* VI.
4. Le terme « vêtement de peau » devient plus suggestif lorsque nous saurons que le mot hébreu « peau » dans le texte originel, veut dire la peau *humaine*. Le texte dit : Et *Java Aleim* confectionna pour Adam et sa femme כתנת עור CHITONUT OUR. Le premier mot hébreu est le même que le mot grec χιτων — Chiton — vêtement. Pankhurst le définit comme *la peau d'hommes* ou *d'animaux* ער עור et ערה, OUR, OR, ou ORA. Nous retrouvons le même mot dans l'*Exode*, XXXIV, 30-35, lorsque *la peau* du visage de Moïse « rayonnait » (A. Wilder).

LIGNES DE GÉNÉRATIONS

	Bon Principe.	Mauvais Principe.	
1. Adam			1. Adam.
2. Seth			2. Caïn.
3. Enos			3. Enoch.
4. Cainan			4. Irad.
5. Mahalaleel			5. Mehujael.
6. Jared			6. Mathusael.
7. Enoch			7. Lamech.
8. Mathusalem			8. Jubal.
9. Lamech			9. Jabal.
10. Noé			10. Tubal Caïn.

Ce sont les dix patriarches qui sont identiques aux Pragâpatis (Prapjapatis) hindous, et aux Séphiroth de la *cabale.* Nous disons bien *dix* patriarches et non *vingt*, car la ligne kénite ne fut inventée que pour : 1° développer la notion du dualisme, sur laquelle est fondée la philosophie de toutes les religions ; car ces deux tables généalogiques représentent tout simplement les pouvoirs opposés des principes du bien et du mal ; et 2° comme un masque pour les masses non-initiées. Admettons que nous leur rendions leur forme primitive en effaçant ces masques prémédités ; ils sont si transparents qu'ils n'exigent pas une perspicacité bien grande pour faire le choix, même si l'on ne fait usage que de son propre jugement, sans en faire la preuve, comme c'est notre cas, au moyen de la doctrine secrète.

En nous débarrassant, donc, des noms kénites qui ne sont que les répétitions des séthites, ou l'un de l'autre, nous éliminons Adam ; Enoch — lequel, dans une des généalogies est le père d'Irad, et dans l'autre le fils de Jared ; Lamech, fils de Mathusael, tandis que lui, Lamech, est le fils de Mathusalem dans la ligne séthite ; Irad (Jared) (1), Jubal et Jabal, lequel, avec Tubal-Caïn forment une trinité dans une ligne, et celle-là le double de Caïn ; Mehujael (qui

1. Ici encore, la « Masorah » en changeant un nom en un autre, a aidé à fausser le peu qui restait d'originel dans les Ecritures primitives.

De Rossi de Parme, dit des Massoretes, dans son *Compendis*, vol. IV. p. 7 : « On sait avec quel soin Esdras, le meilleur critique qu'ils aient eu, *réforma* (le texte), le *corrigea*, et lui rendit sa première splendeur. De toutes les nombreuses révisions entreprises après lui, aucune n'est plus célèbre que celle des Massoretes, qui vinrent après le XVI° siècle... et tous les plus zélés adorateurs et défenseurs de la « Masorah » qu'ils soient Chrétiens ou Juifs... s'accordent ingénument pour reconnaître que telle qu'elle existe elle est *défectueuse, imparfaite, interpolée, remplie d'erreurs*, et *un guide des moins sûrs.* » La lettre carrée ne fut inventée qu'après le III° siècle.

n'est que Mahalaleel écrit différemment), et Mathusael (Mathusalem). Il ne nous reste dans la généalogie kénite du chapitre IV qu'un seul Caïn, qui — comme premier meurtrier et fratricide — est placé dans sa ligne comme le père d'Enoch, le plus vertueux parmi les hommes, qui ne meurt pas, mais est enlevé au ciel en pleine vie. Si nous nous tournons maintenant vers la table séthite nous trouvons que Enos, ou Enoch vient en *seconde* ligne après Adam, et qu'il est le père de Caïn (an). Ceci n'est pas un accident. Il y a ici une raison évidente pour cette inversion de paternité ; il y a un plan arrêté — qui est celui de créer une confusion et d'égarer les recherches.

Nous disions donc, que les patriarches ne sont autres que les signes du zodiaque ; ce sont des emblèmes, dans leurs divers aspects, de l'évolution spirituelle et physique des races humaines, des âges et des divisions du temps. Dans l'astrologie, les premières quatre « maisons » dans les diagrammes des « douze maisons du ciel » à savoir : la première, la dixième, la septième et la quatrième, ou le second carré intérieur situé avec ses angles par en haut et par en bas, sont appelés des *angles*, ayant la plus grande force et puissance. Ils répondent à Adam, Noé, Caïn-an, et Enoch, Alpha, Oméga, le bien et le mal dirigeant tout. En outre, lorsqu'ils sont divisés (y compris les deux noms secrets) en quatre *trigons* ou triades, tels que : le feu, l'air, la terre et l'eau, nous constatons que ce dernier correspond à Noé.

Enoch et Lamech furent doublés dans la table de Caïn, afin de compléter le nombre dix dans les deux « générations » de la Bible, au lieu de faire usage du « Nom secret » ; et, afin que les patriarches pussent correspondre aux dix Séphiroth cabalistiques, et accommoder en même temps les dix, et par la suite *douze* signes du Zodiaque d'une façon compréhensible seulement pour ceux qui étaient versés dans la cabale.

Maintenant qu'Abel eut disparu de cette lignée de descendance, il est remplacé par Seth, qui est évidemment une réflexion tardive suggérée par la nécessité de faire que la race humaine ne descende pas exclusivement d'un meurtrier. Ce dilemme n'ayant sauté aux yeux que lorsque la ligne Kénite eût été terminée, on s'arrangea pour qu'Adam (après l'apparition de toutes les générations) engendrât son fils Seth. Le fait est suggestif que tandis que l'Adam à double sexe du Chapitre V est fait à la ressemblance de l'Eohim (Voyez *Genèse* Chap. I, 27 et Chap. V, 1) Seth (V. 3) est engendré à « la ressemblance » d'Adam, donnant ainsi à comprendre que c'étaient des hommes d'une race différente. De plus, il est digne d'attention, que ni l'âge, ni aucune autre particularité des patriaches ne sont donnés dans la table Sethite.

Assurément, nul ne pourrait s'attendre à trouver dans un ouvrage public, les mystères extrêmes qui depuis les âges les plus reculés ont été tenus cachés dans le plus profond secret des sanctuaires. Mais, sans en divulguer la clé aux profanes, ou sans qu'on puisse nous accuser d'indiscrétion, nous pouvons soulever un coin du voile, qui cache les majestueuses doctrines de l'antiquité. Ecrivons, donc, les noms des patriarches tels qu'ils doivent figurer dans leurs rapports avec le Zodiaque, et voyons comment ils correspondent aux signes. Le diagramme suivant représente la Roue d'Ezéchiels telle que la donnent de nombreux ouvrages, entre autre, les *Rosicrucians*, de Hargrave Jennings :

Ces signes sont les suivants (suivez les nombres).

1 2 3 4 5 6 ♈ ♉ ♊ ♋ ♌ ♍
MACROCOSME
(ascendant)
7 ♎
♏ ♐ ♑ ♒ ♓
8 9 10 11 12
MICROCOSME
(descendant)

1. Le Bélier; 2. le Taureau ; 3, les Gémeaux ; 4, le Cancer ; 5, le Lion ; 6, la Vierge, ou la ligne *ascendante* du grand cycle de la création. Puis vient 7, la *Balance* — « l'homme », lequel, bien que nous le trouvions placé exactement au milieu, c'est-àdire au point d'intersection, ramène les nombres vers le bas : 8, le Scorpion ; 9, le Sagittaire ; 10, le Capricorne ; 11, le Verseau ; et 12, les Poissons.

End iscutant le double signe de la Vierge Scorpion et de la Balance, Hargrave Jennings fait la remarque suivante (p. 65) :

« Tout ceci est incompréhensible, sauf pour l'étrange mysticisme des Gnostiques et des Cabalistes ; et toute la théorie aurait besoin d'une clé pour la rendre intelligible ; ces hommes extraordinaires parlent vaguement de la possibilité d'une telle clé, mais ils se refusent absolument à la communiquer, sa divulgation étant de tous points impossible. » Il faut donner *sept* tours à cette clé avant de pouvoir divulguer le système tout entier. Nous allons lui en donner *un*, et permettre ainsi aux profanes de jeter un regard sur le mystère. Bien heureux celui qui le comprendra dans son ensemble !

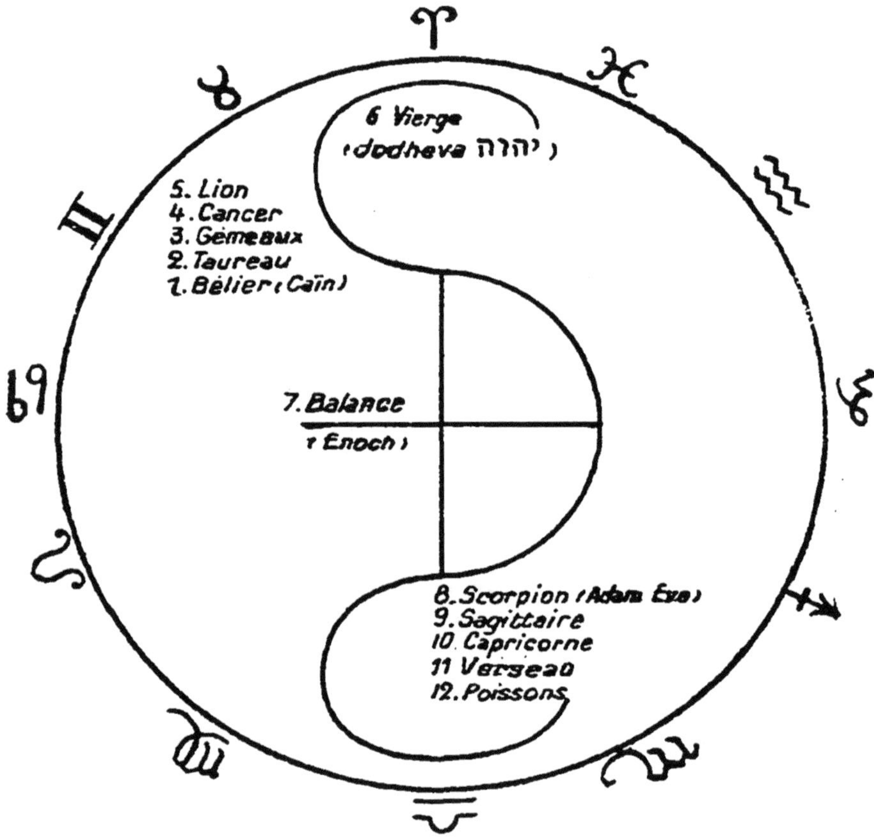

Il suffit, pour expliquer la présence de Jodheva (ou de Yodheva), ou ce qu'on nomme généralement le tétragramme יהוה, et celle d'Adam et d'Eve, de rappeler au lecteur les versets suivants et de la Genèse, avec leur signification exacte entre parenthèses :

1. « Dieu (Elohim) crée l'homme à son (leur) image... il les (le) créa mâle et femelle » (ch. I, 27).
2. « Il les (le) créa mâle et femelle... il *les* (l') appela du nom d'homme (Adam) » (ch. V, 2).

Lorsque le ternaire est pris au commencement du tétragramme, il est l'expression de la création divine, au sens *spirituel*, c'est-à dire sans péché charnel ; de l'autre côté du tétragramme il est pris dans ce dernier sens ; il est alors féminin. Le nom d'Ève se compose de trois lettres ; celui de l'Adam primitif, ou céleste, s'écrit avec une seule lettre, Jod ou Yodh ; il ne doit, par conséquent, pas se prononcer Jehovah, sinon Yeva, ou Ève. L'Adam du premier chapitre est l'Adam spirituel, et partant, pur, androgyne, c'est l'Adam-Kadmon. Lorsque la femme est tirée de la côte gauche du second Adam (l'Adam de poussière) la *Virgo* pure se sépare et, par sa chute « dans la génération », ou sur le cycle descendant, elle devient *Scorpio* (1), l'emblème du péché et de la matière. Tandis que le cycle ascendant a trait aux races purement spirituelles, les dix patriarches anté-diluviens (les Prâdjapatis et les Séphiroth)(2) sont conduits par la Divinité créatrice elle-même, qui est Adam-Kadmon ou Yodcheva ; le cycle inférieur est celui des races terrestres, conduites par Enoch ou *Libra*, le *septième ;* lequel, parce qu'il est moitié divin, moitié terrestre, fut enlevé, dit-on, au ciel, en pleine vie. Enoch, ou Hermès, ou Libra ne font qu'un. Tous trois représentent la balance de l'harmonie universelle ; la justice et l'équilibre sont placés au point central du Zodiaque. Le grand cercle céleste, si bien décrit par Platon dans son Timée, est le symbole de l'inconnu en tant qu'unité ; et les cercles plus petits qui constituent la croix,

1. Le Scorpion est le signe astrologique des organes de la reproduction.
2. Les patriarches. Sont tous convertibles par leurs nombres, de même qu'ils sont interchangeables, suivant ce qu'ils représentent ils deviennent le dix, le cinq, le sept, le douze et même le quatorze. Tout le système est si compliqué qu'il est absolument impossible, dans un ouvrage comme celui-ci, de faire plus que de donner quelques indications à son sujet.

par leur division sur le plan de l'anneau zodiacal, sont le symbole de la vie, à leur point d'intersection. Les forces centripètes et centrifuges, comme symboles du Bien et du Mal, de l'Esprit et de la Matière, de la Vie et de la Mort, sont aussi ceux du Créateur et du Destructeur, Adam et Ève, ou de Dieu et le Diable, comme on dit en langage vulgaire. Dans les mondes subjectifs, aussi bien que dans les mondes objectifs, il existe deux pouvoirs qui, par leur opposition éternelle entretiennent l'harmonie dans l'univers de l'esprit et de la matière. Ils obligent les planètes à poursuivre leur course et les maintiennent dans leurs orbites elliptiques, traçant ainsi la croix astronomique dans leur révolution à travers le Zodiaque. Si, dans la lutte, la force centripète venait à avoir le dessus, elle pousserait les planètes et les âmes vivantes dans le soleil, le type du Soleil spirituel invisible, le Paramatma ou la grande Ame universelle, son progéniteur ; tandis que la force centrifuge chasserait les planètes et les *âmes* dans l'espace solitaire, loin du luminaire de l'univers objectif, loin du royaume spirituel de la salvation et de la vie éternelle, et dans le chaos de la destruction cosmique finale et de l'annihilation individuelle. Mais la *balance* est là, toujours sensible au point d'intersection. Elle règle l'action des deux combattants, et l'effort combiné des deux fait que les planètes et les « âmes vivantes » poursuivent une double ligne diagonale dans leur révolution à travers le Zodiaque et la Vie ; c'est ainsi qu'elle entretient une stricte harmonie dans le ciel et la terre, visibles et invisibles, l'unité forcée des deux reconciliant l'esprit avec la matière, et Enoch apparaît comme le « Métatron » devant Dieu. En comptant en descendant depuis lui jusqu'à Noé et ses trois fils, chacun d'eux représente un nouveau « monde », c'est-à-dire que notre globe, qui est le *septième* (1), après chaque période de transformation

1. Voyez le premier volume de cette ouvrage (p. 116). Le calcul hindou, au moyen du Zodiaque peut, seul, fournir la clé des chronologies hébraïques et des périodes des patriarches. Si nous tenons compte que souvent les anciens calculs astronomiques et chronologiques, sur les quatorze manvantaras (ou périodes divines) dont chacun se compose de *douze* mille ans de dévas, multipliées par soixante et onze, constituant *une période* de la création, il n'y en a pas encore tout à fait *sept* de révolus, les calculs hébreux deviendront plus intelligibles. Afin de faciliter, dans la

géologique, donne naissance à une nouvelle race distincte d'hommes et d'animaux.

Caïn est à la tête de la ligne ascendante, ou Macrocosme, car il est le fils de « l'Eternel », et non d'Adam (*Genèse*, IV, 1). L' « Eternel « c'est l'Adam-Kadmon, Caïn est le fils de la pensée coupable, et non de la progéniture de la chair et du sang ; Seth par contre, est le chef des races terrestres, car il est le fils d'Adam, engendré « à sa ressemblance selon son image (*Genèse,* V, 3) » Caïn, c'est *Kenu,* l'Assyrien, qui veut dire l'aîné, tandis que le mot hébreu קין veut dire un forgeron, un artisan.

Notre science établit la preuve que notre globe a passé par cinq phases géologiques distinctes, caractérisées chacune par une couche différente, lesquelles, par ordre inverse, en commençant par la dernière sont : 1° la période Quaternaire, dans laquelle l'apparition de l'homme constitue une certitude ; 2° la période Tertiaire, dans laquelle la présence de l'homme *est possible ;* 3° la période Secondaire, celle des sauriens gigantesques, les mégalosaures, les ichtyosaures, et les plésiosaures — *sans aucun vestige de l'homme ;* 4° la période Paléozoïque, celle des crustacés gigantesques ; 5° (ou la première) la période Azoïque, pendant laquelle la science affirme que la vie organique n'avait pas encore fait son apparition sur la terre.

Comme il est impossible qu'il y ait eu une période, voire même plusieurs périodes, dans lesquelles l'homme *ait existé,* sans être cependant un être organique, il n'a pu, par conséquent, laisser un vestige quelconque pour la science exacte. *L'Esprit* ne laisse derrière lui ni squelettes ni fossiles, et, néammoins, rares sont ceux, qui doutent, ci-bas, que l'homme puisse avoir une existence objective et une autre subjective. De toutes manières, la théologie des Brahmanes, d'une antiquité incalculable, qui divise les

mesure du possible, ceux qui, sans doute, seraient fort embarrassés par ces calculs, nous rappelons au lecteur que le Zodiaque est divisé en 360 degrés, et chaque signe en 30 degrés : que dans *la Bible samaritaine l'âge d'Enoch est fixé à 360 ans ;* que dans le « Manou » les divisions du temps sont données comme suit : « Le jour et la nuit se composent de trente *Mouhourta.* Un mouhourta contient trente *Kâlas.* Un mois des mortels est de trente jours, ce qui ne fait *qu'un* jour des pitris... Une année des mortels est un jour des Dévas. »

périodes de formation de la terre en quatre âges, et qui place entre chacun de ceux-ci un intervalle de 1.728.000 années, s'accorde bien mieux avec la science officielle et les découvertes modernes, que les absurdes notions chronologiques promulguées par le concile de Nicée et de Trente.

Les noms des patriaches ne sont pas des noms hébreux, bien qu'ils aient été hébraïsés, par la suite ; ils ont, sans contredit, une origine assyrienne ou aryenne.

Ainsi *Adam*, dans la *Cabale* commentée, nous apparaît comme un nom convertible, qui peut s'appliquer à presque tous les autres patriarches, de même que chaque Sephiroth s'applique à chaque Sephira, et *vice versa*, Adam, Caïn et Abel constituent la première *trinité* parmi les douze. Ils correspondent à la Couronne, la Sagesse et l'Intelligence, dans l'arbre séphirotique ; et, en astrologue aux trois trigones le feu, la terre et l'air ; si nous pouvions consacrer plus de place à l'élucidation de ce fait, nous verrions que l'astrologie mérite le nom d'une science, aussi bien que n'importe quelle autre. L'Adam (Kadmon) ou Ariès, le bélier, est identique au dieu égyptien à tête de bélier Amun, qui façonne l'homme sur un tour de potier. Par conséquent, son double, l'Adam de poussière, est également Ariès, Amon, lorsqu'à la tête de ses générations, il façonne également les mortels « à sa ressemblance ». En astrologie la planète Jupiter correspond à la « première maison » (celle d'Ariès). La couleur de Jupiter ainsi qu'on le voit dans les « étages des sept sphères » sur le tour de Borsippa, ou de Birs-Nimrod, est la couleur rouge (1) ; et Adam, en hébreu veut dire אדם « rouge » en même temps qu' « homme ». Le dieu hindou Agni, qui préside au signe des Poissons, voisin de celui du Bélier dans leur relation avec les douze mois (Février et Mars) (2), est teinté de rouge foncé, avec deux figures (mâle

1. Voyez les *Diagrams* de Rawlinson.

2. Tous les signes du Zodiaque brahmanique sont présidés par, et dédiés à un des douze grands dieux. Ainsi : 1° Mecha (le Bélier) est dédié à Varuna ; 2° Vricha (le Taureau), à Yama ; 3° Mithuna (les Gemeaux) à Pavana ; 4° Karcâtaca (le Cancer) à Sûrya ; 5° Sinha (le Lion) à Soma ; 6° Kanya (La Vierge) à Kartikeia ; 7° Toulha (la Balance) à Kouvera ; 8° Vristchica (le Scorpion) à Kama ; 9° Dhanous (Le Sagittaire) à Ganesa ; 10° Makara (le Capricorne) à Poulhar ; 11° Kumbha (le Verseau) à Indra ; et 12° Minas (les Poissons) à Agni.

et femelle), *trois* jambes et *sept* bras ; le tout composant le nombre de douze. De même, aussi, Noé (les Poissons), qui apparaît dans les générations comme le douzième patriarche, en comptant Caïn et Abel, est, de nouveau, Adam sous un autre nom, car il est l'ancêtre d'une nouvelle race d'humanité ; et, avec ses « trois fils », un méchant, l'autre bon, et un participant des deux qualités, est la réflexion terrestre de l'Adam super-terrestre et de ses trois fils. On représente Agni monté sur un bélier, coiffé d'une tiare surmontée d'une croix (1).

Kaïn, présidant au signe Taurus (le Taureau) du Zodiaque, est également fort suggestif. Le Taureau appartient au trigone terrestre, et à ce sujet il n'est pas superflu de rappeler au lecteur une allégorie de l'*Avesta* persane. Suivant la légende, Ormazd produisit un être — source et type de tous les êtres universels — appelé La VIE, ou le Taureau dans le *Zend*. Ahriman (Caïn) tue cet être (Abel) de la semence duquel naissent de nouveaux êtres (Seth). Abel, en langue assyrienne, veut dire *fils*, mais en hébreu הבל, il signifie quelque chose d'éphémère, ce qui n'a pas une longue vie, ce qui est *sans valeur*, et aussi une « idole-païenne (2) », car Kaïn est une *statue hermaïque* (une colonne, le symbole de la génération). Dans cet ordre d'idées, Abel est la contre-partie féminine de Caïn (le mâle) car ce sont des jumeaux, et probablement androgynes ; celui-ci correspond à la Sagesse, et celui-là à l'Intelligence.

Il en est de même de tous les autres patriarches. Enos, אנוש, est encore *Homo*, l'homme ou le même Adam, et Enoch par-dessus le marché ; et קינן, Kaïn-an, est l'égal de Caïn. Seth שת, est Teth, ou Thoth, ou Hermès ; et voilà, sans doute, la raison pourquoi Josèphe, dans son premier livre (chap. III) fait voir Seth si bien versé en astrologie, en géométrie et dans toutes les autres sciences occultes. Prévoyant le déluge, il dit qu'il grava les principes fondamentaux de son art sur deux piliers de briques et de pierres ; Josèphe affirme « avoir vu ces piliers *en Syrie de son temps* ». C'est pour cette raison que Seth est encore identifié avec

1. *Hindu Pantheon*, de Moore, pp. 295-302.
2. Apollon était également *Abelius* ou Bel.

Enoch, auxquels les cabalistes et les francs-maçons attribuent le même exploit ; et, en même temps avec Hermès ou Kadmus, car Enoch est identique à celui-là ; חנוך, HE-NOCH veut dire un instructeur, un initiateur ou un initié; dans la mythologie grecque c'est Inachus. Nous venons de voir le rôle qu'on lui fait jouer dans le Zodiaque.

Mahalaleel, si nous partageons le nom en מהלה, *ma-ha-la*, veut dire doux, miséricordieux ; on le fait correspondre avec la quatrième Sephira, l'*Amour* ou la *Pitié*, émanée de la première trinité (1) Irad, ירד, ou Iared, est (moins les voyelles) identiquement le même. S'il dérive du verbe ירד, il signifie *descendance;* si c'est de ארד, *arad*, il veut dire progéniture ; il correspond donc, parfaitement, aux émanations cabalistiques.

Lamech, למך n'est pas de l'hébreu, mais du grec. Lamach signifie Lam-le père, et Ou-Lom-Ach, est le père du siècle ; ou le père de celui (Noé) qui inaugure une nouvelle ère ou période de création après le *pralaya* du déluge; Noé étant le symbole d'un nouveau monde, le Royaume (Malchuth) des Séphiroth, par conséquent son père, qui répond au neuvième Séphiroth, est la Fondation (2). De plus, aussi bien le père que le fils correspondent dans le Zodiaque au Verseau et aux Poissons; c'est ainsi que le premier appartenant au trigone de l'air, et le second à celui de *l'eau*, ils viennent clore la liste des mythes bibliques.

Mais si, ainsi que nous le constatons, chaque patriarche représente, à un point de vue, ainsi que le font tous les Pradjàpatis, une nouvelle race d'êtres humains anté-diluviens; et si, ainsi qu'il est aisé de le prouver, ce ne sont que des copies des *Saros* ou âges babyloniens, et que ceux-ci sont des copies des dix dynasties hindoues des « Seigneurs des Etres » (3) néanmoins, de quelle façon que

1. Halal est le nom d'Apollon. Le nom de *Mahalal*-Eliel serait donc le soleil d'automne, celui de juillet, et ce patriarche préside précisément au signe zodiacal du Lion (juillet).

2. Voyez la description des Séphiroth au chapitre V.

3. Nous constatons combien servile était cette *copie* chaldéenne en comparant la chronologie hindoue avec celle des Babyloniens. Suivant le Manou les dynasties anté-diluviennes des Pradjâpatis régnèrent pendant 4.320.000 années humaines, en d'autres termes un âge divin tout entier des dévas, ou le laps de temps qui s'écoule invariablement entre la vie

nous les envisagions, ce sont les allégories les plus profondes qui aient été conçues par un esprit philosophique.

Dans le *Nuclemeron* (1), l'évolution de l'univers et ses périodes successives de formation, y compris le développement graduel des races humaines, sont illustrés autant que possible, dans les douze « heures » de la division de l'allégorie. Chaque « heure » symbolise l'évolution d'un nouvel homme, et celle-ci, à son tour, est divisée en quatre quarts ou âges. Cet ouvrage est la preuve jusqu'à quel point l'ancienne philosophie était teintée de la doctrine des anciens Aryens, lesquels furent les premiers à diviser la vie sur notre planète en quatre âges. Si l'on pouvait suivre la trace de cette doctrine depuis sa source dans la nuit des temps de la période traditionnelle jusqu'au voyant de Patmos, on ne risquerait point de s'égarer dans les systèmes religieux des nations. On verrait que les Babyloniens enseignaient que quatre Oannès (ou Soleils) apparurent à quatre différentes époques ; que les hindous proclament leurs quatre Yugas ; que les Grecs, les Romains et les autres croient fermement à leurs âges d'or, d'argent, de bronze et de fer, chacune de ces périodes étant annoncée par l'apparition d'un sauveur. Les quatre Bouddhas des Hindous et les trois prophètes des Zoroastriens — Oshedar-Cami, Oshedar-mah, et Sosiosh — précédés par Zaratushtra, sont les types de tous ces âges.

A son début même, la Bible nous dit *qu'avant que les fils de Dieu virent les filles des hommes*, ceux-ci vivaient de 365 à 969 ans. Mais lorsque l'Eternel vit les iniquités des hommes, Il décida que leurs jours ne seraient plus que de 120 ans (*Genèse*, VI, 3). Pour expliquer une telle différence dans les tableaux de la mortalité humaine, il faut suivre la trace de la décision de « l'Eternel » jusqu'à son origine. Les incongruités que nous rencontrons à chaque pas de la Bible ne peuvent être attribuées qu'au fait que

sur le globe et la dissolution de cette même vie, ou pralaya. De leur côté, les Chaldéens donnent exactement les mêmes chiffres, avec *un* zéro en moins, à savoir : ils calculent que leurs 120 saros donnent un total de 432.000 années.

1. Eliphas Lévi donne la version grecque aussi bien que celle de l'hébreu, mais arbitraire et condensée au point d'être absolument inintelligible pour quiconque n'est pas aussi savant que lui.

les livres de la *Genèse* et les autres livres de Moïse ont été faussés et remodelés par plus d'un auteur ; et que dans leur condition originelle ils étaient, exception faite de la forme extérieure des allégories, de fidèles copies des livres sacrés des hindous. Nous lisons ce qui suit dans le livre I, du *Manou :* « Dans le premier âge, on ne connaissait ni la maladie, ni la souffrance. Les hommes vivaient 400 ans. »

Ceci avait lieu dans le Krita ou Satya-yug.

« Le Krita-yug est le symbole de la justice. Le *Taureau* qui se tient ferme sur ses quatre pieds est son image ; l'homme s'attache à la vertu, et le mal ne dirige pas encore ses actions (1). » Mais à chaque âge successif, la vie humaine primitive perd un quart de sa durée, c'est-à-dire que le Treta-yug, l'homme ne vit plus que 300 ans, dans le Dwapara-yug 200 et dans le Kaki-yug, ou notre âge actuel, il ne vit en général tout au plus que 100 ans. Noé, le fils de Lamech-Oulom-*Ach*, ou le père de l'âge — est une copie déformée de Manou, le fils de Swayambhu et les six Manous ou Rishis, issus du « premier homme » hindou, sont les originaux de Terah, Abraham, Isaac, Jacob, Joseph et Moïse, les sages hébreux, lesquels, en commençant par Terah étaient, dit-on, des astrologues, des alchimistes, des prophètes inspirés et des devins ; en d'autres termes et pour parler clairement, des magiciens.

Si nous consultons la Mishna talmudiste nous y voyons que le premier couple divin, émané, le Démiurge Chochmah (ou Hachma Achamoth) androgyne, et Binah se construisent une maison avec *sept* piliers. Ce sont les architectes de Dieu — la Sagesse et l'Intelligence — « Son compas et Son équerre ». Les sept colonnes sont les *sept* futurs mondes, ou les *sept* « jours » typiques primordiaux de la création.

« Chochmah immole ses victimes ». Ces victimes sont les innombrables forces de la nature qui doivent « mourir » (se dissiper) *afin de pouvoir vivre ;* quand une des forces meurt, ce n'est que pour donner naissance à une autre force, sa progéniture. Elle ne meurt que pour vivre dans ses enfants et ressuscite après chaque *septième* génération. Les

1. Voyez la dissertation du Rabbin Siméon sur l'Homme Taureau primitif et les cornes. *Sohar*.

serviteurs de Chochmah, ou la sagesse, sont les âmes de H-Adam, car en lui sont toutes les âmes d'Israël.

Il y a douze heures dans le jour dit la *Mishna*, et c'est au cours de ces heures que s'accomplit la création de l'homme. Ceci serait-il compréhensible si nous n'avions le Manou pour nous enseigner que ce « jour » embrasse les quatre âges du monde et a une durée de *douze* milles années divines des Dévas ?

« Les créateurs (les Elohim) esquissent dans la deuxième « heure » l'apparence extérieure de la forme corporelle de l'homme. Ils la séparent en deux et préparent les sexes afin de les rendre distincts les uns des autres. C'est ainsi que procèdent les Elohim par rapport à chaque être créé (1). » « Les poissons, les oiseaux, les plantes, les animaux et l'homme, tous étaient androgynes à la première heure. »

Voici ce que dit le commentateur, le grand Rabbin Siméon : « Oh, compagnons, compagnons, l'homme en tant qu'émanation était aussi bien homme que femme, du côté du PÈRE comme celui de la MÈRE. Voilà la signification des paroles de l'Elohim lorsqu'il dit, Que la Lumière soit et la Lumière fut !... C'est là l'homme double (2) ! »

Il fallait une femme spirituelle pour contraster avec l'homme spirituel. L'Harmonie est la loi universelle. Le discours de Platon, dans la traduction de Taylor, est rendu de manière à lui faire dire de l'univers actuel qu' « Il le fit mouvoir d'un mouvement circulaire... Par conséquent, lorsque Dieu qui est une Divinité raisonnant sans cesse, se mit à réfléchir au sujet de ce Dieu (l'homme) *qui était destiné à subsister à une époque ultérieure*, Il conçut son corps lisse et uni, dans tous les sens et entier depuis le centre ; Il le construisit parfait. Ce cercle parfait du Dieu créé, *Il le tailla à angles aigus en forme de la lettre X* ».

Les italiques de ces deux phrases du Timée, sont du Dr Lundy, l'auteur du célèbre ouvrage, déjà mentionné autre part, *Monumental Christianity*. Il appelle par là l'attention aux paroles du philosophe grec, dans le but évident de leur donner le caractère prophétique que leur appli-

1. *Le Nuctameron des Hébreux*. Eliphas Lévi, vol. II.
2. *Auszüge aus dem Sohar*, p. 13, 15.

quait saint Justin Martyr, lorsqu'il accusait Platon d'avoir emprunté sa « discussion physiologique du Timée... relativement au Fils de Dieu placé en croix dans l'univers », à Moïse et son serpent d'airain. Le savant auteur paraît pleinement reconnaître, dans ces paroles, une prophétie non préméditée, bien qu'il ne nous dise pas s'il est d'avis, que de même que le Dieu créé de Platon, Jésus était à l'origine un sphéroïde « lisse et uni dans tous les sens et entier depuis le centre ». Même si saint Justin Martyr pouvait invoquer une excuse pour sa corruption des œuvres de Platon, le Dr Lundy devrait savoir que le temps pour cette sorte de casuistique est, depuis longtemps passé. Ce que le philosophe voulait dire, c'est que l'*homme*, avant d'être enfermé dans la matière n'avait pas d'usage pour des membres, car il était une entité purement spirituelle. Par conséquent, si la Divinité, son univers et les corps stellaires doivent être considérés comme des sphéroïdes, cette forme serait également celle de l'homme archétype. A mesure que son enveloppe prenait du poids, le besoin de membres se fit sentir, et les membres poussèrent. Si nous nous représentons un homme étendant les bras et les jambes dans le même angle, et que nous le placions contre le cercle qui symbolisait sa forme primitive comme esprit, nous aurions exactement la figure décrite par Platon — le X en croix, dans le cercle.

Toutes les légendes relatives à la création, la chute de l'homme et le déluge consécutif, appartiennent à l'histoire universelle, et ne sont pas plus la propriété des Israélites que celles de n'importe quelle autre nation. Ce qui leur appartient en propre (exception faite des cabalistes) ce sont les détails défigurés de chaque tradition. La *Genèse* d'Enoch est bien antérieure aux livres de Moïse (1), et Guillaume Postel l'a présentée au monde, expliquant ses allégories autant qu'il a osé le faire ; mais le fond de l'ouvrage est

1. Telle est l'opinion des savants Drs Jost et Donaldson. « Les livres de l'Ancien Testament, tels que nous les voyons aujourd'hui, paraissent avoir été terminés environ 150 ans avant J.-C... Les Juifs recherchèrent alors les autres livres qui avaient été dispersés pendant les guerres, et les réunirent en une collection. » (Ghillany *Menschenopfer der Hebräer*, p. 1. *Sod the son of the Man*. Appendice.)

resté inexposé. Pour les Juifs, le livre d'Enoch est aussi canonique que ceux de Moïse ; et si les chrétiens ont accepté ceux-ci comme une autorité, nous ne voyons pas pourquoi ils rejetteraient l'autre comme apocryphe. L'âge de l'un comme celui de l'autre ne peuvent être déterminés avec une certitude quelconque. A l'époque de la séparation, les Samaritains ne reconnaissaient que les livres de Moïse et celui de Josué, dit le Dr Jost (1). Le temple de Jérusalem fut pillé en l'an 168 avant J.-C. et tous les livres sacrés anéantis (2) ; par conséquent, les quelques MSS qui restaient étaient entre les mains des « maîtres de la tradition ». Les Tanaïm de la *Cabale*, leurs initiés et leurs prophètes avaient toujours pratiqué ses enseignements de concert avec les Canaanites, les Chamites, les Madianites, les chaldéens et toutes les autres nations. L'histoire de Daniel en est la preuve.

Il existait une sorte de fraternité ou franc-maçonnerie parmi les cabalistes, disséminés de mémoire d'homme, de par le monde entier ; et comme ce fut le cas chez certaines sociétés de la Maçonnerie au moyen âge en Europe, ils s'intitulaient les *Compagnons* (3) et les *Innocents* (4). Il est une croyance chez les cabalistes (croyance fondée sur la connaissance) que les livres sacrés véritables, des soixante-dix anciens, — livres qui contiennent l'*Ancienne Parole* — ne sont pas plus perdus, que ne le sont les rouleaux hermétiques, mais qu'ils ont été conservés depuis les siècles les plus reculés dans des communautés secrètes. Emmanuel Swedenborg en dit autant, et ses dires sont basés sur les informations qu'il reçut de certains *esprits*, qui lui affirmèrent qu'ils « pratiquaient leur culte selon cette Ancienne Parole » « Cherchez-la en Chine » ajoute le célèbre voyant, « vous la trouverez, peut-être, dans la Grande Tartarie ! » D'autres étudiants des sciences occultes ont eu mieux que la parole de certains esprits, à laquelle se fier, dans le cas en question, — ils ont vu les livres.

Il faut, par conséquent, choisir entre deux méthodes. —

1. *Jost*, vol. I, p. 51.
2. *Josephus* de Burder, vol. II, pp. 331-335.
3. *Die Kabbala*, p. 95.
4. Gaffarel : Introduction au *Livre d'Enoch*.

accepter la Bible dans son sens exotérique,ou dans le sens ésotérique, Les faits suivants parlent contre la première : après l'édition de la première copie *Du Livre de Dieu*, et sa publication par Hilkiah, cette copie disparaît, et Esra se voit obligé d'écrire une *nouvelle Bible*, qui est terminée par Judas Maccabée ; qu'après avoir été copiée des lettres cornées en caractères carrés, elle fut défigurée au point de ne pas être reconnaissable ; que la *Masorah* compléta l'œuvre de la destruction ; et que finalement, nous avons un texte, qui n'as pas 900 ans, mais où fourmillent les omissions, les interpolations et les perversions préméditées. Par conséquent, comme ce texte masorétique hébreu a pétrifié ses erreurs, et que la clé de la « Parole de Dieu » a été perdue, nul n'a le droit d'imposer aux soi-disant « chrétiens » les divagations de toute une série de prophètes hallucinés, et peut-être faux, sous la supposition insoutenable et injustifiable qu'elle est l'œuvre du « Saint-Esprit » en *propria persona*.

Nous rejetons, donc, ces prétendues Ecritures monothéistes, élaborées justement au moment où les prêtres de Jérusalem avaient tout intérêt à briser violemment toute relation avec les Gentils. Ce n'est qu'à cette époque que nous les voyons persécuter les cabalistes et mettre au ban l' « ancienne sagesse » des païens et des Juifs. *La véritable Bible hébraïque était un volume secret, inconnu de la masse du peuple*, et même le *Pentateuque* des Samaritains est bien plus ancien que le Septuaginte. Quant à la Bible hébraïque les Pères de l'Eglise n'en n'avaient jamais entendu parler. Nous acceptons plus volontiers la parole de Swedenborg que « l'Ancienne Parole » *se trouve en Chine ou dans la Tartarie ;* d'autant plus, que le voyant suédois est considéré, au moins par un pasteur, à savoir le Rév. Dr R. L.-Tafel de Londres, avoir été inspiré par Dieu lorsqu'il écrivit ses ouvrages théologiques. Il a même la supériorité sur les écrivains de la Bible, car, tandis que ceux-ci ne faisaient qu'entendre les mots parlés à leurs oreilles, il fut donné à Swedenborg de les comprendre par la raison ; il était donc illuminé *intérieurement*, et non extérieurement. « Lorsqu'un membre consciencieux de la nouvelle Église, entend une accusation portée contre la divinité et l'infaillibilité soit de l'âme ou du corps des doctrines de la Nouvelle Jérusalem », dit ce révérend auteur, « il doit se placer au point de vue de la déclaration non-équivoque contenue dans ces doctrines, que l'Eternel a effectué sa seconde venue au moyen de ces écritures, qui ont été publiées par Emmanuel Swedenborg, Son serviteur, et que, par conséquent, les accusations ne sont pas et ne peuvent pas être fondées. » Et si c'est « l'Eternel » qui a parlé par la bouche de Swedenborg, il nous reste l'espoir qu'au moins un prêtre vienne corroborer notre affirmation que l'ancienne « Parole de Dieu » ne se trouve nulle part, sinon dans les pays païens, et en particulier *dans la Tartarie, le Thibet et la Chine bouddhistes.*

« L'histoire primitive de la Grèce est l'histoire primitive de l'Inde » s'écrie Pococke dans son *India in Greece.* En perspective du fruit des recherches critiques à venir, paraphrasons-le en disant : « L'histoire primitive de la Judée n'est que la distorsion d'une fable hindoue greffée sur celle de l'Egypte. » De nombreux savants se trouvent acculés par les faits inflexibles, mais ne voulant pas opposer les récits de la révélation « divine » à ceux des livres brahmaniques ils se contentent de les mettre simplement devant le public. Entre temps, ils limitent leurs conclusions à de mutuelles critiques et à d'acerbes contradictions. Ainsi, Max Müller combat les théories de Spiegel et d'autres ; le Professeur Whitney s'acharne contre celles de l'orientaliste d'Oxford ; et le Dr Haug fait le siège de Spiegel tandis que de son côté celui-ci se rejette sur une autre victime ; malgré cela les Akkadiens et les Touraniens d'antique mémoire, ont, eux-mêmes, eu leur jour de gloire. Il faut que les *Proto-Kasdéens*, les *Kasdéo-Scythes* et les *Sumériens* et tant d'autres, fassent place à d'autres fables ; Hélas, pauvres Akkadiens ! car voci Halévy l'assyriologue qui attaque le langage Akkado-Sumérien de l'ancienne Babylone, et Chabas, l'égyptologue, non content de détrôner la langue touranienne, qui a rendu de signalés services lorsque les orientalistes se trouvaient embarrassés, va jusqu'à qualifier de charlatan François Lenormant, le vénérable père des Akkadiens. Mettant à profit ce conflit entre savants, le clergé chrétien reprend courage avec sa fantastique théologie, en disant que lorsque le jury est en désaccord, c'est du temps de gagné pour l'accusé. On néglige, ainsi, la question vitale de savoir si la Chrétienté ne ferait pas. mieux d'adopter le Christisme à la place du Christianisme, avec sa Bible, son expiation par délégation et son Diable. Mais nous ne pouvons faire moins que dédier un chapitre spécial à un personnage de l'importance de celui-là.

CHAPITRE X

« Arrière de moi SATAN » (dit Jésus à Pierre).

Mathieu XVI, 23.

« Que d'extravagantes sottises, capables de m'écarter de ma foi, Ecoutez-moi bien. Il m'a tenu, hier soir, pendant au moins neuf heures, à m'énumérer tous les noms du Diable. »

Henri IV, 1re Partie; Acte III. *Shakespeare*.

« La force terrible et juste qui tue éternellement les avortons a été nommée par les Egyptiens Typhon, par les Hébreux Samaël : par les orientaux Satan ; et par les latins Lucifer. Le Lucifer de la Cabale n'est pas un ange maudit et foudroyé ; c'est l'ange qui éclaire et qui *régénère* en tombant. »

ELIPHAS LÉVI : *Dogme et Rituel*.

« Tout méchant qu'il est, on peut encore faire du tort au Diable, l'accuser faussement, l'inculper sans motif ; et cela, lorsque ne voulant pas en subir, seuls, le blâme, nous lui faisons endosser les crimes que nous avons, nous-mêmes, commis. »

Defoe. 1726.

SOMMAIRE

Le Diable dans tous ses aspects. — Un Diable personnel implique le polythéisme. — « Pas de Diable, pas de Christ. » — Le serpent tentateur de l'Eden. — Samaël et Typhon sont Satan. — La tentation de Job et celle de Jésus. — Le Grand Dragon Rouge. — Une explication nécessaire est depuis longtemps différée. — Les Mystères de Déméter et de Mithra. — Le livre de Job expliqué par le « Livre des Morts ». — Corruptions du texte et interpolations. — Le Livre de Job est un poème symbolique de l'Initiation. — Le Néophyte est amené à la Lumière. — Le Satanisme chrétien n'est pas le même que le Satanisme oriental. — Diverses sorties de Satan. — Le Secret de Perséphone Python et Typhon sont des ombres de la Lumière. — Le démon cingalais Rawho. — Le Méphistophélès de Gœthe. — La coupe de l'Agathodaémon. — Le « Prince de l'Enfer » et le « Roi de Gloire ». — Le Waterloo de Satan ! — Ce que deux fantômes virent en Enfer. — Débat entre Satan et le « Prince des Enfers ». — Le Credo de Robert Taylor. — Sacrifices humains chez les Juifs. — La véritable signification des lettres I. H. S.

Un auteur célèbre en même temps qu'un cabaliste longtemps persécuté, suggéra, il y a quelques années, un credo pour les cultes Protestant et Catholique Romain, qui pourrait se traduire comme suit.

Protévangélium

« Je crois au Diable, le Père Tout-Puissant du Mal, le Destructeur de toutes choses, le Perturbateur du Ciel et de la Terre ;
Et à l'Anté-Christ, son Fils unique, notre Persécuteur,
Qui a été conçu de l'Esprit du Mal ;
Qui est né d'une Vierge folle et sacrilège ;
Qui fut glorifié par l'humanité, qui règne sur elle,
Et qui monta jusqu'au trône du Dieu Tout-Puissant,
D'où il Le mit de côté, et depuis lequel il insulte les vivants et les morts.
Je crois à l'esprit du Mal ;
A la synagogue de Satan;
A la coalition des méchants ;
A la perdition du corps ;
Et à la Mort et à l'Enfer éternels. *Amen.* »

Ceci est-il pour vous choquer ? Cela vous paraît-il extravagant ? Ecoutez. Le neuf avril 1877, dans la cité de New-York, c'est-à-dire dans le dernier quart de ce qu'on se plaît à nommer le siècle des découvertes et de la lumière, les notions scandaleuses suivantes furent ouvertement proclamées. Nous citons d'un rapport publié dans le *Sun* le lendemain de cette date mémorable : « Les prédicateurs baptistes se réunirent hier dans la chapelle des Marins de Oliver Street. Plusieurs missionnaires étrangers y étaient présents. Le Rév. John W. Sarles, de Brooklyn, lut un discours, dans lequel il soutint la proposition *que tous les païens adultes, morts sans avoir eu connaissance de l'Evangile étaient éternellement damnés.* D'autre part, le révérend conférencier soutint que l'Evamgile était une malédiction, au lieu d'être une bénédiction, que ceux qui avaient crucifié le Christ n'avaient fait que ce qu'il méritait et que tout l'édifice de la religion révélée s'effondrait sur le sol.

« Le frère Stoddard, missionnaire de l'Inde, endossait les vues du pasteur de Brooklyn. Les hindous sont de grands pécheurs. Un jour, après qu'il eût prêché sur la place du marché, un Brahmane se leva et lui dit : Nous autres hindous nous rivalisons avec le monde entier en fait de mensonges, mais cet homme-ci nous en donne à revendre. Comment peut-il prétendre que Dieu nous aime ? Voyez les serpents, les tigres, les lions et toutes les bêtes dangereuses autour de nous. Si Dieu nous aime, pourquoi ne nous en débarrasse-t-il pas ?

« Le Rév. M. Pixley, de Hamilton, N. Y. est parfaitement d'accord avec le discours du frère Sarles, et demande qu'on lui alloue une somme de $ 5000, pour préparer des jeunes gens pour la carrière. »

Et ce sont ces hommes — nous ne disons pas qui enseignent la doctrine de Jésus, car ce serait une insulte gratuite à sa mémoire, mais — qui sont *payés* pour l'enseigner ! Devons-nous nous étonner si des personnes intelligentes préfèrent l'annihilation à une croyance qui enseigne une doctrine aussi monstrueuse ? Nous doutons fort qu'un Brahmane, tant soit peu respectable, ait avoué avoir été coupable de mensonge ; cet art n'est cultivé que dans les régions de l'Inde anglaise, où l'on rencontre le plus grand nombre de chrétiens (1).

Mais nous défions tout honnête homme, dans le monde entier, de nous dire s'il croit que le Brahmane en question s'écartait beaucoup de la vérité en disant du missionnaire

1. La réputation de haute morale des Brahmanes et des Bouddhistes est si bien établie depuis des temps immémoriaux, que nous voyons le colonel Henry Yule, le reconnaitre dans son admirable édition de « Marco Polo » en ces termes : « Les grandes vertus attribuées aux Brahmanes et aux négociants indiens, étaient, peut-être, le fait de la tradition... mais les éloges sont si constants parmi les voyageurs du moyen âge, *qu'ils doivent avoir eu une base solide*. De fait, il serait facile de suivre la trace de témoignages de cette nature depuis les temps anciens jusqu'à nos jours. Arrien assure qu'aucun Indien n'a jamais été accusé de mensonge. Hwen T'sang attribue au peuple hindou la plus grande droiture, honnêteté et désintéressement. Le Frère Jordanès (vers l'an 1330) dit que les habitants de l'Inde inférieure (le Sindh et l'Inde Occidentale) étaient véridiques dans leur langage et pratiquaient la justice : nous pouvons également citer le caractère de haute probité attribué aux hindous par Abul Fazl. Mais *après 150 ans de commerce avec les Européens, on constate, en vérité, un triste changement*... Cependant Pallas, au siècle dernier, en parlant de la colonie Bamyan à Astrakhan, nous dit que ses membres étaient renommés pour leur droiture, qui les faisait préférer aux Arméniens. Et ce sage et dévoué fonctionnaire public, feu Sir William Sleeman, dit encore à notre époque, qu'il ne connaissait pas dans le monde entier d'hommes plus foncièrement honnêtes que ceux de la classe mercantile des Indes. » (Livre de Ser Marco Polo, le Vénitien, Traduction du Colonel Henry Yule, vol. I, p. 354.)

Le triste exemple de la démoralisation rapide des Indiens *sauvages* de l'Amérique, aussitôt qu'ils sont mis en contact avec les fonctionnaires *chrétiens*, n'est un secret pour personne, dans nos temps modernes.

Stoddard, « que cet homme-ci nous en donne à revendre », en parlant de mensonges. Que pouvait-il dire de plus, si celui-ci leur prêchait la doctrine de la *damnation éternelle*, car ils avaient vécu jusque-là sans avoir lu un livre juif, dont ils n'avaient jamais entendu parler, ou la rédemption d'un Christ dont ils ne soupçonnaient pas même l'existence ! Mais les pasteurs baptistes, en quête de quelques milliers de dollars, sont capables d'inventer de terribles situations pour enflammer les cœurs congréganistes.

En règle générale, nous nous abstenons de relater nos propres expériences lorsque nous pouvons présenter celles de témoins, dignes de foi, c'est pourquoi, en lisant les injurieuses remarques du missionnaire Stoddard, nous avons prié dans nos relations, M. William L. E. O'Grady (1), de nous donner son opinion impartiale au sujet des missionnaires aux Indes. Son père et son grand-père étaient officiers dans l'armée anglaise ; il est, lui-même, né aux Indes, et par conséquent, a eu de nombreuses occasions de connaître l'opinion des Anglais sur ces propagandistes religieux. Voici la communication qu'il nous a fait een réponse à notre lettre :

« Vous me demandez mon opinion au sujet des missionnaires chrétiens aux Indes. Pendant toutes les années que j'y ai résidé, je n'ai jamais parlé à un seul missionnaire. Ils ne fréquentaient pas la société, et en ce qui concerne leurs procédés, dont j'ai pu me rendre compte par moi-même, je n'en suis pas surpris. *Leur influence sur les indigènes est néfaste.* Les converts qu'ils font sont sans valeur, et appartiennent, en règle générale, aux plus basses classes de la population ; *ils ne s'améliorent pas du tout par la conversion.* Aucune famille qui se respecte n'emploierait des domestiques chrétiens. Ils sont menteurs, voleurs, malpropres, — et la saleté n'est certes pas un vice hindou ; ils se mettent à boire, tandis qu'aucun hindou respectable d'une autre croyance, ne touche jamais aux liqueurs fortes ; ils sont le rebut du peuple et tout à fait méprisables. Leurs nouveaux instructeurs leur donnent de pauvres exemples d'harmonie. Tout en prêchant aux parias que Dieu ne fait aucune distinc-

1. M. O'Grady, éditeur du *American Builder*, de New-York, est bien connu à la suite du ses intéressants articles *Indian Sketches-Life in the East* publiés sous le pseudonyme *Hadji Nicka Bauker Khan*, dans le *Commercial Bulletin* de Boston.

tion entre les personnes, ils se vantent des rares Brahmanes, qui à de longs intervalles se laissent prendre dans les filets de ces hypocrites.

« Les missionnaires sont fort peu payés, ainsi qu'il est publiquement annoncé dans les rapports des sociétés qui les emploient, mais, chose inconcevable, ils s'arrangent pour vivre aussi bien que les fonctionnaires dix fois plus rétribués qu'eux. Lorsqu'ils rentrent en Europe pour refaire leur santé délabrée, disent-ils, par le surmenage, — ce qu'ils ont le moyen de faire assez souvent, lorsque d'autres personnes supposées à leur aise, ne peuvent se le permettre — ils racontent des histoires puériles, ils exhibent des idoles qu'ils se sont, soi-disant, procurées aux prix de grands efforts ; ce qui est parfaitement absurde, et font le récit de leurs privations imaginaires, qui sont tout à fait touchantes, mais fausses d'un bout à l'autre. J'ai vécu quelques années aux Indes et presque tous mes plus proches parents y ont passé et continuent à y passer leurs meilleures années. Je connais des centaines de fonctionnaires anglais, et je n'ai pas entendu un seul se louer des missionnaires. Les indigènes qui occupent une position quelconque les voient avec le plus grand mépris, tout en souffrant d'exaspération chronique par suite de leurs attaques arrogantes ; et le Gouvernement anglais, qui continue les subventions aux pagodes, consenties par la Compagnie des Indes, pour assister l'éduction non-sectaire, ne leur prête aucun appui. Protégés contre la violence personnelle, ils hurlent et aboient aussi bien contre les indigènes, que contre les Européens, comme le ferait une bande de chiens mal élevés. Recrutés la plupart du temps parmi les plus misérables spécimens du fanatisme théologique, ils sont considérés de toutes parts comme nuisibles. Ce fut leur propagande enragée, indiscrète, vulgaire et outrageante qui causa la grande révolte de 1857.

« Ce sont de malfaisants menteurs.

« Wm. L. D. O'Grady ».

New-York, le 12 juin 1877.

Par conséquent la nouvelle croyance, par laquelle débute ce chapitre, si grossière qu'elle puisse paraître, représente l'essence même de la foi de l'Eglise, telle qu'elle est enseignée par ses missionnaires. On considère comme moins impie, moins infidèle, de douter de l'existence personnelle du Saint-Esprit, ou de la Divinité de Jésus, que de mettre en doute la personnalité du Diable. Mais on a presque complètement oublié la conclusion du Koheleth (1). Qui se rappelle aujourd'hui la parole d'or du prophète Michée (2), ou l'explication de la Loi telle que la donna Jésus (3) ? La chose la plus en vue dans le Christianisme moderne peut se résumer dans la phrase : « crains le Diable ».

Le clergé catholique et quelques champions laïques de l'Eglise de Rome luttent encore plus vigoureusement pour l'existence de Satan et de ses suppôts. Si des Mousseaux affirme la réalité objective des phénomènes spirites, avec une ardeur qui ne se dément pas, c'est parce que, selon lui, ceux-ci sont les preuves les plus visibles du Diable à l'œuvre. Le Chevalier est encore plus catholique que le Pape ; sa logique et ses déductions de prémisses impossibles à établir, sont uniques en leur genre, et prouvent, une fois de plus, que la croyance que nous avons présentée est celle qui exprime de la manière la plus éloquente la foi catholique.

« Si la magie et le spiritisme », écrit-il, « n'étaient tous deux, que des chimères, nous pourrions dire un adieu éternel à tous les anges rebelles qui troublent, aujourd'hui, le monde ; car nous n'aurions, dans ce cas, *plus de démons ici-bas*... Et si nous perdons nos démons, NOUS PERDONS ÉGALEMENT NOTRE SAUVEUR. Car de qui le Sauveur est-il venu nous sauver ? Il n'y aurait alors plus de Rédempteur ; car de qui ou de quoi ce Rédempteur nous délivrerait-il ? Par conséquent *il n'y aurait plus de Christianisme* (4) *!!!*

« Oh, Saint Père du Mal ; Saint Satan ! Nous te supplions de ne pas abandonner de si pieux chrétiens comme le Chevalier des Mousseaux et certains Pasteurs Baptistes ! »

Quant à nous, nous préférons nous en tenir aux savantes paroles de J.-C. Colquhoun (5), qui disait que « ceux qui, à notre époque, adoptent la doctrine du Diable dans son sens strictement littéral et dans son application personnelle, ne se rendent pas compte qu'ils sont, en réalité, des polythéistes, des païens et des idolâtres ».

1. *Ecclésiaste*, XII, 13. « Ecoutons la fin du discours : Crains Dieu et observe ses commandements. C'est là ce que doit tout homme. »
2. Voyez *Michée*, VI, 6-8.
3. Mathieu, XVII, 37-40
4. *Les hauts phénomènes de la magie*, p. 12. Préface.
5. *History of Magic, Witchcraft, and Animal Magnetism.*

Voulant obtenir, en tout, la suprématie sur les anciens cultes, les Chrétiens se targuent d'avoir inventé le Diable, officiellement reconnu par l'Eglise. Jésus fut le premier à se servir du mot « légion » en parlant d'eux ; et c'est pour cette raison que des Mousseaux défend sa position, dans un de ses ouvrages de démonologie. « Par la suite », dit-il, « lorsque la synagogue expira, laissant son héritage aux mains du Christ, naquirent et *brillèrent* les Pères de l'Eglise, que certaines personnes d'une rare et précieuse ignorance, accusèrent d'avoir emprunté, aux théurgistes leurs idées au sujet des esprits des ténèbres. Trois erreurs délibérées, palpables et aisément réfutées — pour ne pas employer un terme plus sévère — sont à relever dans ces quelques lignes. En premier lieu, loin d'avoir *expiré*, la synagogue est florissante aujourd'hui dans presque chaque ville de l'Europe, de l'Amérique et de l'Asie ; et de toutes les églises dans les villes chrétiennes, elles sont les plus fermement établies; ce sont celles également qui se comportent le mieux. De plus, tandis que nul ne niera que beaucoup de Pères chrétiens sont nés en ce monde (exception faite des douze Evêques de Rome imaginaires, qui ne sont jamais nés du tout), tous ceux qui veulent bien se donner la peine de lire les ouvrages des Platoniciens de l'ancienne Académie, qui étaient des théurgistes bien avant Jamblique, y reconnaîtront l'origine de la Démonologie chrétienne, ainsi que de l'Angélologie, dont les Pères ont complètement faussé la signification allégorique. Puis, il est à peine admissible de dire que les Pères aient jamais *brillé*, sauf, peut-être, de l'éclat de leur extrême ignorance. Le Révérend Dr Shuckford, qui passa la plus grande partie de sa vie à essayer de concilier leurs contradictions et leurs absurdités, fut finalement obligé d'abandonner le tout en désespoir de cause. L'ignorance des champions de Platon doit paraître rare et précieuse, comparée à la profondeur insondable de saint Augustin, « le géant de la connaissance et de l'érudition », qui niait la sphéricité de la terre, laquelle, si elle était véritable, empêcherait les habitants des antipodes de voir le Seigneur Jésus-Christ, lorsqu'il descendrait du ciel à sa seconde venue sur la terre ; ou à celle de Lactance, qui rejette avec une pieuse horreur la théorie identique de Pline, sous le prétexte fallacieux que cela ferait pousser les arbres et marcher les hommes, de l'autre côté de la terre, avec leurs têtes en bas ; ou, encore, celle de Cosmas-Indicopleustes, dont le système orthodoxe de géographie est condensé dans sa *Christian topography ;* ou enfin, celle de Bède, qui affirmait que le ciel est « tempéré par des eaux glaciales, de peur qu'il ne soit incendié (1) », salutaire dispensation de la Providence, probablement instituée afin d'empêcher que le rayonnement de leur science ne mette le feu au ciel !

Quoi qu'il en soit, ces Pères resplendissants ont certainement emprunté leurs notions sur les « esprits des ténèbres », aux cabalistes juifs et aux théurgistes païens, avec la seule différence, toutefois, qu'ils défigurèrent et surpassèrent en absurdité tout ce que la pensée la plus échevelée de la plèbe des hindous, des grecs et des romains avait jamais inventé. Dans tout le Pandaïmonéon de la Perse, il n'existe pas un dev d'une conception aussi absurde que l'*Incubus* de des Mousseaux, rééditée de saint-Augustin. Typhon, sous le symbole d'un *âne*, paraît être un philosophe, comparé au diable attrapé dans un trou de serrure par le paysan normand ; et ce n'est certes pas Ahriman, ni le Vritra hindou qui se sauverait la rage et l'effroi dans l'âme, parce qu'un Luther indigène l'aurait interpellé du nom de *saint Satan.*

Le Diable est le génie patronal de la chrétienté théologale. Dans la conception moderne son nom est « trop saint et trop vénéré » pour être prononcé devant un public élégant, sauf de temps à autre en chaire. De même, il n'était pas légal dans les temps anciens, de prononcer les noms sacrés, ou de répéter le jargon des Mystères, excepté sous les voûtes sacrées. Nous connaissons à peine les noms des dieux de la Samothrace, et nous ne pouvons dire, avec précision, le nombre des Kabeiri. Les Egyptiens considéraient impie de mentionner les titres des dieux ou leurs rites sacrés. Même de nos jours, le Brahmane ne prononce la syllabe *Om* qu'en pensée, et le Rabbin le Nom Ineffable יהוה. Par conséquent nous, qui ne pratiquons pas une vénération semblable, nous nous sommes laissés entraîner à mal inter-

1. Voyez *Conflict between Religion and Seience* de Draper

prêter les noms de HISIRIS et de YAVA, à la suite de leur mauvaise prononciation de Osiris et de Jéhovah. Un charme analogue permet, ainsi que nous le constatons, de retrouver les traits du ténébreux personnage en question ; et il est fort probable qu'en traitant le sujet familièrement, nous heurtions les susceptibilités particulières de ceux qui considèrent que mentionner librement le nom du Diable équivaut à un blasphème, — un péché mortel, qui « n'obtiendra jamais de pardon (1) ».

Un ami de l'auteur écrivit, il y a quelques années, un article de journal pour prouver que le *diabolos*, ou Satan du *Nouveau Testament* était la personnification d'une idée abstraite et qu'il n'était pas un être personnel. Un *clergyman* lui répondit, en terminant sa réponse par les paroles déprécatives suivantes : « J'ai bien peur qu'il n'ait nié son Sauveur », à quoi il répliqua : « Oh non, nous ne nions que le Diable. » Mais le clergyman ne parut pas comprendre la différence. Dans sa façon d'envisager la chose, la négation de l'existence objective de la personnalité du Diable était en elle-même « un péché contre le Saint-Esprit ».

Ce Mal nécessaire, ennobli par l'épithète de « Père du Mensonge » qu'on lui a octroyée, était, de l'avis du clergé, le fondateur de toutes les religions de l'antiquité, et des hérésies, ou plutôt des hétérodoxies des époques postérieures, ainsi que le *Deus ex Machina* du Spiritisme moderne. En faisant les exceptions que nous admettons à cet égard, nous déclarons que nous n'attaquons pas la véritable religion ou la piété sincère ; nous ne poursuivons une controverse que contre les dogmes humains. Peut-être ressemblons-nous en ceci à Don Quichotte, car ceux-ci ne sont, après tout, que des moulins à vent. Rappelons-nous, néanmoins qu'ils ont servi d'occasion et de prétexte pour massacrer plus de cinquante millions d'âmes, depuis que Jésus prononça ces paroles : « AIMEZ VOS ENNEMIS (2). »

Il est trop tard maintenant pour qu'on puisse s'attendre

1. Evangile selon saint Marc, III, 29. « Mais celui qui aura blasphémé contre le Saint-Esprit, n'obtiendra jamais de pardon ; il est coupable d'un péché éternel » (ἁμαρτήματος erreur).
2. Evangile selon saint Matthieu, V. 44.

à ce que le clergé chrétien annule ou amende ce qu'il a fait. Il y a trop en jeu pour cela. Si l'Eglise Chrétienne abandonnait le dogme d'un diable anthropomorphe, ou même le modifiait, ce serait aussi dangereux que de retirer la carte du dessous d'un château de cartes. Tout l'édifice s'écroulerait. Les clergymen auxquels nous faisions allusion, reconnaissaient qu'en abandonnant Satan, comme un diable personnel, le dogme de Jésus-Christ comme la seconde personne de leur trinité devait sombrer dans la même catastrophe. Si incroyable ou si épouvantable que cela puisse paraître, l'Eglise de Rome fonde entièrement la doctrine de la divinité du Christ, sur le satanisme de l'archange déchu. Nous avons pour cela le témoignage du Père Ventura, qui proclame l'importance vitale que ce dogme a pour tous les catholiques.

Le Révérend Père Ventura, l'illustre ex-général des Théatins, certifie que le Chevalier des Mousseaux, dans son traité, *Mœurs et Pratiques des Démons,* a bien mérité de l'humanité entière, et plus encore de la Très Sainte Eglise Catholique et Apostolique. Appuyé de cette façon, on conçoit que le noble Chevalier parle comme « faisant autorité en la matière ». Il affirme d'une manière explicite que c'est *au Diable et à ses anges que nous sommes redevables de notre Sauveur ;* et que si ce n'était pour eux, *nous n'aurions pas de Rédempteur* et qu'il n'y aurait *pas de Christianisme.*

Combien d'âmes ardentes et sincères se sont révoltées contre le dogme monstrueux du pape de Genève, que le péché *est nécessairement la cause du plus grand bien.* Il était, néanmoins, étayé par la même logique que celle de des Mousseaux, et expliqué au moyen des mêmes dogmes. Le supplice de Jésus, l'homme-dieu, sur la croix, était le plus grand crime qui ait jamais été commis dans le monde entier, mais il était nécessaire afin que l'humanité, c'est-à-dire ceux qui étaient prédestinés à la vie éternelle, fussent sauvés. D'Aubigné rappelle la citation du Canon, par Luther, lorsqu'il s'écrie en extase : « *O beata culpa, qui talem meruisti redemptorem !* » O péché béni, qui mérita un tel Rédempteur. Nous nous apercevons maintenant que le dogme qui nous paraissait si monstrueux dès l'abord, est, après tout, la doctrine du Pape, de Calvin et de Luther — et que les trois ne font qu'un.

Mahomet et ses disciples, qui avaient un grand respect pour Jésus, comme prophète, dit Eliphas Lévi, en parlant des chrétiens disaient : « Jésus de Nazareth était, certes, un véritable prophète d'Allah, et un saint homme ; mais hélas ! ses disciples furent tous, un jour, atteints de folie, en faisant de lui un dieu. »

Max Muller ajoute avec bienveillance : « Ce fut une erreur des premiers Pères que de traiter les dieux païens de démons ou de mauvais esprits, et nous devons nous garder de commettre la même erreur en ce qui concerne les dieux hindous (1). »

Mais voici qu'on nous présente Satan comme le plus ferme soutien du clergé, tel Atlas soutenant sur ses épaules le ciel chrétein et le cosmos tout entier. S'il s'écroule, alors, à leur point de vue, tout est perdu, et nous retombons dans le chaos.

Il paraîtrait que ce dogme du Diable est basé sur deux passages du *Nouveau Testament* : « C'est pour détruire les œuvres du Diable que le Fils de Dieu a paru (2). » « Alors il y eut un combat dans le ciel : Michel et ses anges s'avancèrent pour combattre le Dragon ; et le Dragon et ses anges combattirent, mais ils ne purent vaincre ; et la place même qu'ils occupaient ne se retrouva plus dans le ciel. Il fut précipité le grand Dragon, le serpent ancien, celui qui est appelé le Diable et Satan, le séducteur de toute la terre (3). » Recherchons, donc, dans les anciennes Théogonies, afin de nous rendre compte de la signification de ces remarquables expressions.

La première question qui s'impose est celle de savoir si le terme *Diable*, dont on se sert ici, représente vraiment la Divinité malfaisante des chrétiens, ou s'il n'est qu'une force aveugle et antagoniste — le côté ténébreux de la nature. Il ne faut pas comprendre celle-ci comme la manifestation d'un principe du mal, quelconque, qui serait *malum per se*, mais simplement, pour ainsi dire, l'ombre de

1. *Comparative Mythology*, avril 1856.
2. 1re Epitre de saint Jean, III, 8.
3. Apocalyse, XII, 7-9.

la Lumière. Les théories des cabalistes l'envisagent comme une force opposée, mais en même temps essentielle à la vitalité, l'évolution et la vigueur du principe bienfaisant. Les plantes périraient dans le premier degré de leur existence, si on les tenait constamment exposées à la lumière du soleil ; la nuit alternant avec le jour, est nécessaire pour leur saine croissance et leur développement. De même, la Bonté cesserait bientôt d'exister, si elle n'alternait pas avec le principe opposé. Dans la nature humaine, le mal exprime l'antagonisme de la matière pour l'esprit, et chacun d'eux se purifie en conséquence. L'équilibre doit être gardé dans le cosmos ; l'opération des deux opposés donne naissance à l'harmonie, comme le font les forces centripètes et centrifuges, et elles sont mutuellement nécessaires. Si l'on en arrête une, l'action de l'autre tend immédiatement à tout renverser.

Il faut envisager le personnage qu'on nomme Satan sous trois points de vue différents ; sous celui de l'Ancien Testament, celui des Pères chrétiens, et sous celui des anciens Gentils. On prétend qu'il est représenté par le Serpent du Jardin de l'Eden ; néanmoins, l'épithète de Satan n'est appliquée nulle part dans les Ecritures sacrées des Hébreux à une variété quelconque des ophidiens. Le Serpent d'Airain de Moïse était adoré comme un Dieu par les Israélites (1) ; car il est le symbole de Esmun-Asclepius, le Iao phénicien. En effet, le personnage de Satan lui-même, est présenté au premier livre des *Chroniques* pour persuader le Roi David à faire le dénombrement du peuple d'Israël, acte, qu'autre part on déclare péremptoirement avoir été provoqué par Jéhovah lui-même (2). On en déduit incontestablement que Satan et Jéhovah étaient tous deux considérés comme le même personnage.

1. II Livre des Rois, XVIII, 4. Il est probable que les serpents de feu, ou les *Séraphim*, mentionnés dans le chapitre XXI du Livre des Nombres, étaient les mêmes que les Lévites, ou que la tribu des Ophites. Comparez l'Exode XXXII, 26-29 avec le Livre des Nombres XXI, 5-9. Les noms de Hiva חוה, de Hivi, ou Hivite, חוי, et celui de Lévi לוי, ont tous la signification d'un serpent : et c'est un fait curieux que les Hévites, ou tribu-serpent de la Palestine, de même que les Lévites ou Ophites d'Israël étaient les prêtres des temples. Les Gibonites auxquels Josué confia la garde du Sanctuaire étaient des Hivites.

2. *Chroniques*, XXI, 1. « Satan se leva contre Israël et il excita David à

On trouve une autre mention de Satan dans les prophéties de Zacharie. Ce livre fut écrit à une époque postérieure à la colonisation de la Palestine et, par conséquent, il est fort probable que les Asidiens aient amené avec eux ce personnage de l'Orient. Il est bien connu que ce corps de sectaires était profondément imbu des notions mazdéennes et qu'il représentait Ahriman ou Anra--manyas par les noms des dieux de la Syrie. Set ou Sat-an, le dieu des Hittites, et Hyksos, et Beel-Zebub le dieu oracle, devint, par la suite, l'Apollon de la Grèce. Le prophète commença son œuvre en Judée dans la seconde année du règne de Darius-Hystaspes, le restaurateur du culte mazdéen. Il raconte, en ces termes, sa rencontre avec Satan : « Il me fit voir Josué le grand-prêtre debout devant l'Ange de l'Eternel, et Satan qui se tenait à sa droite pour l'accuser. Et l'Eternel dit à Satan : Que l'Eternel te réprime Satan ! que l'Eternel te réprime, lui qui a choisi Jérusalem ! n'est-ce pas un tison arraché du feu (1) ? »

Nous supposons que le passage que nous venons de citer est symbolique ; il y a, dans le *Nouveau Testament*, deux passages qui le donneraient à entendre. *L'Epître catholique de saint Jude* en parle dans ces termes : « L'Archange Michel, au contraire, quand il contestait avec le Diable et lui disputait le corps de Moïse n'osa pas lancer contre lui une parole injurieuse (κρίσιν ἐπενεγκεῖν βλασφημίας) et lui dit seulement : « Que le Seigneur te punisse (2). » L'archange est, ainsi, présenté comme identique au יהוה le Seigneur, ou l'Ange du Seigneur, de la citation précédente, et nous constatons par cela, que le Jehovah hébreu avait un double caractère, l'un secret et l'autre se manifestant comme l'Ange du Seigneur, ou l'Archange saint Michel. En comparant ces deux passages, il est évident que le « corps de Moïse », objet de la dispute était bien la Palestine, laquelle, comme

faire le dénombrement d'Israël. » Deuxième Livre de *Samuel*, XXIV, 1 : « La colère de l'Eternel s'enflamma de nouveau contre Israël, et il excita David contre eux, en disant : Va, fais le dénombrement d'Israël et de Juda. »

1. Zacharie III, 1, 2. Il a évidemment cherché à faire, ici, un jeu de mots ; « accusateur » est associé au nom de « Satan », de même que שטן, opposer.

2. Epitre de saint Jude, 9.

« le pays des Hittites » (1) était le domaine particulier de Seth, leur dieu tutélaire (2). Saint Michel, le champion du culte de Jéhovah, luttait avec le Diable, ou l'Adversaire, mais laissait à son supérieur le soin de juger.

Bélial n'a droit ni au titre de dieu, ni à celui de diable. Le terme בליעל, Belial, signifie, d'après les dictionnaires hébreux, un ravage destructeur, une inutilité; ou alors, la phrase איש־בליעל, Ais-Belial, ou *homme-Bélial* veut dire un homme dépensier, inutile. S'il fallait personnifier Bélial, pour plaire à nos amis religieux, nous serions obligés de le rendre tout à fait distinct de Satan et de le considérer comme une sorte de « Diakka » spirituel. Toutefois, les démonographes, qui comptent neuf classes distinctes de *daimonia*, le placent à la tête du troisième rang, constitué par les gobelins malins et bons-à-rien.

Asmodée n'est nullement un esprit juif, son origine étant purement persane. Bréal, l'auteur de *Hercule et Cacus* démontre qu'il est le Eshem-Dev, ou Aêshma-Dev des Parsis, le méchant esprit de la concupiscence dont Max Müller dit qu'il « est plusieurs fois mentionné dans l'*Avesta*, comme un des Devs (3), des dieux à l'origine, mais qui devinrent de mauvais esprits ».

Samaël est Satan ; mais Bryant et nombre d'autres autorités en la matière font voir que c'est le nom du « Simoun » — le vent du désert (4), et le Simoun est appelé Atabul-os ou Diabolos.

Plutarque dit que, par Typhon, on comprend tout ce qui est violent, indomptable, désordonné. L'inondation du Nil

1. Dans les « Tablettes Assyriennes » la Palestine est appelée « le pays des Hittites » : et les papyrus égyptiens, en déclarant la même chose, font de Seth, le « dieu-pilier », leur dieu tutélaire.

2. *Seth*, *Sateh*, ou Sat-an, était le dieu des nations aborigènes de la Syrie. Plutarque le considère comme identique à Typhon. Par conséquent il était le dieu de Goshen et de la Palestine, contrées qui furent occupées par les Israélites.

3. *Vendidad*, fargard X. 23 : « Je combats le dœva Æshma, le mal en personne. » *Les Yacnas*, X, 18, mentionnent également le Æshma-Daeva, ou Khasm : « Toutes les autres sciences dépendent de Æshma le rusé. » *Serr.*, LVI-12. « Frapper le méchant Auramanyas (Ahriman, la puissance du mal). frapper Æshma avec l'arme terrible, frapper les dœvas mazaniens, frapper tous les devas. »

4. *Analysis of Ancient Mythology*, par Jacob Bryant.

était appelée Typhon, par les Egyptiens. La basse Egypte est très plate, et tous les tertres élevés le long de la rivière pour empêcher les inondations fréquentes, portaient le nom de Typhoniens ou *Taphos ;* de là l'origine de Typhon. Plutarque qui était un rigide grec orthodoxe, et peu enclin à louer les Egyptiens, témoigne, dans son *Isis et Osiris*, du fait que loin de rendre un culte au Diable (ce dont les chrétiens les accusaient) ils méprisaient Typhon plus qu'ils ne le craignaient. Dans son symbole de pouvoir obstiné et antagoniste de la nature, ils le considéraient comme une faible divinité, luttant et déjà à moitié morte. C'est ainsi que, déjà à cette époque reculée, nous constatons que les anciens étaient *trop éclairés pour croire à un diable personnel.* Comme on représente Typhon, dans un de ses symboles, sous la forme d'un âne aux fêtes du sacrifice du soleil, les prêtres égyptiens recommandaient aux fidèles de ne pas porter sur eux des ornements d'or, de peur de fournir de la nourriture à l'âne (1) !

Trois siècles et demi avant le Christ, Platon donnait son opinion du mal en disant que : « il y a dans la matière une force aveugle et réfractaire, qui s'oppose à la volonté du Grand Artisan ». Cette force aveugle, d'après la notion chrétienne, devait acquérir la vue et devenir responsable ; on la transforma en Satan !

Qui doutera de son identité avec Typhon en lisant dans le livre de *Job* le récit de son apparition, devant l'Eternel, parmi les fils de Dieu. Il accuse Job de vouloir maudire l'Eternel, face à face, si la provocation était suffisante. De même, dans le *Livre des Morts* des Egyptiens, Typhon figure comme un accusateur. La ressemblance s'étend jusqu'aux noms, car un de ceux de Typhon était *Seth*, ou Seph ; de même que Sâtân, en hébreu, veut dire un adversaire. En langue arabe le nom est *Shâtana* — être adverse, persécuter, et Manétho dit qu'il assassina traîtreusement Osiris, et s'allia avec les Shémites (les Israélites). Il est possible que ceci ait fourni à Plutarque l'origine de la fable selon laquelle, dans le combat entre Horus et Typhon, celui-ci épouvanté du mal qu'il avait causé, « s'enfuit pendant sept jours

1. Plutarque : *de Iside,* XXX, XXXI.

monté sur un âne, et, une fois échappé, il engendra ses fils Ierosolumos et Ioudaïos (Jérusalem et Judée).

Le professeur Reuvens, se référant à une invocation de Typhon-Seth, dit que les Egyptiens adoraient Typhon sous la forme d'un âne ; et, suivant lui, Seth « apparaît, peu à peu, chez les Sémites à la base de leur conscience religieuse (1). » Le nom de l'âne en langage copte, AO, est un phonème de IAO, et voilà la raison pour laquelle cet animal donna lieu à un jeu de mots symbolique. Par conséquent Satan est une création postérieure, née de l'imagination enfiévrée des Pères de l'Eglise. Par un revers de fortune, commun aux dieux comme aux mortels, Typhon-Seth est tombé de l'éminence du fils déifié de l'Adam Kadmon à la position dégradante d'un esprit subalterne, un démon mythique — l'âne. Les schismes religieux ne sont pas moins sujets aux mesquineries et aux sentiments haineux que les disputes de parti entre laïques. Nous en avons la preuve dans le cas de la réforme zoroastrienne, lorsque le Magianisme se détacha de l'ancienne foi des Brahmanes. Les brillants Dévas du *Véda* devinrent, sous la réforme religieuse de Zoroastre, les daêvas ou mauvais esprits, de l'*Avesta*. Il n'est pas jusqu'à Indra, le dieu lumineux, qui ne fut relégué dans les ténèbres épaisses (2), afin de faire ressortir dans une plus vive lumière, Ahara-Mazda, la Divinité Suprême et Omnisciente.

L'étrange vénération que les Ophites avaient pour le serpent, qui était le symbole du Christ, devient moins embarrassante si l'on réfléchit que dans tous les siècles, le serpent a été le symbole de la sagesse divine, qui tue pour ressusciter, qui détruit afin de mieux reconstruire. On nous représente Moïse comme un descendant de Lévi, une tribu des serpents. Gautama Bouddha est issu d'une lignée de serpents, par la race des rois Naga (serpent) qui régnaient à Nagadha. Hermès, ou le dieu Taaut (Thoth), est Têt dans son symbole du serpent ; et, suivant les légendes ophites, Jésus ou le Christos est né d'un serpent (la sagesse divine ou le saint Esprit), c'est-à-dire, qu'il devint un Fils de Dieu

1. *Ancient Egyptians*, de Wilkinson, p. 434.
2. Voyez le *Vendidad*, fargard X.

par son initiation à la « Science du Serpent ». Vichnou, identique au Kneph égyptien, se tient sur le serpent céleste à *sept* têtes.

Le dragon rouge, ou de feu, des temps anciens était l'étendard militaire des Assyriens. Cyrus l'adopta en le leur prenant lorsque la Perse devint toute puissante. Puis ce fut le tour des romains et des byzantins de l'adopter ; de cette manière le « grand dragon rouge » devint le symbole de Rome, après avoir été celui de Babylone et de Ninive (1).

La tentation, ou la probation (2) de Jésus, est, néanmoins, l'occasion la plus dramatique dans laquelle apparaît Satan. Ainsi comme preuve des désignations d'Apollon, d'Esculape, et de Bacchus, *Diabolos* ou fils de Zeus qu'on lui attribue, on le nomme également *Diabolos*, ou l'accusateur. La scène de la probation se passe dans le désert. Les demeures des « fils des prophètes » et des Esséniens (3) étaient situées dans le désert près du Jourdain et de la Mer Morte. Ces ascètes soumettaient leurs néophytes à des épreuves, analogues aux *tortures* du rite mithraïque, et la tentation de Jésus était probablement une épreuve de ce genre. Par conséquent il est dit dans l'*Evangile selon saint Luc*, que « le Diabolos ayant épuisé toute espèce de tentation, s'éloigna de lui jusqu'à nouvelle occasion, ἄχρι καιροῦ ; et Jésus, animé de la puissance de l'Esprit s'en retourna en Galilée ». Mais dans ce cas le διάβολος, ou le Diable, n'est évidemment pas un être malfaisant, mais bien celui qui exerce une discipline. C'est dans ce sens que les termes Diable et Satan sont employés à maintes reprises (4). Ainsi lorsque saint Paul s'expose à une exaltation excessive, par suite de la sublimité des révélations ou des divulgations epoptiques, il lui fut donné « une écharde pour la chair, un ange de Satan » pour le frapper (5).

Le récit de Satan dans le *Livre de Job* est d'un caractère analogue. Il est présenté par les « Fils de Dieu » et

1. Salverte, *Des Sciences Occultes*, appendice, note A.
2. Le terme πειρασμός signifie une épreuve, ou une probation.
3. 2 Samuel, II, 5, 15, VI 1-4, Pline.
4. Voyez I Corinthiens, V. 5 ; 2 Corinthiens, XI-14 ; 1 Thimothée I, 20.
5. IIe Epitre de Saint Paul aux Corinthiens, XII. Au Livre des Nombres, XXII, 22 ; l'Ange de l'Eternel prit le rôle de Satan contre Balaam.

se tient devant l'Eternel, comme au cours d'une initiation mystique. Le Prophète Michée décrit une scène analogue lorsqu'il dit : « J'ai vu l'Eternel assis sur son trône et toute l'armée des cieux se tenant auprès de Lui » ; Il prit conseil avec lui, le résultat étant que « l'Eternel mit un esprit de mensonge dans la bouche de tous les prophètes d'Achab(1) », L'Eternel prend conseil de Satan et lui donne carte blanche afin d'éprouver la fidélité de Job. Il le dépouille de sa fortune et de sa famille ; il le frappe d'une maladie répugnante. Dans son extrêmité sa femme va jusqu'à douter de son intégrité, et l'exhorte à adorer Dieu, lorsqu'il est près de mourir. Tous ses amis l'inculpent, et enfin l'Eternel, le principal hiérophante en personne, l'accuse de proférer des paroles insensées et de discuter avec le Tout-Puissant. Job cède à cette réprimande et s'écrie : « Je t'interrogerai et tu m'instruiras : c'est pourquoi je me condamne et je me repens sur la poussière et sur la cendre. » Et, incontinent, il fut justifié. « L'Eternel dit à Eliphaz... vous n'avez pas parlé de moi avec droiture, comme l'a fait mon serviteur Job. » Son intégrité s'affermit et sa prédiction se vérifie : « Je sais que mon vengeur est vivant et qu'il se lèvera le dernier sur la terre. Quand ma peau sera détruite, il se lèvera ; quand je n'aurai plus de chair je verrai Dieu. » La prophétie fut accomplie : « Mon oreille avait entendu parler de toi ; mais maintenant mon œil t'a vu... Et l'Eternel rétablit Job dans son premier Etat. »

Nous ne voyons, dans toutes ces scènes, aucune manifestation de diabolisme malfaisant, comme celui qu'on attribue à « l'adversaire des âmes. »

L'opinion de certains auteurs de mérite, et fort savants, est que le Satan du *Livre de Job* serait un mythe juif, embrassant la doctrine de Mazdéenne du Principe du Mal. Le Dr Haug remarque que « la religion de Zoroastre aurait une grande affinité, ou plutôt une identité avec celle de Moïse et le Christianisme, en ce qui a rapport à la personnalité et aux attributs du Diable et la résurrection des morts. » (2) La lutte de l'Apocalypse entre Saint Michel et

1. Ier Livre des Rois XXII, 19-23.
2. Haug : « Essays on the Sacred Language, Writings, and Religion of the Parsees ».

le Dragon est aussi retracée dans un des plus anciens mythes des Aryens. On lit dans l'*Avesta* le récit de la bataille entre Thrœtaona et Azhi-Dahaka, le serpent destructeur. Burnouf a essayé de démontrer que le mythe védique de Ahi, ou du serpent, luttant contre les dieux, s'est graduellement transformé en « bataille de l'homme pieux contre le pouvoir du mal » de la religion mazdéenne. Selon ces interprétations Satan serait identique au Zohak, ou Azhi-Dahaka qui est un serpent à trois têtes, dont l'une est humaine (1).

On établit généralement une distinction entre Béelzébul et Satan. Dans le *Nouveau Testament Apocryphe* il semblerait être considéré comme le potentat du monde inférieur. Le nom est généralement interprété comme le « Baal des Mouches », ce qui pourrait désigner les Scarabaei, ou scarabées sacrés (2). Il est plus correct de l'interpréter, ainsi que le fait le texte grec des Evangiles, par Béelzébul, ou Maître de la maison, comme il est dit dans l'Evangile selon saint Marc, X, 25 : « S'ils ont appelé le maître de la maison Béelzébul, à combien plus forte raison appelleront-ils ainsi les gens de sa maison. » On le nomme, également, le prince ou l'archon des démons.

Typhon figure dans le *Livre des Morts* comme l'accusateur des âmes, lorsqu'elles se présentent au jugement, de même que Satan se leva, devant l'Ange, pour accuser Josué,

1. L'*Avesta* attribue au serpent Dahaka la région de Bauri, ou Babylone. Dans l'histoire des Mèdes il y a deux rois nommés Deiokes ou Dahaka et Astyages ou Az-dahaka. Des enfants de Zohak furent assis sur plusieurs trônes orientaux après Feridun. Par conséquent, il est clair que par Zohak on entend la dynastie assyrienne, dont le symbole était le *purpureum signum draconis* — le signe écarlate du Dragon. Dès la plus haute antiquité (*Genèse* XIV) cette dynastie régnait sur l'Asie, l'Arménie, la Syrie, l'Arabie, Babylone, les Mèdes, la Perse, la Bactriane et l'Afghanistan. Elle fut finalement renversée par Cyrus et Darius Hystaspes, après un règne de 1.000 ans. Yima et Thrœtaona, ou Jemshid et Feridun, sont, sans aucun doute, des personnifications. Il est probable que Zohak imposa aux Persans le culte Assyrien ou des Mages. Darius était le vice-régent de Ahura-Mazda.

2. Dans les *Evangiles* le nom est βεελζεβουλ ou le « Baal de la Maison ». Il est presque certain qu'Apollon, le Dieu de Delphes n'était pas d'origine hellénique mais bien phénicienne. Il était le Paian ou médecin, de même que le dieu des oracles. Point n'est besoin d'un grand effort d'imagination pour l'identifier avec Baal-*Zebul*, le dieu d'Ekron ou d'Acheron, transformé, sans doute par dérision par les Juifs en *Zebub* ou Mouches.

le grand-prêtre, et comme le Diable vint tenter Jésus, ou le mettre à l'épreuve, pendant son grand jeûne, dans le Désert. Il était également la divinité dénommée Baal-Tsephon, ou dieu de la crypte, dans le livre de l'*Exode*, et *Seth*, ou le pilier. Pendant cette période le culte ancien ou archaïque avait été plus ou moins mis au ban par le gouvernement ; en langage figuré, Osiris avait été traîtreusement tué et coupé en quatorze morceaux (deux fois *sept*), et mis en bière par son frère Typhon, et Isis était partie pour Byblos à la recherche de son cadavre.

N'oublions pas, à cet égard, que le Saba, ou Sabazios, de la Phrygie et de la Grèce, fut coupé en *sept* morceaux par les Titans, et que comme l'Heptaktis des Chaldéens, il était le dieu aux *sept* rayons. L'hindou Siva est représenté couronné de sept serpents et il est le dieu de la guerre et de la destruction. Le Jéhovah hébreu, le Sabaoth, est aussi appelé le « Seigneur des Armées », Seba ou Saba, Bacchus ou Dionysus Sabazios ; par conséquent, il est facile de prouver que ce sont tous les mêmes.

Enfin, les princes du régime plus ancien, les dieux, qui, à l'assaut des géants, avaient revêtu des formes d'animaux et s'étaient réfugiés en Éthiopie, revinrent et chassèrent les bergers.

Les Hyksos, suivant Joseph, furent les ancêtres des Israélites (1). Il a probablement raison, en substance. Les *Ecritures* hébraïques qui racontent une histoire tant soit peu différente, furent écrites à une date ultérieure, et passèrent par plusieurs révisions avant d'avoir été promulguées publiquement. Typhon se rendit odieux en Egypte et les bergers devinrent « une abomination ». « Il fut subitement traité, pendant la douzième dynastie, comme un démon malfaisant, au point que son nom et ses effigies ont été oblitérés de tous les monuments et les inscriptions qu'il fut possible d'atteindre (2). »

1. *Against Apion*, I, 25. « Les Egyptiens en plusieurs occasions, nous manifestèrent leur haine et leur envie : en premier lieu, parce que nos ancêtres (les Hyksos, ou bergers) avaient régné sur le pays, et lorsqu'ils en furent délivrés et qu'ils furent retournés chez eux, ils y vécurent et prospérèrent. »

2. Bunsen. Le nom de *Seth* avec la syllabe *an*, du chaldéen *ana* ou Ciel.

De tous temps, les dieux se sont exposés à être transformés en hommes. Il existe des tombeaux de Zeus, d'Apollon, d'Hercule et de Bacchus ; on en fait mention afin de prouver que ce n'étaient, à l'origine, que des mortels. Sem, Cham et Japhet, se retrouvent dans les divinités Shamas de l'Assyrie, Kham de l'Égypte et Iapetos, le Titan. Seth était le dieu des Hyksos ; Enoch, ou Inachus, celui des Argives ; et Abraham, Isaac et Judah ont été comparés aux Brahma, Ikshwka et Yadu du panthéon hindou. Typhon déchut de la divinité au rang de diable, tant dans son rôle de frère d'Osiris, que dans celui de Seth, ou le Satan de l'Asie. Apollon, le dieu du jour, devint, dans son ancienne acceptation phénicienne, non plus le Baal Zebul, le dieu des oracles, mais bien le prince des démons, et enfin le seigneur du monde inférieur. La séparation du Mazdéanisme et du Védisme transforma les dévas ou dieux, en pouvoirs malfaisants. De même Indra, dans la *Vendidad*, est représenté comme le subalterne d'Ahriman (1) créé par lui de matériaux des ténèbres (2) en compagnie de Shiva (Surya) et des Aswins. Voire même Jahi, est le démon de la Luxure, — probablement identique à Indra.

Chaque tribu et chaque nation avait ses dieux tutélaires et méprisait ceux des peuples ennemis. La transformation de Typhon en Satan et Béelzébub est dûe à cette raison. En effet, Tertullien parle de Mithra, le dieu des Mystères, comme d'un diable.

Au douzième chapitre de l'*Apocalypse*, saint Michel et ses anges terrassèrent le Dragon et les siens : « Et il fut précipité, le grand dragon, le serpent ancien, appelé le diable et Satan, celui qui séduit toute la terre. » Et on ajoute : « Ils l'ont vaincu à cause du sang de l'Agneau. » D'après le mythe, l'Agneau, ou le Christ, descendit, lui-même, aux enfers, le monde des morts, et il y séjourna trois jours avant de pouvoir subjuguer l'ennemi.

constitue le terme *Satan*. Les facétieux semblent s'en être emparés comme c'est leur coutume, et en ont fait *Satan*, du verbe שטן *Sitan*, s'opposer.

1. *Vendidad*, fargard X. Le nom de Vendidad est une contraction de *Vidœva-data*, ou ordonnances contre les Dævas.

2 *Bundahest*, Ahriman créa Akuman et Ander des matériaux des ténèbres, puis ensuite Sauru et Nakit.

Les cabalistes et les gnostiques appellent saint Michel, « le Sauveur », l'ange du soleil et l'ange de la lumière. (מיכאל, probablement de יכה manifester et אל Dieu). Il était le premier des Æons, et bien connu des antiquaires sous la dénomination de « l'ange inconnu », représenté sur les amulettes des gnostiques.

L'auteur de l'*Apocalypse*, s'il ne fut un cabaliste, a dû être un gnostique. Saint Michel n'était pas le personnage qu'il vit originellement dans sa vision (epopteia) mais le Sauveur et le Vainqueur du Dragon. Les recherches archéologiques ont fait voir qu'il était le même qu'Anubis, dont l'effigie a été découverte dernièrement sur un monument égyptien, portant une cuirasse et tenant une lance à la main, comme saint Michel et saint Georges. On le représente, de même, terrassant un dragon, qui a la tête et la queue d'un serpent.

L'étudiant de Lepsius, Champollion et d'autres égyptologues, reconnaîtront aisément Isis, dans « la femme et son enfant, vêtue du Soleil et ayant la Lune sous ses pieds », que le « grand Dragon de Feu » persécute, et à laquelle furent données deux ailes du Grand Aigle pour se réfugier dans le désert ». Typhon avait la peau rouge (1).

Les deux Frères, les Principes du Bien et du Mal apparaissent aussi bien dans les Mythes de la Bible, que dans ceux des Gentils; ainsi nous avons Caïn et Abel, Typhon et Osiris, Esaü et Jacob, Apollon et Python, etc. Esaü, ou Osu était, à sa naissance « entièrement roux, comme un manteau de poil ». Il est Typhon ou Satan, combattant contre son frère.

Dès la plus haute antiquité le serpent a été vénéré par tous les peuples, comme la personnification de la sagesse Divine et le symbole de l'esprit, et nous savons, par Sanchoniathon, que ce fut Hermès ou Thoth qui, le premier, considéra le serpent comme « le plus spirituel de tous les reptiles » ; et le serpent gnostique avec les sept voyelles au-dessus de la tête, n'est que la copie d'Ananta, le serpent à sept têtes sur lequel repose le dieu Vichnou.

Aussi n'avons-nous pas pu cacher notre surprise, en

1. Plutarque, *Isis et Osiris*.

lisant dans les plus récents traités européens, sur le culte du serpent, que les auteurs avouent que le public est « encore dans l'ignorance au sujet de l'origine de cette superstition. » M. C. Staniland Wake, M. A. I. auquel nous empruntons ce qui suit, dit : « L'étudiant de mythologie sait que les peuples de l'antiquité associaient certaines idées avec le serpent, et qu'il était le symbole favori de certaines divinités en particulier ; mais il est encore incertain de savoir pourquoi cet animal fut choisi à cet effet, parmi tant d'autres. » (1)

M. James Fergusson, F. R. S. qui a réuni une telle abondance de preuves au sujet de cet ancien culte, ne paraît pas plus soupçonner la vérité que tous les autres (2).

Notre explication de ce mythe, n'aura probablement aucune valeur pour les étudiants de symbologie, mais malgré cela, nous croyons que l'interprétation du culte primitif du serpent tel que le donnent les initiés, est correcte en tous points. Dans le premier volume, page 10, nous lisons dans le Mantram du *Serpent* du *Aytareya-Brahmana*, un passage qui parle de la terre comme étant la *Sarpa-Rajni*, la Reine des Serpents, et la « mère de tout ce qui se meurt ». Ces expressions se réfèrent au fait qu'avant que notre globe eût pris la forme d'une boule, il était une longue traînée de poussière cosmique, ou brouillard de feu, se mouvant et se tordant comme un serpent. C'était, disent les commentateurs, l'Esprit de Dieu se mouvant sur le chaos, jusqu'à ce que son souffle ait incubé la matière cosmique et lui ait fait prendre la forme annulaire du serpent se mordant la queue, — l'emblème de l'éternité dans son sens spirituel, et de notre monde dans son aspect physique. Ainsi que nous l'avons déjà fait voir dans le chapitre précédent, suivant les anciens philosophes, la terre, comme les serpents, change de peau, et apparaît rajeunie après chaque pralaya mineur, et ressuscite ou évolue de nouveau de sa condition subjective à une existence objective après chaque grand pralaya. Comme le serpent, non seulement elle « se débarrasse de sa vieillesse », dit Sanchoniathon, « mais elle croît en gran-

1. *The Origin of Serpent Worship*, par C. Staniland Wake, M. A. I., New-York, J.-W. Bouton, 1877.
2. *Tree and Serpent Worship*, etc.

deur et en force ». C'est pour cette raison que non seulement Sérapis, et plus tard Jésus, furent représentés par un grand serpent, mais que même de nos jours, on entretient avec soin de grands serpents dans les mosquées musulmanes, comme par exemple, dans celle du Caire. Dans la haute Egypte, un saint célèbre, apparaît, soi-disant, sous la forme d'un grand serpent ; et dans l'Inde, on élève avec les enfants dans le même berceau, un couple de serpents mâle et femelle, et on entretient souvent des serpents dans les maisons, car on croit qu'ils amènent avec eux (une aura magnétique de) la sagesse, la santé et la chance. C'est la progéniture de Sarpa Rajni, la terre, et ils sont doués de toutes ses vertus.

Dans la mythologie hindoue, Vasaki, le Grand Dragon, laisse couler de sa gueule sur Durga, un liquide vénéneux qui s'étend sur le sol, mais son époux, Siva, fait que la terre ouvre la bouche pour l'avaler.

Ainsi, le drame mystique de la vierge céleste, poursuivie par le dragon, qui cherche à dévorer son enfant, était non seulement décrit dans les constellations célestes, comme nous l'avons déjà dit, mais il était aussi représenté dans le culte secret des temples. C'était le mystère du dieu Sol, et il était inscrit sur une représentation de l'Isis noire (1). L'Enfant Divin était poursuivi par le cruel Typhon (2). Dans une légende égyptienne, le Dragon était censé poursuivre Thuesis (Isis) tandis qu'elle cherche à protéger son fils (3). Ovide décrit Dioné (épouse du Zeus-Pelagien et mère de Vénus) se sauvant vers l'Euphrate pour échapper à Typhon (4), identifiant le mythe qui était, ainsi, la propriété de tous les pays où l'on célébrait les mystères. Virgile chante la victoire :

« Les temps approchent ; monte aux honneurs suprêmes,
Enfant chéri des dieux, noble rejeton de Jupiter !
Le serpent périra (5).

1. Godfrey Higgins : *Anacalypsis* ; Dupuis : *Origines des Cultes*, III, 51.
2. Martianus Capella : *Hymne au soleil* I, II. Movers : *Phiniza*, 266.
3. Plutarque : *Isis et Osiris*.
4. Ovide : *Fasti* II, 451.
5. Virgile : *Bucoliques Eglogue*, IV.

Albertus Magnus, lui-même, alchimiste et étudiant des sciences occultes, en même temps qu'évêque de l'Eglise Catholique Romaine, dans son enthousiasme pour l'astrologie déclare que le signe zodiacal de la vierge céleste se lève au-dessus de l'horizon le 25 décembre, au moment fixé par l'Eglise pour la naissance du Sauveur (1).

Le signe et le mythe de la mère et de l'enfant étaient connus des milliers d'années avant l'ère chrétienne. Le drame des Mystères de Déméter représente Perséphone, sa fille, emportée par Pluton, ou Hadès, au royaume des morts ; et lorsque, finalement la mère l'y découvre, elle la trouve installée comme la reine du royaume des Ténèbres. Ce mythe a été transformé par l'Eglise en légende de sainte Anne (2), allant à la recherche de sa fille Marie, emmenée en Egypte par saint Joseph. On représente Perséphone tenant deux épis de blé à la main ; il en est de même de Marie dans les images anciennes, ainsi que pour la Vierge céleste de la constellation. L'arabe Albumazar présente, comme suit, l'identité entre les différents mythes :

« Dans le premier décan de la Vierge, se lève une jeune fille, appelée en arabe Aderenosa (Adha-nari), c'est-à-dire, une vierge pure et immaculée (3), gracieuse de sa personne, d'une figure charmante, modeste dans son maintien, les cheveux dénoués, portant à la main deux épis de blé, assise sur un trône richement brodé, allaitant un enfant, et le nourrissant correctement dans le lieu nommé Hebrœa ; je dis, un garçon, nommé Iessus par certaines nations, ce qui veut dire Issa, qu'on nomme également en grec le Christ (4). »

A cette époque, les nations grecque, asiatique et égyptienne avaient subi une notable transformation. Les Mystères de Dionysius-Sabazius avaient été remplacés par les rites de Mithra, dont les grottes prirent la place des cryptes

1. Knorring : *Terra et Cœlum*, 51.

2. Anna est une désignation orientale prise de l'*ana* chaldéen, dont on a fait Anaïtis et Anaïtres. Durga, l'épouse de Siva, est aussi appelée Anna purna, et était, sans aucun doute, la sainte Anne originelle. La mère du prophète Samuel s'appelait Anna ; le père de sa contrepartie Samson, était *Manou*.

3. Les vierges de l'antiquité, ainsi que nous le verrons, n'étaient pas des jeunes filles, mais simplement des *Almas*, c'est-à-dire des femmes nubiles.

4. Kircher : *Œdipus Ægyptiens*, III, 5.

de l'ancien dieu, depuis Babylone jusqu'à la Bretagne. Serapis, ou Sri-Apa, depuis le Pontus, avait usurpé la place d'Osiris. Asoka le roi de l'Hindoustan oriental, avait embrassé la religion de Siddhârtha, envoyant des missionnaires aux confins de la Grèce, de l'Asie, de la Syrie et de l'Egypte, pour promulguer l'évangile de la sagesse. Les Esséniens de la Judée et de l'Arabie, les Thérapeutes (1) de l'Egypte et les Pythagoriciens (2) de la Grèce et de la Magna Grœcia, avaient évidemment adhéré à la nouvelle religion. Les légendes de Gautama jetèrent dans l'ombre les mythes de Horus, d'Anubis, d'Adonis, d'Atys et de Bacchus. Ceux-ci furent réincorporés dans les Mystères et les Evangiles et c'est à eux que nous sommes redevables de la littérature connue sous le nom des *Evangiles* et du *Nouveau Testament Apocryphe*. Les Ebionites, les Nazaréens et d'autres sectes les considéraient comme des livres sacrés, qui ne devaient être « montrés qu'aux sages » ; ils furent gardés de cette manière jusqu'à ce que l'influence de la politique ecclésiastique Romaine réussit à les arracher à ceux qui en avaient la garde.

A l'époque où le grand-prêtre Hilkiah est censé avoir trouvé le *Livre de la Loi*, les *Pouranas* (Ecritures) hindoues étaient connues des Assyriens. Depuis de longs siècles, ceux-ci avaient régné de l'Hellespont à l'Indus, et avaient probablement refoulé les Aryens hors de la Bactriane dans le Pendjab. Tout porte à croire que le *Livre de la Loi*, ait été une *pourana*. « Les lettrés brahmanes », dit Sir William Jones, « prétendent que cinq conditions sont nécessaires pour constituer une véritable *pourana* :

« 1° De traiter de la création de la matière en général ;

« 2° De traiter *de la création ou de la production de la matière secondaire et des êtres spirituels ;*

« 3° De donner un résumé chronologique des grandes périodes du temps ;

1. De θεραπευω, servir, adorer, guérir.

2. E. Pokocke fait dériver le nom de *Pythagore* de *Bouddha* et de *Guru*, un instructeur spirituel. Higgins prétend qu'il vient du celte, et qu'il signifie un observateur des étoiles. Voyez « Celtic Druids ». Si, toutefois, nous faisons dériver le mot de *Pytho* de פתה, *potah*, ce nom signifierait, celui qui expose les oracles, et Bouddha-guru, un instructeur des doctrines du Bouddha.

« 4° De fournir un résumé généalogique des principales familles qui régnèrent sur le pays ;

» 5° Et enfin, de donner l'histoire d'un grand homme en particulier. »

Il est plus que probable que celui qui écrivit le *Pentateuque* avait ce plan en vue, de même que les auteurs du *Nouveau Testament* avaient été mis au courant du culte rituel bouddhiste, de ses légendes et de ses doctrines, par les missionnaires bouddhistes qui sillonnaient à cette époque la Palestine et la Grèce.

Mais « pas de Diable, pas de Christ » ; tel est le dogme fondamental de l'Eglise, et il est impossible de séparer l'un de l'autre. Il y a entre les deux un rapport mystérieux plus étroit qu'on ne le pense, et qui va jusqu'à l'identité. Si nous mettons en regard les fils de Dieu mythiques, qui, tous, ont été considérés comme des « premiers nés », on verra qu'ils s'emboîtent les uns dans les autres et se confondent dans ce double caractère. L'Adam Kadmon se transforme de la sagesse spirituelle qui conçoit, en celle qui crée et qui évolue, la *matière*. L'Adam de poussière est le fils de Dieu et de Satan ; et celui-ci, d'après Job, est aussi un fils de Dieu (1).

Hercule était aussi un « premier né ». Il est également Bel, Baal, Bal, et, par conséquent, Siva, le Destructeur. Euripide parle de Bacchus comme « Bacchus le Fils de Dieu ». A sa naissance, Bacchus, comme le Jésus des *Evangiles Apocryphes* était fort redouté. On le représente comme bienfaisant pour l'humanité ; néanmoins il punissait sans pitié tous ceux qui manquaient de respect à son culte. Penthée, le fils de Cadmus et d'Hermione, fut, de même que le fils du Rabbin Hannon, tué pour son manque de piété.

L'allégorie de Job, à laquelle nous avons déjà fait mention, une fois correctement interprétée, fournira la clé de toute cette légende du Diable, de sa nature et de son emploi ; elle servira encore à mettre en valeur nos déclarations. Que les âmes pieuses ne prennent pas ombrage à ce terme d'allégorie. Dans les temps archaïques le mythe était la méthode d'enseignement universellement en usage. Saint

1. Il y a, dans le Musée secret de Naples un bas-relief de marbre représentant la *Chute de l'homme, où Dieu le père joue le rôle du Serpent Tentateur.*

Paul, en écrivant aux Corinthiens, déclare que toute l'histoire de Moïse et celle des Israélites n'était qu'une légende (1) ; et dans son *Epître aux Galates*, il affirme que toute l'histoire d'Abraham, de ses femmes et de ses enfants, n'est qu'une allégorie (2). C'est une théorie qui a presque la valeur d'une certitude, que les livres historiques de l'*Ancien Testament* ont tous le même caractère. Nous ne sommes, par conséquent coupables d'aucune liberté envers le *Livre de Job* en lui donnant la même désignation que saint Paul attribuait aux récits d'Abraham et de Moïse.

Peut-être serait-il utile d'expliquer l'usage que les anciens faisaient de l'allégorie et de la symbologie. La première laisse déduire la vérité ; le symbole exprimait une qualité abstraite de la Divinité, aisément compréhensible pour les laïques. Là se bornait sa signification élevée ; dès lors, les masses l'employaient comme une image qui devait servir dans les rites idolâtres. Mais l'allégorie était gardée pour le sanctuaire intérieur où, seuls, les élus étaient admis. Par conséquent la réponse de Jésus à ses disciples, lorsqu'ils lui demandaient pourquoi il parlait au peuple en paraboles, fut la suivante : « Parce qu'il vous a été donné de connaître les mystères du royaume des cieux et que cela ne leur a pas été donné. Car on donnera à celui qui a, et il sera dans l'abondance ; mais à celui qui n'a pas on ôtera même ce qu'il a » (St. Matthieu, XIII, 11-12). On lavait une truie dans les Mystères mineurs, pour représenter la purification du néophyte ; de même que son retour à la boue était une indication de la nature superficielle de l'œuvre accomplie.

« Le mythe est la pensée non révélée de l'âme. Le trait caractéristique du mythe est de convertir la réflexion en histoire (c'est-à-dire en forme historique). Dans l'épopée, comme dans le mythe, l'élément historique prédomine. Les faits (les événements extérieurs) constituent, la plupart du temps, la base du mythe et c'est avec ceux-ci que sont tissées les notions religieuses. »

2. Ire Epitre aux Corinthiens, X, 11 : « Ces choses leur sont arrivées pour servir d'*exemples*. »

1. Epitre de saint Paul aux Galates, IV, 24. « Car il est écrit qu'Abraham eut deux fils, un de la femme esclave et un de la femme libre... Ces choses sont allégoriques. »

Toute l'allégorie de Job est un livre ouvert pour celui qui comprend le langage imagé de l'Egypte, tel qu'il apparaît dans le *Livre des Morts*. Dans la scène du jugement on voit Osiris assis sur son trône, tenant, d'une main le symbole de la vie, « le crochet d'attraction » et, de l'autre, l'éventail mystique de Bacchus. Devant lui se tiennent les fils de Dieu, les quarante-deux assesseurs des morts. Un autel s'élève immédiatement devant le trône, couvert de présents et surmonté de la fleur du lotus sacré, sur lequel quatre esprits se tiennent debout. L'âme qui va être jugée attend à côté de l'entrée, et Thmei, le génie de la Vérité, la félicite à propos de la conclusion de sa probation. Thoth, un roseau à la main, inscrit le procès-verbal de la procédure dans le Livre de la Vie. Horus et Anubis, à côté des balances, notent les poids qui doivent déterminer si le cœur du décédé égale en poids le symbole de la vérité, ou si celui-ci l'emporte. Sur un piédestal siège une chienne — symbole de l'Accusateur.

L'initiation aux Mystères, ainsi que toute personne intelligente le sait, était la représentation dramatique des scènes du monde inférieur. Il en est de même de l'allégorie de Job.

Certains critiques prétendent que ce livre a été écrit par Moïse. Mais il est antérieur au *Pentateuque*. Le poème, lui-même, ne fait aucune mention de Jéhovah ; et si son nom se trouve dans le prologue ce doit être le fait d'une erreur des traducteurs, ou alors la préméditation rendue nécessaire par la suite, pour transformer le polythéisme en une religion monothéiste. Le plan adopté fut simplement celui d'attribuer les nombreux noms des Elohim (les dieux) à un dieu unique. Ainsi, dans un des plus anciens textes hébreux du *Livre de Job* (au chapitre XII, 9) nous trouvons le nom de Jéhovah, tandis que tous les autres manuscrits portent celui « d'Adonaï ». Mais le nom de Jéhovah ne figure nulle part dans le texte originel. A sa place on y voit ceux de *Al*, *Aleim*, *Ale*, *Shaddaï*, *Adonaï*, etc. Il faut, par conséquent, conclure que soit le prologue, soit l'épilogue furent ajoutés à une date ultérieure, ce qui pour plusieurs raisons est inadmissible, ou alors qu'on y a pratiqué des corruptions, comme cela a été le cas pour tous les autres manuscrits. Puis, nous ne trouvons dans tout ce poème archaïque aucune mention de l'institution du Sabbat; mais nous y constatons de nombreuses références au nombre sacré sept, au sujet duquel nous reviendrons plus loin, et une discussion directe à propos du Sabéanisme, le culte des corps célestes qui était, à cette époque, fort répandu en Arabie. On y intitule Satan « Fils de Dieu » un membre du conseil qui se présente devant Dieu, et qui le pousse à mettre la fidélité de Job à l'épreuve. C'est dans ce poème plus que n'importe où, qu'on se rend compte de la signification du nom de Satan. C'est un terme employé pour désigner le rôle ou le caractère d'un *accusateur public*. Satan est le Typhon des Egyptiens hurlant ses accusations dans l'Amenthi; cet emploi n'est pas plus infamant que celui de procureur public de notre époque; mais par suite de l'ignorance des premiers chrétiens, il en vint à être mis sur le même pied que le Diable, ce ne fut certes pas de son propre consentement.

Le *Livre de Job* est la représentation complète de l'ancienne initiation et des épreuves qui, ordinairement, précédaient la plus grande de toutes ces cérémonies. Le néophyte se voit dépouillé de tout ce qui a le plus de valeur à ses yeux, et il est affligé d'une maladie répugnante. Sa femme le supplie d'adorer Dieu et de mourir ; pour lui il n'y a plus d'espoir. Trois amis apparaissent sur la scène d'un commun accord : Eliphas, le docte Thémanite, rempli de la connaissance « que les sages ont reçue de leurs ancêtres, auquels seuls la terre fut donnée »; Blidah, le conservateur qui prend les choses telles qu'elles viennent, et qui conclut que Job dut avoir péché, pour être ainsi affligé ; et Tsophar, intelligent et habile en ce qui a trait aux « généralités », mais non sage dans son for intérieur. Job répond courageusement : « Si réellement j'ai péché, seul j'en suis responsable. Pensez-vous me traiter avec hauteur ? Pensez-vous démontrer que je suis coupable ? Sachez alors que c'est Dieu qui me poursuit, et qui m'enveloppe de son filet. Pourquoi me poursuivre... Pourquoi vous montrer insatiables de ma chair ? Mais je sais que mon vengeur est vivant, et qu'il se lèvera le dernier sur la terre. Quand ma peau sera détruite, il se lèvera; quand je n'aurai plus de chair, je verrai Dieu... Vous direz alors : pourquoi le poursuivons-nous ? Car la justice de ma cause sera reconnue! »

Ce passage ainsi que tant d'autres, faisant allusion à un « Champion », un « Rédempteur », un « Vengeur » ont été interprétés comme une référence directe au Messie ; cependant, dans la *Septuaginte* ce verset a été traduit par : « Car je sais qu'Il est éternel, celui qui doit me délivrer sur la terre, et restaurer ma chair qui endure tous ces maux, » etc.

Dans la version anglaise, telle que nous la voyons traduite, ce verset n'a aucune ressemblance avec le texte originel (1). Les rusés traducteurs l'ont rendu par « Je sais que *mon Rédempteur est vivant,* » etc. Et cependant la *Septuaginte* (la version des soixante-dix) la *Vulgate* et l'original hébreux, doivent, l'un comme l'autre, être considérés comme la Parole de Dieu révélée. Job se réfère à son propre esprit *immortel,* qui est éternel, et qui lorsque la mort viendra, le délivrera de son corps charnel et le vêtira d'une nouvelle enveloppe spirituelle. Dans les *Mystères Eleusiniens*, au *Livre des Morts* des Égyptiens, et dans tous les autres ouvrages qui traitent de l'initiation, cet « être éternel » porte un nom. Les Néo-platoniciens l'appelaient le *Nous*, l'*Augoeïdes* ; chez les Bouddhistes, c'est le *Aggra* ; et pour les Persans c'est *Ferouer*. Tous ceux-ci sont dénommés les « Rédempteurs », les « Champions », les « Métatrons », etc. Dans les sculpteurs mithraïques de la Perse, le *Ferouer* est représenté par une forme ailée voltigeant dans l'air, au-dessus de son « objet » ou corps (2). C'est le Soi lumineux — l'Atman des hindous, notre esprit immortel, qui seul est capable de sauver notre âme, et qui la sauvera, si nous nous laissons guider par lui au lieu de nous laisser attirer par notre corps. Par conséquent, le passage ci-dessus, se lit comme suit dans les textes chaldéens, « Mon *Rédempteur*, mon *Restaurateur*, » c'est-à-dire, l'Esprit qui restaurera le corps corrompu de l'homme et le transformera en un vêtement d'éther. Et c'est ce *Nous*, cet *Augoeïdes*, ce *Ferouer*, cet *Aggra*, cet Esprit de Lui-même, que le Job triomphant verra hors de sa chair, — c'est-à-dire, lorsqu'il se sera échappé de sa prison corporelle ; ce que les traducteurs ont interprété par « Dieu. »

1. Voyez le « Job » des différents traducteurs et comparez les différents textes.

2. Voyez le « Persia » de Kerr Porter, vol. I, planches 17, 41.

Non seulement dans tout le poème de Job n'y a-t-il pas la moindre allusion au Christ, mais il est reconnu aujourd'hui, que toutes ces versions de différents traducteurs, qui concordent toutes avec celle du roi Jacques (*James*), ont été écrites sur l'autorité de saint Jérome, qui avait pris d'étranges libertés dans sa *Vulgate*. Il fut le premier à introduire dans son texte ce verset fabriqué par lui de toutes pièces :

Je sais que mon Rédempteur est vivant,
Et qu'au jour dernier *je ressusciterai de la terre,*
Et que je rentrerai dans un corps de peau.
Et dans ma chair je verrai Dieu.

Sans doute, pour lui, la raison était excellente d'y ajouter foi, *puisqu'il le savait*, mais pour d'autres *qui ne le savaient pas*, et qui, de plus, voyaient dans ce texte une signification toute différente, c'est une preuve patente que saint Jérôme avait décidé, au moyen d'une nouvelle interpolation, d'imposer le dogme de la résurrection « au jour du jugement dernier » dans les mêmes os et la même peau qui avaient été les nôtres ici-bas. Cette perspective de restauration est fort réjouissante en vérité ; pourquoi n'y ajouterait-on pas encore le même linge de corps qui avait servi pour la sépulture !!

Et comment l'auteur du *Livre de Job* aurait-il pu avoir connaissance du *Nouveau Testament*, puisqu'il était même ignorant de l'*Ancien* ? L'absence d'une allusion quelconque aux patriarches est complète ; il est donc si évidemment l'œuvre d'un *Initié*, qu'une des trois filles de Job a reçu un nom mythologique, ayant une origine absolument « païenne ». Le nom de *Kerenhappuch* est rendu de diverses manières par les traducteurs. La *Vulgate* le donne comme « la corne d'antimoine » ; et la Septuaginte le traduit par « la corne d'Amalthée », la nourrice de Jupiter, et une des constellations, l'emblème de la « corne d'abondance ». La présence de cette héroïne d'une fable païenne, dans la *Septuaginte*, démontre l'ignorance des traducteurs, aussi bien de sa signification que de l'origine ésotérique du *Livre de Job*.

Au lieu de lui offrir des consolations, les trois amis du malheureux Job s'efforcent de lui faire croire que son malheur est le résultat d'une punition pour quelque extraordinaire transgression de sa part. Rejetant sur eux leurs accusations, Job affirme que jusqu'à son dernier soupir il défendra son innocence. Il passe en revue ses jours de prospérité, « lorsque le secret de Dieu était sur son tabernacle », et qu'il était un juge « assis comme un chef et un roi à la tête de son armée, ou comme celui qui console les affligés »; il compare ce temps avec l'heure actuelle, où les Bédouins errants, ces hommes plus vils que la terre, se moquent de lui ; où l'infortune le poursuit et la maladie impure le terrasse. Puis il affirme sa sympathie pour les malheureux, sa chasteté, son intégrité, sa probité, son sentiment de la stricte justice, sa charité, sa modération, son détachement du culte du soleil, alors prévalent, sa mansuétude envers ses ennemis, son hospitalité pour les étrangers, la droiture de son cœur, sa défense du bien, envers et contre la multitude, et le mépris des familles ; il supplie l'Eternel de lui répondre, et son adversaire de mettre par écrit ce dont il a été coupable.

A cela il n'y eut et il ne pouvait y avoir de réponse. Tous trois cherchaient à écraser Job par leurs plaidoiries et leurs arguments généraux, et il supplia qu'on prît en considération ses actes particuliers. C'est alors que le quatrième fait son apparition ; Elihu, fils de Barakeel, le Buzite, de la famille de Ram (1).

Elihu c'est l'hiérophante ; il débute par un blâme, et les sophismes des faux amis de Job sont emportés comme le sable devant le vent de l'Occident.

« Et Elihu, fils de Barakeel de Buz, prit la parole et dit : Ce n'est pas l'âge qui procure la sagesse... mais dans l'homme c'est l'esprit ; *l'esprit me presse au-dedans de moi*... Dieu parle cependant, tantôt d'une manière, tantôt d'une autre, et *l'on* n'y prend point garde. Il parle par des songes, par des visions nocturnes, quand les hommes sont livrés à un profond sommeil, quand ils sont endormis sur leur couche. Alors il leur donne des avertissements, et met

1. Cette expression « de la famille de Ram », donne à entendre qu'il était un Araméen ou Syrien de la Mésopotamie. Buz était le fils de Nahor. « Elihu, fils de Barakeel » est susceptible d'être traduit de deux manières différentes. Eli Hu — Dieu est, ou Hoa est Dieu ; et Barach-Al — l'adorateur de Dieu, ou Bar-Rachel, le fils de Rachel, ou le fils de la brebis.

le sceau à ses instructions... Sois attentif, Job, écoute-moi ; tais-toi et je t'enseignerai la SAGESSE ».

Et Job qui s'était écrié dans l'amertume de son cœur, en réponse aux sophismes de ses amis : « On dirait, en vérité, que *le genre humain* c'est vous, et qu'avec vous doit mourir la sagesse... Vous êtes tous des consolateurs fâcheux... mais je veux parler au Tout-Puissant, je veux plaider ma cause devant Dieu ; car *vous*, *vous* n'imaginez que des faussetés, *vous* êtes tous des médecins de néant. » Le malheureux Job, affaibli par la maladie, qui, en face du clergé officiel — ne pouvant offrir d'autre espoir que la nécessité de la damnation — se vit presque forcé par le désespoir à abandonner sa foi patiente, répond : « Ce que *vous* savez, je le sais *aussi* ; je ne vous suis point inférieur... L'homme né de la femme ! sa vie est courte, sans cesse agitée. Il naît, il est coupé comme une fleur ; il fuit et disparaît comme une ombre... Mais l'homme meurt, et il perd sa force ; l'homme expire, et où est-il ?... Car le nombre de mes années touche à son terme, et je m'en irai par un sentier d'où je ne reviendrai pas... Oh ! qu'on puisse plaider la cause d'un homme devant Dieu, comme on plaiderait celle de son prochain ! »

Job trouve quelqu'un qui répond à son cri d'agonie. Il prête l'oreille à la SAGESSE d'Elihu, le hiérophante, l'intructeur parfait, le philosophe inspiré. De ses lèvres austères coule le blâme pour son impiété en accusant l'Etre SUPRÊME des maux qui attristent l'humanité. « Dieu » dit Elihu, « est grand par sa puissance ; le Tout-Puissant ne viole pas la Justice, il rend à l'homme suivant ses œuvres : Dieu *ne commet pas l'iniquité.* »

Tant que le néophyte a été satisfait de sa propre sagesse mondaine, et de son irrévérencieuse opinion de la Divinité et de ses desseins ; tant qu'il prête l'oreille aux pernicieux sophismes de ses conseillers, le hiérophante s'est tenu à l'écart. Mais, aussitôt que son esprit inquiet est préparé pour recevoir ses conseils et son instruction, la voix de l'hiérophante se fait entendre et il parle avec l'autorité de l'Esprit de Dieu qui le « presse » : « Loin de Dieu l'injustice, loin du Tout-Puissant l'iniquité !... Il ne respecte pas ceux qui se disent sages. »

Où trouverions-nous un meilleur commentaire du prédicateur à la mode qui « *multiplie* ses paroles sans les appuyer sur la connaissance » ! Cette superbe *prophétie* satirique, aurait pu être écrite pour représenter l'esprit qui prévaut dans toutes les sectes chrétiennes.

Job écoute la parole de sagesse, et alors « l'Eternel » lui répond depuis « le tourbillon » de la nature, la première manifestation visible de Dieu : « Sois attentif, Job, écoute-moi ! et considère les merveilleuses œuvres de Dieu ; car, *par elles seules*, tu connaîtras Dieu. Dieu est grand, mais sa grandeur nous échappe, le nombre de ses années est impénétrable. Il attire à lui les gouttes d'eau, il les réduit en vapeur et forme la pluie (1) ; non selon le caprice divin, mais en vertu d'une loi établie une fois pour toutes et immuable. Cette loi « transporte soudain les montagnes et elles ne le savent point ; elle secoue la terre sur sa base ; elle commande au soleil et *il ne paraît pas ;* elle met un sceau sur les étoiles ; ... elle fait des choses grandes et *insondables*, des *merveilles sans nombre*... Voici, *Il passe près de moi*, et *je ne le vois pas ;* Il s'en va, et *je ne l'aperçois pas !* (2).

Et encore : « Qui est celui qui obscurcit mes desseins par des discours sans intelligence ? (3) » demande la voix de Dieu, par son porte parole, la Nature. « Où étais-tu quand je fondais la Terre ? Dis-le si tu as de l'intelligence. Qui en a fixé les dimensions, *le sais-tu ?*... Alors que les étoiles du matin éclataient en chants d'allégresse, et que tous les fils de Dieu poussaient des cris de joie ?... Quand je dis à la mer : Tu viendras jusqu'ici, tu n'iras pas au delà, ici s'arrêtera l'orgueil de tes flots ?... Qui a ouvert un passage à la pluie pour qu'elle tombe sur une terre *sans habitants ;* sur un désert où il n'y a *point d'hommes*.,. Noues-tu les liens des Pléiades, ou détaches-tu les cordages de l'Orion ?... Lances-tu des éclairs ? partent-ils ? Te disent-ils : Nous voici ? (4) »

« Job répondit, alors, à l'Eternel. » Il avait compris Sa

1. Job, XXXVI, 24-27.
2. Job, IX, 5-11.
3. *Ibidem*, XXXVIII, 1 et suivants.
4. *Ibidem*, XXXVIII, 35.

volonté et ses yeux furent ouverts pour la première fois. La Sagesse Suprême descendit sur lui ; et si le lecteur demeure confus devant ce PETROMA final de l'initiation, Job, du moins, ou l'homme souffrant de sa cécité, se rend compte de l'impossibilité de prendre « le Léviathan en lui mettant un hameçon dans les narines ». Car le Léviathan c'est la SCIENCE OCCULTE, sur laquelle on peut mettre la main mais *rien de plus*, celui dont Dieu ne cherche point à cacher la puissance et les « harmonieuses proportions ».

« Qui soulèvera son vêtement ? Qui pénètrera entre ses mâchoires ? Qui ouvrira les portes de sa gueule ? Autour de ses dents habite sa terreur. Ses magnifiques et puissants boucliers (écailles) sont unis ensemble comme par un sceau ? Ses éternuements font briller la lumière ; ses yeux sont comme les paupières de l'aurore. » « Il laisse après lui un sentier lumineux », pour celui qui a le courage de l'approcher. Alors, de même que lui, « il regardera avec dédain tout ce qui est élevé, car il est le roi des plus fiers animaux (1). »

Job s'humilie et répond avec modestie ;

Je reconnais que tu peux tout,
Et que rien ne s'oppose à tes pensées. —
Quel est celui qui a la folie d'obscurcir mes desseins ? —
Oui, j'ai parlé sans les comprendre,
Des merveilles qui me dépassent et que je ne conçois pas.
Ecoute-moi, et je parlerai ;
Je t'interrogerai, et tu m'instruiras. —
Mon oreille avait entendu parler de toi ;
Mais maintenant mon œil t'a vu.
C'est pourquoi je me condamne et je me repens,
Sur la poussière et sur la cendre (2).

Il reconnaît son « vengeur » et est assuré que l'heure de sa justification a sonné. Aussitôt l'Eternel dit à ses amis : (« les prêtres et les juges alors en fonctions » Deutéronome XIX, 17) « Ma colère est enflammée contre toi et tes deux amis ; parce que vous n'avez pas parlé de moi avec droiture, comme l'a fait mon serviteur Job ». L'Eternel réta-

1. Job XLI.4 et suivants, 25.
2. *Ibidem*, XLII, 2-6.

blit alors Job dans son premier état, et lui accorda le double de tout ce qu'il avait possédé.

Au cours du jugement, le trépassé appelle à son secours les quatre esprits qui président au lac de Feu, est il est purifié par eux. Il est, alors, conduit à sa demeure céleste, où il est reçu par Athar et Isis, et il se tient devant *Atum* (1) le Dieu essentiel. Dès ce moment il est *Turu*, l'homme épuré, un esprit pur, et il sera dorénavant On-ati, l'œil de feu, et l'associé des dieux.

Les Cabalistes comprenaient parfaitement le sublime poème de Job. Tandis que beaucoup d'Hermétistes étaient des hommes profondément religieux, dans le fond de leur cœur — comme les cabalistes de toutes les époques — ils étaient les ennemis acharnés du clergé. Combien vraies étaient les paroles de Paracelse, lorsque, harcelé par les persécutions et les calomnies, méconnu de ses amis et de ses ennemis, vilipendé par le clergé et par les laïques, il s'écrie :

« O vous tous de Paris, de Padoue, de Montpellier, de Salerne, de Vienne et de Liepzig! vous n'êtes pas des instructeurs de la vérité, mais des confesseurs de l'erreur. Votre philosophie est un mensonge. Si vous voulez savoir *ce qu'est réellement* la MAGIE, cherchez-le dans l'*Apocalypse* de saint Jean... Puisque vous ne pouvez pas prouver vous-mêmes vos enseignements au moyen de la *Bible* et de la *Révélation*, mettez un terme à vos farces. *La Bible est la clé et le véritable interprète.* Saint Jean, de même que Moïse, Elie, Enoch, David, Salomon, Daniel, Jérémie et tous les autres prophètes, était un *magicien*, un cabaliste et un devin. Si aujourd'hui un ou tous ceux que je viens d'énumérer, étaient encore de ce monde, je ne doute pas que vous en feriez un exemple dans votre infâme charnier; vous les immoleriez sur place, et si cela vous était possible, le Créateur de toutes choses aussi!!! »

Paracelse a fait la preuve pratique qu'il avait appris quelques choses mystérieuses et utiles dans l'*Apocalypse* et d'autres livres de la *Bible*, de même que dans la *Cabale*;

1. *Atum*, ou At-ma, est le Dieu caché ; il est à la fois Phtah et Amnon, le Père et le Fils, le Créateur et la chose créée, la Pensée et l'apparition, le Père et la Mère.

et cela est tellement vrai, que beaucoup lui ont décerné le titre de « père de la magie et fondateur de la physique occulte de la *Cabale* et du magnétisme (1) ».

La croyance populaire dans les pouvoirs surnaturels de Paracelse était si bien enracinée, que la tradition s'est perpétuée jusqu'à nos jours parmi les naïfs Alsaciens, qu'il n'est point mort, mais qu'il « dort dans sa tombe » à Strasbourg (2). Et ils se murmurent, souvent, à l'oreille que le gazon se soulève à chaque respiration de cette poitrine lasse, et qu'on entend de profonds soupirs quand le grand philosophe du feu se rappelle les criantes injustices qu'il a endurées de la part de ses cruels calomniateurs, pour l'amour de la grande vérité !

Il est facile de se rendre compte, par ces nombreux exemples, que le Satan de l'*Ancien Testament*, le Diabolos ou Diable des *Evangiles* et des *Epîtres* des Apotres, n'est que le principe antagoniste dans la matière, qui y est nécessairement lié, et qui n'est pas mauvais dans le sens moral du terme. Venant d'un pays persan, les Juifs apportèrent avec eux la doctrine des *deux principes*. Ils n'ont pas pu introduire l'*Avesta*, puisque celui-ci n'était pas encore écrit. Mais ils (nous voulons dire les Asidiens et les Pharsis) investirent Ormazd du nom secret de יהוה, et Ahriman du nom des dieux du pays, le Satan des Hittites, et le *Diabolos*, ou plutôt Diobolos des grecs. L'Eglise primitive, ou tout au moins la partie Paulinienne, les Gnostiques et leurs successeurs, purifièrent encore ces notions ; et l'Eglise Catholique les adopta et les adapta, après avoir passé par le fil de l'épée ceux qui les avaient promulguées.

L'Eglise Protestante est une réaction de l'Eglise Catholique Romaine. Elle n'est, nécessairement, pas cohérente dans toutes ses parties, mais bien un prodigieux amas de fragments, tournant autour d'un centre commun, s'attirant et se repoussant mutuellement. Certaines parties suivant le mouvement centripète sont poussées du côté de Rome, ou du moins vers le système qui permit l'existence de l'ancienne Rome ; d'autres sont renvoyées sous l'impulsion cen-

1. Molitor, Ennemoser, Henman, Pfaff, etc.
2. *Traditions* de Schopheim p. 32.

trifuge, et cherchent à atteindre la grande région éthérée au delà de l'influence Romaine, voire même chrétienne.

Le diable moderne est leur principal héritage de la Cybèle romaine, « Babylone, la grande mère des religions abominables et idolâtres de la terre ».

Mais on pourrait peut-être arguer, que la théologie hindoue, aussi bien brahmanique que bouddhiste, est aussi fortement imprégnée de la croyance aux diables objectifs que le Christianisme lui-même. Il y a cependant une légère différence. La *subtilité*, même, du tempérament hindou, est une preuve suffisante que le peuple bien éduqué, tout au moins la partie lettrée des prêtres brahmaniques et bouddhistes, considère le Diable sous un jour bien différent. Pour eux le diable n'est qu'une abstraction métaphysique, une allégorie du *mal* nécessaire ; *tandis que pour les chrétiens le mythe s'est transformé en une entité historique, la pierre fondamentale sur laquelle le Christianisme et son dogme de la rédemption ont été édifiés*. Il est aussi nécessaire à l'Eglise, des Mousseaux nous l'a démontré, que la bête du XVIIe chapitre de l'*Apocalypse* l'était pour son cavalier. Les protestants anglais, ne trouvant pas la *Bible* assez explicite, ont adopté la *Diabologie* du célèbre poème de Milton, *Le Paradis Perdu*, en l'agrémentant de certains passages du *Faust*, le drame bien connu de Gœthe. John-Milton, un Puritain, au début, puis finalement un Quiétiste et un Unitaire, ne présenta jamais son ouvrage autrement que comme une simple fiction, mais il réunissait parfaitement les différentes parties des Ecritures. L'Ilda-Baoth des Ophites fut transformé en ange de lumière et l'étoile du matin, et vint constituer le Diable dans le premier acte du *Drame Diabolique*. Puis, le douzième chapitre de l'*Apocalypse* vint former le second acte. Le grand Dragon rouge prit le rôle de *Lucifer*, et la dernière scène est constituée par sa chute, comme celle du Vulcain-Hephaïstos, du ciel dans l'île de Lemnos ; les armées fugitives et leur chef, se trouvant précipités dans le Pandemonium. Le troisième acte a lieu dans le Jardin de l'Eden. Satan tient conseil dans un palais qu'il a fait ériger pour son nouvel empire, et décide d'aller explorer le monde nouveau. L'acte suivant décrit la chute de l'homme, sa carrière ici-bas, la venue du Logos, ou le fils de Dieu, et sa rédemption de l'humanité, ou tout au moins suivant le cas de la partie de celle-ci constituée par les élus.

Ce drame du *Paradis Perdu* représente la croyance non formulée des Chrétiens protestants évangéliques, anglais. Ne pas ajouter foi à ses parties principales équivaut, selon eux, à « renier le Christ » et à « blasphémer contre le Saint-Esprit ». Si John Milton avait pu supposer que son poème, au lieu d'être considéré comme un pendant de la *Divine Comédie* du Dante, devait prendre place comme une autre *Apocalypse*, ou un supplément de la Bible, pour compléter sa démonologie, il est plus que probable qu'il eût affronté la pauvreté plus résolument qu'il ne le fit, en en interdisant l'impression. Plus tard, un poète, Robert Pollok, en s'inspirant de cet ouvrage, écrivit : *The Course of Time*, qui, à un moment donné, prit presque les proportions d'une *Ecriture ;* mais, heureusement, le XIXe siècle fut différemment inspiré, et le poète écossais tomba dans l'oubli.

Peut-être viendrait-il à propos de donner quelques brefs renseignements au sujet du Diable européen. Il est le génie qui s'occupe de la sorcellerie, des maléfices et autres méfaits analogues. Les Pères ayant adopté la notion des pharisiens juifs, firent des diables des dieux païens, Mithras, Sérapis et tous les autres. L'Église Catholique Romaine suivit leurs traces en dénonçant ce culte comme un rapport avec la puissance des ténèbres. Les *maleficii* et les sorcières du moyen âge n'étaient, par conséquent, que des adorateurs du culte prescrit. La magie avait toujours été considérée, dans les anciens temps, comme une science divine, comme la sagesse et la connaissance de Dieu. L'art de guérir, dans les temples d'Esculape, de l'Egypte et de l'Orient faisait partie de la magie. Même Darius Hystaspès, qui avait exterminé les Mages de la Mèdie, et qui avait même chassé les théurgistes chaldéens de Babylone en Asie Mineure, avait été instruit par les Brahmanes de l'Asie septentrionale, et enfin, tout en établissant le culte d'Ormazd il fut lui-même dénommé le fondateur du magisme. Par la suite tout fut changé. L'ignorance fut considérée comme la mère de la dévotion. La connaissance fut dénoncée, et les savants ne poursuivirent les sciences qu'au péril de leur vie. Ils se virent obligés de se servir d'un jargon inintelligible pour cacher leurs idées à tous, sauf à leurs propres adeptes, et de se soumettre à l'opprobre, à la calomnie et à la pauvreté.

Les sectaires des anciens cultes furent persécutés et mis à mort sous l'accusation de sorcellerie. Les Albigeois, les descendants des Gnostiques, et les Vaudois, les précurseurs des Protestants, furent chassés et massacrés à la suite de dénonciations analogues. Martin Luther, lui-même, n'échappa pas à l'accusation d'être en relation avec Satan *in propia persona*. Toute la secte Protestante est encore aujourd'hui accusée du même crime. L'Église ne fait aucune distinction dans ses jugements entre les différences d'opinions, l'hérésie et la sorcellerie ; et sauf là où ils sont protégés par les autorités civiles, elles sont traitées comme des offenses capitales ; l'Église considère la liberté religieuse comme de l'intolérance.

Mais les réformateurs avaient été nourris du lait de leur mère. Luther était aussi sanguinaire que le Pape ; Calvin était plus intolérant que les Papes Léon ou Urbain. La Guerre de Trente ans dépeupla des régions entières de l'Allemagne, où les Protestants et les Catholiques étaient aussi cruels les uns que les autres. La nouvelle foi ouvrit aussi e feu de ses batteries contre la sorcellerie. Les livres des statuts furent souillés par une législation sanguinaire en Suède, au Danemark, en Allemagne, en Hollande, en Grande-Bretagne et dans la République nord-américaine. Quiconque était plus libéral, plus intelligent, plus libre-penseur que ses semblables était sous le coup d'être arrêté et mis à mort. Les bûchers éteints à Smithfield furent rallumés pour les magiciens ; il était plus sûr de se révolter contre le trône, que d'étudier les connaissances abstraites en dehors des limites imposées par l'orthodoxie.

Satan fit une apparition au XVIIe siècle dans la Nouvelle Angleterre, à New-Jersey et à New-York, ainsi que dans diverses colonies de l'Amérique du Nord et du Sud ; le colonel Mather nous donne la description de ses manifestations principales. Quelques années plus tard il visita la cure de Mora en Suède, et la *Vie dans la Dalécarlie* fut agrémentée de condamnations au bûcher de jeunes enfants, et la fustigation d'autres à la porte des temples le jour du Sabbat. Toutefois le scepticisme des temps modernes a presque complètement aboli la croyance en la sorcellerie, et le Diable sous forme personnelle et anthropomorphe avec son pied fourchu et ses cornes de Pan, ne se rencontre plus guère que dans les Lettres Encycliques, et les effusions similaires de l'Eglise Catholique Romaine. La bien séance protestante ne permet pas que son nom soit mentionné autrement qu'à voix basse et dans les limites de la chaire.

Ayant donné la biographie du Diable depuis son origine dans l'Inde et la Perse, de son progrès à travers les théologies juive, chrétienne primitive et moderne, jusqu'aux phases de ses plus récentes manifestations, revenons en arrière pour étudier certaines opinions prévalentes dans les siècles chrétiens primitifs.

Les avatars ou les incarnations étaient communs dans les anciennes religions. L'Inde les réduisit à un système. Les Persans attendaient Sosiosh, et les écrivains juifs étaient dans l'expectation d'un libérateur. Tacite et Suétone rappellent que l'Orient tout entier attendait ce Grand Personnage, à l'époque d'Octave. « C'est ainsi que les doctrines propres des chrétiens constituaient les arcanes les plus sublimes du paganisme (1). » Le Maneros de Plutarque était un enfant de la Palestine (2). Son médiateur Mithras, le Sauveur Osiris est le Messie. On trouve la trace dans nos *Ecritures Canoniques*, des vestiges des anciens cultes ; et dans les rites et les cérémonies de l'Eglise Catholique Romaine, on retrouve les formes du culte Bouddhiste, de ses cérémonies et de sa hiérarchie. Les premiers *Evangiles*, aussi canoniques, alors que les quatre *Evangiles* actuels, contiennent des pages entières copiées de narrations bouddhistes, ainsi que nous sommes tout prêts à le prouver. Suivant les témoignages de Burnouf, d'Asoma, de Korosi, de Beal, de Hardy, de Schmidt, et des traductions de la *Tripitaka*, il n'est plus possible de douter que toute la doctrine chrétienne ne soit émanée de celle-là. Les miracles de l'Immaculée Conception, et autres incidents se rencontrent tout au long dans le *Manuel du Bouddhisme* de

1. W. Williams : *Primitive History* : Dunlap : *Spirit History of Man*.
2. Plutarque : *Isis et Osiris*, p. 17.

Hardy. On conçoit aisément pourquoi l'Eglise Catholique Romaine est si désireuse de laisser le peuple dans l'ignorance de la Bible hébraïque, et de la littérature grecque. La Philologie et la Théologie comparées sont ses ennemis mortels. Les falsifications délibérées d'Irénée, d'Epiphane, d'Eusèbe et de Tertullien étaient devenues nécessaires.

Les *Livres Sybillins* paraissent avoir été en grande faveur à cette époque. Il est facile de voir qu'ils s'inspiraient aux mêmes sources que ceux des nations des gentils.

Voici un extrait de Gallœus :

« Un nouvel astre s'est levé ; venant du Ciel il prit une forme humaine... — Oh vierge, reçois le Dieu dans ton sein pur — et la Parole entra dans son sein ; elle s'incarna avec le Temps, et animée par son corps, elle prit la forme d'une figure mortelle, et un Garçon fut créé par une Vierge... Le nouvel Astre envoyé par les Dieux fut adoré par les Mages, et l'enfant enveloppé de ses langes fut exhibé dans une crèche... et on appela Bethléem « le pays de la Parole ainsi nommé par Dieu (1) ».

Ne dirait-on pas, au premier abord, que cette prophétie a rapport à Jésus ; mais cela ne pourrait-il pas aussi bien se référer à un autre Dieu créateur ? On a dit la même chose au sujet de Bacchus et de Mithras.

« Moi, fils de Deus, je suis venu au pays des Thébains — Bacchus qu'enfanta Sémélé (la vierge) fille de Kadmus, (l'homme de l'Orient) — ayant été délivré par la flamme qui porte l'éclair, et prenant une forme mortelle au lieu d'une forme divine, je suis venu (2) ».

Les Dionysiaques, écrites au ve siècle, le rendent des plus clairs, et vont jusqu'à démontrer le rapport intime qui existe entre elles et la légende de la naissance de Jésus :

« Koré-Perséphone... (3) tu deviens l'épouse du Dragon,

1. *Oracles Sybillins*, 760-788.
2. Euripide : *Bacchae*.
3. Nous avons des doutes au sujets de la convenance de traduire κορη par *vierge*. En substance, Démeter et Pérephone sont une même divinité de même que l'étaient Apollon et Esculape. La scène de cette aventure est placée à Crète ou Koureteia, où Zeus était le dieu suprême. On a, sans doute, voulu dire *Keres* ou Demeter. On l'appelait aussi κουρα, qui est le même que κορη. Comme elle était la déesse des Mystères, elle était la plus apte à prendre place comme l'épouse du Dieu-Serpent, et de la mère de Zagreus.

lorsque *Zeus*, enroulé, changea sa forme et sa face; Fiancé-Dragon, enveloppé du manteau de l'amour, il s'approcha de la couche virginale de la brune Kora... Ainsi, par l'alliance du Dragon de l'Aether, le sein de Perséphone fructifia, en donnant le jour à Zagreus (1), l'Enfant cornu (2).

Voilà le secret du culte Ophite, et l'origine de la fable chrétienne de l'immaculée conception, *revue* par la suite *et corrigée*. Les Gnostiques furent les premiers chrétiens ayant un système théologique régulier, et il est tout naturel que ce fut Jésus qu'ils adaptèrent à leur théologie sous forme de Christos au lieu de la faire cadrer avec ses enseignements et ses faits et gestes. Leurs ancêtres, bien avant l'ère chrétienne, maintenaient que le grand serpent — Jupiter, le Dragon de Vie, le Père et la « Divinité Bienfaisante », s'était glissé dans la couche de Sémélé et les Gnostiques post-chrétiens, à peu de différence près, appliquèrent la même fable à l'homme Jésus, et affirmèrent que la même « Divinité Bienfaisante », Saturne (l'Ilda-Baoth) avait passé sur le berceau de Marie enfant, sous la forme du Dragon de Vie (3). Selon eux, le serpent était le Logos — le Christos, l'incarnation de la sagesse Divine, par son Père Ennoïa, et sa mère Sophia.

« Or, ma mère, l'Esprit Saint (le Saint Esprit) me prit» fait-on dire à Jésus dans l'*Evangile des Hébreux* (4), entrant, ainsi, dans son rôle de Christos, — le Fils de Sophia, l'Esprit Saint (5).

« *Le Saint Esprit viendra sur toi*, et la PUISSANCE du Très Haut te couvrira de son ombre ; aussi l'être saint qui naîtra de toi, sera-t-il appelé le Fils de Dieu », dit l'ange à Marie (St-Luc I, 35).

« Dans ces derniers temps, Dieu nous a parlé au moyen

1. Pococke estime que Zeus était un grand lama, ou chef jaïn, et Koré, Perséphoné ou Kuru-Parasu-pani. Zagreus est *Chakras*, la roue, le cercle, la terre, le gouverneur du monde. Il fut mis à mort par les Titans, ou Teith ans (les Daityas). Les cornes ou le croissant étaient l'emblème de la souveraineté des Lamas.

2. Nonnus : *Dionysiaques*.

3. Voyez le *Serpent Worship* de Deane, pp. 89-90.

4. Creuser : *Symbole*, Vol. I, p. 341.

5. Le Dragon est le *soleil*, le principe générateur — Jupiter Zeus ; et Jupiter est appelé le « Saint Esprit par les Egyptiens, dit Plutarque, *De Iside*, XXXVI.

d'un Fils, qu'il a institué héritier de toutes choses, et par lequel aussi il créa les Æons (St-Paul, *Héb.*) (1).

Toutes ces expressions sont autant de reproductions chrétiennes du *Nonnus* «... à travers le Draconteum Ethéré», car l'Ether c'est le Saint Esprit, ou la troisième personne de la Trinité, — le Serpent à l'œil de Faucon, le Kneph égyptien, l'emblème de la Pensée Divine (2), et l'Ame Universelle de Platon.

« Moi, la sagesse, je suis sorti de la bouche du Très Haut, et ai *recouvert la terre comme un nuage* (3). »

Pimandre, le Logos, émerge des Ténèbres Infinies, et couvre la terre de nuages, qui comme des serpents, se répandent sur tout le monde. (Voyez l'*Egypte* de Champollion.) Le Logos est la plus *ancienne* image de Dieu, et il est le Logos *actif*, dit Philon le Juif (4). Le Père est la *Pensée Latente*.

Comme cette notion est universelle, nous constatons la même phraséologie pour l'exprimer chez les Païens, les Juifs et les chrétiens primitifs. Le *Logos* Chaldéo-Persan, est le Fils Unique du Père dans la Cosmogonie Babylonienne d'Eudemus.

Un des hymnes d'Homère au soleil commence par « ELI, Enfants de Deus (5) » Sol-Mithra est une « image du Père », comme le Seir-Anpin cabalistique.

Il est presque incroyable que de toutes les différentes notions de l'antiquité aucune n'ait cru à un diable personnel comme le font les chrétiens libéraux du XIXe siècle, et cependant, le fait est douloureusement exact. Ni les Egyptiens, que Porphyre prétend être « le peuple le plus savant du monde (6) », ni la Grèce, qui en est la fidèle copie, n'ont

1. L'original porte *Æons* (les émanations), qui ont été traduits par *mondes*. Il ne faut pas s'attendre à ce que, après avoir anathématisé la doctrine des émanations, l'Eglise se privat d'effacer le mot originel, qui était en opposition directe avec la doctrine nouvellement promulguée de la Trinité.

2. Voyez le *Serpent Worship*, de Deane, p. 145.

3. *Ecclésiaste*, XXIV, 3.

4. Voyez le *Spirit History of Man* de Dunlay, le chapitre sur le Logos le Fils unique et le Roi.

5. Traduction de Backley.

6. *Select Works on Sacrifice*.

jamais été coupables d'une pareille monstruosité. Disons, tout de suite, qu'aucun de ces peuples, voire même les anciens juifs, ne croyaient pas plus au Diable qu'à l'enfer ou à la damnation éternelle, bien que nos Eglises chrétiennes ne se fassent pas défaut d'en doter les païens avec libéralité. Partout où le mot « enfer » se trouve dans les traductions des textes sacrés hébreux, il est inexact. Les hébreux étaient absolument ignorants de cette notion ; mais les évangiles donnent de fréquents exemples de ces mêmes erreurs. Ainsi, lorsqu'on fait dire à Jésus (Mathieu XVI, 18) « ... et les portes du séjour des morts ne prévaudront point contre elle », on lit dans le texte originel « les portes de la *mort* ». Le mot « enfer » — dans son acceptation de lieu de *damnation*, temporaire ou éternelle — n'est jamais employé dans un passage quelconque de l'*Ancien Testament*, malgré tout ce que pourront dire dans le sens contraire, les partisans de l'enfer. « Tophet », ou « la Vallée de Hinnom » (Esaïe LXVI, 24) ne comporte pas une pareille interprétation. Le terme grec « Gehenna » a aussi une signification tout à fait différente, et plus d'un auteur compétent a parfaitement bien prouvé que « Gehenna » est l'équivalent du *Tartarus* d'Homère.

Et, de fait, nous avons pour cela l'autorité de saint Pierre lui-même. Dans sa seconde *Epître* (II, 2) on fait dire à l'apôtre, dans le texte originel, au sujet des anges pécheurs, que Dieu « les précipite dans le *Tartarus* ». Cette expression, qui rappelait trop clairement le combat entre Jupiter et les Titans, fut changée, et nous lisons aujourd'hui dans la version anglaise du Roi Jacques : « les précipita dans l'*enfer* ».

Dans l'*Ancien Testament*, les expressions « portes de la mort », « chambres de la mort » ne sont qu'une allusion aux « portes du tombeau » qui sont spécialement mentionnées dans les *Psaumes* et dans les *Proverbes*. L'Enfer et son Souverain sont, tous deux, des inventions du christianisme, contemporaines de son accession au pouvoir et à la tyrannie. Ce sont des hallucinations nées des cauchemars de saint Antoine dans le désert. Avant notre ère, les anciens sages connaissaient le « Père du mal », et le traitaient avec plus de mépris qu'un âne, l'emblème choisi pour représenter Typhon, « le Diable » (1). Triste dégénérescence du cerveau humain !

De même que Typhon était le côté obscur de son frère Osiris, Python est le côté malfaisant d'Apollon, le lumineux dieu des visions, le voyant et le prophète. Il est mis à mort par Python, mais il le tue à son tour, sauvant ainsi l'humanité du péché. Ce fut en souvenir de cet exploit que les prêtresses du Dieu-solaire s'enveloppaient d'une peau de serpent, emblème du monstre fabuleux : c'est sous son influence exhilarante (la peau de serpent aurait des propriétés magnétiques) que les prêtresses tombaient en transce magnétique, « et recevant leur voix d'Apollon » prophétisaient et délivraient des oracles.

Apollon et Python sont encore une seule et même personne, et moralement androgynes. Les notions du dieu-solaire sont toutes, sans exception, doubles. La chaleur bienfaisante du soleil provoque l'existence de tous les germes, mais la chaleur excessive tue aussi les plantes. Lorsqu'il joue sur sa lyre planétaire aux sept cordes, Apollon produit l'harmonie ; mais, de même que tous les autres dieux solaires, sous son aspect obscur il se transforme en Python, le destructeur.

Il est bien connu que saint Jean voyagea dans l'Asie, un pays gouverné par les Mages et imbu des idées zoroastriennes et, à cette époque, traversé de part et d'autre par les missionnaires bouddhistes. S'il n'avait jamais visité ces contrées et qu'il n'eût jamais été en contact avec les bouddhistes, il est peu probable qu'il eût écrit l'*Apocalypse*. Outre ses notions sur le dragon, il fournit des récits prophétiques, absolument ignorés des autres apôtres, et qui, ayant trait à sa seconde venue, font du christ une fidèle copie de Vichnou.

C'est ainsi que Ophios et Ophiomorphos ; Apollon et Python, Osiris et Typhon ; Christos et le Serpent, sont tous des termes interchangeables. Ce sont tous des Logoï, et l'un est inintelligible sans l'autre, de même que le jour ne se connaîtrait pas s'il n'y avait pas de nuit. Tous sont des régénérateurs et des sauveurs, l'un au sens spirituel, et

1. Plutarque et Sanchoniathon appellent Typhon, « Tuphon à peau *rouge* ». Plutarque : *Isis et Osiris*, XXI-XXVI.

l'autre au sens physique. L'un assure l'immortalité de l'Esprit Divin ; l'autre la procure au moyen de la régénération de la semence. Le Sauveur de l'humanité doit mourir, parce qu'il lui dévoile le grand secret de l'égo immortel ; le serpent de la *Genèse* est maudit parce qu'il dit à la *matière* « Vous ne mourrez point. » Dans le monde païen, la contrepartie du « serpent » est le second Hermès, la réincarnation d'Hermès Trismégiste.

Hermès est le compagnon constant et l'instructeur d'Osiris et d'Isis. Il est la sagesse en personne ; la même chose a lieu pour Caïn, le fils de « l'Eternel ». Tous les deux bâtissent des cités, ils civilisent les hommes et les instruisent dans les arts.

Il a été dit maintes et maintes fois, par les missionnaires chrétiens de l'Inde et de Ceylan, que le peuple est plongé dans la démonolâtrie ; que ce sont des adorateurs du diable, dans le sens le plus large du mot. Nous affirmons, sans exagération,qu'ils ne le sont pas plus que la masse des chrétiens sans éducation. Mais, même s'ils adoraient le Diable, (ce qui est plus que d'y croire seulement), il y a cependant une grande différence entre les enseignements de leurs prêtres au sujet d'un diable personnel, et les dogmes du clergé catholique et aussi de beaucoup de pasteurs protestants. Les prêtres chrétiens sont tenus d'enseigner à leurs ouailles et de forcer leur esprit à reconnaître l'existence du Diable, et dans les premières pages de ce chapitre nous en donnons la raison. Mais non seulement les Oepasampala Cingalais, qui appartiennent au plus haut clergé, ne veulent-ils pas croire à un diable personnel, mais même les Samenaïra, les candidats et les novices, ne feraient que sourire à cette idée. Tout, dans le culte extérieur des Bouddhistes est allégorique, et n'est jamais autrement accepté ou enseigné par les *pungis* (les pandits) éduqués. L'accusation qu'ils permettent, et autorisent tacitement de laisser le pauvre peuple plongé dans la superstition la plus dégradante, n'est pas sans fondement ; mais nous nions formellement qu'ils encouragent de pareilles superstitions. Et en cela ils apparaissent à leur avantage à côté de notre clergé chrétien, qui (du moins tous ceux qui ne laissent pas leur fanatisme prendre le dessus de leur intelligence) sans en croire un seul mot, prêchent néanmoins l'existence du Diable, comme l'ennemi personnel d'un Dieu personnel, et le mauvais génie de l'humanité.

Le Dragon de saint Georges, qu'on voit si communément représenté dans les plus importantes cathédrales des Chrétiens n'est pas plus engageant que le Roi des serpents, le Nammadânam-nâraya des bouddhistes, le grand Dragon. Si, suivant la superstition populaire des Cingalais le Démon planétaire Rawho, est supposé détruire la lune en l'avalant ; si, dans la Chine et la Tartarie on permet au peuple de frapper sur des gongs et de produire un bruit infernal pour obliger le monstre à lâcher sa proie pendant les éclipses, pourquoi le clergé catholique y verrait-il du mal, ou le taxerait-il de superstition ? Le clergé des campagnes du sud de la France ne fait-il pas la même chose, à l'occasion, pendant l'apparition des comètes, des éclipses et des autres phénomènes célestes ? Lors du passage de la comète de Halley en 1456 « son apparition fut si terrifiante » dit Draper, « que le Pape, lui-même se vit obliger d'intervenir. Il l'exorcisa et la chassa du firmament. Elle s'enfuit dans les abîmes de l'espace, effrayée des malédictions de Calixte III, et ne se hasarda pas à revenir avant soixante-quinze ans (1) » ! !

Nous n'avons jamais entendu dire qu'un Pape ou un prêtre chrétien ait jamais cherché à dissuader les ignorants que le Diable y était pour quelque chose dans les éclipses et les comètes; mais nous voyons qu'un grand-prêtre bouddhiste dit à un fonctionnaire qui le plaisantait au sujet de cette superstition : « nos livres religieux cingalais nous enseignent que les éclipses du soleil et de la lune annoncent une attaque de Rahu (2), (une des neuf planètes) mais *non d'un diable* (3) ».

Le mythe du « Dragon », si apparent dans l'*Apocalypse* et la *Légende Dorée*, et de la fable de Siméon le Stylite

1. *Conflict between Religion and Science*, p. 269.

2. Rahu et Kehetty sont les deux étoiles fixent qui forment la tête et la queue de la constellation du Dragon.

3. E. Upham : *La Mahavanoi*, etc., p. 54 pour la réponse donnée par le grand prêtre de Mulgirs Galle Vihari, nommé Sire Bandare Metankérè Samanéré Samavahanse, à un Gouverneur hollandais en 1766.

convertissant le Dragon, est sans contredit d'origine bouddhiste, et peut-être même pré-bouddhiste. Ce furent les pures doctrines de Gautama qui ramenèrent au Bouddhisme les cashmiriens qui étaient primitivement adonnés au culte Ophite, ou culte du serpent. L'encens et les fleurs remplacèrent les sacrifices humains et la croyance aux démons personnels. Ce fut au tour du christianisme d'hériter de la superstition dégradante au sujet des diables investis de pouvoirs pestilentiels et meurtriers. La *Mahâvansa,* le plus anciens des livres Cingalais, raconte l'histoire du Roi Cobercapal (Cobra-de-Capello), le dieu-serpent. qui fut converti au bouddhisme par un saint-Rahat (1) ; et cette histoire est antérieure, et de beaucoup, à la *Légende Dorée* qui dit la même chose de Siméon le Stylite et de son dragon.

Le Logos triomphe une fois de plus du grand Dragon ; saint Michel, le brillant archange, le chef des Æons, est vainqueur de Satan (2).

Il est un fait digne de remarque, que tant que l'initié garde le silence sur « ce qu'il sait, » il est en sûreté. C'était le cas dans les temps anciens et ce l'est encore, de nos jours. Aussitôt que le Dieu des Chrétiens émanant du *Silence,* se manifesta comme la *Parole* ou le Logos, celle-ci fut la cause de sa mort. Le serpent est le symbole de la sagesse et de l'éloquence, mais il est aussi celui de la destruction. « Oser, savoir, vouloir et *garder le silence* », sont les axiomes cardinaux du cabaliste. De même qu'Apollon et les autres dieux, Jésus est mis à mort par son *Logos* (3) ; il ressuscite, le tue à son tour et devient son maître. Est-il possible que cet antique symbole comme toutes les autres conceptions philosophiques de l'antiquité, ait plus

1. Nous laissons aux savants archéologues et aux philologues le soin d'expliquer comment le culte du *Naga* ou du serpent a pu voyager du Cashmire au Mexique et devenir le culte de Narga, qui est également un culte du serpent, et une doctrine de lycanthropie.

2. Saint Michel, le chef de Æons est aussi Gabriel, le messager de la Vie des Nazaréens, et le Indra des Hindous, le chef des bons Esprits qui terrasse Vasouki, le Démon qui s'insurgea contre Brahma.

3. Voyez l'amulette gnostique appelée le « Serpent ehnuphis » dans l'acte de lever sa tête couronnée des *sept voyelles*, qui est le symbole cabalistique pour représenter le « don de la parole à l'homme », ou le *Logos*.

d'une signification allégorique, et insoupçonnée ? Les coïncidences sont trop singulières pour être le résultat d'un simple hasard.

Et maintenant que nous avons fait voir l'identité qui existe entre saint Michel et Satan, et les Sauveurs et les Dragons des autres nations, qu'y a-t-il de plus naturel que toutes ces fables philosophiques aient eu leur origine dans l'Inde, ce foyer universel du mysticisme méthaphysique ? « Le monde » dit Ramatsariar, dans ses commentaires des *Védas*, « commença par une lutte entre l'Esprit du Bien et l'Esprit du Mal ; il doit finir de même. Après la destruction de la matière, le mal ne peut plus exister, il faut qu'il rentre dans le néant (1) ».

Dans son *Apologia*, Tertullien fausse d'une manière palpable chaque doctrine et chaque croyance des Païens, en ce qui a rapport aux oracles et aux dieux. Il leur donne indifféremment le nom de démons et de diables, et va jusqu'à accuser ceux-ci de prendre possession des oiseaux de l'air ! Quel est le chrétien qui oserait, aujourd'hui, émettre un doute, au sujet d'une pareille autorité ? Le Psalmiste n'a-t-il pas dit : « Tous les dieux des nations sont des idoles » ; et l'Ange de cette Ecole, saint Thomas d'Aquin, traduit de sa propre autorité *cabalistique*, le mot *idoles* par *diables* ? « Ils se présentent aux hommes », dit-il, « et s'offrent à leur adoration et en opérant certaines choses qui paraissent miraculeuses (2) ».

Les Pères étaient aussi prudents dans leurs inventions qu'ils étaient avisés. Pour être impartial, disons, qu'après avoir créé un Diable, ils se mirent à créer des saints apocryphes. Nous avons donné les noms de quelques-uns de ceux-ci dans les chapitres précédents ; mais il ne faut pas oublier Baronius, lequel, après avoir lu dans un ouvrage de saint Chrysostome, au sujet du saint *Xenoris*, le mot qui signifie un *couple*, il le prit pour le nom d'un saint, et, sur-le-champ, il fabriqua de toutes pièces un *martyr* d'Antioche, et donna la biographie détaillée et authentique du « bienheureux saint ». D'autres théologiens

1. *Tamas , les Védas*
2. Saint Thomas d'Aquin : *Somma*, II. 94 Art.

d'Apollyon — ou plutôt de Apolouôn — firent l'anti-Christ. Apolouôn est le « laveur » de Platon, le dieu qui *purifie*, qui nous lave et nous *délivre* de nos péchés ; néanmoins il fut, de cette manière, transformé en celui « dont le nom hébreu est Abaddou, mais qui, en grec, est appelé Apollyon » — le Diable !

Max Muller dit que le serpent dans le Paradis est une notion qui peut avoir pris naissance chez les juifs, « et ne paraît guère souffrir la comparaison avec les notions autrement plus grandioses du pouvoir terrible de Vritra et d'Ahriman dans les *Véda* et l'*Avesta* ». Pour les cabalistes, le Diable n'a toujours été qu'un Dieu-mythe ou le bien renversé. Ce magicien moderne qui est Eliphas Lévi, appelle le Diable *l'ivresse astrale*. C'est, dit-il, une force aveugle, comme l'électricité; et, parlant allégoriquement, comme il le fit toujours, Jésus dit qu'il « vit Satan tombant du ciel comme un éclair ».

Les prêtres insistent sur ce fait que Dieu a envoyé le Diable pour tenter l'humanité ; ce serait, en tous cas, une étrange manière de lui prouver son amour sans bornes ! Si l'Être Suprême est vraiment coupable d'une trahison si peu paternelle, il ne mérite, certes, que l'adoration d'une Église capable de chanter un *Te Deum* à l'occasion d'un massacre de la Saint-Barthélémy, et de bénir les armes musulmanes levées pour égorger les Chrétiens Grecs !

Ceci est de la saine logique et de bonne loi, car une maxime de jurisprudence ne dit-elle pas : *Qui facit per alium, facit per se ?*

Les grandes différences qu'on remarque entre les diverses conceptions du Diable, sont souvent fort comiques. Tandis que les bigots l'agrémentent invariablement de cornes et d'une queue, et lui prêtent toutes sortes de caractères répugnants, y compris une odeur *humaine* (1) nauséabonde,

1. Consultez des Mousseaux ; voyez ce que disent d'autres Demonographes ; les divers « procès de sorcières », et les dépositions de celles-ci sous la torture, etc. A votre humble avis, le Diable doit avoir contracté cette odeur nauséabonde et ses habitudes de malpropreté dans la compagnie des moines du moyen âge. Beaucoup de ces saints se vantaient de ne s'être jamais lavés ! « Se dévêtir par *vaine* propreté est un péché aux yeux de Dieu », dit Sprenger dans son *Marteau des Sorcières*. Les ermites et les moines « fuyaient tout nettoyage comme une souillure. On ne se bai-

Milton, Byron, Gœthe, Lermontoff (1) et une foule d'auteurs français ont chanté ses louanges en vers et en prose. Le Satan de Milton, et même le Méphistophélès de Gœthe, sont certainement des figures plus imposantes que celles de beaucoup d'anges, tels que nous les présentent la prose des bigots en extase. Etablissons la comparaison entre deux descriptions et cédons le pas à l'auteur sensationnel, incomparable, des Mousseaux. Il nous donne un récit vibrant d'un incubus, dans les propres paroles de la pénitente en personne : « Une fois », nous dit-elle, « pendant l'espace d'une grande demi-heure, elle vit *distinctement* à côté d'elle, un individu avec un affreux corps noir et terrible, dont les mains d'une grandeur démesurée se terminaient par des doigts crochus. Le sens de la vue, celui du toucher, et le sens olfactif étaient confirmés par celui de l'ouïe (2) !!

Et néanmoins, pendant l'espace de plusieurs années, cette femme consentit à être mise à mal par un pareil héros ! Combien plus sublime nous apparaît la figure majestueuse du Satan de Milton, comparée à ce galant odoriférant !

Que le lecteur se représente, s'il le peut, cette merveilleuse chimère, cet idéal de l'ange rebelle, transformé en Orgueil incarné, entrant dans la peau du plus répugnant de tous les animaux ! En outre le catéchisme chrétien nous enseigne que Satan in *propria persona*, tenta notre mère Eve, dans un véritable paradis, et cela sous la forme d'un serpent, qui, de tous les animaux était le plus insinuant et le plus fascinateur ! Pour le punir, Dieu le condamne à ramper éternellement sur son ventre et à mordre la poussière. « Cette sentence », remarque Lévi, « ne ressemble en rien aux tourments des traditionnelles flammes de l'enfer. » D'autant plus, que le vrai serpent zoologique, qui fut créé avant Adam et Eve, rampait déjà sur son ventre, et mordait déjà la poussière, avant qu'il n'y ait eu de péché originel !

gna pas pendant mille ans ! » s'écrie Michelet dans sa *Sorcière*. Pourquoi alors cette clameur contre les fakirs ? S'ils vivent dans la saleté ils ne se couvrent de boue qu'après s'être lavés, car leur religion leur commande de se laver tous les matins, et quelquefois plusieurs fois par jour.

1. Lermontoff, le grand poète russe, auteur du *Démon*.
2. *Les hauts phénomènes de la Magie*, p. 379.

A part cela, Ophion le Daïmon, ou le Diable, n'était-il pas appelé *Dominus*, de même que Dieu (1)? Le mot *Dieu* (la divinité) est dérivé du sanscrit *Deva*, et celui de Diable du persan *daëva*, lesquels mots sont identiques en substance. Hercule, le fils de Jupiter et d'Alcmène, un des plus grands dieux-solaires, ou Logos manifestés, est néamnoins, comme tous les autres, représenté sous une nature double (2).

L'Agathodæmon, le dæmon bienfaisant (3), celui-là même que nous retrouvons, plus tard, chez les ophites sous l'apellation du Logos, ou sagesse divine, était représenté par un serpent se tenant droit sur un *pieu*, dans les mystères des bacchanales. Le serpent à tête de faucon est un des plus anciens emblèmes des Égyptiens, et représente, selon Deane, la pensée divine (4).

Azazel c'est Moloch et Samaël, dit Movers (5), et nous voyons qu'Aaron, le frère du grand législateur Moïse, sacrifie également à Jehovah et à Azazel.

« Et Aaron tirera *au sort deux chèvres ;* une pour l'Eternel (*Ihoh* dans l'original) et une pour le bouc émissaire » (*Azazel*).

Jéhovah dans l'Ancien testament présente tous les attributs du vieux Saturne (6), malgré ses métamorphoses de Adoni en Eloï, le Dieu des Dieux et le Seigneur des Seigneurs (7).

Jésus, sur la montagne, est tenté par le Diable, qui lui promet tous les royaumes du monde et leur gloire, s'il con-

1. *Movers*, p. 109.
2. Hercule est d'origine hindoue.
3. Il est le même que le *Kneph* des Egyptiens et l'Ophis des Gnostiques.
4. *Serpent Worship*, p. 145.
5. *Movers*, p. 397. Azazel et Samaël sont identiques.
6. Saturne est Bel-Moloch, et même Hercule et Siva. Ces deux derniers sont *HaraKala* ou les dieux de la guerre, de la bataille, ou le « Dieu des Armées ». « L'Eternel est un vaillant guerrier » lit-on dans l'*Exode* XV, 3. « L'Eternel des Armées est son nom. » (Esaïe LI.15) et David le bénit parce qu'il « exerce ses mains au combat, ses doigts à la bataille » (Psaume CXLIV. I). Saturne est également le Soleil, et Movers dit que « Kronos Saturne était appelé par les Phéniciens, *Israël* (130) Philon le juif dit la même chose (dans Euseb., p. 44).
7. « Béni soit Iahoh, Alahim, Alahi, *Israël* » (Psaume LXXII). (La traduction française dit : « Béni soit l'Eternel Dieu, le Dieu d'Israël ». Note du Traducteur.)

sent à se prosterner devant lui et à l'adorer. (Matthieu, IV 8.9). Le Bouddha est tenté par le Démon Wasawarthi Mara, qui lui dit, lorsqu'il quitte le palais de son père: « Reste, je t'en suplie, afin de posséder les honneurs qui sont à ta portée ; ne pars point, ne pars point ! » Et sur le refus de Gautama d'accepter ses offres, il grince des dents avec rage, et le menace de sa vengeance. De même que le Christ, le Bouddha triomphe du Diable (1).

Dans les Mystères Bachiques, on faisait passer *une coupe consacrée* après le repas, qui portait le nom de coupe de l'Agathodaëmon (2). Le rite Ophite analogue, fut évidemment emprunté à ces Mystères. La communion du pain et du vin était en usage dans le culte de presque toutes les divinités importantes (3).

En relation avec le sacrement sémi-Mithraïque, adopté par les Marcosiens, autre secte gnostique, éminemment cabaliste et théurgique, Epiphane raconte une étrange histoire pour illustrer l'habileté du Diable. Pendant la célébration de leur Eucharistie, on apportait au milieu de la congrégation trois grands vases du plus pur cristal, remplis de vin blanc. Pendant le cours de la cérémonie, et en vue de tout le monde, ce vin se changeait instantanément en rouge, en pourpre et finalement en bleu azur. « Le mage », dit Epiphane, « présente alors un des vases à une femme de la congrégation en la priant de le bénir. Ceci fait le mage en verse une partie dans un vase d'une capacité beaucoup plus grande en prononçant la prière suivante : « Que la grâce de Dieu, qui est au-dessus de tout, inconcevable et inexplicable, remplisse ton âme, et augmente au-dedans de toi Sa connaissance, en faisant germer le grain de moutarde dans un sol fertile (4). La liqueur du grand vase monte, alors, jusqu'à déborder (5). »

1. *Manual of Buddhism* de Hardy, p. 60.
2. *Lect. on Mod. Phil.* Vol. I, p. 404 de Cousin.
3. *Movers, Duncker, Higgins* et autres.
4. *Haeres,* XXXIV ; *Gnostics,* p. 53.
5. Pour la première fois le vin fut déclaré *sacré* dans les Mystères de Bacchus. Payne Knight croit, — à tort, pensons-nous — qu'on administrait le vin pour produire une fausse extase par l'ivresse. Il demeura néanmoins *sacré*, et l'Eucharistie Chrétienne est certainement une imitation du rite païen. Que M. Knight ait tort ou raison, nous regrettons d'avoir à dire qu'un pasteur protestant, le Rév. Joseph Blanchard, de New-York,

Il est bon de comparer les récits pré-chrétiens avec les post-chrétiens par rapport aux diverses divinités païennes qu'on a fait descendre aux Enfers après leur mort et avant leur résurrection. Orphée entreprit ce voyage (1), et le Christ fut le dernier de ces voyageurs souterrains. Dans le *Credo* des Apôtres, qui est divisé en douze sentences ou *articles* chacun des articles séparés ayant été inséré, suivant saint Augustin (2), par chaque apôtre en particulier, l'article « Il descendit aux Enfers et le troisième jour il ressuscita d'entre les morts », est attribué à saint Thomas ; peut-être en expiation pour son manque de foi. Quoi qu'il en soit, cet article a été déclaré un faux, et il n'existe pas de preuve « que cette déclaration de foi ait été formulée par les apôtres, ou même qu'elle ait existé sous forme de Credo à leur époque (3) ».

C'est l'addition la plus importante qui ait été faite au Credo des apôtres, et elle date de l'an 600 de notre ère (4). Elle n'était pas connue à l'époque d'Eusèbe. L'Evêque Parsons dit que cette addition ne figurait pas dans les anciens credos, ou dans les articles de foi (5). Irénée, Origène et Tertullien ne laissent pas entendre qu'ils en aient eu connaissance (6). Il ne fut mentionné à aucun Concile avant le VIIe siècle. Théodoret, Epiphane et Socrate sont tous muets à son sujet. Il diffère du Credo suivant les ouvrages de saint Augustin (7). Ruffinus affirme qu'à son époque il n'existait ni dans le credo romain ni dans l'oriental. (*Exposit in Symbol. Apost.* § 10.) Mais le problème est résolu lorsque nous lisons qu'il y a des siècles qu'Hermès parla comme suit à Prométhée, enchaîné sur les rochers arides du mont Caucase :

fut trouvé ivre dans un des squares publics le soir du dimanche 5 août 1877, et emmené en prison. Le rapport qui fut publié disait : « L'accusé dit qu'il avait été à l'église et qu'il avait bu un peu trop de vin de la communion. »

1. Le rite de l'initiation représentait une descente dans le monde inférieur. Bacchus, Héraclès, Orphée et Asklepius descendirent tous aux Enfers et remontèrent le troisième jour.

2. *Hist. Apost. Creed.* de King. in-8° p 26.

3. *Common Prayer* de Justice Bailey, 1813. p. 9.

4. *Apostle's Creed* ; *Nouveau Testament Apocryphe.*

5. *On the Creed*, fol. 1676, p. 225.

6. Lib. I.C.2 ; *Libr. de Princ*, dans le *Prœm. Advers. Praxeam.* C. II.

7. *De Fide et Symbol.*

« Ne t'attends pas à une fin de ces labeurs, JUSQU'A CE QU'UN DIEU APPARAISSE COMME UN SUBSTITUT DE TES ANGOISSES, ET QU'IL CONSENTE A DESCENDRE AUSSI BIEN AU SOMBRE HADÈS ET AUX TRISTES ABIMES AUTOUR DU TARTARUS (Eschyle « Prométhée, 1027 ff). Ce dieu était Héraclès, le « Fils Unique » et le Sauveur. Et c'est lui que les Pères ingénieux prirent comme modèle. Hercule, — appelé Alexicacos — car il ramena les méchants et les convertit à la vertu; *Soter*, ou Sauveur, appelé également Neulos Eumelos — le *Bon Berger* ; Astrochiton, environné d'étoiles et le Seigneur de la Flamme. « Il ne chercha point à assujettir les nations par la force, mais par la *Sagesse divine* et la persuasion », dit Lucien. « Héraclès répandit la culture et une douce religion, et détruisit la *doctrine du châtiment éternel*, en arrachant Cerbère (le Diable Païen) au monde inférieur. » Et ce fut encore Héraclès, ainsi que nous le constatons, qui délivra Prométhée (l'Adam des païens) en mettant une fin aux tortures qui lui avaient été infligées pour ses transgressions, par sa descente dans l'Hadès et son voyage autour du Tartarus. Comme le Christ il apparut comme *un substitut pour les tourments de l'humanité*, en s'offrant lui-même en sacrifice sur le bûcher funéraire. « Son immolation volontaire », dit Bart, annonçait la nouvelle naissance éthérée de l'humanité... Par la délivrance de Prométhée, et l'érection des autels, nous voyons en lui le médiateur entre l'ancienne foi et la nouvelle... Il abolit les sacrifices humains partout où il les trouva institués. Il descendit dans le sombre royaume de Pluton, sous forme d'ombre... et *il en remonta sous forme d'esprit vers son père, Zeus, dans l'Olympe.* »

La légende d'Héraclès impressionna l'antiquité au point que même les juifs *monothéistes* (?) de cette époque, pour ne pas être surpassés par leurs contemporains, en firent usage dans leur rédaction de fables originelles. Héraclès, dans sa mythobiographie, est accusé de plagiat de l'oracle de Delphes. Dans le *Sepher Toldos Jeshu*, les Rabbins ont accusé Jésus d'avoir dérobé dans leur sanctuaire le Nona qui ne pouvait être communiqué !

Il est, par conséquent, fort naturel de voir ses nombreuses aventures, mondaines et religieuses, fidèlement reproduites dans la *Descente aux Enfers. L'Evangile de Nicodème*, *aujourd'hui* seulement proclamé comme apochryphe, surpasse tout ce que nous avons lu, en faits de mensonges et de plagiat éhonté. Que le lecteur juge par lui-même.

Au commencement du chapître XVI. Satan et le « Prince des Enfers » sont en paisible conversation. Tout à coup, ils sont effrayés par une « voix comme le tonnerre », et le fracas du vent, qui leur commande de relever leurs portes, parce que le « *Roi de Gloire* désire entrer ». En entendant cela, le Prince de l'Enfer, « se met à quereller Satan pour n'avoir pas pris les précautions nécessaires, afin d'empêcher une pareille visite ». La querelle se termine par le prince jetant « Satan hors de son Enfer » et ordonnant en même temps à ses serviteurs impies « d'avoir à fermer les portes de bronze de la cruauté, de les assujettir avec des barres de fer, et de combattre courageusement de peur que nous ne soyons faits prisonniers ».

Mais « lorsque la communauté des saints... (en Enfer ?) l'entendit, ils s'adressèrent d'une voix courroucée au Prince des Ténébres, en lui disant : Ouvre tes portes afin que le Roi de Gloire puisse entrer », prouvant, par cela, que le prince avait besoin de portes-paroles.

« Et le *divin* (?) prophète David s'écria, en disant : N'ai-je pas bien prophétisé, lorsque j'étais sur la terre ? » Après cela un autre prophète, Esaïe, parla dans les mêmes termes « N'ai-je pas bien prophétisé ? » etc. Puis toute la communauté des saints et des prophètes après s'être vantés d'un bout du chapître à l'autre, et avoir comparé leur notes et leurs prophéties commencent à se disputer ce qui fait dire au Prince de l'Enfer que « les morts ne s'étaient, jusque là, jamais permis une conduite aussi insolente envers nous (les diables, XVIII, 6) ; tout en feignant d'ignorer, pendant tout ce temps, *qui* était celui qui demandait admission. Il demande alors fort innocemment : « Mais qui est ce Roi de Gloire. » David lui dit alors qu'il ne connaît que trop bien la voix, et qu'il comprend fort bien ses paroles, « parce que » ajoute-t-il, « je les ai parlées en vertu de son Esprit ». Voyant, enfin, que le Prince de l'Enfer s'obstine à ne pas vouloir ouvrir ses portes de bronze de l'iniquité », malgré que le roi psalmiste se soit porté garant pour le visiteur, David, se décide alors à traiter l'ennemi « en Philistin et lui crie :

Et maintenant dégoûtant et *immonde* prince de l'enfer, ouvre tes portails... Je te dis que le Roi de Gloire est là... laisse-le entrer ! »

Pendant qu'ils se disputaient encore, « le puissant Seigneur apparut sous la forme *d'un homme* » (?) sur quoi « la *Mort* impie et ses cruels officiers sont saisis de frayeur ». Ils s'adressent alors, en tremblant au Christ, lui prodigant les flatteries et les compliments, sous forme de questions, dont chacune *est un article de foi.* Par exemple : « Et qui es-tu, toi qui es si puissant et si grand, qui libères les captifs *retenus enchaînés par le péché originel ?* » demande un de ces diables. « Peut-être es-tu Jésus », demande humblement un autre, « duquel Satan vient justement de parler, et qui « *par la mort sur la Croix, as reçu la puissance sur la mort ?* » etc. Au lieu de leur répondre, le Roi de Gloire « foule la Mort aux pieds, saisit le Prince des Enfers et le dépouille de son pouvoir ».

C'est alors que commence dans l'Enfer un vacarme, fort graphiquement décrit par Homère, Hésiode et leur interprète Preller, dans son récit de l'astronomique Hercules *Invictus*, et de ses fêtes à Tyr, à Tarses et à Sardes. Après avoir reçu l'initiation dans les Eleusinia de l'Attique, le dieu païen descend dans l'Hadès et « lorsqu'il pénètre dans le monde inférieur il répand une telle terreur parmi les morts que tous s'enfuient (1) » ! Nous retrouvons les mêmes paroles dans le *Nicodemus.* Il intervient alors une scène de confusion, d'horreur et de lamentations. S'apercevant que la bataille est perdue, le Prince des Enfers, tourne casaque et se range prudemment du côté du plus fort. Celui contre lequel selon saint Jude et saint Pierre, même l'archange Michel « n'osa pas porter une accusation devant le Seigneur », est maintenant honteusement abandonné par son ex-allié et ami le « Prince des Enfers ». Le pauvre Satan se voit honni et injurié pour tous ses crimes, aussi bien par les saints que par les diables ; tandis que le *Prince* est ouvertement récompensé pour sa trahison. S'adressant à lui, le Roi de Gloire lui dit : « Beelzebub, le Prince des Enfers, Satan sera dorénavant sujet à ton pou-

1. *Preller* II, p. 154.

voir, *à jamais à la place d'Adam* et de ses vertueux fils, qui sont les miens... Venez à moi, vous tous, mes saints, qui avez été *créés à mon image, qui avez été condamnés par l'arbre du fruit défendu et par le Diable et la mort.* Vivez dorénavant *par le bois de ma croix ;* le Diable, le prince de ce monde est vaincu (?) et la *Mort est renversée.* » Puis le Seigneur prenant Adam par sa main droite et David par la gauche, *monte* de l'Enfer, suivi par tous les Saints, « Enoch, Elie et le *larron repentant* (1) ».

Est-ce par oubli, que le pieux auteur omet de compléter la cavalcade, en y faisant figurer le dragon repentant de Siméon le Stylite, et le loup converti de saint François, remuant la queue et versant des larmes de joie !

Dans le *Codex* des Nazaréens, c'est *Tobo* qui est le *libérateur de l'âme d'Adam*, et qui la transporte de l'Orcus (Hadès) au séjour de la VIE. Tobo est Tob-Adonijah, un des douze disciples (Lévites) envoyés par Jéhosaphat pour prêcher aux cités de Judah *le Livre de la Loi* (II Chron. XVII). Dans les livres cabalistiques ceux-ci étaient « les hommes sages », les Rois Mages. Ils attirèrent les rayons du soleil pour illuminer le sombre (Hadès) Orcus et montrer le chemin à l'âme d'Adam qui représente collectivement les âmes de l'humanité entière pour sortir des *Tenebrae*, les ténèbres de l'ignorance. Adam (Athamas) c'est Tamuz ou Adonis, et Adonis est le soleil Hélios. On fait dire à Osiris dans le *Livre des Morts* (VI, 231). « Je resplendis comme le soleil dans la maison des astres, pendant la fête du soleil. » Le Christ est appelé « le Soleil de la Justice », « le Hélios de la Justice » (Eusèbe : *Démons. Ev.* V. 29) ce qui n'est autre chose qu'une répétition des anciennes allégories païennes ; mais de le faire servir à un pareil usage, est cependant non moins impie de la part de ceux qui prétendaient décrire un véritable épisode du pèlerinage terrestre de leur Dieu !

« Héraclès *est sorti des demeures terrestres*, en quittant le palais souterrain de Pluton » (2).

« Tu fis trembler les noirs étangs du Styx et le gardien des Enfers... Ni Typhée, lui-même, ce géant tout armé ne

1. *Nicodemus*: *Evangile Apocryphe*. traduit de l'Evangile publié par Grynæus, *Orthodoxographa*. Vol. I, tome II. p. 643.
2. Euripide : *Héraclès*, 807.

t'inspira aucun effroi... Nous te saluons, digne FILS de JUPITER, nouvel ORNEMENT des cieux ! (1) »

Plus de quatre siècles avant la naissance de Jésus, Aristophane écrivait sa parodie de la *Descente aux Enfers* de Héraclès (2). Le chœur des « bienheureux », les initiés, les Champs Elysées, l'arrivée de Bacchus (qui est Iacchos-Iaho et *Sabaoth*) avec Héraclès, leur réception avec des torches allumées, emblèmes de la *vie nouvelle* et de la RÉSURRECTION des Ténèbres, de la mort à la lumière, et de la VIE éternelle ; rien ne manque dans ce poème, de tout ce qu'on trouve dans *l'Evangile de Nicodème* (3) :

« Réveillez-vous, flambeaux enflammés... car tu viens Iacchos, les brandissant dans tes mains, étoile phosphorescente du rite nocturne ! (4) »

Mais les chétiens acceptent *au pied de la lettre* ces aventures *post-mortem* de leur dieu, arrangées d'après celles de ses prédécesseurs païens, et parodiées par Aristophane quatre siècles avant notre ère ! Les absurdités de *Nicodemus* étaient lues dans les églises, comme l'étaient aussi celles du *Berger de Hermas*. Irénée mentionne ce dernier en le qualifiant d'*Ecriture* et de « révélation » d'inspiration divine ; saint Jérôme et Eusèbe insistent, tous deux, sur la propriété de les faire lire publiquement dans les temples ; et saint Athanase observe que les Pères en « ordonnèrent la lecture afin de *confirmer la foi et la piété* ». Mais voici que survient le revers de cette brillante médaille, afin de faire voir, une fois de plus, l'instabilité et l'inutilité des plus puissants piliers d'une Eglise *infaillible*. Saint Jérôme qui vante ce livre dans son catalogue des auteurs ecclésiastiques, le condamna plus tard dans ses commentaires, comme « aprocryphe et vain » ! Tertullien qui ne trouvait pas assez de louanges pour le *Berger de Hermas*, lorsqu'il était catholique, « en dit tout le mal possible lorsqu'il devint un Montaniste » (5).

1. *Enéïde* VIII, 274 ff.
2. *Les Grenouilles ;* voyez fragments dans *Sod, the Mystery of Adonis*.
3. Voyez p. 180-187, 327.
4. Aristophane : *Les Grenouilles*.
5. Voyez la préface du *Hermas* dans le Nouveau Testament Apocryphe.

Le chapitre XIII commence par le récit des deux revenants ressuscités, Charinus et Lenthius, les fils du même Siméon qui, dans l'*Evangile selon saint Luc* (II, 25-32) prit l'enfant Jésus dans ses bras, et bénit Dieu en disant : « Maintenant, Seigneur tu laisses ton Serviteur s'en aller en paix... Car mes yeux ont vu ton salut (1) ». Ces deux revenants sont sortis de leurs tombeaux glacés, tout exprès pour faire la déclaration des « mystères » qu'ils ont vus dans l'enfer, après leur mort. Ce n'est qu'à la requête urgente d'Annas et de Caïphas, de Nicodème (l'auteur), de Joseph (d'Arimathie) et de Gamaliel, qui les ont priés de leur révéler ces grands secrets, qu'ils ont été autorisés à le faire. Toutefois Annas et Caïphas, qui escortent les revenants jusqu'à la synagogue de Jérusalem, prennent la précaution de faire jurer aux deux hommes ressuscités, et qui étaient morts depuis des années, sur le *Livre de la Loi*, par le Dieu Adonaï et le Dieu d'Israël, de ne dire que la vérité. C'est pourquoi après avoir fait le *signe de la croix* sur leurs langues (2), ils demandent du papier pour écrire leurs confessions (XII, 21-25). Ils disent comment, lorsque « au fond de l'enfer et dans l'obscurité des ténèbres », ils virent soudain « une substantielle lumière pourpre, illuminant l'en-

1. On trouve l'original de l'épisode décrit dans l'Evangile selon saint Luc. dans la *Vie du Bouddha*, de Bkah Hgyur (Texte Thibétain). Un vieux et saint ascète, le Rishi Asita, vient de loin pour voir le Bouddha enfant, ayant été instruit de sa naissance et de sa mission par des visions surnaturelles. Après avoir adoré le petit Gautama. le saint vieillard se me à pleurer, et lorsqu'on lui demande la raison de ses larmes, il répond : « Après être devenu le Bouddha, il aidera des centaines de millions d'âmes à passer à l'autre rive de l'océan de la vie, et il les conduira pour jamais à l'immortalité. Et moi, moi je ne verrai point cette perle des Bouddhas ! Guéri de ma maladie, je ne serai pas libéré par lui de la passion humaine ! O, grand Roi ! Je suis trop vieux — voilà pourquoi je pleure, et pourquoi, dans ma détresse, je pousse de profonds soupirs ! »

Cela n'empêche pas le saint homme de prophétiser au sujet du jeune Bouddha, et à peu de différence près, il dit la même chose que Siméon au sujet de Jésus. Tandis que celui-ci appelle Jésus « une lumière destinée à éclairer les nations et comme la gloire du peuple d'Israël », le prophète bouddhiste promet que le jeune prince sera vêtu de la *sagesse* complète ou « lumière » du Bouddha et qu'il fera tourner la roue de *la Loi* comme nul homme *ne l'avait tournée avant lui. Rgya Tcher Rol Pa ;* traduit du texte thibétain et revu de l'original sanscrit *Lalitavistara*, par P. E. Foucaux 1847. vol. II. pp. 106, 108.

2. Le signe de la croix, — quelques jours seulement après la résurrection et avant que la croix ait été reconnue comme un symbole !

droit ». Adam, les patriarches et les prophètes se réjouissent alors, et Esaïe se vante d'avoir *prédit tout cela.* C'est alors qu'arrive Siméon, leur père, en déclarant que « l'enfant qu'il avait tenu dans ses bras, dans le temple, allait venir pour les délivrer ».

Après que Siméon eût délivré son message à l'honorable compagnie des enfers, « il survint un personnage ressemblant à un petit ermite, (?) qu'on reconnut pour être saint Jean Baptiste ». L'idée est suggestive, et montre que même le « Précurseur » et le « Prophète du Tout Puissant » n'avait pas échappé au feu de l'enfer qui l'avait desséché au point d'affecter son cerveau et sa mémoire. Oubliant que dans saint Mathieu XI il avait manifesté les doutes les plus sérieux au sujet de la mission messianique de Jésus, saint Jean Baptiste prétend au droit d'être également reconnu comme un prophète. « Et moi, Jean », dit-il, « lorsque je vis Jésus s'approchant de moi, mû par le Saint Esprit, je m'écriai : « Voici l'Agneau de Dieu, qui ôte les péchés du monde... et je le baptisai... et je vis le Saint Esprit descendant sur lui en disant : Ceci est mon Fils Bien Aimé etc. » Et de penser que ses descendants et ses disciples, comme les Mandéens de Basra, nient complètement ces paroles !

C'est, alors, au tour d'Adam, qui agit comme si sa véracité était mise en doute dans cette « assemblée impie », d'appeler son fils Seth, en lui ordonnant de déclarer à ses enfants, les patriarches et lés prophètes, ce que l'Archange saint Michel lui dit à la porte du Paradis, lorsque lui, Adam, envoya Seth pour « supplier Dieu d'oindre » sa tête pendant la maladie d'Adam (XIV. 2). Et Seth leur raconte que pendant qu'il priait à la porte du Paradis, saint Michel lui conseilla de ne pas demander à Dieu « l'huile de l'arbre de la pitié pour oindre la tête du père Adam afin de guérir sa *migraine* ; car tu ne pourras l'obtenir, à aucun prix, jusqu'au DERNIER JOUR, c'est-à-dire *jusqu'à ce que 5.500 ans se soient écoulés* ».

Cette agréable petite causerie intime entre saint Michel et Seth fut certainement intercalée pour cadrer avec la chronologie patristique, et dans le but d'établir un lien plus étroit entre le Messie et Jésus, sur l'autorité d'un Evangile dûment reconnu et d'inspiration divine. Les Pères des premiers siècles commirent une erreur impardonnable lorsqu'ils détruisirent les images fragiles de païens mortels, au lieu des monuments de l'antiquité égyptienne. Ces derniers ont prouvé être bien plus précieux pour l'archéologie et la science moderne, depuis qu'on a reconnu que le roi Ménès et ses architectes florissaient entre quatre et cinq mille ans avant notre « Père Adam » et avant que l'univers, suivant la chronologie biblique, eût été « créé de rien » (1).

« Pendant que tous les saints se réjouissaient, voici que Satan, le Prince et le capitaine de la Mort », dit au Prince de l'Enfer : « Prépare-toi à recevoir Jésus de Nazareth en personne, qui se vantait d'être le Fils de Dieu, et cependant était un homme qui eut peur de la mort, car il dit : mon âme est tourmentée jusqu'à la mort.» (XV. 1. 2.)

Il existe une tradition parmi les auteurs ecclésiastiques grecs, que les « Hérétiques » (peut-être s'agit-il de Celse) avaient fait d'amers reproches aux Chrétiens au sujet de ce point délicat. Ils maintenaient que si Jésus n'était pas un simple mortel, souvent abandonné par l'esprit du Christ, il n'eut pas pu se plaindre en employant les expressions qu lui sont attribuées ; il ne se serait pas non plus écrié à haute voix : « Mon *Dieu*, mon *Dieu* ! pourquoi m'as-tu abandonné ? » Cette objection est fort habilement refutée dans *l'Evangile de Nicodème*, et c'est le Prince de l'Enfer qui tranche la difficulté.

Il commence par discuter avec Satan en vrai métaphysicien. « Quel est ce prince », demande-t-il dédaigneusement, « qui tout puissant qu'il est a cependant peur de la mort ?... Je t'affirme que lorsqu'il a avoué craindre la mort, *il n'a voulu que te tromper*, et ce sera un malheur pour toi dans les siècles sans fin. »

Il est réjouissant de voir jusqu'à quel point l'auteur de cet Evangile serre de près le texte du *Nouveau Testament* et surtout du quatrième évangile ; l'habileté avec laquelle il

1. Payne Knight prouve que *depuis l'époque du premier roi Ménès, quand toute la région autour du lac Maris n'était qu'un marais* (*Hérodote, II.* 4) *jusqu'à celle de l'invasion persane, alors qu'elle était le jardin du monde ;* il a du s'écouler entre 11.000 et 12.000 ans. (Voyez *Ancient art and Mythology ;* C L I., de R. Payne Knight, p. 108. Edité par A. Wilder.

prépare la voie pour des questions et des réponses en apparence « innocentes », en corroborant les passages les plus contestables des quatre évangiles, passages plus discutés et plus mis en doute dans ces temps de subtil sophisme des savants Gnostiques qu'ils ne le sont de nos jours ; une raison de plus pour que les Pères aient cru devoir brûler plutôt les documents de leurs antagonistes, que de détruire leur hérésie. En voici un bon exemple. Le dialogue entre Satan et le Prince métaphysicien et à *demi converti* du monde inférieur continue en ces termes :

« Qui donc, est-ce Jésus de Nazareth », demande naïvement le prince, « qui par sa parole m'a ravi les morts, sans qu'ils aient eu besoin de prières à Dieu » ? (XV. 16.)

« Qui sait », répond Satan, avec innocence jésuitique « *c'est peut-être le même qui m'a repris* LAZARE *après avoir été mort pendant quatre jours* alors qu'il sentait déjà mauvais et était en état de putréfaction ?... C'est ce même Jésus de Nazareth... Je t'en conjure, par les pouvoirs que nous possédons tous les deux, ne l'amène pas ici ! » s'écrie le prince. « Car lorsque j'entendis le pouvoir de sa parole, je tremblai de crainte, et toute ma suite *impie* fut déroutée. Il ne nous fut pas possible de retenir Lazare, car il se *secoua*, et *donnant tous les signes de la méchanceté*, il se détourna immédiatement de nous ; et la terre elle-même, où le corps mort de Lazare était placé, le rejeta plein de vie. » « Certes », ajoute sentencieusement le Prince de l'Enfer, « je reconnais maintenant *qu'il est le Dieu Tout Puissant*, qui est très puissant dans son royaume, et très puissant *dans sa nature humaine*, et qu'il est le Sauveur des hommes. Ne l'amène, donc, pas ici, de peur qu'il ne mette en liberté tous ceux que je retiens en prison pour leur infidélité, et... *qu'il ne les conduise à la vie éternelle* (XV. 20).

Ici termine le témoignage *post mortem* des deux revenants. Charinus (le revenant n° 1) donne ce qu'il a écrit à Annas, Caïphas et Gamaliel, et Lenthius(le revenant n° 2) passe sa prose à Joseph et à Nicodème, après quoi tous les deux se changent « en formes très blanches et disparaissent ».

Et afin de prouver que pendant tout ce temps les « fantômes » avaient été dans ce que les spirites modernes nomment strictement des conditions d'expérience, l'auteur de l'Evangile ajoute : « Mais ce que les deux avaient écrit *concordait parfaitement*, de sorte que ce que l'un avait écrit ne comportait pas une seule lettre de plus que la production de l'autre. »

Cette nouvelle se répandit par toutes les synagogues, continue à dire l'Evangile, et Pilate monta au Temple, ainsi que le lui avait conseillé Nicodème, et là il rassembla tous les Juifs. Au cours de cette réunion historique, on fait dire à Caïphas et à Annas, que les Ecritures témoignent « *qu'Il* (*Jésus*) *est le Fils de Dieu* et le Seigneur et le Roi d'Israël » (!). La confession se termine par ces paroles mémorables :

« Il apparaît, donc, *que Jésus, que nous avons crucifié, est bien Jésus-Christ, le Fils de Dieu, et le véritable Dieu Tout-Puissant. Amen* (!) »

Malgré le poids écrasant d'une pareille confession, et la reconnaissance de Jésus comme le Dieu Tout-Puissant en personne, le « Seigneur Dieu d'Israël », ni le grand-prêtre, ni son beau-père, ni aucun des Anciens, ni Pilate, qui mit ces récits par écrit, ni aucun des notables Juifs de Jérusalem, n'embrassèrent le Christianisme.

Cela se passe de commentaires. Cet *Evangile* finit par ces mots : « Au nom de *la Sainte Trinité* (au sujet de laquelle Nicodème ne pouvait encore rien savoir), *ainsi se terminent les Actes de Notre Sauveur Jésus-Christ, que l'Empereur Theodosius le Grand trouva à Jérusalem, dans la halle de Ponce-Pilate, parmi les archives publiques* » ; cette histoire a, soi-disant, été écrite en langue hébraïque par Nicodème, « *les faits ayant eu lieu dans la dix-neuvième année du règne de Tibère César, empereur des Romains, et dans la dix-septième année du Gouvernement d'Hérode, le Fils d'Hérode, Roi de Galilée, le huitième avant les calendes d'avril* » etc., etc. Tout ceci constitue l'imposture la plus éhontée qui ait jamais été perpétrée depuis l'époque des pieuses fraudes inaugurées sous le premier évêque de Rome, quel qu'ait été celui-ci. Le maladroit falsificateur paraît avoir ignoré ou n'avoir jamais entendu dire que le dogme de la Trinité ne fut promu que 325 ans, après la date supposée de cet ouvrage. Le mot Trinité n'est mentionné ni dans *l'Ancien Testament* ni dans le *Nouveau*, et on n'y trouve rien qui puisse justifier un prétexte pour mettre cette doctrine en avant. (Voyez page 239 du troisième volume de cet ouvrage « Descente du Christ aux Enfers »). Aucun argument ne peut excuser la publication de cet évangile apocryphe comme une révélation divine, car dès son début il passait déjà pour une imposture préméditée. Si l'évangile, lui-même, a été déclaré apocryphe, néanmoins chacun des dogmes qu'il contient a été, et est encore imposé au monde chrétien. Et même le fait qu'il est aujourd'hui répudié n'est nullement à la louange de l'Eglise, *car elle ne l'a fait que parce qu'elle s'y est vue forcée.*

Nous sommes, donc, parfaitement autorisés à répéter le Credo corrigé de Robert Taylor, lequel, en substance, est bien celui des Chrétiens :

Je crois en Zeus, le Père Tout-Puissant.
Et en son Fils. Iasios Christ Notre-Seigneur,
Qui a été conçu du Saint-Esprit,
Né de la Vierge Elektra,
Frappé de la Foudre,
Il est mort et a été enterré,
Il descendit aux Enfers,
Il ressuscita et monta au Ciel,
D'où il reviendra juger les vivants et les morts.
Je crois au Saint Nous,
Au Saint cercle des Grands Dieux,
Dans la communauté des Divinités.
Dans l'expiation des péchés,
Dans l'immortalité de l'Ame,
Et la vie Eternelle.

Il est prouvé que les Israélites ont adoré Baal, le Bacchus syrien, qu'ils ont offert de l'encens au Serpent sabazien ou d'Esculape, et qu'ils ont pris part aux Mystères dionysiens. Comment pouvait-il en être autrement puisque Typhon était appelé Typhon Set (1) et que Seth, le fils d'Adam, est identique à Satan ou Sat-an; et Seth était adoré

1. Seth ou Sutech, *Histoire d'Hérodote* : par Rawlinson, livre II, appendice VIII, 23.

par les Hittites ? Moins de deux siècles avant J.-C. nous voyons les Juifs vénérant, ou simplement adorant « la tête d'or d'un âne » dans leur temple. Si nous en croyons Apion, Antioche Epiphane l'emporta avec lui. Et Zacharie devient muet de surprise en voyant dans le temple la divinité sous la forme d'un âne (1) !

El, le Dieu-Solaire des Syriens, des Egyptiens et des Sémites, au dire de Pleytè, n'est autre que Set ou Seth, et El est le Saturne originel, — Israël (2). Siva est une divinité éthiopienne, le même que le Baal — Bel des Chaldéens ; par conséquent il est aussi Saturne. Saturne, El, Seth, et Kiyun, ou le Chiun biblique d'Amos, sont tous une seule et même divinité, et doivent tous être considérés, sous leur mauvais côté, comme Typhon, le Destructeur. Lorsque le Panthéon religieux prit une expression plus définie, Typhon fut séparé de son androgyne — la divinité *bienfaisante*, et dégénéra en une puissance brutale et *inintellectuelle*.

1. Le fait est garanti par Epiphane. Voyez Hone : *Nouveau Testament Apocryphe ; l'Evangile de la Naissance de Marie.*

Dans son célèbre article « Bacchus, the Prophet of God », le professeur Wilder fait remarquer que « Tacite fut induit en erreur, lorsqu'il dit que les Juifs adoraient un âne, l'emblème de Typhon ou Seth, le Dieu des Hyk-sos. Le nom égyptien pour âne était *eo*, la phonétique de Iao » ; c'est probablement pour cette raison qu'il ajoute, « pour cette raison même, c'est un symbole ». Nous ne sommes pas tout à fait d'accord avec ce savant archéologue, car la notion que pour une raison mystérieuse, les Juifs vénéraient Typhon sous son emblème symbolique, repose sur plus d'une preuve. Nous en avons une dans un passage de *l'Evangile de Marie*, citée d'Epiphane, et qui vient en corroboration de ce fait. « Il se réfère à la mort de Zacharie, le père de Jean-Baptiste, assassiné par Hérode », dit le Protevangelion. Epiphane écrit que la cause de la mort de Zacharie fut, qu'ayant eu une vision dans le Temple, il aurait été, par surprise, amené à la dévoiler, mais que sa bouche fut fermée. Ce qu'il avait vu, au moment où il offrait l'enceus, était un homme DEBOUT SOUS LA FORME D'UN ANE. Lorsqu'il sortit, et voulut parler au peuple en disant *Malheur à vous, quel est celui que vous adorez ?*, celui qui lui était apparu dans le temple, lui enleva l'usage de la parole. Lorsqu'il la recouvra plus tard, et qu'il put parler, il le déclara aux Juifs, et ceux-ci le mirent à mort. « Ils (les Gnostiques) ajoutent, dans ce livre, que c'est pour cette raison que Moïse le législateur, avait ordonné que le Grand Prêtre portât de petites clochettes, afin que lorsqu'il se rendait dans le temple pour le sacrifice, *celui qu'ils adoraient*, en entendant le tintement des clochettes, eût le temps de se cacher, pour qu'on ne le vît pas sous cette forme disgracieuse. » (Epiphane).

2. *Phallism in Ancient Religions*, par Staniland Wake et Westropp, p. 74.

Les réactions de cette nature dans les sentiments religieux d'une nation sont assez fréquentes. Les Juifs adorèrent Baal ou Moloch, le Dieu-Solaire Hercule (1) dans les époques primitives, — si tant est qu'ils eurent une époque antérieure aux Persans ou aux Maccabées — et les laissèrent ensuite dénoncer par leurs prophètes. D'autre part, les caractéristiques du Jehovah mosaïque, se rapprochent plus de Siva que de celles d'un Dieu bienveillant et longanime. De plus, ce n'est pas un piètre compliment que de l'identifier à Siva, car celui-ci est le Dieu de la Sagesse. Wilkinson le décrit comme le plus intellectuel des dieux hindous. Il a *trois yeux*, et comme Jehovah, il est terrible dans sa vengeance et sa colère. Et, bien qu'il soit le Destructeur, « il est, néanmoins, le reconstructeur de toutes choses, dans sa sagesse parfaite (2) ». Il est le type du Dieu de saint Augustin qui « prépare *l'enfer* pour celui qui cherche à pénétrer ses mystères », et qui veut à tout prix éprouver la raison humaine, ainsi que le sens commun, en obligeant l'humanité à vénérer également ses bonnes actions et les mauvaises.

Malgré les preuves réitérées que les Israélites ont adoré une foule de dieux, et qu'ils ont même fait des sacrifices humains, jusqu'à une date beaucoup plus récente que leurs voisins païens, ils ont réussi à jeter de la poudre aux yeux de la postérité au sujet de la réalité. Ils ont sacrifié des vies humaines jusqu'en l'an 169, avant J.-C. (3), et la Bible donne la relation d'une quantité de ces faits. A l'époque où les païens avaient complètement abandonné cette abominable pratique, et remplacé le sacrifice humain par celui des animaux (4), Jephthah est représenté sacrifiant sa fille au « Seigneur » en guise d'holocauste.

Les dénonciations de leurs propres prophètes en sont la meilleure preuve. Leur culte dans les hauts lieux est le même que celui des « idolâtres ». Leurs prophétesses

1. Hercule, de même que Jacob Israël, lutte avec Dieu.

2. *Phallism in Ancient Religions*, p 75.

3. Antioche Epiphane trouve l'an 169 avant J.-C. un homme qu'on gardait dans le Temple des Juifs, pour le sacrifice. Apion, *Joseph contre Apion*, II. 8

4. Le bœuf de Dionysius était sacrifié dans les mystères de Bacchus. Voyez *Anthon*, p. 365.

sont les contreparties des Pythonisses et des Bacchantes. Pausanias parle de collèges de femmes qui présidaient au culte de Bacchus, et des seize matrones d'Elis (1). La *Bible* dit que « Deborah, prophétesse... était juge en Israël (2) » ; elle parle également de Huldah, une autre prophétesse, « qui habitait à Jérusalem, dans l'autre quartier de la ville », *dans le collège* (3) ; et le II° livre de Samuel mentionne à plusieurs reprises des « femmes *habiles* » (4), malgré l'injonction de Moïse de ne faire usage ni de divination, ni d'augures. Quant à l'identification concluante et finale du « Seigneur Dieu » d'Israël avec Moloch, nous en trouvons la preuve fort suspecte, au dernier chapitre du *Lévitique* concernant *les choses sanctifiées qui ne peuvent être rachetées*... Tout ce qu'un homme dévouera par interdit à l'Eternel, dans ce qui lui appartient, *que ce soit une personne* ou un animal... tout ce qui sera dévoué par interdit sera entièrement consacré à l'Eternel. Aucune personne dévouée par interdit ne pourra être rachetée, *elle sera mise à mort... c'est une chose consacrée à l'Eternel* (5).

On a la preuve de la dualité, sinon de la pluralité des dieux d'Israël, dans le fait même de ces amères dénonciations. Leurs prophètes se *sont toujours élevés contre le culte sacrificiel*. Samuel nia que l'Eternel put trouver du plaisir dans les holocaustes et les sacrifices (I Samuel, XV, 22). Jérémie affirme, sans équivoque, que l'Eternel, Yava, Sabaoth Elohe Israël, ne leur avait donné aucun ordre de la sorte, mais bien le contraire (VII, 21-24).

Mais les prophètes qui s'opposèrent aux sacrifices humains étaient, tous, des *nazars*, des *initiés*. Ces prophètes étaient à la tête d'un parti de la nation, antagoniste aux prêtres, de même que plus tard, les Gnostiques firent la guerre aux Pères chrétiens. Par conséquent, lorsque la monarchie fut divisée, on trouve que les prêtres étaient à Jérusalem, et les prophètes dans le pays d'Israël. Même Achab et ses fils, qui introduisirent en Israël le culte syrien de Baal-

1. *Paus*. 5. p. 16.
2. *Juges*. IV 4.
3. II Rois, XXII. 14.
4. XIV. 2 ; XX, 16. 17.
5. XXVII. 28. 29.

Hercule, et la déesse syrienne, furent aidés et encouragés par Elie et Elisée. Peu de prophètes apparurent en Judée jusqu'à l'époque d'Esaïe, après la chute de la monarchie septentrionale. Elisée oignit Jéhu à dessein, pour qu'il renversât les familles royales des deux pays, et que, de cette manière, il réunisse le peuple sous un seul gouvernement civil. Les prophètes ou initiés hébreux se souciaient comme d'un fétu du Temple de Salomon, profané par les prêtres. Elie n'y mit jamais les pieds, ni Elisée, ni Jonas, ni Nahum, ni Amos, ni n'importe quel autre Israélite. Tandis que les initiés s'en tenaient à la « doctrine secrète » de Moïse, le peuple sous la conduite de ses prêtres, était plongé exactement dans la même idolâtrie que les païens. Et ce sont les notions et les interprétations populaires de Jéhovah qu'ont adopté les chrétiens.

Nous ne serions nullement étonnés de voir poser la question suivante : « Après tant de preuves pour démontrer que la Théologie chrétienne n'est qu'un pot-pourri des mythologies païennes, comment a-t-on pu la rattacher à la religion mosaïque ? » Les chrétiens primitifs, saint Paul et ses disciples, les Gnostiques et leurs successeurs, considéraient, en général, le Christianisme et le Judaïsme comme deux religions tout à fait distinctes. A leur point de vue, cette dernière était une doctrine antagoniste, et venant d'une origine inférieure. « Vous avez reçu la loi », dit Stephen, « par le ministère des anges, ou des æons, mais non pas du Très-Haut lui-même. » Les Gnostiques, ainsi que nous l'avons vu, enseignaient que Jéhovah, la Divinité des Juifs, était Ilda-Baoth, le fils de l'ancien *Bohu*, ou le Chaos, l'adversaire de la Sagesse Divine.

La réponse à cette question est aisée. *La loi de Moïse et le soi-disant monothéisme des Juifs, ne sont guère plus vieux de deux cents ans que le Christianisme.* Le Pentateuque, lui-même, nous en avons la preuve, fut écrit et revisée, à une époque ultérieure à la colonisation de la Judée, sous la domination des rois persans. Les Pères chrétiens, dans leur hâte de voir leur doctrine se confondre avec le Judaïsme, et d'éviter ainsi le paganisme, éludèrent inconsciemment Scylla pour se laisser prendre dans le tourbillon de Charybde. Sous le vernis monothéiste des Juifs reparaît la même mythologie familière du paganisme. Mais nous ne devrions pas envisager les Israélites avec moins de faveur, parce qu'ils ont adoré Moloch et qu'ils ont agi comme les peuples indigènes. Nous ne pouvons pas non plus exiger des Juifs qu'ils paient pour les crimes de leurs ancêtres. Ils avaient leurs prophètes et leur loi, et ils en étaient satisfaits. Qu'ils ont noblement défendu la foi de leurs ancêtres et qu'ils s'y sont maintenus, malgré les persécutions les plus cruelles, les restes actuels d'un peuple, naguère glorieux, font foi. Le monde chrétien a été dans un état de convulsion, depuis le premier siècle jusqu'à nos jours ; il s'est divisé en une foule de sectes ; mais les Juifs sont restés solidement unis. Et même leurs divergences d'opinions ne parviennent pas à affaiblir leur unité.

On ne retrouve nulle part dans le monde chrétien l'exemple des vertus chrétiennes prêchées par Jésus dans son sermon sur la montagne. Les ascètes bouddhistes et les fakirs hindous sont peut-être les seuls à les pratiquer. Entre temps, les vices que de vils calomniateurs ont attribué au paganisme florissent ouvertement parmi les Pères Chrétiens et au sein de l'Eglise Chrétienne.

La brèche tant vantée entre le Christianisme et le Judaïsme, sous l'autorité de saint Paul, n'existe que dans l'imagination des dévots. Nous ne sommes rien de plus que les héritiers des Israélites intolérants d'antan; non pas des Hébreux de l'époque d'Hérode et de la domination romaine, qui, malgré toutes leurs fautes avaient strictement gardé l'orthodoxie et le monothéisme, mais de ces Juifs, qui sous le nom de Jéhovahnissi, adorèrent Bacchus-Osiris, Dio-Nysos et le Jupiter de Nyssa aux formes multiples, le Sinaï de Moïse. Les démons cabalistiques — tous des allégories profondément significatives — furent adoptés comme des entités objectives, et une hiérarchie satanique fut soigneusement élaborée par les démonologues orthodoxes.

La devise des Rose Croix, « *Igne natura renovatur integra* » que les alchimistes interprètent par la nature renouvelée par le feu, ou la matière par l'esprit, est aujourd'hui imposée comme *Iesus Nazarenus rex Judorum*. On accepte au pied de la lettre la satire railleuse de Ponce-Pilate, et on fait ainsi reconnaître inconsciemment aux Juifs la

Royauté du Christ ; tandis que si l'inscription n'est pas un faux de l'époque de Constantin, elle est néanmoins l'acte de Pilate, contre lequel les Juifs furent les premiers à protester avec violence. I. H. S. est interprété par *Jesus Hominum Salvator*, et par *In hoc signo* tandis que IHΣ est un des plus anciens noms de Bacchus. Et nous constatons de plus en plus, à la lumière de la théologie comparée, que le grand but de Jésus, l'initié du sanctuaire intérieur, était d'ouvrir les yeux de la multitude fanatique, à la différence entre la Divinité la plus élevée, le mystérieux IAO, des anciens initiés chaldéens et des Néo Platoniciens subséquents, dont le nom n'était jamais mentionné, — et le Yahuh des hébreux, ou le Yaho (Jéhovah). Les Rose Croix modernes, si violemment pris à partie par les catholiques, sont aujourd'hui accusés, comme de leur crime le plus abominable, d'avoir prétendu que le Christ avait détruit le culte de Jéhovah. Plût à Dieu qu'il eût eu le temps de le faire, car de cette manière le monde ne se serait pas vu, après dix-neuf siècles de massacres mutuels, divisé en 300 sectes se querellant les unes avec les autres, avec un Diable personnel, qui règne sur le Christianisme terrorisé !

Selon l'exclamation de David, paraphrasée dans la version de la Bible (version anglaise) en « tous les dieux des nations sont des idoles », en d'autres termes, des diables, Bacchus, le « premier-né », ou la théogonie orphique, le Monogenes, ou le « fils unique » du Père Zeus et de Koré, se vit transformé de même que tous les anciens mythes, en diable. A la suite de cette dégradation, les Pères, dont le zèle pieux ne fut surpassé que par leur ignorance, ont fourni inconsciemment des armes contre eux-mêmes. Ils ont, de leurs propres mains, aplani le terrain pour plus d'une solution moderne, en aidant les étudiants modernes de la science des religions.

C'est dans le mythe de Bacchus que, pendant de longs et monotones siècles, demeura cachée la justification des « dieux des nations » si souvent maltraités, et le dernier fil conducteur pour déchiffrer l'énigme de Jéhovah. L'étrange dualité des caractéristiques divines et mortelles, si apparentes dans la Divinité sinaïtique, commence à laisser pénétrer son mystère à la suite des infatigables recherches de l'époque actuelle. Nous en voyons une des dernières contributions dans un article fort court, mais très intéressant paru dans l'*Evolution*, un journal de New-York, dont le paragraphe final jette un flot de lumière sur Bacchus, le Jupiter de Nysa, que les Israélites adoraient sous la forme du Jéhovah du Sinaï.

« Tel était, pour ses adorateurs, le Jupiter de Nysa », dit l'auteur en terminant. « Il personnifiait pour eux aussi bien le monde de la nature, que le monde de la pensée. Il était le « Soleil de la Justice qui porte la guérison sur ses ailes », et non seulement il apportait aux mortels la joie, mais il ouvrait devant eux l'espoir de la vie immortelle au delà de la mort. Né d'une mère humaine, il la transporta du monde de la mort dans les régions célestes, pour y être vénérée et adorée. Maître de tous les mondes, il y figurait aussi dans chacun d'eux comme le Sauveur.

« Tel était Bacchus, le dieu-prophète. Une transformation du culte, décrétée par l'Assassin impérial, l'Empereur Théodose, à la requête du Saint Père Ambroise de Milan, vint changer son nom en Père du Mensonge. Son culte, naguère universel, fut condamné comme païen ou *local*, et ses rites abolis comme sorcellerie. Ses orgies prirent le nom de *Sabbat des Sorcières*, et sa forme symbolique favorite, avec le pied de bœuf, devint la représentation moderne du Diable au pied fourchu. Le maître de la maison ayant reçu l'appellation de Béelzebub, ceux de sa maison furent également dénoncés comme ayant un commerce avec les puissances des ténèbres. On entreprit des croisades ; des peuplades entières furent massacrées. La connaissance et les hautes études furent également dénoncées comme de la magie et de la sorcellerie. L'ignorance devint la mère de la dévotion — telle qu'on l'estimait alors. Galilée languit pendant de longues années en prison pour avoir enseigné que le soleil était le centre de l'univers solaire. Brunot périt sur le bûcher à Rome en l'an 1600 pour avoir rétabli la philosophie antique ; et cependant, chose curieuse, les Liberalia sont devenues une des fêtes de l'Eglise (1), Bacchus est

1. La fête dénommée Liberalia tombait le 17 mars, aujourd'hui la fête de saint Patrice. De cette façon Bacchus est aussi le saint patron des Irlandais.

un saint qui occupe, à quatre reprises différentes, une place dans le calendrier, et sur maint autel on peut le voir reposant dans les bras de sa mère divinisée. Les noms ont été changés ; les idées sont restées les mêmes qu'auparavant (1).

Et maintenant que nous avons fait voir qu'il faut « dire un adieu éternel à tous les anges rebelles », nous allons passer à l'examen du Dieu Jésus, qui a été fabriqué de l'homme Jésus, afin de nous sauver de ces mêmes diables mythiques, comme nous le dit le Père Ventura. Ce travail nous amènera tout naturellement à faire une étude comparée de l'histoire du Bouddha-Gautama, de ses doctrines et de ses « miracles », en les mettant en regard de ceux de Jésus et du prédécesseur de tous les deux — Christna.

1. Prof. A. Wilder : « Bacchus, le Dieu Prophète », dans le numéro de juin (1877) de l'*Evolution, à Review of Politics. Religion, Science, Literature and Art.*

CHAPITRE XI

« Ne commettre aucun péché, faire le bien, purifier son esprit, voilà l'enseignement des Illuminés...

« Plus précieuse que la Souveraineté de la terre, plus désirable que de monter au ciel, plus enviable que le pouvoir sur tous les mondes, est la récompense du premier pas dans la sainteté.

Dhammapada, Verièts 178-183.

Où sont ces tribunaux, ô Créateur, d'où procèdent ces cours de justice, où se rassemblent ces juges, où les tribunaux siègent-ils, dans lesquels l'homme des mondes corporels rend compte des actions de son âme ?

Vendidad persane, XIX, 89.

Salut à toi, ô homme, qui viens du monde transitoire au monde impérissable !

Vendidad, farg. VII, 136.

Pour le véritable croyant, la vérité partout où elle apparait, est la bienvenue, et aucune doctrine ne paraîtra moins vraie et moins précieuse parce qu'elle est apparue non seulement à Moïse ou au Christ, mais aussi au Bouddha ou à Lao-Tsé.

Max Muller.

Sommaire

La Théologie comparée est une arme à deux tranchants. — Le Christianisme des classes élevées et celui des classes inférieures. — L'importante découverte du Prof. W. D. Whitney. — Les légendes des trois Sauveurs. — Force numérique de trois religions. — La roue de la Loi. — Analyse du dogme de l'expiation. — Impossibilité du pouvoir de délier et de lier les âmes. — Cruelles doctrines de Calvin. — Le Christianisme pratique de Peter Cooper. — Le récit de la femme samaritaine est bouddhiste. — L'antagoniste du missionnaire Judson. — Autres plagiats chrétiens pris dans le bouddhisme. — La crucifixion de Wittoba. — Le lama de Jéhovah ? — Le pain et le vin dans les mystères. — Recommandations de Christna à Arjouna. — Interprétation de l'expression « Né de nouveau ». — Propriétés magiques du sang. — Evocations du sang dans la Bulgarie et la Moldavie. — Une tribu de véritables sorciers. — Incantations de voodoo. — Mahomet n'a jamais été un dieu pour les Musulmans. — Aucun livre n'est moins anthentique que la Bible. — Le Bouddha transformé en saint catholique. — Récit frauduleux de saint Josaphat. — Les adeptes de Kublai-Khan. — Les vrais mendiants et les pauvres anthentiques.

Malheureusement pour ceux qui ne demandent pas mieux que de rendre justice aux philosophies religieuses de l'Orient anciennes et modernes, aucune occasion propice de le faire ne leur a été fournie. Dernièrement un accord touchant a été conclu entre les philologues qui occupent une haute position officielle et les missionnaires venus de pays païens. Il faut agir avec prudence avant de sacrifier à la vertu, dès le moment que celle-ci met en danger nos sinécures ! De plus, rien n'est plus aisé que de faire un compromis avec la conscience. Une religion d'Etat est un soutien du gouvernement ; toutes les religions d'Etat sont des « balivernes méprisables » ; par conséquent, du moment qu'une est aussi bonne, ou plutôt aussi mauvaise qu'une autre, autant donner son appui à LA religion d'Etat. Telle est la diplomatie de la science officielle.

Grote, dans son *Histoire de Grèce*, assimile les Pythagoriciens aux Jésuites, et ne voit dans leur confrérie qu'un but habilement déguisé pour se créer un ascendant politique. Sur la faible autorité d'Héraclite et d'autres auteurs, qui accusaient Pythagore de fourberie et le présentaient comme un homme « d'une haute érudition... mais habile pour faire du tort et dénué de tout jugement judicieux », quelques biographes historiques se sont empressés de le présenter à la postérité sous ce jour.

S'il faut accepter le Pythagore dépeint par le satirique Timon, comme « un charlatan à la parole solennelle s'occupant de pêcher des hommes », comment ne jugerait-on Jésus d'après le portrait que Celse en a fait dans sa satire ? L'impartialité historique n'a rien à faire avec les croyances personnelles, et elle est aussi exigeante pour la postérité de l'un que pour celle de l'autre. La vie et les actes de Jésus sont bien moins connus que ceux de Pythagore, si toutefois on peut dire qu'ils aient été attestés par des preuves *historiques* quelconques. Car certes, nul ne contestera qu'en tant que personnage véritable, Celse a l'avantage quant à la véracité de son témoignage, sur Matthieu, Marc, Luc ou Jean, qui n'ont jamais écrit un seul mot des Evangiles qu'on leur attribue. D'autre part le témoinage de Celse est aussi bon que celui d'Héraclite. Quelques-uns des Pères le connurent pour un lettré et un Néo-Platonicien : tandis qu'il faut accepter comme un article de foi aveugle l'existence des quatre Evangélistes. Si Timon considérait le sublime philosophe de Samos comme un « charlatan », Celse, de son côté fait de même pour Jésus, ou plutôt pour ceux qui le représentaient. En s'adressant au Nazaréen, il dit dans son célèbre ouvrage : « Admettons que vous ayiez opéré tous ces miracles... mais ne sont-ils pas communs chez tous ceux que les Egyptiens ont enseigné et qui se pratiquaient en plein forum pour quelques oboles. « Or nous savons, sur l'autorité de l'Evangile selon saint Matthieu, que le prophète galiléen était aussi un homme à la parole solennelle et qu'il se disait et prétendait faire de ses disciples des « pêcheurs d'hommes ».

Qu'on ne s'imagine nullement que nous faisons ce reproche à ceux qui vénèrent Jésus comme un Dieu. Quelle que soit la croyance, si ceux qui y croient sont sincères, nous devons la respecter en leur présence. Si nous n'acceptons pas Jésus comme un Dieu, nous le vénérons *en tant qu'homme.* Ce sentiment l'honore plus que si nous lui reconnaissions le pouvoir et la personnalité de l'Etre Suprême, en lui attribuant en même temps, d'avoir joué une comédie inutile avec l'humanité, puisqu'après tout, sa mission n'a été guère mieux qu'un fiasco complet ; 2.000 ans se sont écoulés, et les Chrétiens ne représentent pas même un cinquième de la population du globe, et il est peu probable que le Christianisme fasse encore de grands progrès à l'avenir. Notre question se pose à ceux qui n'adorent ni Jésus, ni Pythagore, ni Apollonius, et qui néanmoins répètent les vains commérages de leurs concitoyens ; ceux qui dans leurs livres maintiennent, soit un silence prudent, ou parlent de « Notre Sauveur » et de Notre Seigneur » comme s'ils ne croyaient pas plus au Christ théologique, fabriqué de toutes pièces, qu'au fabuleux Fo des Chinois.

Il n'y avait pas d'athées dans l'antiquité ; il n'y avait pas d'incrédules ni de matérialistes, dans le sens moderne du mot, de même qu'il n'y avait pas de détracteurs effrénés. Celui qui juge les anciennes philosophies d'après leur phraséologie extérieure, ou qui cite des phrases qui *sembleraient* entachées d'athéisme dans les anciens textes, risque fort de ne pas passer pour un critique, car il prouve qu'il est incapable de pénétrer le sens intime de leur métaphysique. Les doctrines de Pyrrhon, dont le rationalisme est proverbial, ne s'interprètent qu'à la lumière de la plus ancienne philosophie hindoue. Depuis le Manou jusqu'au dernier Swâbhâvika, sa principale doctrine métaphysique a toujours été de proclamer la réalité et la suprématie de l'esprit, avec une chaleur proportionnée à la négation de l'existence objective de notre monde matériel — fantôme passager des formes et des êtres transitoires. Les nombreuses écoles promues par Kapila, ne reflètent pas plus clairement sa philosophie que les doctrines léguées aux penseurs par Timon, le « Prophète » de Pyrrhon, ainsi que Sextus Empiricus le dénomme. Ses notions sur le repos de l'âme, son orgueilleuse indifférence pour l'opinion de ses semblables, son mépris du sophisme, reflètent au même degré, les rayons épars de la soi-contemplation des Gymnosophes et du Vaibhâshika Bouddhiste. Bien que lui et ses partisans aient été nommés, à cause de leur attente constante, des « sceptiques », des « scrupuleux », des questionneurs et des éphectiques, pour la seule raison qu'ils réservaient leur jugement final au sujet des dilemmes, que nos philosophes modernes préfèrent discuter, en tranchant le nœud gordien, comme le fit Alexandre, et en déclarant que le dilemme n'est qu'une superstition, des hommes comme Pyrrhon ne peuvent pas être accusés d'athéisme. Pas plus que Kapila, Giordano Bruno, ou encore Spinoza, qui eux aussi ont passé pour des athées ; encore moins le grand poète, philosophe et dialecticien hindou, Veda-Vyasa, qui professe que tout est illusion, — sauf le Grand Inconnu et Son essence directe — idées que Pyrrhon a adoptées mot à mot.

Toutefois ces nations philosophiques se sont répandues comme un filet au-dessus de tout le monde pré-chrétien ; et bravant la persécution et les fausses interprétations elles constituent la pierre d'angle de toutes les religions d'aujourd'hui, exception faite du christianisme.

La Théologie comparée est une arme à double tranchant et de cela elle a fait ses preuves. Mais ses défenseurs chrétiens, malgré les preuves du contraire, s'efforcent en toute sérénité de maintenir la comparaison. Les légendes chrétiennes et les dogmes, disent-ils, ont, sans contredit, une certaine ressemblance avec ceux des païens ; mais tandis que ceux-là nous enseignent l'existence, les pouvoirs et les attributs d'un Dieu paternel omniscient et suprêmement bon, le Brahmanisme nous présente une infinité de divinités inférieures. et le Bouddhisme n'en mentionne pas une seule; chez l'un c'est du fétichisme et du polythéisme et, chez l'autre de l'athéisme pur et simple. Jéhovah est le seul vrai Dieu et le Pape et Martin Luther sont Ses prophètes ! Voilà un des tranchants de l'épée, et voici l'autre : Malgré les missions, malgré les armées, malgré les rapports commerciaux de plus en plus étendus, les « païens » ne trouvent rien dans les enseignements de Jésus — tout sublimes qu'ils soient — que Christna et Gautama n'aient pas enseigné avant lui. Aussi pour gagner de nouveaux converts à leur cause, et pour conserver ceux qu'ils ont conquis au prix de plusieurs siècles de ruses, les chrétiens présentent aux « païens » des dogmes encore plus absurdes que les leurs, et les trompent en adoptant l'accoutrement de leurs prêtres et en pratiquant la même « idolâtrie et le même fétichisme » qu'ils condamnent chez les « païens ». La théologie comparée sert à deux fins.

Au Siam et au Burmah, les missionnaires catholiques sont devenus, selon toute apparence extérieure, moins les vertus toutefois, de parfaits Talapoins ; et dans l'Inde entière, et surtout dans le sud, ils ont été dénoncés par leur confrère l'abbé Dubois (1). Par la suite ceci fut formellement nié, mais les preuves de la véracité de l'accusation sont là, pour faire foi. Entre autres, le capitaine O'Grady, déjà nommé, citoyen de Madras, écrit ce qui suit au sujet de cette méthode systématique de déception (2). Ces misérables hypocrites professent une abstinence totale et l'horreur de la viande afin de se concilier les converts de l'hindouïsme... J'enivrai un de ces bons pères, ou plutôt il s'enivra royalement dans ma maison, maintes et maintes fois, et la façon dont il tombait sur le roast-beef était édifiante. « L'auteur a, en outre, de jolies histoires à raconter au sujet des « Christs noirs », des « Vierges sur chariots » et des processions catholiques en général. Nous avons vu quelques-unes de ces solennelles cérémonies accompagnées d'une cacophonie infernale d'orchestres cingalais, y compris

1. *Edinburgh Review*, avril 1851, p. 411.

2. *Indian Sketches ; or Life in the East* écrit pour le *Commercial Bulletin* de Boston.

les gongs et les tam-tams, suivies d'une procession brahmanique semblable, qui était bien plus pittoresque de par sa mise en scène, et bien plus imposante que les saturnales chrétiennes. En parlant d'une de celles-ci, le même auteur remarque : « Elle était plus diabolique que religieuse... Les évêques s'en retournèrent à Rome, avec une puissante pile de deniers de saint Pierre, récoltés en sommes infimes, des ornements d'or, des anneaux de nez et de chevilles, des bracelets etc., etc., qui avaient été jetés pêle-mêle aux pieds de la grotesque image cuivrée du sauveur avec son auréole de clinquant, son linge de corps bariolé aux couleurs éclatantes et, — ombre de Raphaël ! — un turban bleu (1) ! »

Tout le monde peut se convaincre que de telles contributions volontaires rendent singulièrement profitable la copie des Brahmanes indigènes et des bonzes. La différence est bien moins grande entre les adorateurs de Christna et du Christ, ou d'Avany et de la Vierge Marie, qu'entre ceux des deux sectes indigènes les Vishnavites et les Sivites. Pour les hindous *convertis*, le Christ n'est qu'une modification fort mitigée de Christna, et c'est tout. Les missionnaires s'en vont chargés de riches donations et c'est tout ce que Rome demande. Puis survient une année de famine ; on s'aperçoit alors que les riches bracelets d'or et les anneaux de nez se sont envolés et le peuple meurt par milliers de la faim. Qu'importe ? Ils meurent en Christ, et Rome répand ses bénédictions sur leurs cadavres émaciés, dont des milliers sont emportés par les fleuves sacrés vers l'Océan (2). On se rend si bien compte de la servilité des catholiques dans leurs imitations et ils cherchent si bien à ne pas offenser

1. Il vaudrait la peine pour un artiste, faisant le tour du monde, de collectionner l'innombrable quantité de Madones, de Christs, de saints et de martyrs, dans les costumes dont on les affuble dans différents pays. Ils fourniraient certainement de bons modèles pour les bals costumés et pourraient venir en aide aux ventes de charité de l'Eglise.

2. Pendant que j'écris ces lignes, on reçoit un rapport écrit par Lord Salisbury, secrétaire d'État pour les Indes, disant que la famine de Madras sera probablement suivie d'une autre plus terrible encore dans le Sud de l'Inde le district même où le tribut le plus lourd a été prélevé par les missionnaires catholiques pour les frais de l'Église de Rome. Celle-ci ne pouvant se venger autrement, dépouille les sujets anglais, et lorsque la famine, survient en conséquence elle fait payer les pots cassés à l'hérétique Gouvernement Britannique.

leurs paroissiens que si, par hasard, parmi ceux-ci se trouvent quelques convertis d'une caste élevée, aucun paria ou homme d'une caste inférieure n'est admis avec eux dans le sein de cette église, quelle que soit leur valeur ou leur sainteté. Et néanmoins ils se targuent d'être les serviteurs de Celui qui recherchait, de préférence, la société des publicains et des pécheurs ; de Celui dont la parole — « Venez à moi vous tous qui êtes chargés et je vous soulagerai », lui a ouvert les cœurs de millions de ceux qui souffrent et qui sont opprimés !

Peu d'auteurs sont aussi vaillants et aussi explicites, que feu le Dr Thomas Inman de Liverpool, (Angleterre). Mais si restreint que soit leur nombre, tous ces auteurs reconnaissent, à l'unanimité, que la philosophie aussi bien du Bouddhisme que du Brahmanisme doit occuper un rang plus élevé que la théologie chrétienne, et qu'elle n'enseigne ni l'athéisme ni le fétichisme. « A mon avis », dit le Dr Inman, « l'assertion que Sakya ne croyait pas en Dieu ne repose sur aucune fondation. Bien plus, sa doctrine est basée sur la croyance qu'il existe des pouvoirs supérieurs, capables de punir les hommes pour leurs péchés. Il est vrai que ces dieux n'ont pas nom Elohim, ni Jah, ni Jéhovah, ni Jahveh, ni Adonoï, ni Ehieh, ni Baalim, ni Astoreth, — mais néanmoins, pour le fils de Suddhadana, il existait un Être suprême (1). »

Il existe quatre collèges de théologie bouddhiste, à Ceylan, au Thibet et dans l'Inde. Un de ceux-ci est plutôt panthéiste qu'athée, mais les trois autres sont purement *théistes*.

C'est sur le premier que se fondent les spéculations de nos philologues. Quant aux second, troisième et quatrième, leurs enseignements ne varient que dans le mode extérieur de s'exprimer. Nous en avons donné autre part une explication détaillée.

En ce qui concerne le point de vue pratique, nous ne disons pas théorique, au sujet du Nirvana, voici ce qu'en dit un rationaliste et un sceptique : « J'ai questionné des centaines de Bouddhistes à la porte de leurs temples, et je n'en ai pas rencontré un seul qui ne cherchât par tous les

1. *Ancient Faiths and modern*, p. 24.

moyens, en jeûnant et en pratiquant toutes sortes d'austérités, à se perfectionner et à acquérir l'immortalité ; ce n'est donc pas pour atteindre l'annihilation finale.

« Il y a plus de 300.000.000 de Bouddhistes qui jeûnent, prient et travaillent.

« Pourquoi vouloir faire de ces 300.000.000 d'hommes des idiots et des imbéciles, qui mortifient leurs corps en s'imposant souvent les privations les plus effroyables de toutes sortes, simplement pour atteindre une annihilation fatale, à laquelle ils sont voués d'une manière ou d'une autre (1). »

De même que cet auteur, nous avons questionné des Bouddhistes et des Brahmanes, et nous avons étudié leur philosophie. *Apavarga* a une signification tout à fait différente d annihilation. C'est de ressembler de plus en plus à Celui dont on est une des étincelles lumineuses, telle est l'aspiration de chaque philosophe hindou, et l'espoir même du plus ignorant *est de ne jamais abandonner son individualité distincte*. « Autrement », comme le faisait observer un digne correspondant de l'auteur, « l'existence mondaine serait pour Dieu une comédie, et pour nous une tragédie ; un sport pour Lui de nous voir peiner et souffrir, et la mort pour nous qui y sommes condamnés. »

Il en est de même de la doctrine de la métempsychose, si mal interprétée par les savants européens. Mais l'œuvre de la traduction et de l'analyse marche à grands pas, et l'on découvrira de nouvelles merveilles dans l'étude des anciennes religions.

Le professeur Whitney a trouvé, dit-il, dans sa traduction des Védas, certains passages où l'importance acquise par le corps sur son ancien locataire est mise au plus haut point en lumière Ce sont des passages d'hymnes lus pendant les cérémonies funèbres, sur le corps du défunt. Nous reproduisons les suivants d'après l'ouvrage de M. Whitney :

« Pars, rassemble tous tes membres ; n'en laisse aucun, sans oublier ton corps; Ton esprit est parti en avant, et c'est à toi de le suivre ; partout où il te plaira, là tu peux aller... »

« Rassemble ton corps, ainsi que tous ses membres ; avec l'aide des rites, je te referai des membres...

1. *Fétichisme, Polythéisme, Monothéisme.*

« Si un de tes membres a été oublié par Agni, lorsqu'il t'emmena vers tes aïeux, ces mêmes membres je te les construirai sur le champ ; réjouissez-vous dans le ciel, ô pères, avec tous vos membres (1) !

Le corps auquel on fait ici allusion n'est pas le corps physique, mais le *corps astral* ; cette distinction est importante, ainsi qu'on s'en aperçoit.

La croyance à l'existence individuelle de l'esprit immortel de l'homme, est encore indiquée dans les versets suivants du cérémonial hindou de la crémation et de l'enterrement :

« Ceux qui résident dans la sphère terrestre, ou qui sont fixés maintenant dans le royaume de la félicité, les Pères qui ont la terre — l'atmosphère — le ciel pour siège. Le « Ciel-antérieur », ainsi qu'on nomme le troisième ciel, où les Pères ont leur demeure » — (Rig-Véda, X).

Il n'est pas surprenant, avec de pareilles notions au sujet de Dieu et de l'immortalité de l'âme, que pour tout savant impartial la comparaison entre les hymnes védiques et les livres mosaïques, mesquins et dénués de spiritualité, ne soit tout en faveur de ceux-là. Il n'est pas jusqu'au code éthique du *Manou* qui ne soit incomparablement plus élevé que le *Pentateuque* de Moïse, dans la signification littérale duquel tous les étudiants non initiés sont incapables de trouver une preuve quelconque, que les anciens juifs aient cru à une vie future, ou à un esprit immortel chez l homme, ou que même Moïse l'ait enseigné. Et cependant, il y a des Orientalistes qui commencent à soupçonner que la « lettre morte » cache quelque chose qui n'apparaît pas à première vue. C'est ainsi que le professeur Whitney nous informe que « si nous approfondissons les formes du cérémonial hindou, nous n'y découvrons pas mal de ce même désaccord entre la croyance et l'observance ; l'une n'explique pas l'autre », dit ce célèbre savant américain. Et il ajoute : « Nous sommes obligés de conclure, soit que l'Inde ait pris sa doctrine dans des rites de provenance étrangère, et les ait pratiqués à l'aveuglette, sans s'inquié-

1. *Oriental and Linguistic Studies, Vedic Doctrine of a Future Life*, par W. Dwyght Whitney, professeur. de sanscrit et de philologie comparée au collège de Yale.

ter de leur véritable portée, *ou alors que ces rites sont le produit d'une autre doctrine plus ancienne*, et que l'usage populaire les a maintenus après la chute de l'ancienne croyance dont ils étaient l'expression originelle » (1).

Cette croyance ne s'est pas évanouie, et sa philosophie cachée, telle qu'elle est comprise par les hindous initiés, est la même qu'elle était il y a 10.000 ans. Nos savants s'attendraient-ils à ce qu'elle leur fût révélée dès leur première demande ? Ou prétendraient-ils sonder les mystères de la Religion Mondiale au moyen de ses rites populaires exotériques ?

Aucun Brahmane ou Bouddhiste orthodoxe ne nierait l'incarnation chrétienne ; toutefois ils l'interprètent dans leur sens philosophique, et comment la nieraient-ils ? La pierre d'angle elle-même de leur doctrine religieuse repose sur les incarnations périodiques de la Divinité. Lorsque l'humanité menace de s'effondrer dans le matérialisme et la dégradation morale, un Esprit suprême s'incarne dans la créature choisie dans ce but. Le « Messager du Très-Haut » s'unit à la dualité de la matière et de l'esprit et la triade ainsi complétée par l'union de sa Couronne, un sauveur naît qui doit aider à replacer l'humanité sur la voie de la vérité et de la vertu. L'Eglise chrétienne primitive, tout imbue de philosophie asiatique, partageait sans contredit les mêmes idées, autrement *elle n'aurait jamais érigé en article de foi la seconde venue, ni inventé la fable de l'Antéchrist comme une précaution contre la possibilité de futures incarnations.* Elle n'aurait pas non plus imaginé que Melchisédec était un avatar du Christ. Ils n'auraient eu qu'à consulter la Bhagavad Gita pour voir que Christna ou Bhagavad dit à Arjouna : « Quand la justice languit, Bharata, quand l'injustice se relève, alors je me fais moi-même créature et je nais d'âge en âge. Pour la défense des bons, pour la ruine des méchants, pour le rétablissement de la justice. »

En effet, il est plus que difficile d'éviter de partager cette doctrine des incarnations périodiques. Le monde n'a-t-il pas assisté, à de rares intervalles, à la venue de grands

1. *Oriental and Linguistic Studies*. p. 48.

Etres tels que Christna, Sakya-muni et Jésus ? Comme ces deux derniers personnages, Christna paraît avoir été un être véritable, déifié par son école à une époque lointaine de l'histoire, et qu'on a fait cadrer dans le programme religieux consacré par le temps. Comparez les deux Rédempteurs, l'hindou et le chrétien, celui-là précédant celui-ci de quelques milliers d'années ; placez entre les deux le Siddartha-Bouddha, reflétant Christna et projetant dans la nuit de l'avenir sa propre ombre lumineuse, des rayons de laquelle a été édifiée l'esquisse du Jésus mythique, et des enseignements duquel ont été tirés ceux du Christos historique. Nous constatons que sous le même vêtement de la légende poétique sont nées et ont vécu trois figures humaines authentiques. Le mérite individuel de chacun d'eux est, de cette manière, mieux mis en relief par cette même coloration mythique ; car l'instinct populaire, si juste lorsqu'il est laissé libre, eût été incapable de fixer son choix snr un personnage indigne, pour en faire son Dieu. Le dicton *Vox populi, vox Dei*, était autrefois exact, tout erroné qu'il soit aujourd'hui en parlant de la masse du peuple sous le joug clérical.

Kapila, Orphée, Pythagore, Platon, Basilide, Marcion, Ammonius et Plotin fondèrent des écoles et semèrent les germes de nobles pensées, et en disparaissant laissèrent après eux l'éclat de demi-dieux. Mais les trois personnalités de Christna, de Gautama, et de Jésus apparaissent comme de véritables dieux, chacun dans son époque, et ils léguèrent à l'humanité trois religions édifiées sur le roc impérissable des âges. Que toutes les trois, et surtout le Christianisme, aient été adultérées par le temps, au point que ce dernier est presque méconnaissable, ce n'est nullement la faute de ces nobles Réformateurs. Ce sont les prêtres qui s'intitulent les ouvriers de la vigne du Seigneur, qui sont responsables de ces méfaits envers les générations futures. Purifiez les trois systèmes du rebut des dogmes humains, et leur pure essence apparaîtra identique. Il n'est pas jusqu'à saint Paul, le grand et honnête apôtre, qui n'ait dans l'ardeur de son enthousiasme, inconsciemment perverti les doctrines de Jésus, ou alors, ce qu'il a écrit a été défiguré au point de ne plus être reconnaissable. Le *Talmud* le record d'un peuple qui, malgré son apostasie du Judaïsme, se voit obligé de reconnaître la grandeur de saint Paul, en tant que philosophe et instructeur religieux, dit d'Aher (St-Paul) (1) dans le *Yerushalmi*, « qu'il avait corrompu l'œuvre de cet homme », voulant par cela dire Jésus (2).

En attendant que cette fusion soit complétée par la science et les générations futures, jetons un coup d'œil sur le présent aspect des trois religions légendaires.

LÉGENDES DES TROIS SAUVEURS

CHRISTNA	GAUTAMA-BOUDDHA	JÉSUS DE NAZARETH
Epoque : Incertaine. La science européenne craint de se commettre. Mais les calculs brahmaniques la placent à il y a environ 6.877 ans.	*Epoque* : D'après la science européenne et les calculs cingalais, elle se reporte à 2.540 ans.	*Epoque* : On suppose qu'elle eut lieu il y a 1877 ans. Sa naissance et sa descente royale sont cachées à Hérode, le tyran.
Christna descend d'une famille royale, mais il est élevé par des bergers : on l'appelle le *Dieu Berger*. Sa naissance et sa descente divines sont tenues cachées à Kansa.	Gautama est le fils d'un roi. Ses premiers disciples furent des bergers et des mendiants.	Descend de la lignée royale de David. Est adoré par des bergers à sa naissance et on l'appelle le « Bon Berger ». (*Voyez l'Evangile selon saint Jean*).
Incarnation de Vichnou, la seconde personne de la Trinourti (Trinité). On adore Christna à Mathura sur la rivière Jumna. (Voyez STRABON, ARRIEN, et *Bampton Lectures*, p. 98-100).	Suivant quelques-uns il fut une incarnation de Vichnou ; suivant d'autres celle d'un autre Bouddha et même de Ad'Bouddha, la Science Suprême.	Incarnation du Saint-Esprit, à cette époque la seconde personne de la Trinité, aujourd'hui la troisième. Mais la Trinité ne fut inventée que 325 ans après sa naissance. Il alla à Mathura ou Matorea, en Egypte, où il produit ses premiers miracles. (Voyez *l'Evangile de l'Enfance*).

1. Dans son article sur « Paul the Founder of Christianity » le professeur A. Wilder, dont le sens intuitif de la vérité a toujours été très clair dit : « Nous reconnaissons dans le personnage de *Aher*, l'apôtre saint Paul. Il parait avoir été connu sous une variété de noms. Il s'appelait *Saul*, évidemment à cause de sa vision du paradis — Saul ou *Sheol* étant le nom hébreu pour l'autre monde. *Paul*, qui ne signifie que « le petit homme » était une sorte de sobriquet. *Aher* ou *Other*, était une épithète biblique pour les personnes en dehors de la politique juive, et on la lui appliqua pour avoir étendu son ministère aux Gentils. Son véritable nom était Elisha Ben Abuiah.

2. « Dans le *Talmud* Jésus est appelé AUTU-H-AIS, אותו־האיש, *cet homme*. » A, Wilder.

Christna est persécuté par Kansa, le tyran de Madura, mais échappe par miracle. Voulant détruire l'enfant, le roi fait mettre à mort des milliers d'enfants innocents.	Les légendes bouddhistes ne reproduisent pas ce plagiat, mais la légende catholique en fait saint Josaphat ; et dit que son père, le roi de Kapilavastu, fit massacrer les jeunes *chrétiens !!* (Voyez *La Légende Dorée*).	Jésus est persécuté par Hérode, roi de Judée, mais s'échappe en Egypte sous la conduite d'un ange. Pour s'assurer de sa vengeance, Hérode ordonne le massacre des innocents, où 40.000 nouveau-nés furent tués.
La mère de Christna s'appelait Devaki ou Devanagui, une vierge immaculée (mais elle avait déjà donné naissance à huit autres fils avant Christna).	La mère du Bouddha était Maya ou Mayadeva, mariée à son époux (mais néanmoins, vierge immaculée).	La mère de Jésus se nommait Mariam ou Miriam ; mariée à son époux, tout en demeurant une vierge immaculée, elle eut plusieurs autres enfants. (Voyez *Saint Mathieu*, XIII, 55.56.)
Christna est doué dès sa naissance, de beauté, d'omniscience et d'omnipotence Il produit des miracles, guérit les impotents et les aveugles, et chasse les démons. Il lave les pieds des Brahmanes et descend aux régions inférieures (l'enfer) où il délivre les morts et de là il revient à *Vaicontha*, le paradis de Vichnou. Christna était le même Dieu Vichnou sous forme humaine.	Le Bouddha est doué des mêmes pouvoirs et des mêmes qualités ; il exécute aussi les mêmes miracles. Il passe sa vie parmi les mendiants. On prétend que Gautama était différent de tous les autres Avatars, ayant en lui l'esprit tout entier du Bouddha, tandis que les autres n'eurent qu'une partie (ansa) de la divinité en eux.	Jésus est doué des mêmes qualités. (Voyez les *Evangiles et le Testament Apocryphe*). Il vit parmi les publicains et les pêcheurs. Il chasse également les démons. La seule différence notable entre les trois, est que Jésus est accusé de chasser les démons par le pouvoir de Beelzébuth, ce qu'on ne reproche pas aux autres. Jésus lave les pieds de ses disciples, il meurt, descend aux enfers, et monte au ciel, après avoir délivré les morts.
Christna crée des enfants avec des veaux et vice-versa. (*Indian Antiquities*, par Maurice, vol. II, p. 332). Il écrase la tête du serpent. (*Ibidem*).	Gautama écrase la tête du Serpent, c'est-à-dire qu'il abolit le culte de Naga, qu'il traite de fétichisme ; mais de même que Jésus, il fait du serpent l'emblème de la sagesse divine.	Jésus, soi-disant, écrase la tête du serpent, conformément à la révélation originelle de la *Genèse* ; il transforme aussi des enfants en chevreaux et des chevreaux en enfants. (*Evangile de l'Enfance*).
Christna est Unitaire. Il persécute le clergé, l'accuse en face d'ambition et d'hypocrisie ; il divulgue les grands secrets du sanctuaire — l'Unité de Dieu et l'immortalité de l'esprit. La tradition veut qu'il succombe à leur vengeance. Son disciple favori, Arjouna, ne l'abandonne jamais jusqu'à la fin. Les traditions dignes de foi disent qu'il	Le Bouddha abolit l'idolâtrie ; il divulgue les Mystères de l'Unité de Dieu et du Nirvana, dont la véritable signification n'était avant connue que des prêtres. Persécuté et chassé du pays, il échappe à la mort, en réunissant autour de lui quelques centaines de mille de partisans. Il meurt enfin, entouré d'une foule de disciples.	Jésus se révolte contre l'antique loi judaïque ; il dénonce les scribes et les Pharisiens, de même que la synagogue pour leur hypocrisie et leur intolérance dogmatique. Il viole le sabbath et défie la Loi. Les Juifs l'accusent de divulguer les secrets du Sanctuaire. Il est mis à mort sur la croix (sur un arbre). Parmi les quelques dis-

mourut sur une croix (un arbre) sur laquelle il fut cloué par une flèche. Les savants sont d'accord que la croix irlandaise à Tuam, érigée longtemps avant l'ère chrétienne, a une origine asiatique. (Voy. *Round Towers*, p. 296 et suiv. de O'Brien ; aussi *Religions de l'Antiquité ;* le *Symbolik* de Creuzer, vol. I, p. 208, ainsi que les gravures dans le *Monumental Christianity* de Lundy, p. 160.

Christna monte au Swarga et devient Nirguna.

et d'Ananda son disciple favori et son cousin, qui prenait le premier rang parmi eux. O'Brien est d'opinion que la croix irlandaise à Tuam, doit être celle de Bouddha, mais Gautama ne fut jamais crucifié. On le représente dans beaucoup de temples assis sous un arbre cruciforme, qui est « l'Arbre de Vie ». Dans une autre image on le voit assis sur Naga, le Rajah des Serpents, avec une croix sur la poitrine (1).

Le Bouddha monte au Nirvana.

ciples qu'il a convertis à sa cause, un d'eux le trahit ; un autre le renie, et les autres le désertent au dernier moment, sauf saint Jean, son disciple *bien-aimé*. Les trois Sauveurs, Jésus, Christna et le Bouddha meurent tous, soit un *arbre* ou à son ombre, étant en rapport avec une croix qui symbolise le triple pouvoir de la création.

Jésus monte au Paradis.

RÉSULTAT

Vers le milieu de ce siècle les adeptes de ces trois religions se dénombraient comme suit (2) :

DE CHRISTNA	DU BOUDDHA	DE JÉSUS
Brahmanes, 60.000.000	Bouddhistes, 450.000.000	Chrétiens, 260.000.000

Tel est le présent aspect de ces trois grandes religions, dont chacune est reflétée, tour à tour, dans la suivante. Si les dogmatiques chrétiens s'en étaient tenus là, le résultat n'aurait pas été aussi désastreux, car il serait difficile, en vérité, de faire une mauvaise religion en se servant des sublimes enseignements de Gautama ou de Christna sous la figure de *Bhagavad*. Mais ils allèrent plus loin encore, et ajoutèrent au pur Christianisme primitif, les fables d'Homère, d'Orphée et de Bacchus. De même que les Musulmans ne veulent pas admettre que leur *Koran* ait été édifié sur les bases de la bible juive, les Chrétiens ne veulent pas non plus confesser qu'ils sont redevables de presque tout aux religions des hindous. Mais les hindous ont une chronologie pour leur en fournir la preuve. Nous voyons les meilleurs et les plus savants de nos auteurs, cherchant vainement à établir l'extraordinaire ressemblance — allant sou-

1. Voyez les gravures de Moor, 75, n° 3.
2. Estimation de Max Müller.

vent jusqu'à l'identité — qui existe entre Christna et le Christ, et qui serait dûe aux *Evangiles* apocryphes *de l'Enfance* et de *saint Thomas*, lesquels évangiles « avaient probablement circulé sur la côte du Malabar, et ont ainsi donné une couleur locale à l'histoire de Christna (1) ». Pourquoi ne pas accepter la vérité en toute sincérité, et renversant les choses, admettre que saint Thomas, fidèle à la politique de prosélytisme qui caractérisait les premiers Chrétiens, lorsqu'il se trouva en présence au Malabar de l'original du Christ Mythique dans le personnage de Christna, chercha à fondre les deux en un seul, et, adoptant dans son évangile (d'où tous les autres furent copiés) les détails les plus importants de l'histoire de l'Avatar hindou, il greffa l'hérésie chrétienne sur la religion primitive de Christna. Pour celui qui est au courant de l'esprit du Brahmanisme, la notion que ceux-ci accepteraient quoi que ce soit du dehors, et surtout d'un étranger, est parfaitement ridicule. Que les Brahmanes, le peuple le plus fanatique en ce qui a trait aux affaires religieuses, qui, pendant de longs siècles n'ont pas consenti à adopter une seule coutume européenne, puissent être soupçonnés d'avoir introduit dans leurs livres sacrés les légendes d'un Dieu étranger, cette notion est si absurde et si illogique, que c'est une perte de temps que d'essayer de le contredire !

Nous ne nous arrêterons pas à considérer la ressemblance fort bien connue, entre les formes extérieures du culte Bouddhiste, (surtout celles du Lamaïsme), et du culte Catholique Romain pour l'étude desquelles le pauvre abbé Huc paya si chèrement, mais nous passerons immédiatement à la comparaison des points les plus essentiels. Parmi tous les manuscrits originels, traduits de différentes langues, où le Bouddhisme est exposé, les plus extraordinaires et les plus intéressants sont le *Dhammapada de Bouddha*, ou le *Sentier de la Vertu*, traduit du Pali, par le colonel Rogers (2) et la *Roue de la Loi*, qui contient l'opinion d'un Ministre d'Etat siamois sur sa religion et sur d'autres, et qui a été

1. *Monumental Christianity* du Dr Lundy, p. 153.

2. *Paraboles de Buddhaghosa* Traduites du Birman par le col. H. T. Rogers; avec une préface de M. Müller, contenant la *Dhammapada*, 1870.

traduit par Henry Alabaster (1). La lecture de ces deux livres, et la découverte qu'on y a faite de similitudes de pensée et de doctrine, touchant parfois à l'identité, ont encouragé le Dr Inman à écrire les passages suivants, contenus dans un de ses derniers ouvrages, « *Ancient Faith and Modern* » (2). « Je parle en toute sincérité », écrit ce loyal et bon savant, « en disant qu'après quarante ans d'expérience parmi ceux qui professent le christianisme et ceux qui proclament... avec plus ou moins de sérénité, leur désaccord pour ses doctrines, j'ai remarqué des vertus plus sincères et une moralité plus grande chez ceux-là que chez ceux-ci... Je connais personnellement de pieux et de bons chrétiens que j'honore, que j'admire, et que peut-être, je serais heureux d'imiter et d'égaler ; mais ils méritent l'éloge qu'on a fait d'eux, à cause de leur bon sens, parce qu'ils ont ignoré jusqu'à un certain point la doctrine de la foi, et qu'ils ont pratiqué et cultivé les bonnes œuvres... A mon avis, les chrétiens les plus méritoires dont j'aie connaissance sont des *Bouddhistes transformés*, bien que, probablement, aucun d'eux n'ait jamais entendu parler de Siddhârtha (3).

Il y a entre les articles de foi, et les cérémonies des cultes Lamaïco-Bouddhiste et Catholique Romain, cinquante et un points qui présentent une parfaite ressemblance, allant presque jusqu'à l'identité ; par contre il y en a quatre qui sont diamétralement opposés.

Comme il est inutile d'énumérer les ressemblances, car le lecteur les trouvera soigneusement détaillées dans l'ouvrage de Inman, *Ancien Faith and Modern* pp. 237-240, nous ne nous arrêterons qu'aux articles antagonistes, et nous laisserons à chacun en tirer la conclusion qui lui plaira :

1° « Les Bouddhistes maintiennent que rien de ce qui est contredit par la saine raison, ne peut être une véritable doctrine du Bouddha »	1° « Les Chrétiens acceptent toute espèce d'absurdité, si elle est promulguée par l'Eglise, comme un article de foi (4). »
2° « Les Bouddhistes n'adorent pas la mère de Sakya » bien qu'ils lui rendent hommage comme à une sainte femme, élue pour lui ser-	2° « Les Catholiques Romains adorent la mère de Jésus, et on lui adresse des prières pour invoquer son aide et son intercession. » Le

1. Interprète du Consulat général à Siam.
2. *Ancient Faith and Modern* p. 162.
3. *Ancient Faith and Modern* du Dr Inman p. 162.
4. Les mots entre guillemets sont ceux du Dr Inman.

vir de mère, à cause de sa grande vertu.

3° « Les Bouddhistes n'ont pas de sacrement. »

4° Les Bouddhistes ne croient pas au pardon des péchés, sauf après une punition adéquate pour chaque mauvaise action, et une compensation proportionnée envers les parties lésées.

culte de la Vierge a débilité celui du Christ, et rejeté celui du Tout Puissant tout à fait dans l'ombre. »

3° « Ceux de l'Eglise Catholique sont au nombre de sept. »

4° On promet aux Chrétiens que si seulement ils croient au « précieux sang du Christ », ce sang offert par lui en expiation des péchés du monde entier (par cela entendez les Chrétiens) effacera tout péché mortel.

Laquelle de ces deux théologies se recommande à un étudiant sincère et loyal, c'est une conclusion que nous laissons au bon sens du lecteur? L'une nous présente la lumière, l'autre les ténèbres. La *Roue de la Loi* dit ceci :

« Les Bouddhistes croient que chaque acte, chaque parole, chaque pensée ont leur conséquence, qui apparaîtra, tôt ou tard, dans la condition présente ou dans une autre future. Les mauvaises actions produisent de mauvaises conséquences (1), les bonnes actions produisent de bons effets : la prospérité ici-bas ou la naissance dans le ciel... dans une condition future(2). »

C'est de la justice stricte et impartiale. C'est la notion d'un Pouvoir Suprême, qui ne se trompe pas, et qui, par conséquent, n'a ni colère, ni pardon, mais qui laisse chaque cause, grande ou petite, opérer son effet inévitable. « On vous mesurera avec la mesure dont vous vous serez servis (3) », ne donne aucun espoir de pardon futur ou de salut par intercession, soit dans l'expression elle-même ou par son interprétation. La cruauté et la pitié sont des sentiments limités. L'Etre Suprême est infini, par conséquent il ne peut être que JUSTE, et la justice doit être aveugle. Les anciens païens entretenaient, à ce sujet, des notions autrement philosophiques que les Chrétiens modernes, car ils représentaient leur déesse de la Justice, Thémis, avec un bandeau sur les yeux. Et l'auteur siamois, de l'ouvrage en question, a encore une conception plus élevée de la Divinité que les Chrétiens, lorsqu'il donne libre cours à sa pensée en disant : « Un Bouddhiste peut croire à l'exis-

1. Voyez le volume II de cet ouvrage, p. 37.
2. P. 57.
3. Saint Matthieu., VII. 2.

tence d'un Dieu, sublime au-dessus de toutes les qualités humaines et de tous ses attributs — un Dieu parfait s'élevant au-dessus de l'amour, de la haine, de la jalousie, et se reposant tranquillement dans une félicité parfaite que rien ne peut troubler; à un Dieu pareil il ne trouverait rien à redire, non pas par désir de lui être agréable, ou par peur de l'offenser, mais simplement par une vénération naturelle. Mais il ne comprend pas un Dieu qui possède des attributs et les qualités des hommes, un Dieu qui aime, qui hait, et qui montre sa colère ; une Divinité qui, présentée par les missionnaires chrétiens, les Mahométans, les Brahmanes ou les Juifs, tombe au-dessous de son étalon d'un homme ordinairement bon (1). »

Nous avons souvent été surpris de constater les notions extraordinaires de Dieu et de Sa justice qu'entretiennent en tout bien tout honneur nombre de Chrétiens qui s'en rapportent aveuglément au clergé pour leur religion, au lieu de se fier à leur raison. Combien illogique est cette doctrine de l'expiation. Nous nous proposons de la discuter avec les Chrétiens en nous plaçant au point de vue bouddhiste, et de démontrer, dès l'abord, par quelle suite de sophismes, dont le but unique a été de resserrer le joug ecclésiastique sur les épaules populaires, on l'a finalement fait accepter comme un commandement divin ; nous ferons voir également qu'elle s'est révélée comme une doctrine éminemment pernicieuse et démoralisatrice.

Le clergé maintient que : quelle que soit l'énormité de nos crimes contre les lois divines et humaines, si nous croyons au sacrifice volontairement imposé de Jésus pour le salut de l'humanité, Son sang nous lavera de toute impureté. La pitié divine est infinie et insondable. Il serait impossible de concevoir un péché humain assez damnable, pour que le prix offert par anticipation pour la rédemption du pécheur, ne suffise pas à l'effacer, même s'il était encore mille fois plus haineux. Et, de plus, il n'est jamais trop tard pour se repentir. Même si le pécheur attend jusqu'au dernier moment, avant que ses lèvres blêmes ne murmurent la confession de foi, il ira droit au paradis ; ce fut le cas du

1. P. 25.

larron mourant, et tous les autres aussi vils que lui peuvent en bénéficier également. Voilà ce que nous enseigne l'Eglise.

Mais si nous faisons un pas en dehors du cercle de la foi et que nous considérons l'univers comme un tout, équilibré par l'exquise coordination de toutes ses parties, la saine logique, et le moindre sentiment rudimentaire de Justice se révoltent contre l'Expiation cléricale ! Si le criminel ne péchait que contre lui-même, et ne causait de mal qu'à lui-même ; si par sa sincère repentance il pouvait oblitérer tous ses actes passés, non seulement dans la mémoire des hommes, mais dans ce record impérissable qu'aucune divinité — même la plus haute — ne peut faire disparaître, ce dogme ne serait pas incompréhensible. Mais lorsqu'on soutient qu'on peut faire du tort à ses semblables, tuer, révolutionner l'équilibre de la société, et renverser l'ordre naturel des choses, pour après, obtenir son pardon en croyant — par lâcheté, par espoir ou par compulsion, cela n'a pas d'importance — que quelques gouttes de sang répandu laveront les taches d'un autre sang versé, cela n'est rien moins qu'absurde ! Le *résultat* d'un crime peut-il être effacé même si ce crime a été pardonné ? Les effets d'une cause ne sont jamais limités à la cause elle-même, et le résultat d'un crime ne se borne pas à l'offenseur et à sa victime. Chaque bonne action ainsi que chaque mauvaise a ses effets aussi sûrement que la pierre lancée dans une nappe d'eau tranquille cause un remous dans cette eau. Cette comparaison peut paraître triviale, mais c'est la meilleure qu'on ait encore trouvée, nous en ferons donc usage. Les cercles concentriques sont plus étendus et plus rapides suivant que la pierre est plus ou moins grande, mais le plus petit caillou, le plus petit grain de sable produit sa vague, si minuscule soit-elle. Et ce mouvement n'est pas seulement visible à la surface. Par en bas, invisible, dans toutes les directions, au-dessus et au-dessous, chaque goutte pousse l'autre jusqu'à ce que le fond et les bords aient été remués par cette force. Bien plus, l'air au-dessus de l'eau a été mis en mouvement par elle, et cette vague passe, ainsi que le prétendent les physiciens, d'une couche de l'espace à une autre, sans interruption et sans fin ; la matière a reçu une impulsion.

Celle-ci n'est jamais perdue et ne peut plus être rappelée !...

Il en est de même du crime et de son opposé. L'acte est instantané, les effets en sont éternels. Si, après avoir lancé la pierre dans la mare, nous pouvions la rappeler, niveler les ondes, annuler la force employée, remettre les vagues éthériques dans leur ordre antérieur de non-être, et effacer toute trace de l'acte du lancement de la pierre, de manière à ce que le record des âges ne laisse jamais voir son action, *alors*, et alors seulement nous pourrons patiemment écouter les arguments chrétiens pour prouver l'efficacité de cette Expiation.

Le *Times* de Chicago a publié tout récemment la liste du bourreau pour le premier semestre de l'année courante (1877) — une longue et terrible liste de meurtres et d'exécutions. La Religion donna ses consolations à presque tous ces meurtriers, et beaucoup d'entre eux proclamèrent qu'ils avaient reçu l'absolution divine en vertu du sang de Jésus, et qu'ils allaient entrer ce jour même, au paradis ! *Leur conversion eut lieu en prison.* Voyons jusqu'où va ce compte de Doit et Avoir de la Justice Chrétienne (!) : tous ces meurtriers, les mains rouges de sang, poussés par les démons de la luxure, de la vengeance, de la cupidité, du fanatisme, ou simplement par la soif du sang, assassinèrent leurs victimes, sans leur laisser dans la plupart des cas le temps de se repentir, ou d'implorer Jésus de les laver de leurs péchés dans son sang. Elles moururent probablement sous l'empire du péché et naturellement — suivant la logique de la théologie — elles reçurent la récompense de leurs offenses, grandes ou petites ? Mais le meurtrier, tombant sous le coup de la justice, est mis en prison, apitoyé par les sentimentalistes ; on a prié avec lui et pour lui et il prononce les mots sacramentels de la conversion ; il monte alors sur l'échafaud, enfant de Jésus, sauvé par Lui ! Sans le meurtre, on n'aurait prié ni avec ni pour lui ; il n'aurait pas été racheté, pardonné. Cet homme a donc eu raison d'assassiner, car, par cela, il a obtenu la félicité éternelle. Quant à la victime ou sa famille, ses parents, ses amis, ses relations sociales — la Justice n'a-t-elle aucune récompense pour eux ? Faut-il qu'ils souffrent dans ce monde et dans l'autre, tandis que celui qui leur a fait du tort prend place à côté du « Larron repenti » du Golgotha, dans la félicité éternelle? A cette question le clergé se garde bien de répondre.

Steve Anderson était un de ces criminels américains, condamné sous l'inculpation de double meurtre, d'incendie et de vol. Il se *convertit* avant de mourir, mais l'histoire nous informe que *son confesseur s'opposa à ce que l'on sursit à son exécution en disant qu'il était certain de son salut si on l'exécutait sur le champ, mais qu'il ne pouvait pas en répondre si l'exécution était retardée.* Nous est-il permis de demander à ce prêtre la raison d'une opinion aussi monstrueuse. Comment pouvait-il être *certain*, en face de l'avenir insondable, et des effets infinis de ces meurtres, de ces crimes et de ces vols ? Il ne pouvait être certain de rien du tout, sinon que cette doctrine abominable est la cause des trois quarts des crimes des soi-disant Chrétiens ; que ces épouvantables causes doivent produire de monstrueux effets, qui à leur tour donneront naissance à d'autres causes, et ainsi de suite à travers l'éternité jusqu'à l'accomplissement final que nul homme ne peut prévoir.

Prenez, si vous le voulez, un autre crime, un des plus égoïste, cruel et lâche, et néanmoins un des plus fréquents ; je veux parler de la séduction d'une jeune fille : Par l'instinct social de préservation, la victime est jugée sans pitié, et mise au ban de la société. Elle peut être poussée à l'infanticide, ou au suicide ; si elle craint la mort, elle vivra probablement pour se plonger dans une carrière de vice et de crime. Elle peut enfanter une famille de criminels, lesquels, comme c'est le cas pour le célèbre Jukes, dont M. Dugdale a publié le récit effrayant, engendra d'autres générations de criminels au nombre de plusieurs centaines dans une période de cinquante ou soixante ans. Tout ce désastre social avait été occasionné par la passion égoïste d'un seul homme ; la Justice Divine lui pardonnera-t-elle avant que son crime n'ait été expié, et la punition ne doit-elle retomber que sur les misérables scorpions humains engendrés par sa luxure ?

Une clameur s'éleva en Angleterre lorsqu'on découvrit que les pasteurs Anglicans avaient librement introduit la confession auriculaire, et donnaient l'absolution après imposition de pénitences. Les enquêtes ont démontré que le même état de choses existait, plus ou moins, aux Etats-Unis. Les prêtres interrogés à ce sujet se retranchèrent triomphalement derrière les paragraphes du Livre Liturgique (*Book of Common Prayer*) qui leur donne très clairement l'autorisation d'absoudre les péchés par le pouvoir de « Dieu, le saint Esprit », pouvoir qui leur a été conféré par l'évêque quand celui-ci leur imposa les mains au moment de l'ordination. L'évêque consulté invoqua l'Evangile selon saint Matthieu XVI. 19, de son droit de « lier et de délier sur la terre ce qui est lié et délié dans les cieux » ; et la succession apostolique comme preuve de sa transmission de Simon Barjona à lui-même. Le présent ouvrage a certainement manqué son but si nous n'avons pas établi la preuve 1°, que Jésus, le Christ-Dieu, est un mythe inventé deux siècles après la mort du véritable Jésus hébreu ; 2° que, par conséquent, il n'a jamais pu donner à saint Pierre ou à une autre personne une autorité ou un pouvoir plénier quelconque ; 3° que même si une telle autorité lui a été conférée le mot Petra (Rocher) se réfère aux vérités révélées du Petroma, et non à celui qui le renia par trois fois ; et que, de plus, la succession apostolique n'est qu'une fraude grossière et palpable ; 4° que l'*Evangile selon saint Matthieu* est une œuvre basée sur un manuscrit totalement différent. Par conséquent le tout n'est qu'une imposture aussi bien envers les prêtres qu'envers les pénitents. Mais laissant de côté, pour le moment, toutes ces considérations, qu'il nous soit permis de demander à tous ces prétendus agents des trois dieux de la Trinité, comment ils concilient les notions les plus rudimentaires d'équité, avec le pouvoir de pardonner les péchés qui leur a été octroyé ; *comment se fait-il qu'ils n'aient pas été investis, par un miracle, du pouvoir d'effacer le tort fait à autrui et à la propriété ?* Qu'ils rendent la vie à l'homme assassiné ; qu'ils rendent l'honneur à ceux auxquels on l'a ravi ; la propriété à ceux qui ont été dépouillés, et qu'ils obligent les balances de la justice humaine et divine à reprendre leur équilibre. Nous pourrons alors prendre en considération leur pouvoir de lier et de délier. Qu'ils nous disent s'ils en sont capables. Jusqu'à ce jour le monde n'a bénéficié que de sophismes — auxquels on a ajouté une foi *aveugle* ; nous exigeons des preuves tangibles et palpables de la justice et de la miséricorde de leur Dieu. Mais non, ils demeurent tous muets ; aucune réponse ne se fait entendre et malgré tout, la Loi inexorable et infaillible de la Compensation suit son cours implacable. Mais si nous observons son progrès nous constatons qu'elle ignore les croyances ; qu'elle n'a pas de préférences, mais que ses rayons et ses foudres tombent également sur les païens et sur les chrétiens. Aucune absolution ne peut protéger celui-ci s'il est coupable ; aucun anathème n'atteindra celui-là s'il est innocent.

Loin de nous une pareille conception dégradante de la justice divine, comme celle prêchée par les prêtres, de leur propre autorité. Elle n'est bonne que pour les lâches et les criminels ! Si elle est supportée par toute une armée de Pères et d'ecclésiastiques, nous avons pour nous la plus haute de toutes les autorités, le sentiment instinctif et révérentiel ds l'immortelle et omniprésente Loi de l'harmonie et de la justice.

Mais, outre celle de la raison, nous pouvons alléguer d'autres preuves pour démontrer qu'une pareille notion n'est nullement justifiée. Les *Evangiles* étant une « Révélation Divine »,les chrétiens considèreront leur témoignage comme concluant. Affirment-ils que Jésus s'est donné en sacrifice volontaire ? Au contraire, il n'y a pas un seul mot qui vienne soutenir cette thèse. Ils font voir clairement qu'il aurait préféré vivre pour continuer ce qu'il considérait comme sa mission, et *qu'il mourut parce qu'il ne pouvait faire autrement et seulement lorsqu'il eut été trahi*. Avant cela, lorsqu'on le menaça de violences, *il se rendit invisible*, en employant son pouvoir mesmérique sur les spectateurs, pouvoir dont dispose tout adepte oriental, et il réussit à leur échapper. Lorsqu'enfin, il vit que son heure était venue, il succomba à l'inévitable. Mais voyez-le dans le jardin, sur le Mont des Oliviers, où luttant dans son agonie, « sa sueur devint comme des grumeaux de sang », il pria avec ferveur pour que cette coupe fût éloignée de lui, il tomba épuisé par cette lutte, au point qu'un ange du ciel dût être envoyé pour le soutenir ; dites-nous après cela, si ce tableau est celui d'un otage volontairement immolé et d'un martyr. Et afin de ne laisser aucun doute dans notre esprit et pour couronner le tout, nous avons ses propres paroles, criées dans l'amertume de son désespoir : « QUE MA VOLONTÉ ne se fasse pas, *mais la tienne !* » (Luc, XXII. 42. 43).

On lit, en outre, dans les *Pouranas*, que Christna fut cloué à un arbre par la flèche d'un chasseur, lequel, suppliant le dieu mourant de lui pardonner, en reçut la réponse suivante : « Va, chasseur, par ma faveur, au Ciel, la demeure des dieux... L'Illustre Christna s'étant alors uni à son Esprit pur, spirituel. inexhaustible, inconcevable, non-né, inaltérable, impérissable et universel, qui ne forme qu'un avec Vasudéva, abandonna son corps mortel. et... devint Nirguna » (*Vishnou Pourana* de Wilson, p. 612). N'est-ce pas là l'origine du récit du Christ pardonnant au larron sur la croix, et lui promettant une place en paradis ? « De tels exemples, dit le Dr Lundy dans son *Monumental Christianity*, ne nous autorisent-ils pas à rechercher leur origine et leur signification, *si longtemps avant le Christianisme* », et il ajoute néanmoins : « La notion de Christna, sous la forme d'un berger est, à mon avis, plus ancienne que toutes les deux (les *Evangiles de l'Enfance* et celui de St-Jean) *et prophétique de celle du Christ* » (p. 156).

Les faits de cette nature, ont probablement fourni, par la suite, un prétexte plausible pour déclarer comme apocryphes tous les ouvrages tels que les *Homélies*, qui laissent entrevoir clairement, l'absence complète d'une autorité primitive pour la doctrine de l'expiation. Les *Homélies* ne sont pas en grande contradiction avec les *Evangiles* ; elles le sont, par contre, totalement avec les dogmes de l'Eglise. Saint-Pierre ignorait tout au sujet de l'expiation ; et sa vénération pour le mythique père Adam. ne lui aurait jamais permis d'admettre que ce patriarche eût péché et qu'il était damné. Les écoles théologiques d'Alexandrie ne paraissent pas non plus avoir connu cette doctrine, Tertullien non plus ; les Pères primitifs ne l'ont jamais discutée. Philon le juif représente le récit de la *chute* comme un symbole, et Origène la considérait, de même que saint Paul, comme une allégorie (1).

1. Voyez le *Conflit entre la Religion et la Science* de Draper (p. 224).

Qu'ils le veuillent ou non, les Chrétiens sont tenus de faire crédit à la ridicule histoire de la tentation d'Eve par le serpent. En outre, saint Augustin s'est formellement prononcé à ce sujet. « Dieu, par Sa volonté arbitraire », dit-il, « a choisi d'avance certaines personnes, sans égard à leur foi ou à leurs bonnes œuvres, et Il a irréparablement ordonné de leur octroyer la félicité éternelle ; tandis qu'Il en a condamné d'autres, de la même façon, à la réprobation éternelle ! » (*De dono perseverantiæ*) (1).

Calvin promulgua des notions sanguinaires de partialité divine tout aussi horribles. « La race humaine, radicalement corrompue par la chute d'Adam, porte en elle le stigmate et l'impuissance du péché originel ; sa rédemption ne peut s'effectuer que par une incarnation et une propitiation ; la grâce élue seule peut faire participer l'âme à cette rédemption, et cette grâce, une fois donnée, ne peut plus être perdue ; *cette élection ne peut venir que de Dieu, et elle ne comprend qu'une partie de la race, l'autre étant abandonnée à la perdition ;* élection et perdition (*horrible decretum*) sont tous deux prédestinés dans le plan Divin ; ce plan est un décret, et ce décret est éternel et immuable... la justification est le résultat de la *seule foi*, et *la foi est un don de Dieu.* »

O, divine justice, que de blasphèmes ont été prononcés en ton nom ! Malheureusement, pour toutes les spéculations de cette nature, la croyance dans l'efficacité propitiatoire

1. C'est la doctrine des Supralapsariens, qui affirment que *Dieu avait établi la prédestination de la chute d'Adam*, avec toutes ses conséquences néfastes, depuis toute éternité, et que nos premiers parents ne jouirent dès le début d'aucune liberté.

C'est également à cette doctrine éminemment morale que le monde catholique fut redevable, au XIe siècle, de l'institution de l'ordre connu sous le nom de Moines Carthusiens. Son fondateur Bruno fut poussé à fonder cet ordre monstrueux par une circonstance qui vaut bien la peine d'être relatée ici parce qu'elle fournit une image graphique de cette prédestination *divine*. Un ami de Bruno, un médecin français, universellement réputé pour sa grande *piété, sa pureté morale* et sa *charité*, mourut, et son corps fut veillé par Bruno lui-même. Trois jours après sa mort, au moment où il allait être enterré, le pieux médecin s'assit sur son séant et déclara d'une voix forte et solennelle, « que par le juste jugement de Dieu il était éternellement damné ». Ayant annoncé ce message consolateur depuis l'autre rive du « sombre empire » il retomba dans les griffes de la mort.

De leur côté les théologiens Parsis s'expriment ainsi : « Si quelqu'un du sang répandu, peut se retracer à travers les plus anciens rites. Il n'y a peut-être pas une seule nation qui l'ait ignorée. Chaque peuple a offert aux dieux des sacrifices d'animaux et même humains, dans l'espoir d'écarter par ce moyen une calamité publique, et de conjurer le courroux d'une divinité vengeresse. Il y a des exemples de généraux grecs et romains offrant leurs vies pour le succès de leurs armées. César s'en plaint, et traite cela de superstition gauloise. « Ils se vouent à la mort... persuadés que si la vie n'est pas donnée pour une autre vie, les dieux immortels ne peuvent être apaisés », écrit-il. « Si un malheur doit tomber sur ceux qui sacrifient en ce moment, ou sur l'Egypte, qu'il retombe sur cette tête », disaient les prêtres Egyptiens en sacrifiant un de leurs animaux sacrés. Et l'on criait des imprécations sur la tête de la victime expiatoire, autour des cornes de laquelle on enroulait une bande de byblus (1). On emmenait généralement l'animal dans une région aride, consacrée à Typhon, dans ces âges primitifs alors que cette divinité fatale jouissait encore d'une certaine considération parmi les Egyptiens. C'est cette coutume qui est à la base du « bouc-expiatoire », des Juifs, lesquels, lorsque l'âne-dieu rouge fut répudié par les égyptiens, offrirent leurs sacrifices à une autre divinité, « la génisse rouge ».

« Que tous les péchés commis en ce monde retombent sur moi, afin que le monde soit libéré », s'écrie Gautama, le sauveur hindou, des siècles avant notre ère.

Nul ne prétendra que ce furent les Egyptiens qui empruntèrent quoi que ce soit aux Israélites, comme on accuse aujourd'hui les hindous de le faire. Bunsen, Lepsius, Champollion, ont depuis longtemps établi la prépondérance de l'Egypte sur les Israélites, aussi bien en ancienneté, que, pour tout ce qui a trait aux rites religieux que nous constatons encore chez « le peuple élu ». Il n'est pas jusqu'au *Nouveau Testament* qui ne fourmille de citations et de ré-

parmi vous commet un péché dans la conviction qu'il sera sauvé par *quelqu'un*, tant le trompeur que le trompé seront damnés jusqu'au jour de Rasta Khéz... Il n'y a pas de Sauveur Vous recevrez dans l'autre monde la récompense de vos actions... *Vos Sauveurs sont vos actes* et Dieu lui-même. (*The Modern Parsis*, conférence de Max Muller, 1862).

1. *De Isid et Osir*, p. 380.

pétitions du *Livre des Morts*, et Jésus, si tout ce que lui attribuent ses quatres biographes est vrai, doit avoir eu connaissance des Hymnes Funéraires égyptiens (1). Dans l'évangile selon *saint Matthieu*, nous retrouvons des phrases entières de l'ancien *Rituel* sacré qui précéda notre ère de plus de 4.000 ans. Voyons la comparaison (2).

« L'âme » soumise aux épreuves est amenée devant Osiris, le « Seigneur de la Vérité », qui est assis, orné de la croix égyptienne, l'emblême de la vie éternelle, et tenant dans sa main droite le *Vannus* ou le fouet de la justice (3). L'esprit commence, dans la « Salle des deux Vérités » une ardente supplique, en énumérant toutes ses bonnes actions, supporté par les réponses des quarante-deux assesseurs, *ses actions incarnées et ses accusateurs*. S'il se justifie, on s'adresse alors à lui comme *Osiris*, lui donnant ainsi la dénomination de la divinité de laquelle procède son essence divine, et les mots suivants, pleins de majesté et de justice, sont alors prononcés ! « Laissez partir l'*Osiris*; vous voyez il est sans tache... Il a vécu de vérité, il s'est nourri de vérité... *Le dieu lui a donné la bienvenue* comme il le désirait. Il a nourri mes affamés, il a donné à boire à ceux qui avaient soif, il a donné des vêtements à ceux qui n'en avaient pas... Il a fait de la nourriture sacrée des dieux, l'aliment des esprits. »

Dans la parabole du *Royaume des Cieux*, (St Matthieu, XXV) le *Fils de l'Homme* (Osiris est également appelé le Fils) assis sur le trône de sa gloire, jugeant les nations, dit

1. Toute tradition démontre que Jésus fut éduqué en Egypte et qu'il passa son enfance et son adolescence dans les fraternités Esséniennes, et autres communautés mystiques.

2. Bunsen découvrit quelques records qui prouvent par exemple que le langage et le culte religieux des Egyptiens existaient non seulement au début de l'ancien Empire, « mais qu'ils étaient déjà si bien établis et enracinés qu'ils ne reçurent *qu'un très faible développement* au cours de l'ancien empire, du moyen et de l'empire moderne » et que tandis que le début de cet ancien empire a été placé par lui à la période antérieure à Ménès d'au moins 4 000 ans avant J.-C., l'origine des anciennes prières Hermétiques et les hymnes du *Livre des Morts*, doit, suivant Bunsen, être attribuée à l'époque de la dynastie pré-Ménite, d'Abydos (entre 4.000 et 4.500 ans avant J.-C.) prouvant ainsi, que le « système du culte et de la mythologie Osiriens, était déjà établi 3.000 ans avant l'époque de Moïse.»

3. Il portait également le nom du *hameçon de l'attraction*. Virgile en parle comme du *Mystica Vannus Iacchi*. *Géorgiques*, I, 166.

aux justes : « Venez, vous qui êtes bénis de mon père (*le* Dieu) prenez possession du royaume... Car j'ai eu faim et vous m'avez donné à manger ; j'ai eu soif et vous m'avez donné à boire, j'étais nu et vous m'avez vêtu » (1). Et afin de compléter la ressemblance, (St Matthieu, III, 12) Jean décrit le Christ comme Osiris, « Il a son *van* (ou *vannus*) dans la main, il nettoiera son aire, et il amassera son blé dans son grenier. »

Il en est de même pour les légendes bouddhistes. Dans *Saint Matthieu* IV, 19, on fait dire à Jésus : « Suivez-moi, et je vous ferai pêcheurs d'hommes », ayant trait à une conversation entre lui, Simon, Pierre et son frère André.

Dans *Der Weise und der Thor* de Schmidt (2), ouvrage plein d'anecdotes sur le Bouddha et ses disciples, le tout pris dans les textes originaux, on dit d'un convert à la nouvelle religion, « qu'il avait été attrapé par le hameçon de la doctrine, de même qu'un poisson est retiré de l'eau au moyen de l'appât et de la ligne ». Dans les temples du Siam, l'image du Bouddha à venir, le Maïtreya Bouddha, est représenté ayant en mains un filet de pêcheur, tandis que dans le Thibet il tient une sorte de trappe. L'explication qu'on en donne est la suivante : « Il (le Bouddha) répand sur l'Océan de la naissance et de la mort, la fleur de Lotus de la loi bienfaisante comme *un appât* ; au moyen du filet de la dévotion, qui n'est jamais tendu en vain, il

1. Dans une adresse aux Délégués de l'Alliance Evangélique, New-York, 1874, M. Peter Cooper, un Unitarien et un des plus nobles chrétiens *pratiques* de notre époque, termine les mémorables paroles suivantes : « Dans ce *dernier compte final*, il sera heureux pour nous si nous reconnaissons que notre influence dans cette vie a été de nourrir les affamés, de vêtir ceux qui étaient nus, et de diminuer la souffrance de ceux qui sont malades ou en prison. » De telles paroles d'un tel homme qui a donné des millions en charités ; qui a éduqué quatre mille jeunes filles dans les arts utiles, au moyen desquels elles gagnent honnêtement leur vie ; qui a entretenu une bibliothèque publique, un musée et une salle de lecture, libre de tous frais ; qui a institué des classes pour les ouvriers ; qui a fait faire des conférences par les savants les plus renommés, ouvertes à tout le monde ; qui a été à l'avant-garde de toutes les bonnes œuvres, à travers une vie longue et sans tache, ces paroles portent en elles la force qui marque les bienfaiteurs de l'humanité. Les actes de Peter Cooper obligeront la postérité à lui réserver une place dans tous les cœurs.

2. *Aus dem Thibethischen übersetzt und mit dem Originaltexte herausgegeben* de S. J. Schmidt.

ramène les êtres vivants comme des poissons, et il les emporte sur l'autre rive du fleuve, où existe la véritable connaissance » (1).

Si les savants archevêques Cave, Grabe et le Dr Parker, qui luttèrent si vaillamment, de leur temps, pour qu'on admît *les Epîtres de Jésus-Christ et d'Abgarus, roi d'Edessa*, dans le Canon des *Ecritures*, avaient vécu à notre époque de Max Muller et de sanscritisme, nous doutons fort qu'ils eussent agi comme ils le firent. La première mention de ces Epîtres fut faite par le célèbre Eusèbe. Ce pieux évêque paraît s'être donné la tâche de fournir au Christianisme les preuves les plus inattendues pour corroborer ses fantaisies les plus abracadabrantes. Nous ne savons si nous devons comprendre parmi les nombreux talents de l'évêque de Césarée la connaissance du cingalais, du pahlavi, du thibétain et d'autres idiomes ; mais il est certain que les lettres de Jésus et d'Abgarus, ainsi que le récit du portrait du Christ, reproduit sur un morceau d'étoffe, qui servit pour lui essuyer le visage, ont été transcrits par lui du Canon bouddhiste. Sans doute, l'évêque déclara qu'il avait trouvé, lui même, la lettre écrite en langue siriaque et conservée parmi les registres et les archives de la cité d'Edessa, où régnait d'Abgarus (2). Rappelons ici les paroles de Babrias : « Le Mythe, ô fils du roi Alexandre, est une ancienne invention humaine des Syriens, qui vivaient, jadis, sous Ninus et Bélus. » Edessa était une des anciennes « cités saintes ». Les arabes la vénèrent encore aujourd'hui et on y parle l'arabe le plus pur. Ils lui donnent encore son ancienne appellation d'Orfa, anciennement la ville *Arpha-Kasda* (Arphaxad), siège d'un collège de Chaldéens et de Mages ; dont le missionnaire, nommé Orphée, transporta en Thrace, les Mystères Bachiques. Eusèbe, tout naturellement, y trouva les récits qu'il incorpora dans l'histoire d'Abgarus, ainsi que dans celle du portrait reproduit sur la toile ; de même que celui de Bhagavat, ou du bienheureux Tathagatâ (le Bouddha) (3) fut

1. *Buddhism in Thibet*, par Emil Schlagintweit, 1863, p. 213.
2. *Ecclesiastical History*, lib. I, c. 13.
3. Tathagata est le Bouddha « celui qui marche dans les pas de ses prédécesseurs » ; comme *Bhagavat* — il est le *Seigneur*.

obtenu par le roi Binbisara (1). Le Roi l'ayant apporté, Bhagavat y projeta son ombre (2). Le « morceau d'étoffe miraculeuse » et son ombre, sont encore conservés, disent les Bouddhistes ; mais l'ombre, elle-même, est rarement visible. »

De la même manière, l'auteur gnostique de l'*Evangile selon saint Jean*, copia et métamorphosa la légende d'Ananda qui demandait un peu d'eau à une femme de Matangha — le double de la femme rencontrée par Jésus à la fontaine (3), qui lui dit qu'elle appartenait à une caste inférieure, et ne pouvait rien avoir à faire avec un saint

1. Comme pendant, nous avons l'histoire de sainte Véronique.
2. *Introduction à l'Histoire du Buddhisme indien*, E. Burnouf, p. 341.
3. Moïse était un célèbre pratiquant de la Science hermétique. Si nous tenons compte qu'on fait échapper Moïse (Asarsiph) au Pays de Madian, et qu'il s'assit « près d'un puits », (Exode II) nous en déduisons ce qui suit :

Le puits jouait un rôle prépondérant dans les Mystères des fêtes bachiques. Il a la même signification dans le langage sacerdotal de tous les peuples. Un puits est « la source du salut » mentionnée dans Esaïe (XII, 3). Dans son sens spirituel l'eau constitue le *principe mâle*. Par son rapport physique dans l'allégorie de la création, l'eau est le chaos, et le chaos est le principe féminin vivifié par l'Esprit de Dieu — le principe mâle. Dans le *Cabale*, *Zachar* signifie *mâle*, et le Jourdain était appelé Zachar (*Universal History*, vol. II, p. 429). Il est à noter que le père de saint Jean-Baptiste, le prophète du *Jourdain* — Zacchar — portait le nom de *Zachar-ias*. Un des noms de Bacchus est *Zagreus*. La cérémonie d'asperger d'eau le sanctuaire était sacrée dans les rites Osiriens, de même que dans les institutions mosaïques. Il est dit dans le *Mishna* « tu demeureras à Succa, et tu *verseras de l'eau* pendant sept jours, et les tuyaux pendant six jours » (*Mishna succah*, p. I). « Prends de la *terre vierge*... et pétris la poussière avec de *l'EAU vivante*, commande le *Sohar* (*Introduction au Sohar ; Kabbala Denudata*, II, pp. 220-221). Cornelius Agrippe fait la citation suivante : Seule « la terre et l'eau, suivant Moïse, sont capables de donner naissance à une *âme vivante* ». L'eau de Bacchus était supposée donner le saint *Pneuma* à l'initié : et chez les chrétiens elle lave tous les péchés dans le baptême, par le pouvoir du Saint-*Esprit*. Dans son sens cabalistique, le « puits » est l'emblème mystérieux de la *Doctrine Secrète*. « Si quelqu'un a soif qu'il *vienne à moi et qu'il boive* » dit Jésus (St Jean, VII, 37).

Il est par conséquent parfaitement naturel de représenter Moïse, l'adepte, assis auprès d'un puits. Les *sept* filles du prêtre Hénite de Madian, qui venaient puiser de l'eau pour remplir les auges *et abreuver le troupeau de leur père*, s'approchent de lui. Nous retrouvons ici le nombre sept, le nombre mystique. Dans l'allégorie ci-dessus, les filles représentent *les sept pouvoirs occultes*. « Les bergers arrivèrent et les chassèrent (les sept filles). Alors Moïse se leva, prit leur défense et fit boire leur troupeau. » Suivant quelques interprètes cabalistes, les bergers représenteraient les sept « Stellars mal disposés » des Nazaréens ; car dans

moine. « Je ne te demande rien, ma sœur », répond Ananda à la femme, « ni de quelle caste tu es, ni quelle est ta famille ; je ne te demande qu'un peu d'eau, si tu peux m'en donner. » Cette femme de Matangha, charmée et émue jusqu'aux larmes, se repentit, et entra dans l'ordre monastique de Gautama, où elle devint une sainte, sauvée d'une vie impure par Sakya-muni. Beaucoup de ses actes subséquents furent empruntés par les plagiaires chrétiens pour en parer Marie-Madeleine et d'autres femmes saintes et martyres.

« Et quiconque donnera seulement un verre d'eau à l'un de ces petits parce qu'il est mon disciple, je vous le dis en vérité, il ne perdra point sa récompense », dit l'Evangile (St Matthieu, X, 42). « Quiconque, avec un cœur pur et croyant, offre seulement une goutte d'eau, ou la présente devant l'assemblée spirituelle, ou la donne à boire aux pauvres, aux besoigneux, ou à une bête des champs ; cette action méritoire ne sera pas perdue dans les siècles sans nombre, dit le *Canon* Bouddhiste (1).

Au moment de la naissance du Bouddha 32.000 merveilles eurent lieu. Les nuages s'arrêtèrent dans les cieux, les eaux des fleuves cessèrent de couler ; les fleurs suspendirent leur éclosion ; les oiseaux surpris retinrent leur chant ; toute la nature ralentit sa course et demeura dans l'attente. « Une lumière surnaturelle se répandit sur le monde ; les animaux s'arrêtèrent de manger ; les aveugles recouvraient la vue ; les boiteux et les muets furent guéris, » etc. (2).

l'ancien texte samaritain, le nombre de ces bergers est également de sept (voyez les ouvrages cabalistiques).

Moïse ayant conquis les sept *puissances* mauvaises, et gagné l'amitié des sept pouvoirs *occultes* bienfaisants, demeura chez Réuel, le prêtre de Madian, qui invita « l'Egyptien » à prendre de la nourriture, c'est-à-dire de s'assimiler sa sagesse. Suivant la Bible les anciens de Madian étaient connus comme de grands prophètes et devins. Enfin Réuel, ou Jethro, l'initiateur et l'instructeur de Moïse lui donne sa fille en mariage Cette fille c'est Zipporah, c'est-à-dire la Sagesse ésotérique, la brillante lumière de la connaissance, car Siprah signifie « le brillant » ou « le resplendissant » du mot « Sapar », briller. Sippara, en Chaldée, était la cité du « soleil ». C'est ainsi que Moïse fut initié par le Madianite, ou plutôt le Kénite, à ce qui vient corroborer l'allégorie biblique.

1. Schmidt, *Der Weise und der Thor*, p. 37.

2. *Rgya Tcher Ro.Pa. Histoire du Bouddha Sakya-muni* (Sanscrit) *Lalitavistara*, vol. II, pp. 90-91.

Voyons, maintenant, ce que dit le *Protevangelion :*

« Au moment de la Nativité comme Joseph regardait en l'air, « Je vis », dit-il, les nuages émerveillés et les oiseaux de l'air s'arrêter dans leur vol... Et je vis les brebis dispersées... et *néanmoins les brebis étaient immobiles;* et en regardant la rivière, je vis les agneaux *la bouche près de l'eau, la touchant, mais ne buvant pas.*

« *Un nuage resplendissant couvrit alors la grotte.* Mais tout à coup, le nuage devint une *grande lumière* à l'intérieur de la grotte, de sorte que les yeux ne purent pas la regarder... La main de Salomé, qui était flétrie, fut guérie incontinent... Les aveugles recouvrèrent la vue; les boiteux et les muets guérirent » (1).

Lorsque le jeune Gautama fut envoyé à l'école sans jamais avoir étudié auparavant, il battit tous ses compétiteurs; non seulement en calligraphie, mais en arithmétique, en mathématiques, en métaphysique, à la lutte, au tir à l'arc, en astronomie, en géométrie, et finalement confondit même ses professeurs, en donnant la définition de soixante-quatre sortes d'écritures qui étaient inconnues de ses maîtres eux-mêmes (2).

Et voici ce que, de son côté, dit l'*Evangile de l'Enfance :* Et lorsqu'il (Jésus) eut atteint l'âge de douze ans... un certain rabbin principal lui demanda : As-tu lu des livres? et un astronome demanda au Seigneur Jésus s'il avait étudié l'astronomie... Et le Seigneur Jésus lui donna l'explication... des sphères... de la physique et de la métaphysique. Il les entretint également de choses que la raison humaine n'avait jamais déchiffrées... La constitution du corps, comment l'âme opérait dans le corps... etc. Le maître en fut si surpris qu'il s'écria : « Je crois que cet enfant a dû naître avant Noé... il est plus érudit que tous les maîtres » (3).

Les préceptes de Hillel, qui mourut 40 ans avant Jésus-Christ apparaissent plutôt comme des citations que comme

1. *Protevangelion* (attribué à saint Jacques), ch. XIII et XIV.

2. *Pali Buddhistical Annals,* III, p. 28.; *Manual of Buddhism,* 142, de Hardy.

3. *Evangile de l'Enfance,* chap. XX, XXI : accepté par les saints Eusèbe, Epiphane, Chrysostome. Athanase, Jérôme et autres. On retrouve les mêmes récits avec le cachet hindou en moins, afin de ne pas éveiller l'attention, dans saint Luc. II, 46, 47.

des expressions originelles dans le Sermon sur la Montagne. Jésus n'enseigna rien qui n'eût été enseigné tout aussi éloquemment auparavant par d'autres maîtres. Son sermon sur la montagne débute par certains préceptes purement bouddhistes, qui avait déjà cours chez les Esséniens, et étaient ouvertement pratiqués par les *Orphikoi* et les Néo-Platoniciens. Il y avait les Philhellènes, lesquels, comme Apollonius, vouèrent leur vie à la pureté physique et morale, en pratiquant l'ascétisme. Il cherche à faire pénétrer dans l'âme de ses auditeurs le dédain des biens de ce monde ; une insouciance de fakir au sujet de ce qui pourrait arriver le lendemain ; l'amour de l'humanité, de la pauvreté et de la chasteté. Il encence les pauvres d'esprit, les humbles ceux qui ont faim et soif de justice, les pacifiques et les miséricordieux et, ainsi que le Bouddha, il ne laisse que peu d'espoir aux orgueilleuses castes, d'entrer dans le royaume des cieux. Chacune des paroles de son sermon est l'écho des principes essentiels du Bouddhisme monastique. Les dix commandements du Bouddha, tels qu'on les trouve dans l'appendice du Prâtimoksha Sûtra (texte Pali-Birman) sont pleinement commentés dans *Saint Matthieu*. Si nous désirons connaître le Jésus historique, il faut laisser complètement de côté le Christ mythique, et apprendre tout ce qu'on peut connaître de l'homme dans le premier Evangile Ses docritines, ses notions religieuses, ses plus hautes aspirations sont toutes condensées dans son sermon sur la montagne.

C'est là la cause principale de l'échec des missionnaires pour convertir les Brahmanes, et les Bouddhistes. Ceux-ci constatent que le peu de bien enseigné par la nouvelle religion, se parade tout entier dans la théorie, tandis que leur propre croyance exige que ces mêmes règles soient mises en pratique. Malgré l'impossibilité pour les missionnaires chrétiens de comprendre clairement l'esprit d'une religion fondée entièrement sur la doctrine de l'émanation, si contraire à leur propre théologie, le pouvoir raisonnant de quelques simples prédicateurs bouddhistes est si puissant, que nous voyons des savants comme Gutzlaff (1) réduits au

1. Alabaster : *Wheel of the Law*, pp. 29, 34, 35 et 38.

silence et grandement décontenancés par les arguments des prêtres bouddhistes. Judson, le célèbre missionnaire baptiste au Burmah, confesse, dans son *Journal*, les difficultés auxquelles il a souvent été exposé par eux. Parlant d'un certain Ooyan, il dit que son esprit hautement développé était capable de saisir les sujets les plus abstraits. « Sa parole », dit-il, « est onctueuse comme de l'huile, aussi douce que le miel et aussi tranchante qu'un rasoir ; sa manière de raisonner est calme, insinuante et acerbe ; et il joue son rôle avec une telle adresse, que de mon côté *avec toute la puissance de la vérité*, je ne puis le maîtriser que difficilement. » Il paraît, néanmoins, qu'à une époque ultérieure de sa mission, M. Judson aurait avoué qu'il avait complètement méconnu la doctrine. « Je commence à croire », dit-il, « que le sémi-athéisme dont j'ai parlé quelquefois, n'est rien de plus que du Bouddhisme raffiné, fondé sur les Ecritures Bouddhistes. » C'est ainsi qu'il reconnut, enfin, que tandis que dans le Bouddhisme il y a « un terme générique pour la perfection la plus élevée, qui s'applique actuellement à de nombreux individus, un Bouddha supérieur à toute la légion des divinités subordonnées », il existe également à la base du système « l'étincelle d'une *anima mundi*, antérieure et même supérieure au Bouddha » (1).

La découverte est réconfortante en vérité !

Il n'est pas jusqu'aux chinois, tant décriés, qui ne croient en *Un* Dieu Suprême : « Le Gouverneur Suprême des Cieux ». Le nom de Yuh-Hwang-Shang-Ti n'est inscrit que sur la tablette d'or, devant l'autel du ciel, dans le grand temple de Pékin, T'Iantan. « Ce culte », dit le colonel Yule « est mentionné par le narrateur mahométan de l'ambassade du Shah Rukh (A. D. 1421) ; pendant quelques jours de chaque année, l'empereur ne prend aucune nourriture animale... il passe son temps dans ses appartements qui ne contiennent aucune *idole*, et il prétend *qu'il adore le Dieu du Ciel* » (2).

1. E. Alpham : *The History and Doctrines of Buddhım*, p. 135. Le Dr Judson commit cette impardonnable erreur à la suite de son fanatisme. Dans son zèle pour « sauver les âmes », il se refusa à étudier les classiques Birmans, de peur de laisser son attention se fixer sur eux.

2. *Indian Antiquary*, vol. II, p. 81. *Livre de Ser Marco Polo*, vol. I p. 441.

Chwolsohn, en parlant du grand savant arabe Shahrastani, dit que, suivant lui, le sabéisme n'était pas de l'astrolâtrie, comme on est porté à le croire. Il pensait « que Dieu est trop sublime et trop grand pour s'occuper de l'administration immédiate de ce monde; que, par conséquent, Il transfère le gouvernement aux dieux, et ne conserve pour Lui que la gérence des affaires les plus importantes; que, de plus, l'homme est trop insignifiant pour pouvoir s'adresser directement à l'Etre Suprême; qu'il est, par conséquent, obligé d'adresser ses prières et ses sacrifices aux divinités intermédiaires, auxquelles l'administration du monde a été confiée par l'Etre suprême ». Chwolsohn en déduit que cette idée est aussi ancienne que le monde et que « cette notion avait généralement cours chez les personnes cultivées du monde païen (1) ».

Le Père Boori, un missionnaire portugais, qui avait été envoyé pour convertir les « pauvres païens » de la Cochinchine, dès le XVI° siècle, « proteste avec véhémence, dans son récit, qu'il n'y a pas un vêtement, un rite ou une cérémonie de l'Eglise de Rome, pour lesquels le Diable n'ait inventé une contre-partie. Même lorsque le Père se mit à tonner contre les idoles, on lui répondit que c'étaient les images de grands hommes décédés, auxquels ils vouaient un culte, de la même manière que les catholiques adoraient les images des apôtres et des martyrs » (2). Ces idoles il est vrai n'avaient d'importance qu'aux yeux des masses ignorantes. La *philosophie* du bouddhisme ignore les images et les fétiches. Sa grande vitalité gît dans ses conceptions psychologiques de la nature *intime* de l'homme. La voie pour atteindre la condition de félicité suprême, nommée le « Gué du Nirvâna » trace ses sentiers invisibles à travers, non pas la vie physique, mais la vie spirituelle d'une personne pendant son existence ici-bas. La littérature sacrée bouddhiste enseigne la voie en exhortant l'homme à suivre, par *la pratique*, l'exemple de Gautama. Par conséquent, les ouvrages bouddhistes accordent une valeur toute spéciale aux privilèges spirituels de l'homme, en lui

1. *Sabismus*, vol. I, p. 725.
2. *History of Discoveries in Asia* par Murray.

conseillant de cultiver les pouvoirs pour produire les *Meipo*, (les phénomènes) pendant sa vie présente, et l'acquisition du Nirvâna. dans l'avenir.

Si nous laissons de côté les récits historiques et que nous considérons le côté mythique de ces récits inventés au sujet de Christna, du Bouddha et du Christ, nous y trouvons ce qui suit :

Le modèle pour l'avatar chrétien et l'archange Gabriel se trouve dans l'apparition du lumineux San-Tusita (Bodhisat) à Maha-Maya, « sous la forme d'un nuage dans le clair de lune, venant du nord et tenant dans sa main un lotus blanc ». Il lui annonça la naissance d'un fils, et tournant trois fois autour de la couche de la reine... il disparut du deva-loka et fut conçu *dans le monde des hommes* (1). On verra que la ressemblance est encore plus frappante si l'on consulte les illustrations dans les psautiers du moyen âge (2), et les triptiques du XVIe siècle (dans l'église de Jouy, par exemple, où la Vierge est représentée agenouillée, les mains levées vers le Saint-Esprit, et l'enfant, non né, se voit miraculeusement au travers de son corps), et nous constaterons que le même sujet est traité exactement de la même manière dans les sculptures de certains couvents thibétains. Dans les annales Pali-bouddhistes, et d'autres ouvrages religieux, il est dit que Maha-dévi et toutes ses autres servantes étaient constamment gratifiées par la vue du Bodhisatva enfant, se développant graduellement dans le sein de sa mère, et rayonnant déjà depuis son lieu de gestation sur l'humanité, « le resplendissant rayon de sa bonté future » (3).

Ananda, le cousin et le futur disciple de Sakya muni, est représenté comme naissant à peu près à la même époque. Il aurait été l'original sur lequel on échafauda la légende de saint Jean Baptiste. Par exemple, le récit pali dit que Maha-Maya, pendant sa grossesse visita sa mère, de même que Marie alla voir la mère de Jean-Baptiste. Au moment où elle entra dans la chambre, Ananda non né, salua le Bouddha-Siddhârtha également non-né, qui de son côté lui

1. *Manual of Buddhism*, p. 142.
2. *Ancient Pagan and Modern Christian Symbolism*, p. 92, par Inman.
3. *Rgya, Tcher. Rol. Pa*, Bkah Hayour (Version Thibétaine).

rendit le salut ; et de la même manière l'enfant, qui devait être par la suite saint Jean Baptiste, tressaillit dans le sein de sa mère Elisabeth, lorsque Marie entra (1). Bien plus, car Didron donne la description d'une salutation peinte sur un triptique à Lyon, entre Elisabeth et Marie, où les deux enfants non-nés, représentés hors de leurs mères, se saluent également (2).

Si maintenant nous nous tournons vers Christna, en comparant attentivement les prophéties qui le concernent, telles qu'elles ont été recueillies dans les traditions Ramatsariennes, dans l'*Atharva*, les *Védangas* et les *Védantas* (3) aux passages de la *Bible* et des Evangiles apocryphes, dont quelques-uns, prétend-on, prophétisent la venue du Christ, nous y rencontrerons des choses fort curieuses. En voici quelques exemples :

D'APRÈS LES LIVRES HINDOUS	D'APRÈS LES LIVRES CHRÉTIENS
1° Il (le Rédempteur viendra *couronné de lumière*, le pur fluide émanant de la grande âme... dispersant les ténèbres » (*Atharva*).	1° « Le peuple de la Galilée des Gentils, assis dans les ténèbres, a vu une grande lumière ». (*Saint-Matthieu*, IV, de *Esaïe*, IX, 1, 2.
2° Dans la première partie du Kali-Yuga naîtra un fils de la Vierge » (*Vedanta*).	2° « Voici, la vierge sera enceinte, elle enfantera un fils ». (*Esaïe*, VII reproduit par *Matthieu* I, 23).
3° « Le Rédempteur viendra et les maudits *Rakhasas* fuiront et chercheront un refuge au plus profond de l'enfer » (*Atharva*).	3° « Or, voici, Jésus de Nazareth avec la splendeur de sa glorieuse divinité, mit en fuite les horribles puissances des ténèbres » (*Nicodémus*.
4° « Il viendra et la vie défiera la mort.. et il vivifiera le sang de tous les êtres, il régénérera tous leurs corps et il purifiera toutes leurs âmes.	4° « Je leur donne la vie éternelle et elles ne périront jamais » (*Saint-Jean*, X, 28).
5 « Il viendra, et tous les êtres animés, les fleurs, les plantes, les hommes, les femmes, les enfants, les esclaves... entonneront, tous ensemble, le chant d'allégresse, car il est le Seigneur de toutes les créatures... il est infini, car il est la puissance, il est la sagesse, il est la beauté, et il est tout en tout. »	5° Sois transportée d'allégresse, fille de Sion ! Pousse des cris de joie, fille de Jérusalem, voici ton roi qui vient à toi, il est juste... Oh ! quelle prospérité pour eux ! Quelle beauté ! Le froment fera croître les jeunes hommes, et le moût les jeunes filles. (Zacharie, IX, 9, 17).

1. Evangile selon saint Luc, I, 39-45.
2. Didron, *Iconographie Chrétienne, Histoire de Dieu*.
3. Il existe plusieurs ouvrages tirés immédiatement des *Védas*, intitulés *Upa-Ved*. Quatre ouvrages sont compris sous cette dénomination, ce sont les *Ayus*, *Gaudharva*, *Dhanus* et *Sthapatya*. Le troisième *Upa-Veda* fut composé par Visvamitra à l'usage des Kshatriyas, la caste des guerriers.

6° « Il viendra plus doux que le miel et l'ambroisie, plus pur que l'*agneau* sans tache » (*Ibidem*).	6° « Voilà l'agneau de Dieu » (Saint-Jean, I, 36) » Semblable à un agneau qu'on mène à la boucherie (Esaïe, LIII, 7).
7° « Bienheureux le sein béni qui lui donnera le jour (*Ibidem*).	7° « Tu es bénie entre les femmes et le fruit de ton sein est béni » (Luc, I, 42). « Heureux le sein qui t'a porté » (XI, 27).
8° « Et Dieu manifestera sa gloire, et il fera résonner Sa puissance, et Il se reconciliera avec ses créatures » (*Ibidem*).	8° « Dieu a manifesté sa gloire » (1° Ep. de Saint-Jean). « Car Dieu réconciliait en Christ le monde avec lui même » (II Corinthiens, 19).
9° « C'est dans le sein d'une femme que le rayon de la splendeur Divine prendra une forme humaine, et elle enfantera, étant vierge, car aucun contact impur ne l'aura souillée » (*Vedangas*).	9° « Elle est un exemple incomparable sans souillure et sans tache et une vierge donnera naissance à un fils, et une jeune fille enfantera le Seigneur » (Evangile de Marie, III).

Que ce soit une exagération ou non d'attribuer une antiquité si grande à l'*Atharva-Véda* et aux autres ouvrages, une chose est certaine, c'est que *ces prophéties et leur réalisation ont précédé le Christianisme*, et que Christna est antérieur au Christ. C'est tout ce que nous demandons.

On reste confondu en lisant le *Monumental Christianity* du Dr Lundy. Il serait difficile de dire si nous devons plus admirer l'érudition de l'auteur, ou être étonnés de son sophisme calme et incomparable. Il a réuni un monde de faits qui établissent la preuve que les religions, bien plus anciennes que le Chistianisme, celles de Christna, de Bouddha et d'Osiris, avaient anticipé sur ses symboles les plus infimes. Les matériaux dont il se sert ne viennent pas de papyri frelatés, ni d'Evangiles interpolés, mais bien de sculptures sur les murs des temples antiques, des monuments, d'inscriptions, et d'autres reliques archaïques, qui n'ont été mutilées que par la pioche des iconoclastes, le canon des fanatiques et la main du temps. Il nous fait voir Christna et Apollon comme de bons bergers ; Christna tenant en mains le chank et le chakra cruciformes, et Christna « crucifié dans l'espace », comme il le dit, (*Monumental Christianity*, fig. 72). On pourrait vraiment dire de cette gravure — empruntée par le Dr Lundy, au *Hindu Pantheon* de Moor — qu'elle est calculée pour jeter l'étonnement parmi les Chrétiens, car elle représente le Christ crucifié de l'art romain avec la plus parfaite ressemblance. Il n'y manque pas un trait ; et l'auteur dit lui-même à son sujet : « J'estime que cette représentation est antérieure au Christianisme... sous certains rapports elle ressemble au crucifix chrétien... Le dessin, l'attitude, la marque des clous aux mains et aux pieds, dénoteraient une origine chrétienne, tandis que la couronne Parthienne à sept pointes, l'absence du bois de la croix et de l'inscription usuelle, et les rayons au-dessus, laisseraient croire à une origine différente que celle du Christianisme. Est-ce l'homme-victime, ou le prêtre et la victime en une seule personne, de la Mythologie hindoue, qui s'offre en sacrifice avant que les mondes fussent nés? Est-ce le second Dieu de Platon qui s'impose à l'univers sous la forme d'une croix? Ou bien, est-ce l'homme divin qui voulut être fouetté, torturé, enchaîné, qui voulut qu'on lui arrachât les yeux, et finalement... *qu'on le crucifiât ?* (République C. II, p. 52. Traduct. de Spens). C'est tout cela et beaucoup plus ; *la Philosophie Archaïque religieuse* était universelle.

Comme que ce soit, le Dr Lundy est en contradiction avec Moor, et il maintient que cette figure est celle de *Wittoba*, — un des avatars de Vichnou, par conséquent Christna, — et *antérieure au christianisme*, fait qu'il est fort difficile de nier. Et néanmoins, bien qu'il admette qu'elle soit prophétique du christianisme, il estime qu'elle n'a aucun rapport avec le Christ ! Sa raison pour cela est que « dans un crucifix chrétien, l'auréole procède toujours de la tête ; ici elle vient d'au-dessus et d'au-delà... Par conséquent, le Wittoba du Pandit, qui a été donné à Moor, paraît être le *Krishna* crucifié, le dieu-berger de Mathura... un *Sauveur — le Seigneur de l'Alliance, de même que le Seigneur du ciel et de la terre — pur et impur, lumineux et sombre, bon et méchant, pacifique et guerrier, aimable et courroucé, doux et turbulent, miséricordieux et vindicatif, Dieu avec un étrange mélange d'homme*, mais non pas le Christ des Evangiles. »

Or, toutes ces qualités appartiennent aussi bien à Jésus qu'à Christna. Le seul fait que Jésus était un homme de par sa mère, — même s'il était un *Dieu*, le donne à entendre. Sa conduite à l'égard du figuier et ses contradictions dans *Saint-Matthieu*, où à certains moments il promet la paix sur la terre et à d'autres la destruction par l'épée, etc. en sont la preuve. Sans aucun doute cette gravure n'a jamais prétendu représenter le Jésus de Nazareth. C'était certainement Wittoba, ainsi qu'on l'affirme à Moor, et comme en outre, les Ecritures sacrées des hindous le maintiennent, Brahma, le sacrificateur qui est « en même temps le sacrificateur et la victime » ; c'est « Brahma, victime dans Son Fils Christna, qui vint mourir sur cette terre pour notre salut, qui accomplit Lui-même le solennel sacrifice » (du Sarvameda). Et cependant, c'est l'homme Jésus, de même que l'homme Christna, car tous deux sont unis à leur *Chrestos*.

Il faut alors, ou bien admettre les « incarnations » périodiques, ou alors reconnaître que le Christianisme est la plus énorme fourberie, et le plagiat le plus éhonté des siècles !

Quant aux *Ecritures* juives, seuls des hommes comme le Jésuite de Carrière, digne représentant de la majorité du clergé catholique, voudront faire accepter à leurs partisans la chronologie établie par le Saint-Esprit. C'est sur l'autorité de celui-ci qu'on nous apprend que Jacob émigre en Egypte A. M. 2298 avec une famille de soixante-dix âmes, en tout, et que 215 années plus tard, en A. M. 2513, ces soixante-dix personnes avaient augmenté de telle façon que les israélites quittèrent l'Egypte au nombre de 600.000 guerriers, « sans compter les femmes et les enfants », ce qui, suivant la science de la statistique, devrait représenter une population totale de deux à trois millions d'individus !! L'histoire naturelle ne nous fournit, nulle part, un pareil exemple de fécondité, sauf chez les harengs. Après cela que les missionnaires chrétiens se gaussent, s'ils en ont envie, de la chronologie et des computations des hindous.

« Heureux ceux, mais ne les envions pas », s'écrie Bunsen, « qui ne craignent pas de faire partir Moïse avec une populace de plus de deux millions d'âmes à la suite d'une conspiration et d'un soulèvement populaire à l'époque dorée de la dix-huitième dynastie ; ou de faire conquérir le Canaan par Josué, pendant et avant les formidables campagnes des Pharaons conquérants, dans ce même pays. Les annales égyptiennes et assyriennes d'accord avec la critique historique de la Bible, prouvent que l'Exode n'a pu avoir lieu

1. *Egypt's Place in Universal History*, par Bunsen, vol. 5, p. 93.

que pendant le règne de Menephthah, de sorte que Josué n'a pu traverser le Jourdain avant la Pâque de 1280, la dernière campagne de Ramsès III en Palestine ayant eu lieu en 1281 (1).

Mais reprenons le fil de notre étude sur le Bouddha.

Ni lui, ni Jésus, n'ont jamais mis un seul mot de leurs doctrines par écrit. Nous devons accepter l'enseignement des maîtres sur le témoignage de leurs disciples et par conséquent, il n'est que juste que nous jugions chacune des deux doctrines d'après leur valeur intrinsèque. Nous constatons dans le résultat des nombreuses discussions entre les missionnaires chrétiens et les théologiens bouddhistes (*pungui*) de quel côté gît la supériorité logique. Ceux-ci en général, sinon invariablement, ont le dessus de leurs adversaires. D'autre part, le « Lama de Jehovah » manque rarement de se mettre en colère, à la grande joie du « Lama de Bouddha » et fait pratiquement la preuve de sa religion de patience, de miséricorde et de charité, en injuriant son adversaire dans un langage rien moins qu'orthodoxe. Nous l'avons vu mainte et mainte fois.

Malgré la similitude entre l'enseignement direct de Gautama et de Jésus, nous constatons néanmoins que leurs disciples respectifs partent de deux points de vue diamétralement opposés. Le prêtre bouddhiste, se tenant littéralement à la doctrine éthique de son maître, reste, par conséquent, fidèle à l'héritage de Gautama ; tandis que le ministre chrétien, dénaturant les préceptes enseignés par les quatre Evangiles, de manière à les rendre méconnaissables, enseigne, non pas ce qu'enseigna Jésus, mais les interprétations absurdes et souvent nuisibles d'hommes sujets à erreur, tels que les Papes, sans excepter Luther ou Calvin. Voici deux exemples pris dans les deux religions, et mis en regard les uns des autres. Que le lecteur juge par lui-même :

« Ne croyez rien parce qu'on en fait courir le bruit, ou parce que beaucoup de personnes l'affirment », dit le Bouddha ; « ne croyez pas que ce soit une preuve de sa véracité. »

« N'ajoutez aucune foi à quoi que ce soit, simplement sur

1. Bunsen. *Egypt's Place in Universal history*, vol. V, p. 93.

la production d'une affirmation écrite par un ancien sage ; ne soyez pas certain que ce que ce sage a écrit, ait été revu par lui, ou qu'on puisse y ajouter foi. Ne croyez pas ce que vous vous imaginez, en pensant que, *parce que la notion est extraordinaire, elle a dû être inspirée par un Déva, ou un être surnaturel.*

« Ne croyez pas aux suppositions, c'est-à-dire, admettant quoi que ce soit d'emblée et au petit bonheur, pour en tirer ensuite vos conclusions — calculant vos numéros deux, trois ou quatre, *avant d'avoir établi votre numéro un.* »

« *Ne croyez rien sur la seule autorité de vos maîtres et de vos instructeurs* ; ne croyez et ne pratiquez rien *seulement parce qu'ils le croient et le pratiquent.* »

« Moi (le Bouddha) je vous dis à tous, vous devez de par vous-même savoir que ceci est mal, que c'est punissable, que c'est réprouvé par les sages ; une telle croyance ne fera de bien à personne, mais causera de la souffrance ; et alors, lorsque vous le saurez, vous l'éviterez » (1).

Il est impossible de ne pas reconnaître le contraste entre ces sentiments bienveillants et humains, et les fulminations des Conciles Oecuméniques et des Papes, contre l'usage de la raison et de l'étude de la science lorsque celle-ci est en conflit avec la révélation. La scandaleuse bénédiction papale des armes musulmanes, et la malédiction des chrétiens russes et bulgares, ont soulevé l'indignation des plus ferventes communautés chrétiennes. Les catholiques tchèques de Prague, le jour du récent jubilé cinquantenaire de Pie IX, et ensuite le 6 juillet, anniversaire de Jean Huss, le martyr mort sur le bûcher se réunirent par milliers sur le mont Zhisko, afin de proclamer l'horreur qu'ils éprouvaient de pareilles actions ; ils brûlèrent en grande pompe le portrait du Pape, son syllabus, et sa dernière allocution contre le tsar des Russes, en disant que s'ils étaient de bons catholiques ils étaient encore de meilleurs slaves. Evidemment le souvenir de Jean Huss est plus sacré pour eux que les Papes du Vatican.

« Le culte des paroles est plus nuisible que le culte des images », dit Robert Dale Owen. « La grammatolâtrie est

1. Alabaster. *The Wheel of the Law*, pp. 43-47.

la pire des idolâtries. Nous sommes arrivés à une époque où le littéralisme est en train de détruire la foi... La lettre tue » (1).

Il n'y a pas de dogme de l'Eglise auquel ces paroles puissent mieux s'appliquer, que celui de la *transsubstantiation* (2). « Celui qui mange ma chair et qui boit mon sang a la vie éternelle », fait-on dire au Christ. « Cette parole est dure », répétèrent quelques-uns de ses auditeurs effrayés. Cette réponse *était celle d'un initié*. « Cela vous scandalise-t-il ? C'est l'Esprit qui vivifie ; la chair ne sert de rien. Les paroles (*remula* ou expressions cachées) que je vous ai dites sont esprit et vie » (St. Jean, VI, 54-63).

Dans les Mystères, le vin représentait Bacchus, et le pain Cérès (3). Le hiérophante initiateur présentait symboliquement, avant la *révélation* finale, le vin et le pain au candidat qui devait manger et boire des deux pour témoi-

1. *The debatable Land*, p. 145.

2. « Nous partageons notre zèle », dit le Dr Henry More, « entre tant de choses, que nous croyons infectées de papisme, que nous n'attribuons pas *notre bonne part d'exécration*, à celles qui le sont en réalité. Parmi celles-ci se trouve cette fable grossière et scandaleuse de la *transsubstantiation* ; les divers modes d'idolâtrie nauséabonde et mensongère ; l'incertitude du loyalisme envers les souverains légaux à la suite de l'adhésion superstitieuse à la tyrannie spirituelle du Pape : et cette *cruauté barbare et sauvage* contre ceux qui ne sont pas assez fous pour croire tout ce qu'on veut en imposer aux hommes, ou assez faux envers leur Dieu et leurs propres consciences, pour les professer, tout en sachant à quoi s'en tenir » (Postscript du *Glanvill*).

3. Payne Knight est d'avis que Cérès n'était pas la personnification de la matière grossière qui compose la terre, mais bien du *principe productif* féminin, qui est supposé la pénétrer, laquelle, jointe au principe actif, devait être la cause de l'organisation et de l'animation de sa substance... On en parle comme de l'épouse du Père Omnipotent Æther, ou Jupiter (*The Symbolical Language of Ancient Art and Mythology*, XXXIV). Par conséquent, les paroles du Christ « c'est l'esprit qui vivifie, *la chair ne sert de rien*, se réfèrent, dans leur double signification, aussi bien aux choses spirituelles qu'aux choses terrestres, à l'esprit et à la matière. Bacchus, sous la forme de Dionysios, est d'origine hindoue. Cicéron en parle comme d'un fils de Thyoné et de Nisus. Διόνυσος signifie le Dieu Dis du mont Nis, dans l'Inde. Bacchus, couronné de lierre, ou *Kissos*, est Christna, dont un des noms était *Kissen*. Dionysios est prééminemment la divinité sur laquelle se concentraient tous les espoirs d'une vie future : en somme, il était le dieu dont on attendait *la libération des hommes* de leur prison de chair. Orphée le poète-argonaute, vint, dit-on, également sur la terre pour purifier la religion de son anthropomorphisme grossier et terrestre ; il abolit les sacrifices humains et fonda une théologie mystique basée sur la spiritualité pure. Cicéron dit qu'Orphée

gner que l'esprit vivifie la matière, c'est-à-dire que la sagesse divine devait pénétrer en lui par le moyen de ce qui lui était révélé. Dans sa phraséologie orientale, Jésus se compare souvent au vrai cep (St. Jean, XV, I). De plus, le hiérophante, révélateur du Petroma, avait le titre de « Père ». Lorsque Jésus dit, « Buvez, ceci est mon sang », que voulait-il dire sinon que c'était une simple comparaison entre lui et le cep qui porte le raisin, dont le jus est le sang, le vin. Il voulait faire comprendre par là, qu'ayant été, lui-même, initié par le « Père », il voulait initier les autres. Son « Père » était le vigneron ; il était, lui, le cep et ses disciples étaient les sarments. Comme ses partisans ignoraient la terminologie des Mystères, ils demeuraient surpris ; ils en furent même offensés, ce qui n'est pas pour nous surprendre, étant données les injonctions de Moïse contre le sang.

Les quatre Évangiles contiennent tout ce qu'il faut pour nous faire comprendre le désir secret et fervent de Jésus ; l'espérance qui le possédait lorsqu'il entreprit son ministère et dans laquelle il mourut. Dans son immense amour désintéressé pour l'humanité, il estimait qu'il était injuste de priver la grande masse des résultats de la connaissance que la minorité avait acquise. Il prêche, par conséquent, ce résultat, — l'unité d'un Dieu spirituel, dont le temple réside en chacun de nous, et dans lequel nous vivons de même que Lui vit en nous — en esprit. Cette connaissance était au pouvoir des adeptes juifs de l'école de Hillel et des cabalistes. Mais les « scribes », ou hommes de loi, s'étant, peu à peu, retranchés derrière le dogmatisme de la lettre morte, ils s'étaient déjà, depuis longtemps, séparés des Tanaïm, les véritables instructeurs spirituels ; et les cabalistes pratiques étaient, plus ou moins, persécutés par la Synagogue. C'est pourquoi nous voyons Jésus s'écrier : « Malheur à vous, docteurs de la Loi ! *parce que vous avez enlevé la clé de la science* (la Gnose) : vous n'êtes pas entrés vous-mêmes, et

était un fils de Bacchus. Il est étrange que tous deux, paraissent être venus des Indes. Du moins, comme Dionysius-Zagreus, Bacchus est sans aucun doute d'origine hindoue. Quelques écrivains, trouvant une curieuse analogie entre le nom d'Orphée et un ancien terme grec, ὀρφνός, *foncé ou tanné*, en font un hindou, en rapprochant ce terme de son teint foncé d'hindou. Voyez Voss, Heyne, et Schneider au sujet des Argonautes.

vous avez empêché d'entrer ceux qui le voulaient » (St Luc, XI, 52). Est-ce assez clair. Ils avaient retiré la clé, et n'en avaient pas su profiter eux-mêmes, car la *Masorah* (la tradition) était devenue pour eux, comme pour les autres, un livre fermé.

Ni Renan, ni Strauss, ni même le vicomte Amberley, plus moderne, ne paraissent avoir soupçonné la véritable signification de la plupart des paraboles de Jésus, et même le caractère du grand philosophe galiléen. Ainsi que nous l'avons déjà vu, Renan nous le présente comme un Rabbin gallicisé, « le plus charmant de tous », mais néanmoins un rabbin ; et, de plus, qui ne sortait pas de l'école de Hillel, ou d'une autre école quelconque, malgré qu'il l'appelle souvent le « charmant docteur » (1). Il nous le dépeint comme un jeune enthousiaste sentimental, sorti de la classe plébéienne de la Galilée, qui évoque dans son imagination les rois idéals de ses paraboles, couverts de pourpre et de bijoux, tels qu'on les voit sur les images d'Epinal (2).

Le Jésus de lord Amberley, par contre, est un « idéaliste iconoclaste », bien inférieur à ses critiques dans sa subtilité et sa logique. Renan considère Jésus du point de vue étroit d'un Sémitomaniaque ; le vicomte Amberley le regarde du haut de la grandeur sociale d'un Lord anglais. A propos de la parabole de la fête nuptiale, qu'il considère comme « une curieuse théorie des rapports sociaux », le Vicomte dit : « Nul n'objectera à ce que des personnes charitables invitent les pauvres et les malades *sans rang social*, à leurs agapes... mais nous n'admettons pas que cette action charitable doive être rendue obligatoire... il serait à désirer que nous fassions exactement ce que le Christ nous dit de ne pas faire, — c'est-à-dire, d'inviter nos voisins, et qu'ils nous invitent suivant les circonstances. La crainte de recevoir une récompense pour les invitations à dîner que nous pourrions distribuer, est certainement chimérique... Jésus, en effet, dédaigne complètement le côté intellectuel de la société » (3). Tout ceci prouve, sans contredit, que le « Fils de Dieu » n'était pas passé maître dans l'éti-

1. *Vie de Jésus*, p. 219.
2. *Ibidem*, p. 221.
3. *Analysis of Religions Belief*, vol. I, p. 467.

quette, et qu'il n'était pas non plus à la hauteur du « grand monde » ; mais c'est aussi un excellent exemple de la manière générale dont on a faussement interprété ses paraboles les plus suggestives.

La théorie d'Anquetil du Perron que *Bhagavad-Gita* est une œuvre indépendante, puisqu'elle n'existe pas dans les divers manuscrits de la Maha-Bhârata, est peut-être aussi bien la preuve de sa haute antiquité que du contraire. Cet ouvrage est purement métaphysique et éthique, et dans un certain sens, il est *anti-Védique* ; du moins, en ce qu'il est en opposition aux nombreuses interprétations subséquentes des *Védas*, par les Brahmanes. Comment se fait-il alors, qu'au lieu de détruire cet ouvrage, ou tout au moins de le qualifier de non canonique — expédient auquel l'Eglise Chrétienne n'aurait eu garde de manquer — les Brahmanes le tiennent en si haute estime ? Son but étant éminemment *unitarien*, il est en opposition avec le culte populaire des idoles. Néanmoins l'unique précaution prise par les Brahmanes pour empêcher ses doctrines de se répandre, a été de le tenir plus secret encore que tous les autres livres religieux, pour toutes les autres castes excepté celle des prêtres, et d'imposer dans beaucoup de cas, certaines restrictions, même à celle-ci. Ce merveilleux poème comprend les plus sublimes mystères de la religion brahmanique ; il est accepté même par les bouddhistes, qui expliquent, à leur manière, certaines de ses difficultés dogmatiques. « Sois désintéressé, soumets tes sens et tes passions, qui obscurcissent la raison et conduisent à la déception », dit Christna à son disciple Arjouna, énonçant ainsi un précepte purement bouddhiste. « Les hommes inférieurs suivent les exemples, les grands hommes les donnent... L'âme doit se libérer des liens de l'action et agir en tout et pour tout suivant son origine divine. *Il n'y a qu'un Dieu*, et tous les autres devatas sont inférieurs, et ne sont que les formes (les pouvoirs) de Brahma ou de moi-même. *Le culte par les actions est supérieur à celui de la contemplation* » (1).

Cette doctrine coïncide exactement avec celle de Jésus

1. Voyez la *Gita* traduite par Charles Wilkins, en 1875 ; et la *Bhagavad-Purana*, renfermant l'histoire de Christna, traduction française de Eugène Burnouf, 1840.

lui-même (1). La foi, toute seule, sans l'accompagnement « d'actions » est réduite à néant dans la *Bhagavad-Gita*. Quant à l'*Atharva-Véda* il était, et est encore, tenu si secret par les Brahmanes, qu'il est douteux que les orientalistes en aient eu une copie *complète*. Comment pourrait-on en douter après avoir lu ce que l'abbé Dubois a à dire à ce sujet ? « Il existe fort peu d'exemplaires de ce dernier » — l'Atharva — dit-il à propos des Védas, « et beaucoup croient qu'ils n'existent plus. Mais la vérité est qu'ils existent certainement, bien qu'on les cache plus soigneusement que les autres, par crainte de faciliter l'initiation aux mystères magiques et autres mystères redoutables que l'ouvrage est supposé enseigner » (2).

Il y avait, parmi les *epoptæ* les plus élevés des grands *Mystères*, certains sujets qui ne savaient absolument rien du dernier et redoutable rite — le transfert volontaire de la vie de l'hiérophante au candidat. Cette opération mystique, du transfert par l'adepte de son entité spirituelle après la mort de son corps à l'enfant qu'il aime avec toute l'ardeur de l'affection d'un père spirituel, est admirablement décrite dans « *Ghost-Land* » (3). Comme c'est le cas pour la réincarnation des lamas du Thibet, un adepte de l'ordre le plus élevé peut vivre indéfiniment. Son corps mortel s'use malgré certains secrets alchimiques pour prolonger la vigueur de la jeunesse bien au delà des limites usuelles, mais il est rare que le corps puisse vivre plus de deux cents ou deux cent quarante ans. L'ancien vêtement est usé et l'Ego spirituel se voit obligé de l'abandonner ; il choisit alors pour sa demeure, un nouveau corps, jeune et pourvu d'un principe vital, robuste. Nous renverrons le lecteur qui serait tenté de ridiculiser cette affirmation ou la prolongation possible de la vie humaine, aux statistiques des différents pays. L'auteur d'un article fort bien écrit dans la *Westminster Review* pour octobre 1850, est responsable pour l'affirmation qu'en Angleterre, il est authentiquement avéré qu'un nommé Thomas Jenkins est mort à

1. Saint-Matthieu, VII, 21.
2. *Of the People of India*, vol. I, p. 84.
3. Ou *Researches into the Mysteries of Occultism* ; Boston, 1877, édité par Mme E. Hardinge-Britten.

l'âge de 169 ans, et « Old Parr » à 152 ; et qu'en Russie « il a été reconnu que quelques paysans ont atteint l'âge de 242 ans » (1). On trouve également des cas de centenaires chez les indiens péruviens. Nous n'ignorons pas que nombre d'écrivains, et des plus célèbres, ont tout récemment nié ces cas d'extrême longévité, mais nous maintenons néanmoins notre foi en leur véracité.

Qu'elles soient vraies ou fausses, il existe certainement chez les nations orientales des « superstitions » telles que ni Edgard Poe ni Hoffmann n'en ont rêvé de plus extraordinaires, et ces croyances sont enracinées dans le sang des nations où elles sont nées. Si nous les dépouillons de leurs exagérations on verra qu'elles représentent la croyance universelle en ces âmes astrales inquiètes et errantes qu'on a nommées goules et vampires. Un évêque arménien du ve siècle, nommé Yeznik, donne toute une série de récits de ce genre, dans un manuscrit (Livre I, §§ 20, 30), conservé il y a une trentaine d'années dans la bibliothèque du monastère d'Etchmeadzine (2). Entre autres, une tradition qui date de l'époque païenne, veut que lorsqu'un héros, dont la vie est encore nécessaire sur terre, tombe sur le champ de bataille, les Aralez, les dieux populaires de l'ancienne Arménie qui ont la faculté de ramener à la vie ceux qui sont tués dans la bataille, lèchent les plaies sanglantes de la victime et soufflent sur eux jusqu'à leur infuser une nouvelle vie. Le guerrier se lève alors, lave toutes traces de ses blessures et reprend sa place dans la bataille. Mais son esprit immortel s'est envolé ; et pour le reste de ses jours il demeure — un temple abandonné.

Une fois qu'un adepte a été initié au dernier et au plus solennel mystère, celui du transfert de la vie, l'imposant *septième* rite des grandes opérations sacerdotales, il n'appartient plus à ce monde. Son âme est désormais libérée, et les *sept* péchés mortels prêts à dévorer son cœur, pendant que l'âme, libérée par la mort, traverse les *sept* salles et les *sept* escaliers, ne peuvent plus lui nuire, mort ou

1. Voyez *Stone Him to Death ; Septenary Institutions.* Le capitaine James Riley dans sa narration de son esclavage en Afrique, mentionne des cas analogues de grande longévité dans le Désert du Sahara.

2. Arménie Russe ; un des plus anciens couvents chrétiens.

vivant ; il a traversé les « deux fois sept épreuves », les *douze* travaux de la dernière heure (1).

Seul le Grand Hiérophante savait comment se pratiquait cette solennelle opération, en infusant sa propre essence vitale et son âme astrale à l'adepte, qu'il avait choisi pour lui succéder, qui, de cette manière était doué d'une double vie (2).

« En vérité, en vérité, je te le dis, si un homme ne naît de nouveau, il ne peut voir le royaume de Dieu. » (Saint-Jean III, 3). Jésus dit à Nicodème que « ce qui est né de la chair est chair, et ce qui est né de l'Esprit est esprit. »

Cette allusion, si peu intelligible en elle-même, est expliquée dans la *Satapata-Brahmana*. Elle enseigne que l'homme qui recherche la perfection spirituelle doit avoir *trois* naissances : 1° La naissance physique, celle que lui donnent ses parents mortels : 2° la naissance *spirituelle*, au moyen de sacrifices religieux (initiations) ; 3° la naissance finale dans le monde de l'esprit à la mort. Bien qu'il puisse paraître étrange que nous devions aller à la terre du Punjab et sur les bords du Gange sacré, pour avoir l'interprétation de paroles prononcées à Jérusalem et commentées sur les rives du Jourdain, le fait est néanmoins évident.

1. *Livre des Morts égyptien*. Les hindous ont sept ciels supérieurs et sept inférieurs. Les sept péchés mortels des Chrétiens ont été copiés du Livre égyptien de Hermès, si familier à St-Clément d'Alexandrie.

2. L'atroce coutume introduite par la suite dans le peuple, des sacrifices humains, est une copie pervertie du mystère Théurgique. Les prêtres païens qui ne faisaient pas partie des hiérophantes, pratiquèrent ce rite hideux pendant longtemps, ce qui servit à masquer le but véritable. Mais le grec Héraklès fut, dit-on, l'ennemi des sacrifices humains, et mit à mort les hommes et les monstres qui les pratiquaient. Bunsen démontre, par l'absence même d'une représentation de sacrifices humains sur les plus anciens monuments, que cette coutume avait été abolie dans l'ancien Empire à la fin du VII° siècle après Ménès ; par conséquent 3.000 ans avant J.-C. Iphiscrate avait déjà aboli les sacrifices humains chez les Carthaginois. Diphilus fit substituer des taureaux aux victimes humaines. Amosis obligea les prêtres à remplacer celles-là par des figures de cire. D'autre part, pour chaque étranger sacrifié sur l'autel de Diane par les habitants du Chersonnèse-Taurique, l'Inquisition et le Clergé chrétien peuvent mettre en avant une douzaine d'hérétiques sacrifiés sur l'autel de la « mère de Dieu » et de « son Fils ». Quand les chrétiens ont-ils jamais pensé substituer des animaux ou des figures de cire aux hérétiques, juifs et sorciers ? Ils ne les brûlaient en effigie que lorsque par quelque hasard providentiel, les victimes condamnées avaient réussi à échapper à leurs griffes.

Cette seconde naissance, la régénération de l'esprit, après la naissance naturelle de ce qui est né de la chair, était certes de nature à étonner un législateur Juif. Néanmoins elle avait déjà été enseignée 3.000 ans avant la venue du grand prophète de la Galilée, non seulement dans l'Inde antique, mais à tous les *epoptæ* des initiations païennes, qu'on avait instruits dans les grands mystères de la VIE et de la MORT. Ce secret des secrets, que *l'âme* n'est pas enchaînée à la chair, était pratiquement démontré par les exemples des Yoguis, les partisans de Kapila. Ayant libéré leurs âmes des liens de *Prakriti*, ou de *Mahat* (la perception physique des sens et de l'esprit — autrement dit de la création) ils développaient leur puissance spirituelle et la *force de leur volonté* au point d'avoir acquis le pouvoir, sur cette terre, de communiquer avec les mondes supérieurs, et de pratiquer ce qu'on nomme communément des « miracles » (1). Les hommes dont l'esprit astral a atteint sur cette terre le *nehreyasa*, ou *moukti*, sont des demi-dieux ; ils atteignent Moksha ou le Nirvâna à l'état d'esprits désincarnés, et ceci constitue leur *seconde* naissance spirituelle.

Le Bouddha enseigne la doctrine d'une nouvelle naissance aussi clairement que le fait Jésus. Son but étant de rompre avec les anciens Mystères, auxquels il était impossible d'admettre les masses ignorantes, le réformateur hindou, bien que muet, en général, au sujet de plus d'un dogme secret, indique clairement sa pensée dans différents passages. C'est ainsi qu'il dit : « *Quelques personnes sont nées de nouveau;* les malfaiteurs vont en Enfer ; les justes vont au Ciel ; ceux qui se sont libérés de tous les désirs terrestres entrent au Nirvâna » (Préceptes de la Dhammapada V, 126). D'autre part le Bouddha dit que « il est meilleur de croire à une vie future dans laquelle on ressentira la félicité ou la souffrance ; car si cette croyance est enracinée dans le cœur, celui-ci laissera de côté le péché

1. Voilà pourquoi Jésus recommande la prière dans la solitude de sa chambre. « La prière secrète n'est rien autre que la *paravidya* du philosophe védantique : « Celui qui connaît son âme (son soi intérieur) se retire journellement dans la région de *Swarga* (le royaume céleste) dans son propre cœur », dit la *Brihad-Aranyaka*. Le philosophe Védantin reconnaît l'Atman, le *soi* spirituel, comme le Dieu unique et suprême.

et s'adonnera à la vertu ; et même si une telle résurrection n'existait pas, une vie comme celle-là commandera la considération des hommes et un bon renom. *Mais ceux qui croient à l'extinction après la mort, ne manqueront pas de commettre tous les péchés imaginables*, à cause de leur manque de foi en une vie future » (1).

L'Epître aux Hébreux traite du sacrifice du sang. « Là où il y a un testament il est nécessaire que *la mort* du testateur soit constatée... sans effusion de sang il n'y a pas de pardon. » Puis encore : « Christ ne s'est pas non plus attribué *la gloire de devenir Grand Prêtre*, mais il la doit à celui qui lui a dit : « Tu es mon Fils, JE T'AI ENGENDRÉ AUJOURD'HUI. » (Hébreux IX 16, 22 ; V. 5). On a déduit clairement : 1° que Jésus n'était considéré que comme un grand prêtre, ainsi que Melchisédec — autre *avatar* ou incarnation du Christ, suivant les Pères ; et 2° que l'écrivain considérait que Jésus n'était devenu un « Fils de Dieu », qu'au moment de son initiation par l'eau ; que, par conséquent, il n'était pas un dieu de naissance, et qu'il n'avait pas été engendré physiquement par Lui. Tout initié de la « dernière heure », devenait, du fait de son initiation, un Fils de Dieu. Lorsque Maxime, l'éphésien, initia l'empereur Julien aux Mystères Mithraïques, il prononça comme d'habitude, la formule usuelle du rite en disant : « Par ce sang je te lave de tes péchés. La Parole du Très-Haut est entrée en toi et dorénavant Son Esprit reposera sur le NOUVEAU-NÉ, engendré en ce moment par le Dieu Suprême... Tu est le fils de Mithra. » « Tu es le *Fils de Dieu* », répétèrent les disciples après le baptême du Christ. Lorsque saint Paul secoua la vipère dans le feu, sans qu'il lui arrivât aucun mal, les habitants de Malte dirent « que c'était *un dieu* ». (Actes XXVIII, 6). « Il est le fils de Dieu, le Resplendissant ! » était le terme employé par les disciples de Simon le Magicien, car ils croyaient reconnaître en lui, « le grand pouvoir de Dieu. »

Un homme ne peut avoir de dieu qui ne soit pas limité par ses propres conceptions humaines. Plus l'envergure de sa vision spirituelle est étendue, plus grande aussi sera sa

1. *Wheel of the Law*, p. 54.

divinité. mais où en trouverions-nous une plus éclatante démonstration, que dans l'homme lui-même ; dans les pouvoirs spirituels et divins qui demeurent latents dans chaque être humain ? « La capacité en elle-même d'imaginer la possibilité des pouvoirs thaumaturgiques, est la preuve de leur existence », dit l'auteur de *Prophecy*. « Le critique, ainsi que le sceptique, sont généralement inférieurs à la personne ou au sujet qu'ils étudient, et par conséquent ils ne constituent pas des témoignages compétents. Là où il y a une copie, il doit exister quelque part un original (1). »

Le sang engendre les fantômes, et ses émanations donnent à certains esprits les matériaux nécessaires pour établir leurs apparitions temporaires. « Le sang », dit Lévi, « est la première incarnation du fluide universel ; c'est de la *lumière vitale* matérialisée. Sa naissance est la plus grande de toutes les merveilles de la nature ; il ne vit qu'au moyen de transformations perpétuelles, car il est le Protée universel. Le sang vient de principes où il n'en existait pas avant, et il devient de la chair, des os, des cheveux, des ongles... des larmes et de la sueur. Il ne s'allie ni à la décomposition ni à la mort ; lorsque la vie s'est envolée, sa décomposition commence ; si l'on sait comment le ranimer, lui infuser la vie par une nouvelle magnétisation de ses globules, il reviendra à la vie. La substance universelle, avec son double mouvement, est le grand arcane de l'être ; le sang est le grand arcane de la vie. »

« Le sang », dit l'hindou Ramatsariar, « renferme tous les mystérieux secrets de l'existence ; aucun être ne peut vivre en en étant privé. C'est profaner la grande œuvre du Créateur que de manger du sang. »

Moïse, de son côté, se conformant à la tradition et la loi universelle défend de manger le sang.

Paracelse écrit qu'au moyen des émanations du sang, on peut évoquer n'importe quel esprit que l'on voudrait voir ; car avec ses émanations il se façonnera une apparition, un corps *visible* — seulement ceci est du domaine de la sorcellerie. Les hiérophantes de Baal se taillaient le corps et provoquaient ainsi des apparitions objectives et tangibles, au

1. *Ancient and Modern Prophecy*, par A. Wilder.

moyen de leur propre sang. Les partisans d'une certaine secte en Perse, qu'on trouve en grand nombre autour des possessions russes de Temerchan-Shoura et de Derbent, ont leurs mystères religieux dans lesquels ils tracent un grand cercle, où ils tournent en une danse effrénée. Leurs temples sont en ruines et ils pratiquent leur culte dans de grands édifices temporaires, jalousement fermés, où le sol de terre battue est recouvert de sable. Ils portent tous de longues robes blanches et ils ont la tête nue et rasée. Armés de couteaux, ils atteignent bientôt un état d'exaltation furieuse, et se blessent entre eux ainsi que les autres jusqu'à ce que leurs vêtements et le sable sur le sol, soient imprégnés de sang. Avant la fin du « Mystère », *chaque homme est accompagné d'un compagnon*, qui tourne avec lui. Les danseurs fantômes ont quelquefois *des cheveux sur la tête*, ce qui les distingue de leurs évocateurs inconscients. Ayant fait une promesse solennelle de ne pas révéler les détails principaux de cette étrange cérémonie (à laquelle nous n'avons assisté qu'une seule fois) nous n'en dirons pas plus long (1).

Au temps de l'antiquité, les sorcières de la Thessalie ajoutaient quelquefois à leurs rites le sang d'un agneau noir ou celui d'un nouveau-né, et par ce moyen elles évoquaient les fantômes. On enseignait aux prêtres l'art d'évoquer les esprits des trépassés, de même que ceux des éléments, mais leur manière d'opérer n'était, certainement, pas celle des sorcières de la Thessalie.

Il y a, parmi les Yakuts de la Sibérie, une tribu vivant sur les confins de la région transbaïkale, près de la rivière Vitema (Sibérie orientale) où on pratique encore la sorcellerie connue du temps des sorcières thessaliennes. Leurs croyances religieuses sont un curieux mélange de philosophie et de superstition. Ils ont un chef ou dieu suprême, Aij-Taïon, qui, disent-ils, ne créa pas, mais qui *préside* à

1. Pendant un séjour à *Petrovsk* (Dhagestan, région du Caucase) nous avons eu l'occasion d'assister à un autre de ces *mystères*. Ce fut grâce à l'obligeance du prince Melikoff, gouverneur général du Dhagestan, en résidence à Temerchan-Shoura, et surtout du prince Shamsoudine, ex-Shamsal régnant de Tarchoff, un Tartare indigène, que pendant l'été de 1865 nous avons assisté à cette cérémonie, cachés et hors de danger dans une espèce de loge privée, construite sous le toit de l'édifice temporaire.

la création de tous les mondes. Il vit dans le *neuvième* ciel, et ce n'est que depuis le septième que les dieux inférieurs — ses assistants — peuvent se manifester à leurs créatures. Ce neuvième ciel, suivant la révélation des divinités inférieures (les esprits, croyons-nous) a trois soleils et trois lunes et le sol de cette demeure est formé de quatre lacs (les quatre points cardinaux) « d'air mou » (éther) au lieu d'eau. Tout en n'offrant aucun sacrifice à la Divinité suprême, car elle n'en a nul besoin, ils cherchent à se propitier aussi bien les divinités bonnes ou mauvaises, auxquelles ils donnent respectivement le nom de dieux « blancs» et dieux « noirs ». Ils le font parce que ni l'une, ni l'autre, de ces deux classes n'est assez bonne ou mauvaise de par leur mérite ou démérite personnel. Comme ils sont tous soumis au suprême Aij-Taïon, et que chacun doit remplir la tâche qui lui a été assignée de toute éternité, ils ne sont pas responsables du bien ou du mal qu'ils font ici-bas. La raison que les Yakuts donnent pour ces sacrifices est fort curieuse. Les sacrifices, disent-ils, aident chaque classe de dieux à accomplir le mieux possible leur mission, afin de satisfaire l'Etre Suprême, et chaque mortel qui prête son aide en accomplissant un devoir, doit, par conséquent, satisfaire également l'Etre Suprême, car il aura prêté son concours à la justice. Comme les divinités « noires » sont chargées d'amener les maladies, les maux et toutes espèces de calamités sur l'humanité, qui sont tous des punitions pour les transgressions quelconques, les Yakuts leur offrent des sacrifices du sang des animaux ; tandis qu'aux divinités « blanches », ils offrent de pures offrandes, consistant généralement en animaux consacrés à un dieu spécial et gardées avec grand soin et cérémonie, comme chose sacrée. Suivant eux, les âmes des morts deviennent des fantômes et sont condamnées à errer sur la terre jusqu'à ce qu'un changement se produise pour le bien ou pour le mal, ce que les Yakuts ne prétendent pas expliquer. Les ombres *claires*, c'est-à-dire les fantômes des bons, deviennent les gardiens et les protecteurs de ceux qu'ils ont aimé ici-bas; les ombres « noires » (les méchants) cherchent toujours, au contraire, à faire du mal à leurs connaissances en les poussant au crime, aux actions mauvaises et en faisant autrement du tort aux mortels. En outre, de même que les anciens chaldéens, ils comptent sept divins *Sheitans* (dœmons) ou dieux mineurs. C'est pendant les sacrifices du sang, qui ont lieu la nuit que les Yakuts évoquent les ombres méchantes ou *noires*, afin de leur demander ce qu'il faut faire pour arrêter le mal qu'ils commettent ; c'est pourquoi *il faut du sang*, car sans ses émanations les fantômes ne pourraient se rendre visibles, et deviendraient, selon eux, encore plus dangereux, car ils le succraient des vivants par la sueur (1). Quant aux ombres bienfaisantes, les « claires », nul n'est besoin de les évoquer, de plus, cet acte les dérange ; elles peuvent, révéler leur présence, lorsque le besoin s'en fait sentir, sans autre préparation ou cérémonie.

On pratique également l'évocation du sang, mais dans un but tout différent, dans plusieurs parties de la Bulgarie et de la Moldavie, et cela surtout dans les régions limitrophes des pays musulmans. L'horrible oppression et l'esclavage auxquels ont été soumis depuis des siècles, les infortunés chrétiens, les a rendus cent fois plus impressionnables et en même temps plus superstitieux que ceux qui habitent les pays civilisés. Chaque sept mai, les habitants des villages Moldavo-Valaques et Bulgare, célèbrent ce qu'ils nomment « la fête des morts ». D'immenses foules d'hommes et de femmes, portant tous à la main un cierge allumé, se rendent aux cimetières après le coucher du soleil, et prient sur les tombes pour leurs amis décédés. Cette antique et solennelle cérémonie, nommée *Trizna*, est une réminiscence des rites chrétiens primitifs, mais bien plus solennelle encore à cause de leur état d'esclavage envers les musulmans. A chaque tombe est adaptée une espèce d'armoire environ haute d'un demi-yard, faite de quatre pierres et avec des portes à double battants. Ces armoires contiennent ce qu'on appelle le mobilier du défunt : c'est-à-dire des cierges, de l'huile, une lampe de terre cuite, qu'on allume ce jour-là et qui doit brûler pendant vingt-quatre heures. Les riches y placent des lampes en argent, richement ciselées et des images ornées de pierres précieuses, qui ne craignent pas les voleurs, car les armoires et les cimetières sont ouverts

1. Ceci n'offre-t-il pas un point de comparaison avec les médiums à matérialisations ?

à tout venant. La terreur de la population (musulmane et chrétienne) de la vengeance des morts est telle, qu'un voleur que ne rebuterait pas un assassinat, n'aurait jamais le courage de toucher à la propriété d'un défunt. Les Bulgares croient que tous les samedis et surtout la veille du dimanche de Pâques, et jusqu'à la Trinité (ce qui fait environ sept semaines) les âmes des morts descendent sur la terre, quelques-unes pour implorer le pardon des vivants pour le tort qu'elles leur ont causé ; d'autres pour protéger et correspondre avec ceux qui leur sont chers. Se conformant fidèlement à la tradition de leurs ancêtres, les indigènes allument leurs lampes ou leurs cierges chaque samedi pendant ces sept semaines. En outre, le *sept* mai, ils arrosent les tombes avec du vin de raisins et brûlent de l'encens à l'entour, du coucher au lever du soleil. Chez les habitants des villes la cérémonie est limitée à ces simples pratiques. Mais dans les campagnes le rite prend des proportions d'une évocation théurgique. La veille du jour de l'Ascension, les femmes bulgares allument une quantité de cierges et de lampes; les pots sont placés sur des trépieds et l'encens parfume l'atmosphère des milles à l'entour, et des nuages de fumée blanche enveloppent chaque tombe comme si un voile la séparait de ses voisines. Pendant la soirée, et un peu avant minuit, en souvenir du défunt, les amis et un certain nombre de mendiants sont régalés avec du vin, et du *raki* (liqueur faite avec des raisins) et on distribue de l'argent parmi les pauvres suivant les moyens des survivants. Lorsque la fête est terminée, les invités s'approchent des tombes et s'adressant au défunt par son nom, le ou la remercient des bonnes choses qui leur ont été offertes. Lorsque tous se sont retirés à l'exception des proches parents, une femme, généralement la plus âgée de la famille reste seule avec le mort, et — suivant quelques-uns — procède à la cérémonie de l'évocation.

Après quelques ferventes prières, dites la face contre terre sur le tertre de la tombe, elle tire quelques gouttes de sang de son sein gauche, qu'elle laisse couler sur la tombe. Ceci donne de la vigueur à l'esprit qui erre par là, pour lui permettre de prendre pendant quelques instants une forme visible et murmurer ses instructions à l'oreille du théurgiste chrétien, s'il en a à donner, ou simplement pour « bénir celle qui mène le deuil », après quoi il disparaît jusqu'à l'année suivante. Cette croyance est si bien enracinée que nous avons ouï dire que, dans le cas d'une querelle de famille, une femme moldave pria sa sœur de surseoir à sa décision jusqu'à la nuit de l'Ascension, pour que son père défunt *pût leur exprimer lui-même sa volonté et son bon plaisir ;* la sœur y consentit comme si leur parent avait été dans la chambre à côté.

On ne peut douter qu'il y ait de terribles secrets dans la nature, ainsi que nous l'avons vu dans le cas du *Znachar* russe, lorsque le sorcier *ne parvient pas à mourir* avant d'avoir transmis la Parole à un autre, ce que les hiérophantes de la Magie Blanche ne font que très rarement. Il paraîtrait que la terrible puissance du « Mot » ne puisse être transmise à la fois à un homme d'un certain district ou d'une assemblée. Lorsque le Brahmâtma est prêt à abandonner le poids de l'existence physique, il transmet son secret à son successeur, soit oralement, ou par un écrit, renfermé dans un coffret bien scellé qui ne devait être remis qu'en mains propres de celui-ci. Moïse « appose les mains » à son néophyte, Josué, dans les solitudes de Nebo et disparaît pour toujours. Aaron initie Eleazar sur le mont Hor et meurt. Siddhartha-Bouddha promet à ses mendiants avant sa mort de vivre dans celui qui en sera digne, il embrasse son disciple favori, lui murmure à l'oreille, et meurt ; et comme la tête de saint Jean repose sur le sein de Jésus, celui-ci lui dit « d'attendre » sa venue. Comme les feux signaux de l'antiquité, qu'on allumait ou éteignait par intervalles au sommet d'une colline, portaient les nouvelles d'un bout du pays à l'autre, nous voyons que les « sages » depuis les temps immémoriaux jusqu'à nos jours communiquent au monde la connaissance pour servir de guide à leurs successeurs. Transmis d'un « voyant » à un autre, la « Parole » brille comme un éclair et emportant à tout jamais l'initiateur, elle met en vue le nouvel initié. Pendant ce temps, des nations entières s'entretuent au nom d'une autre « Parole », substitut vide de sens, acceptée au pied de la lettre par chacune et faussement interprétée par toutes.

Nous n'avons connaissance que de fort peu de sectes pratiquant véritablement la sorcellerie. Une de celles-ci sont les Yézidis, que quelques-uns considèrent comme une branche des Kurdes, mais nous en doutons fort. Ils résident principalement dans les montagnes et les districts arides de la Turquie d'Asie, du côté de Mosul en Arménie, et on les rencontre jusqu'en Syrie (1) et en Mésopotamie. On les appelle partout et ils passent pour les adorateurs du diable; et certes, ce n'est ni par ignorance, ni par étroitesse d'esprit qu'ils ont fondé le culte et une communication régulière avec les élémentals et les élémentaires les plus malfaisants et de la plus basse classe. Ils reconnaissent la malignité actuelle du chef des « puissances noires » ; mais en même temps ils craignent son pouvoir et cherchent par conséquent, à se concilier ses faveurs. Celui-ci est en lutte ouverte avec Allah, disent-ils, mais une réconciliation peut intervenir à n'importe quel moment; et ceux qui ont manqué de respect au « magicien noir », en souffriront à l'avenir, et ils auront ainsi contre eux Dieu et le Diable. Ce n'est qu'une politique habile pour se propitier sa Majesté Satanique, qui n'est autre que le grand Tchernobog (le dieu noir) des Variagi Russ, les anciens russes idolâtres, du temps de Vladimir.

De même que Wierus, le célèbre démonographe du XVIe siècle (qui donne dans son *Pseudomonarchia Dæmonum*, une description et une nomenclature régulière de la cour diabolique, avec ses dignitaires, ses princes, ses ducs, ses nobles et ses officiers), ses Yezidis reconnaissent tout un panthéon de diables et ils se servent des Jakshas, les esprits de l'air, pour transmettre leurs prières et leurs compliments à Satan, leur maître, et aux Afrites du désert. Pendant

1. Les Yézidis comptent en tout un peu plus de 200.000 âmes. Les tribus qui habitent le pachalik de Bagdad, et qui sont répandues sur toutes les montagnes de Sindjar, sont des plus dangereuses et sont universalement détestées par rapport à leurs méchantes pratiques. Leur principal cheik habite constamment près du tombeau de leur prophète et réformateur Adi, mais chaque tribu choisit un propre Cheik parmi les plus versés dans l'art de la « Magie noire ». Cet Adi, ou Ad est un de leurs ancêtres mystiques, et il n'est autre que Adi — le Dieu de la sagesse ou le Ab-ad des Parsis, le premier ancêtre de la race humaine, ou bien encore l'Adh-Bouddha des hindous, antropomorphié et dégénéré.

leurs réunions de prières, ils joignent les mains, et forment d'immenses cercles, avec leur cheik ou un prêtre officiant au centre, qui bat des mains et entonne chaque verset en honneur de Sheitan (Satan). Ils tournoient alors en rond en sautent en l'air. Lorsque la frénésie est parvenue à son comble, ils s'infligent souvent des blessures et se coupent avec leurs poignards, et rendent, à l'occasion, le même service à leurs voisins. Mais leurs blessures ne se cicatrisent ni ne se guérissent aussi facilement que celles des lamas et des saints. Tout en dansant, et brandissant leurs poignards sans desserrer les mains, — car ce serait considéré comme un sacrilège, et l'enchantement serait aussitôt brisé — ils supplient et louent Satan afin que celui-ci se manifeste dans ses œuvres par des « miracles ». Leurs rites ayant lieu surtout la nuit, il n'est pas rare qu'ils obtiennent des manifestations de différentes sortes, dont les plus communes sont d'énormes boules de feu, qui prennent la forme d'animaux les plus extraordinaires.

Lady Hester Stanhope, dont le nom a été pendant long temps une puissance parmi les fraternités maçonniques de l'orient, assista, dit-on, en personne à quelques-unes de ces cérémonies Yézidéennes. Un *Ockhal* de la secte des Druses, nous a dit qu'après avoir assisté à une de ces « Messes du Diable » des Yézidis, comme on les appelle, cette dame étonnante, si célèbre pour son courage et son audacieuse bravoure, s'évanouit, et que, malgré son accoutrement habituel d'Emir masculin, on eut toutes les peines du monde à la rappeler à la vie et à la santé. A notre grand regret, nous n'avons jamais réussi à assister à une de ces représentations.

Dans un récent article d'un journal catholique au sujet du Nagualisme et du Voudouisme, on prétend que Haïti serait le centre des sociétés secrètes, où l'on pratiquerait de terribles formes d'initiations et des rites sanglants, *et où des enfants nouveau-nés seraient sacrifiés et mangés par les adeptes !!* On y cite un certain voyageur français, nommé Piron, décrivant, tout au long, une horrible scène, à laquelle il assista à Cuba, dans la maison d'une dame, qu'il n'aurait jamais soupçonnée d'être en relations avec une secte aussi monstrueuse. Une jeune fille blanche, tout à fait nue remplissait l'office de prêtresse voudou, et devenait frénétique par des danses et des incantations qui suivirent le sacrifice d'une poule blanche et d'une autre noire. Un serpent dressé à ce rôle, et agissant sous l'influence de la musique, s'enroulait autour des membres de la jeune fille, dont les mouvements étaient surveillés par les assistants qui dansaient autour d'elle ou qui restaient debout pour assister à ses contorsions. Le spectateur s'enfuit enfin, horrifié, de voir la malheureuse jeune fille tomber et se tordre dans une crise épileptique. »

Tout en regrettant un pareil état de choses dans des pays chrétiens, l'article du journal catholique en question explique que la ténacité pour les rites religieux de leurs ancêtres, est la cause *de la dépravation du cœur humain*, et il fait un fervent appel au zèle des catholiques. Outre qu'il se fait l'écho de l'absurde fiction qui les accuse de dévorer des nouveau-nés, l'auteur paraît être tout à fait inconscient du fait que la dévotion pour une croyance que des siècles de cruelles et sanglantes persécutions n'ont pas réussi à réprimer, fait des héros et des martyrs d'un peuple, tandis que la conversion à une autre religion ne ferait d'eux que de simples rénégats. Une religion à laquelle on se soumet par la force ne peut donner naissance qu'au mensonge. La réponse donnée par quelques indiens au missionnaire Margil, vient corroborer cette affirmation. La question qui leur avait été posée était la suivante : « Comment se fait-il que vous soyez si païens dans l'âme après avoir été des chrétiens depuis si longtemps ? » Ils répondirent : « Que feriez-vous, père, si des ennemis de votre foi entraient dans votre pays ? Ne prendriez-vous pas tous vos livres, vos vêtements sacerdotaux et tous les attributs de votre religion, pour vous retirer dans les cavernes les plus secrètes de vos montagnes ? C'est justement ce que nos prêtres, nos prophètes, nos devins et nos nagualistes ont fait jusqu'à maintenant et ce qu'ils font encore. »

Une réponse de cette nature venant d'un catholique romain, à la question d'un missionnaire de l'Eglise grecque ou protestante lui aurait valu la couronne de saint dans le martyrologe papal. Quoi de plus beau que la religion « païenne », qui oblige saint François Xavier à rendre hommage aux

Japonais en disant que « en ce qui concerne la vertu et la probité ils surpassaient toutes les nations à sa connaissance »; une telle religion « païenne » est préférable à un christianisme qui, pour avancer sur la terre, anéantit l'existence de nations entières comme avec un ouragan de feu (1). La maladie, l'ivrognerie et la démoralisation sont les résultats immédiats de l'apostasie de la foi de leurs pères et d'une conversion à une religion de pure forme.

Inutile de demander à ses antagonistes ce que le christianisme est en train de faire de l'Inde anglaise. Le capitaine O'Grady, ex-fonctionnaire anglais nous dit : « Le Gouvernement anglais commet une action honteuse en transformant la race sobre des indigènes de l'Inde en une nation d'ivrognes. Et cela par pure *cupidité*. La religion des hindous aussi bien que celle de Mahomet prohibe l'usage des liqueurs fortes. Mais... la boisson devient de jour en jour plus fréquente. Ce que le maudit trafic de l'opium imposé à la Chine par la rapacité anglaise, a fait pour cet infortuné pays la vente des liqueurs fortes est en train de le faire pour l'Inde. Car c'est un monopole du Gouvernement, basé à peu près sur le même modèle que le monopole gouvernemental du tabac en Espagne... Les domestiques indigènes des familles européennes vivant en dehors de la maison deviennent généralement des ivrognes invétérés... Les domestiques intérieurs ont en général, horreur de l'ivrognerie et en cela ils sont infiniment plus respectables que leurs maîtres... tout le monde est adonné à la boisson, les évêques, les prêtres, tous, jusqu'aux demoiselles fraîchement débarquées de leurs pensionnats. »

Voilà, certes, les « bénédictions » que la religion chrétienne moderne apporte aux « pauvres païens » avec ses *Bibles* et ses *Catéchismes*. Le rhum est l'abâtardissement aux Indes ; l'opium en Chine ; le Rhum et les désordres impurs à Tahiti ; et pire que tout, l'exemple de l'hypocri-

1. Dans moins de trois mois, nous avons réuni dans les journaux hebdomadaires quarante-sept cas de crimes, allant de l'ivrognerie jusqu'au meurtre, commis par des ecclésiastiques dans les seuls Etats-Unis d'Amérique. A la fin de l'année nos correspondants de l'Orient auront de précieux faits à mettre en regard des dénonciations des missionnaires au sujet des méfaits « païens ».

sie dans la religion ; un athéisme et un scepticisme pratiques, qui tout en paraissant assez bons pour les gens *civilisés*, doivent l'être également pour ceux que la théologie n'a que trop maintenus sous son joug écrasant. D'autre part, tout ce qui est noble, spirituel, élevé dans l'ancienne religion est répudié s'il n'est pas délibérément faussé.

Prenez saint Paul, par exemple, et lisez le peu qui reste d'original dans les écrits qu'on attribue à cet homme courageux, honnête et sincère, et voyons si nous y trouvons une seule expression pour démontrer que saint Paul reconnaissait dans le mot Christ autre chose que l'idéal abstrait de la divinité personnelle latente dans chaque homme. Pour saint Paul, le Christ n'est point un personnage, mais une idée incorporée. « Si un homme est en Christ, il est une nouvelle création », *il est né de nouveau*, comme après l'initiation, car le Seigneur est esprit — l'esprit de l'homme. Saint Paul était le seul de tous les apôtres qui eût compris les notions occultes à la base des enseignements de Jésus, bien que ne l'ayant jamais personnellement connu. Mais saint Paul avait passé par l'initiation ; et, désireux d'inaugurer une nouvelle et large réforme, qui embrasserait l'humanité entière, il éleva sa doctrine en toute sincérité bien au-dessus de la sagesse des âges, au-dessus des anciens Mystères et de la révélation ultime des époptæ. Ainsi que le dit avec beaucoup de raison le professeur A. Wilder, dans divers articles, *ce ne fut pas Jésus, mais bien saint Paul le véritable fondateur du christianisme.* « Ce fut à Antioche que, pour la première fois, les disciples furent appelés chrétiens », disent les *Actes des Apôtres* XI, 26. « Les hommes comme Irénée, Epiphane et Eusèbe ont transmis à la postérité une réputation de mensonge et de pratiques malhonnêtes ; et le cœur se révolte aux récits des crimes commis pendant cette période », écrit cet auteur dans un récent article (1). « N'oublions pas, » ajoute-t-il, « que lorsque les Musulmans envahirent la Syrie et l'Asie-Mineure pour la première fois, ils furent accueillis avec joie par les Chrétiens de ces contrées, comme des libérateurs de l'oppression intolérable des autorités gouvernantes de l'Eglise. »

1. *Evolution*, art. saint Paul, le fondateur du Christianisme.

Mahomet ne fut jamais considéré comme un dieu, et il ne l'est pas non plus aujourd'hui ; néanmoins, sous l'empire de son nom, des millions de musulmans ont servi leur Dieu avec une ardeur qui n'a jamais été égalée par les sectaires chrétiens. Qu'ils aient lamentablement dégénéré depuis l'époque de leur prophète, ne change rien à la chose elle-même, mais prouve, au contraire, la prépondérance de la matière sur l'esprit dans le monde entier. En outre ils n'ont pas plus dégénéré de leur foi primitive que les chrétiens eux-mêmes. Pourquoi, alors, Jésus de Nazareth, mille fois plus grand, plus noble et moralement plus élevé que Mahomet, ne serait-il pas vénéré et imité dans ses pratiques par les chrétiens, au lieu d'être aveuglément adoré sans fruit, comme un dieu, et invoqué à la façon de certains bouddhistes, qui tournent constamment leur roue à prières. Nul ne doute aujourd'hui que cette religion ne soit devenue stérile, et qu'elle ne mérite pas plus le nom de christianisme que le fétichisme des Kalmouks, ou celui de la philosophie prêchée par le Bouddha. « On ne nous fera pas l'offense de croire », dit le Dr Wilder, « que le christianisme moderne ait un rapport quelconque avec la religion prêchée par saint Paul. Elle manque de sa largeur de vues, de son ampleur, de sa sincérité, de sa subtile perception spirituelle. Subissant l'influence des nations qui la professent, elle donne lieu à autant de formes qu'il y a de races. En Italie et en Espagne elle est identique, mais elle diffère grandement en France, en Allemagne, en Hollande, en Suède, dans la Grande-Bretagne, en Russie, en Arménie, dans le Kurdistan et dans l'Abyssinie. Comparée aux cultes qui la précédèrent, le changement semblerait être plus dans le nom que dans l'essence. Les hommes s'étaient endormis païens et se réveillèrent chrétiens. En ce qui concerne le *Sermon sur la Montagne*, ses doctrines principales sont plus ou moins répudiées par chaque communauté chrétienne de quelque importance. La barbarie, l'oppression et la cruauté des punitions sont aussi communes aujourd'hui qu'à l'époque du paganisme.

« Le christianisme de saint Pierre n'existe plus ; il a été supplanté par celui de saint Paul, et celui-ci, à son tour, s'est fondu dans les autres religions mondiales. Lorsque l'humanité sera devenue éclairée, ou que les races barbares auront été remplacées par celles d'instincts et de sentiments plus nobles, les excellences idéales deviendront des réalités.

« Le Christ de saint Paul est une énigme qui demande les plus grands efforts pour être résolue. Il était quelque chose de plus que le Jésus des *Evangiles*. Saint Paul méprisait leurs généalogies qui n'en finissaient pas. L'auteur du quatrième *Evangile*, lui-même un gnostique d'Alexandrie, décrit Jésus comme ce que nous appellerions aujourd'hui, un esprit divin « matérialisé ». Il était le Logos, ou la Première Emanation, — le Métathron... La mère de Jésus, de même que la princesse Maya, Danaé, ou peut-être Périktioné, avait donné naissance, non à un enfant de l'amour, mais à un rejeton divin. Aucun juif d'une secte quelconque, aucun apôtre, aucun croyant primitif, n'a jamais mis en avant une pareille idée. Saint Paul parle du Christ comme d'un personnage plutôt que d'une personne. Les leçons sacrées des assemblées secrètes personnifiaient souvent la bonté et la vérité divines sous une forme humaine, vouée aux passions et aux appétits humains, mais leur étant supérieure ; et cette doctrine émergeant de la crypte, fut accaparée par des gens d'église et les esprits grossiers comme celle d'une conception immaculée et d'une incarnation divine. »

Dans l'ancien livre, publié en 1693, œuvre du sieur de la Loubère, ambassadeur de la France auprès du roi de Siam, nous trouvons de nombreux faits fort intéressants au sujet de la religion siamoise. Les observations du satirique français sont si à propos, que nous donnons, ci-après, ses appréciations sur le sauveur siamois — Sommona-Cadom.

« Bien qu'ils prétendent que la naissance de leur sauveur ait été miraculeuse, ils n'hésitent pas *à lui reconnaître un père et une mère* (1). Sa mère, dont le nom se trouve dans quelques livres *Balie* (Pali ?) s'appelait, disent-ils, *Maha* MARIA, qui signifie, paraît-il, la grande Marie, car Maha veut dire grand. Quoi qu'il en soit, cela ne cesse d'attirer

1. Nous lisons dans l'Epître aux Galathes, IV, 4 : Mais lorsque les temps ont été accomplis, Dieu a envoyé son Fils, *né d'une femme, né sous la loi.* »

l'attention des missionnaires, et a, peut-être, donné l'occasion aux Siamois de croire que Jésus étant le fils de *Marie*, il était le frère de Sommona-Cadom et que, ayant été crucifié, il était le *méchant* frère qu'on donna à Sommona-Cadom, sous le nom de Thevetat, et lequel, disent-ils, fut puni en enfer, sa punition participant du supplice de la croix... Les Siamois attendent la venue d'un autre Sommona-Cadom, c'est-à-dire, d'un autre homme miraculeux, comme lui, auquel ils ont déjà donné le nom de *Pronarole*, et dont Sommona avait annoncé la naissance. Il fit toutes sortes de miracles... Il avait deux disciples, représentés debout de chaque côté de son idole, un à main droite et l'autre à gauche... le premier se nomme Pra-Magla, et l'autre *Pra-Scaribout*... Le père de Sommona-Cadom était, toujours suivant ce livre *Balie*, un roi de Teve Lanca, c'est-à-dire de Ceylan. Mais *les livres Balie ne portant aucune date, ni le nom de l'auteur n'ont pas plus de valeur que toutes les traditions dont l'origine est inconnue* (1).

Ce dernier argument est aussi mal avisé qu'il est naïf. Nous ne connaissons pas de livre, dans le monde entier, dont l'authenticité soit moins établie en tant que date, noms des auteurs ou traditions, que notre *Bible* chrétienne. Dans ces conditions les Siamois ont autant de raison pour croire à leur Sommona-Cadom miraculeux, que les chrétiens à leur Sauveur de naissance miraculeuse. Ceux-ci n'ont, en outre, pas plus de droit d'imposer leur religion aux Siamois chez eux, ou à n'importe quel autre peuple, contre leur volonté, que les soi-disant païens « de forcer à la pointe de l'épée la France ou l'Angleterre à se convertir au Bouddhisme ». Un missionnaire bouddhiste, même dans la libre Amérique, risquerait fort d'ameuter la foule contre lui, mais cela n'empêche pas les missionnaires de diffamer ouvertement la religion des Brahmanes, des Lamas et des Bonzes, et ceux-ci ne sont pas toujours libres de leur répondre. C'est ce qu'on appelle répandre la bienfaisante lumière

1. La date de ces livres Pali a été pleinement établie dans le siècle actuel, assez suffisamment, du moins, pour démontrer qu'ils existaient à Ceylan en l'an 316 avant J.-C., lorsque Mahinsa, le fils d'Asoka y vivait. (Voyez Max Muller, *Chips, etc*. Vol. I, sur le Bouddhisme.

du christianisme et de la civilisation, pour dissiper les ténèbres du paganisme !

Néanmoins, nous voyons que ces prétentions — qui pourraient paraître ridicules si elles n'étaient pas fatales pour des millions de nos semblables, qui ne demandent qu'à ce qu'on les laisse en paix, étaient pleinement appréciées déjà au XVIIe siècle. Car voici que ce même spirituel M. de la Loubère, sous le prétexte d'une pieuse sympathie, donne de fort curieuses indications aux autorités ecclésiastiques en Europe (1), indications qui condensent l'âme même du Jésuitisme.

« D'après ce que j'ai déjà dit aux sujets des opinions des orientaux », remarque-t-il, « il est aisé de se faire une idée de la difficulté qu'on éprouve à leur faire accepter la religion chrétienne ; et combien il est important que les missionnaires qui prêchent l'Evangile en Orient, sachent comprendre les coutumes et les croyances de ces peuples. Car, de même que les apôtres et les premiers chrétiens, lorsque Dieu confirma leur enseignement par de nombreux miracles, ne révélèrent pas tout de suite aux païens tous les mystères que nous adorons, mais leur cachèrent pendant longtemps ainsi qu'aux cathécumènes, la connaissance de ceux qui auraient pu leur causer du scandale ; il semble fort rationnel que les missionnaires qui ne possèdent pas le don des miracles, ne devraient pas révéler d'emblée aux orientaux tous les mystères et les pratiques du christianisme.

« Il serait prudent, par exemple, ou je me trompe fort, de ne leur parler *qu'avec les plus grandes réserves*, de l'adoration des saints ; et quant à ce qui a rapport à Jésus-

1. *A New Historical Relation of the Kingdom of Siam.* par M. de la Loubère. Envoyé de la France au Siam, 1687-1688. chap. XXV, Londres ; *Diverse Observations to be Made in Preaching the Gospel to the Orientals.*

Le rapport du sieur de la Loubère au roi, fut fait, ainsi que nous le constatons, en 1687-1688. On voit jusqu'à quel point sa proposition pour supprimer et dissimuler l'enseignement du christianisme donné aux Siamois, eut l'approbation des Jésuites, par le passage, cité d'autre part, de la Thèse prononcée par les Jésuites de Caën (*Thesis propugnata in regio. Soc. Jes. Collegio, celeberimae Academiae Cadonienxis, die Veneris,* 30 janv., 1693), où il est dit : « ...ni les Pères de la Société de Jésus ne dissimulent *lorsqu'ils adoptent les préceptes et les vêtements* des Talapoins du Siam ». Dans l'espace de cinq années la minime quantité de levure de l'Ambassadeur avait fait lever toute la pâte.

Christ, je crois qu'il serait bon de le leur faire connaître, pour ainsi dire, *mais sans mentionner le mystère de l'Incarnation*, jusqu'à ce qu'ils aient été convaincus de l'existence d'un Dieu Créateur. Car quelle probabilité il y aurait-il, en premier lieu, de persuader aux Siamois d'enlever de leurs autels Sommona-Cadom, Pra-Magla et Pra-Scaribout, pour y mettre à la place, Jésus-Christ, saint Pierre et saint Paul ? Il serait peut-être plus prudent de ne point leur prêcher le Jésus-Christ crucifié, jusqu'à ce qu'ils aient compris qu'on puisse être *infortuné* et *innocent ;* et que, suivant la règle reconnue par eux-mêmes, que l'innocent puisse prendre sur lui tous les crimes des malfaiteurs, il a été nécessaire *qu'un dieu fût fait homme* afin que cet homme-Dieu, par une vie laborieuse et une mort ignominieuse mais volontaire, rachetât tous les péchés des hommes ; mais avant tout, il doit être nécessaire de leur donner une idée véritable du Dieu Créateur, justement courroucé contre les hommes. Après cela, l'Eucharistie ne scandalisera point les Siamois, comme elle scandalisa anciennement les païens d'Europe ; car les Siamois ne croient pas que Sommona-Cadom puisse donner sa femme et ses enfants à manger aux Talapoins.

« Bien au contraire, de même que les Chinois professent un respect scrupuleux pour leurs parents, je crains fort que si on mettait les Evangiles entre leurs mains, ils seraient scandalisés par le passage où, lorsqu'on dit à Jésus que sa mère et ses frères le demandaient, il répondit de manière à faire comprendre le peu de cas qu'il en faisait, et affecta de ne les point connaître. Ils *ne s'offenseraient pas moins* à ces autres paroles mystérieuses que notre divin Sauveur prononça lorsque le jeune homme désirait aller enterrer ses parents : « laissez les morts enterrer leurs morts », dit-il. Qui ne connaît les difficultés qui assaillaient les Japonais, et qu'ils exprimèrent à saint François-Xavier, *par rapport à la damnation éternelle*, ne pouvant croire que leurs parents décédés étaient voués à une si terrible infortune par la seule raison *qu'ils n'avaient pas embrassé le Christianisme dont ils n'avaient jamais entendu parler...* Il serait, donc, nécessaire, pour détruire et adoucir cette pensée, par les moyens employés par ce grand apôtre des Indes, d'établir, avant tout, la notion d'un Dieu tout-puissant, omniscient et souverainement juste, créateur de tout ce qui est bien, et auquel tout est dû, et à la volonté duquel nous sommes redevables du respect que nous devons aux rois, aux évêques, aux magistrats et à nos propres parents.

« Ces exemples suffisent pour démontrer quelles précautions sont nécessaires pour préparer les esprits des orientaux à penser comme nous, et d'éviter *qu'ils ne s'offensent de la plus grande partie* des articles de foi de la religion chrétienne » (1).

Que reste-t-il, alors, à prêcher? nous est-il permis de demander. Sans Sauveur, sans expiation, sans crucifixion pour les péchés des hommes, sans Evangiles, sans la menace d'une damnation éternelle, sans miracles à faire miroiter à leurs yeux, que restait-il alors aux Jésuites à mettre devant les Siamois, sinon la poussière des sanctuaires païens pour leur aveugler la vue? Le sarcasme est acerbe, en vérité. La moralité que pratiquent ces pauvres païens, enseignée par la foi de leurs ancêtres est si pure, que le Christianisme doit être dépouillé de toute marque distinctive avant que ses prêtres puissent se permettre, de le leur imposer. Une religion qu'on ne peut laisser scruter par un peuple sans malice, modèle de piété filiale, foncièrement honnête, qui professe une vénération profonde pour son Dieu et une horreur instinctive pour tout ce qui pourrait profaner Sa Majesté, une telle religion, disons-nous, ne peut être fondée que sur l'erreur. Et que ce soit le cas, notre siècle est en train d'en faire, petit à petit, l'expérience.

1. Dans un discours entre Hermès et Thoth, le premier dit : « Il est impossible que la pensée puisse avoir une conception correcte de Dieu... On ne peut décrire au moyen d'organes matériels ce qui est immatériel et éternel... L'un est une perception de l'esprit et l'autre une réalité. Ce qui est perçu par nos sens peut s'exprimer en paroles ; mais ce qui n'a pas de corps, ce qui est invisible, immatériel et sans forme ne peut être réalisé au moyen de nos sens ordinaires. C'est ainsi que je comprends O Thoth, que Dieu est ineffable.

Dans le *Cathéchisme des Parsis* traduit par M. Dadabhai Naoroji, on lit ce qui suit :

« Q. — Quelle est la forme de Dieu ? »

R. — Notre Dieu n'a ni figure ni forme ; il n'a ni couleur ni proportion, ni place fixe. Il ne ressemble à aucun. Il est Lui-même, unique, et sa gloire est telle que nous ne pouvons ni faire sa louange ni le décrire ; notre esprit est incapable de Le comprendre. »

Il ne fallait pas s'attendre, dans cette spoliation en règle du Bouddhisme pour édifier la nouvelle religion chrétienne, à ce qu'un caractère aussi sublime que celui de Gautama-Bouddha restât inaperçu. Il était tout naturel qu'après avoir adopté son histoire légendaire pour combler les vides de celle fictive de Jésus, et après avoir fait usage de tout ce qu'on pouvait prendre dans celle de Christna, on s'emparât de l'homme Sakya-muni pour le faire figurer dans le calendrier sous un nom d'emprunt. C'est ce qu'ils firent, et le sauveur hindou prit place, en temps opportun, dans la liste des saints sous le nom de Josaphat, en compagnie des martyrs de la religion saints Aura, Placéda, Longinus et Amphibolus.

Il existe même à Palerme, une église dédiée au *Divo Josaphat*. Entre autres vains efforts des auteurs ecclésiastiques pour établir la généalogie de ce saint mystérieux, le plus original de tous fut celui qui en fit saint Josué, le fils de Nun.

Mais, ces légères difficultés une fois surmontées, nous retrouvons l'histoire de Gautama prise dans les livres sacrés bouddhistes et reproduite mot à mot dans la *Légende Dorée*. Les noms des personnages sont changés, mais le lieu de l'action, l'Inde, demeure le même, aussi bien dans la légende chrétienne que dans les livres bouddhistes. On la trouve également dans le *Speculum Historiale*, de Vincent de Beauvais, qui date du XIIIe siècle. La découverte fut faite par l'historien de Couto, bien que le professeur Müller attribue la première reconnaissance de l'identité des deux récits à M. Laboulaye, en 1859. Le colonel Yule, nous dit que (1) les récits de Barlaam et de Josaphat étaient connus de Baronius, et qu'on les trouve à la page 348 du *Martyrologe Romain*, édité sur l'ordre du pape Grégoire XIII, et revu sous l'autorité du pape Urbain VIII, traduit du latin en anglais par G. K, de la Société de Jésus (2).

Il serait oiseux de reproduire ici ne fut-ce qu'une partie de tout ce fatras ecclésiastique. Que celui qui aurait des doutes à cet égard, ou qui voudrait en prendre connais-

1. *Contemporary Review*, p. 588, juillet 1870.
2. *Livre de Sir Marco Polo*, vol. II, pp. 304, 306.

sance, lise le récit tel que le donne le colonel Yule. Quelques-unes (1) des données chrétiennes et ecclésiastiques paraissent même avoir embarrassé Dominie Valentyn car il dit : « Il y en a qui prétendent que ce Boudhum était un Juif fugitif de la Syrie ; d'autres veulent qu'il ait été un disciple de l'apôtre Thomas ; mais alors, dans ce cas comment se fait-il qu'il soit né 622 ans avant le Christ ; je les laisse répondre à cette question. Diego de Couto maintient que c'était certainement *Josué*, ce qui est encore plus absurde ! »

« Le roman religieux intitulé : *L'Histoire de Barlaam et de Josaphat*, fut pendant l'espace de deux siècles l'ouvrage le plus populaire de la chrétienté », dit le colonel Yule. « On le traduisit dans toutes les principales langues européennes, y compris le suédois et les idiomes slaves... Ce récit paraît pour la première fois dans les ouvrages de saint Jean de Damas, un théologien de la première partie du VIIIe siècle [2]. Voici donc le secret de son origine, car ce saint Jean, avant de devenir prêtre, occupait un emploi élevé à la cour du Khalife Abou Jafar Almansour, où il entendit probablement raconter l'histoire et il l'adopta, plus tard, aux besoins de la nouvelle orthodoxie de Bouddha devenu un saint chrétien.

Après avoir répété le plagiat, Diego de Couto, qui semble peu disposé à abandonner la notion que Gautama était Josué, dit : « Les Gentils de l'Inde entière, ont élevé de grandes et superbes pagodes à ce nommé Budão. Parlant de ce récit, nous avons recherché avec soin si les anciens Gentils de ce pays avaient eu connaissance dans leurs écritures d'un saint Josaphat, qui avait été converti par Balaam, lequel, dans la légende est représenté comme étant le fils d'un grand roi de l'Inde, et qui fut élevé de la même manière que le récit que nous avons fait de la vie du Budão. Et comme je voyageais dans l'île de Salsette, j'allai voir cette rare et admirable pagode qu'on nomme Canara Pagoda (les grottes de Kanhári) creusée dans la montagne à même la roche, et ayant demandé à un vieillard ce qu'il pensait de

1. *Ibidem*.
2. *Ibidem*.

l'ouvrage et qui l'avait exécuté, il nous dit, que sans aucun doute il avait été creusé par ordre du père de saint Josaphat, afin de l'élever dans la réclusion, ainsi que l'enseigne l'histoire. Et comme on nous dit qu'il était le fils d'un grand roi de l'Inde, il se peut bien, comme je l'ai déjà dit, qu'*Il* était le Budâo, dont on raconte tant de merveilles (1).

La légende chrétienne est reproduite, dans tous les détails, de la tradition cingalaise. C'est sur cette île que naquit la tradition de Gautama refusant le trône de son père et le prince lui faisant élever un superbe palais, où il le garda presque prisonnier, entouré de toutes les tentations de la vie et du luxe. Marco Polo la reproduisit telle qu'il l'eut des cingalais et, aujourd'hui, sa version se trouve être la fidèle répétition de ce qu'on lit dans divers ouvrages bouddhistes. Ainsi que s'exprime Marco avec naïveté, le Bouddha vécut une vie si pure et si sainte, il pratiqua l'abstinence à un tel point, « *qu'on aurait pu le prendre pour un chrétien*. Et, en vérité », ajoute-t-il, « s'il l'avait été, il aurait été un des grands saints de notre Seigneur Jésus-Christ, tellement sa vie était pure et bonne ». Auquel pieux apophtègme, son éditeur remarque avec raison que « Marco n'est pas le seul qui ait exprimé une pareille appréciation de la vie de Sakya-muni ». De son côté le professeur Max Muller dit : « Malgré tout ce que nous pouvons penser de la sainteté des saints, que ceux qui doutent du droit du Bouddha de prendre place parmi eux, lisent le récit de sa vie tel qu'il est relaté dans les canons bouddhistes. S'il vécut une vie ainsi qu'ils le prétendent, il y a peu de saints qui mériteraient mieux ce nom que le Bouddha ; et ni l'Eglise grecque ni l'Eglise Romaine n'ont à rougir d'avoir honoré sa mémoire dans saint Josaphat, le prince, l'ermite et le saint. »

Jamais l'Eglise Catholique Romaine n'eut une meilleure occasion de christianiser toute la Chine, le Thibet et la Tartarie, qu'au XIIIe siècle, pendant le règne de Kublai-Khan. Il semble étrange qu'elle n'en saisit pas l'occasion lorsque Kublai hésitait, à un moment donné, entre les quatre religions du monde, et, qui sait, si par suite de l'éloquence de

1. *Dec.*, v. lib. VI, chap. 2.

Marco Polo, il n'eût pas favorisé le Christianisme plutôt que le Mahométisme, le Judaïsme ou le Bouddhisme. Marco Polo et Ramusio, un de ses interprètes nous en donnent la raison. Il paraît que, malheureusement pour Rome, l'ambassade du père et de l'oncle de Marco, n'eut aucun succès, par suite du décès de Clément IV juste à ce moment-là. Il n'y eut pas de Pape pendant plusieurs mois, pour recevoir les ouvertures amicales de Kublai Khan ; et ainsi, les cent missionnaires chrétiens invités par lui ne purent être envoyés au Thibet et dans la Tartarie. Pour ceux qui croient qu'une divinité intelligente prend soin, là-haut, du bien-être de notre misérable petit monde, ce contre-temps est une preuve évidente que le Bouddhisme devait l'emporter sur le Christianisme. Qui sait peut-être, si le Pape Clément ne tomba pas malade à la seule fin d'empêcher les Bouddhistes de succomber à l'idolâtrie du catholicisme Romain ?

Du bouddhisme pur, la religion de ces contrées a dégénéré en Lamaïsme ; mais celui-ci, malgré tous ses défauts, qui ne sont que dans la forme et ne nuisent en rien à la doctrine elle-même, est encore bien au-dessus du Christianisme. Le pauvre abbé Huc s'en aperçut bien vite à ses dépens. Voyageant avec sa caravane, il écrit : « tout le monde nous disait, lorsque nous avancions vers l'ouest, que nous verrions les doctrines devenir de plus en plus claires et plus sublimes. Lha-Ssa était le grand foyer de lumière, dont les rayons s'affaiblissaient à mesure de leur éloignement. » Un jour il exposa à un lama thibétain un bref sommaire de la doctrine chrétienne ; elle n'apparut à celui-ci en aucune manière étrangère (ce qui ne nous étonne point) et il affirma qu'il (le catholicisme) ne différait pas beaucoup de la religion des grands lamas du Thibet... « Ces paroles du thibétain ne nous surprirent pas peu », écrit le missionnaire ; « nous constatâmes l'unité de Dieu, le mystère de l'Incarnation, le dogme de la présence véritable, dans sa religion... La lumière nouvelle jetée sur la religion du Bouddha, nous laissa vraiment croire que nous trouverions chez les lamas du Thibet une doctrine plus pure » (1). Les louanges du lamaïsme de cette nature qui abondent dans l'ouvrage de l'abbé Huc,

1. *Voyages en Tartarie* etc. pp. 121-122.

furent la raison de sa mise à l'Index à Rome, et lui valurent d'être défroqué.

Lorsqu'on demanda à Kublai-Khan, puisqu'il considérait la religion chrétienne comme étant la meilleure de celles qu'il protégeait, pourquoi il ne l'adoptait pas, sa réponse fut aussi suggestive qu'elle est curieuse : « Comment voulez-vous que je me fasse chrétien ? Quatre prophètes sont vénérés et adorés dans le monde. Les Chrétiens disent que leur Dieu est Jésus-Christ ; les Sarrasins Mahomet ; les Juifs, Moïse ; les idolâtres, Sogomon-Borkan (Sakya-muni Burkham, ou Bouddha) qui était le premier dieu parmi les idoles ; moi je les adore et les respecte tous les quatre, et je prie celui, parmi eux, qui est le plus grand au ciel, de me venir en aide ».

La prudence du Khan prêterait à rire ; on ne saurait le blâmer de s'en remettre plein de foi, à la Providence elle-même, pour la solution du dilemme. Une de ses objections les plus insurmontables pour embrasser le christianisme fut donnée à Marco : « Vous voyez que les chrétiens de par ici sont si ignorants qu'ils ne font rien et ne peuvent rien faire, tandis que les idolâtres font tout ce qu'ils veulent, au point que lorsque je suis à table, les tasses viennent à moi du centre de la salle, pleines de vin ou de liqueurs, sans être touchées par qui que ce soit, et que je les bois. Ils contrôlent les orages, les faisant passer par où ils veulent, et ils font beaucoup d'autres merveilles ; tandis que, vous le savez bien, leurs idoles parlent, et font des prédictions sur tous les sujets voulus. Mais si je me tourne vers le christianisme pour devenir un chrétien, alors mes barons et les autres qui ne se sont pas convertis me diraient : pourquoi vous êtes-vous fait baptiser ?... quels sont les pouvoirs et les miracles que vous constatez de la part du Christ ? Vous n'ignorez pas que les idolâtres, ici, prétendent que leurs miracles sont produits par la sainteté et le pouvoir de leurs idoles. Or, je ne saurais que leur répondre, et ils ne seraient que confirmés dans leur erreur, car les idolâtres qui sont des adeptes dans ces arts surprenants, comploteraient aisément ma mort. Vous allez aller vers votre Pape et vous le prierez de ma part de m'envoyer cent hommes bien versés dans vos lois ; et s'ils sont capables de mettre à néant les pratiques des idolâtres, et de leur prouver *qu'eux aussi ils savent faire ces choses, mais qu'ils ne le veulent point*, parce qu'elles sont l'œuvre du Diable et des autres mauvais esprits ; s'ils contrôlent les idolâtres au point que ceux-ci ne pourront rien faire en leur présence, *et que j'en sois témoin*, je dénoncerai les idolâtres et leur religion et je recevrai le baptême ; tous mes barons et mes chefs, seront aussi baptisés et il y aura alors ici plus de chrétiens qu'il n'en existe dans votre partie du monde » (1).

La proposition était équitable. Pourquoi les chrétiens ne l'acceptèrent-ils pas ? On prétend que Moïse accepta un défi de cette nature devant Pharaon et qu'il en sortit vainqueur.

A notre avis, la logique du Mongol ignorant était sans réplique, son intuition était impeccable. Il entrevoyait de bons résultats dans toutes les religions et il sentait que si les pouvoirs spirituels du bouddhiste, du chrétien, du musulman ou du juif étaient également développés, leur foi leur ferait atteindre les plus hauts sommets. Tout ce qu'il demandait avant de faire le choix d'une meilleure religion pour son peuple, c'était la preuve sur laquelle elle se basait.

Si nous n'en jugeons que par ses thaumaturges, l'Inde doit être bien mieux versée en alchimie, chimie et physique que toutes les académies européennes. Les merveilles psychologiques produites par quelques fakirs de l'Inde méridionale et par les shaberons et les hobilhans du Thibet et de la Mongolie viennent à l'appui de nos dires. La science de la psychologie a atteint là-bas le summum de la perfection, summum atteint nulle part ailleurs dans les annales du merveilleux. Que de tels pouvoirs ne soient pas seulement le résultat de l'étude, mais qu'ils soient naturels chez tous les êtres humains, ceci est prouvé, aujourd'hui, en Amérique et en Europe par les phénomènes mesmériques et ce qu'on se plait à appeler « le spiritisme ». Si la plus grande partie des voyageurs étrangers, et ceux qui résident dans l'Inde anglaise sont disposés à considérer toutes ces manifestations comme de simples tours de passe-passe, il n'en est pas ainsi pour quelques européens qui ont eu le rare bonheur d'être admis *derrière le voile du sanctuaire* des pagodes. Certes

1. *Livre de Ser Marco Polo*, Vol. II, p. 340.

ceux-ci ne se moqueront point des rites, ils ne dénigreront pas non plus les phénomènes produits dans les loges secrètes de l'Inde. Le *mahadlhêvassthanam* des pagodes (communément appelé *goparam*, d'après le portique pyramidal sacré par lequel on entre dans l'édifice) est connu depuis longtemps des européens, bien que ceux-ci ne soient que peu nombreux.

Nous ignorons si le prolifique Jacolliot (1) a jamais été admis dans une de ces loges. C'est fort douteux, croyons-nous, si l'on en juge par ses nombreux récits fantastiques sur les immoralités des rites mystiques des brahmanes, des fakirs des pagodes, et même des bouddhistes (!!) dans tous lesquels il se fait figurer jouant le rôle de Joseph. Quoi qu'il en soit, il est évident que les brahmanes ne lui ont point divulgué de secrets, car, en parlant des fakirs et de leurs miracles, il remarque, « que sous la direction des brahmanes initiés, ils pratiquent les *sciences occultes* dans le silence des sanctuaires... et qu'on ne soit point étonné de ce mot, qui donnerait à croire qu'on ouvre la porte du surnaturel, tandis qu'il y a dans les sciences que les brahmanes nomment occultes, des phénomènes assez extraordinaires pour déconcerter toute investigation, il n'y en a pas un seul qui ne puisse être expliqué et qui ne soit sujet à la loi naturelle ».

Sans doute, n'importe quel brahmane initié serait capable, s'il le voulait, d'expliquer tous ces phénomènes. *Mais il ne le veut pas.* Jusque-là, attendons encore que nos meilleurs physiciens nous fournissent une explication du phénomène occulte le plus trivial, produit par un élève fakir d'une pagode.

1. Ses vingt et quelques volumes sur des sujets orientaux sont certes un curieux ensemble de fiction et de vérité. Ils contiennent de nombreux faits au sujet des traditions de l'Inde, de sa philosophie et de sa chronologie, accompagnés de réflexions courageusement énoncées. Mais il semble toujours que le philosophe cède la place au romancier. C'est comme si deux hommes collaboraient au même ouvrage, l'un soigneux, sérieux, érudit et savant, l'autre un romancier français sensationnel et sensuel, qui juge les faits, non pas comme ils sont, mais comme *il* les comprend. Ses traductions du *Manou* sont admirables ; son adresse controversielle est adroite ; son jugement au sujet de la morale des prêtres est injuste, et dans le cas des bouddhistes, absolument calomnieux. Mais dans tous les volumes il n'y a pas une seule ligne fastidieuse ; il a le coup d'œil d'un artiste et la plume d'un poète de la nature.

Jacolliot dit qu'il serait de toute impossibilité de donner un récit de tous les faits merveilleux auxquels il a assisté. Mais il ajoute avec parfaite bonne foi « qu'il suffit de dire, qu'en ce qui concerne le magnétisme et le spiritisme l'Europe en est encore à balbutier les premières lettres de l'alphabet et que les brahmanes ont atteint dans ces deux départements de la science, en ce qui concerne les manifestations, des résultats, qui sont vraiment stupéfiants. En présence de ces étranges phénomènes dont la puissance ne peut être niée, sans connaître les lois que les brahmanes tiennent jalousement secrètes, on est rempli d'étonnement et on serait tenté de fuir pour briser le charme qui nous retient. »

« L'unique explication que nous ayons pu obtenir, à ce sujet, d'un savant brahmane avec lequel nous étions en termes d'une étroite intimité, est la suivante : Vous avez étudié la nature physique et vous avez obtenu des résultats merveilleux par les lois de la nature — vapeur, électricité, etc. ; *depuis vingt mille ans et plus, nous avons étudié les* forces *intellectuelles*, et nous avons découvert leurs lois ; *nous obtenons donc, en les faisant agir seules, ou d'accord avec la matière, des phénomènes encore plus extraordinaires que les vôtres.* »

Jacolliot a dû, vraiment, être émerveillé par ces miracles, car il dit : « Nous avons vu des choses qu'il est impossible de décrire, de peur de faire douter au lecteur de son intelligence... Mais nous les avons néanmoins vues. Et certes, on comprend comment, devant de pareilles manifestations le monde ancien... croyait à la possession par le Diable et aux exorcismes » (1).

Et cependant cet ennemi intraitable des prêtres, des ordres monastiques et du clergé de n'importe quelle religion et de n'importe quel pays — y compris les brahmanes, les lamas et les fakirs, — a été si frappé du contraste entre les cultes de l'Inde qui s'appuient sur des faits, et les vaines prétentions du catholicisme, qu'après avoir décrit les terribles tortures que les fakirs s'imposent volontairement, il donne libre cours à son indignation dans les paro-

1. Les Fils de Dieu. *L'Inde Britannique*, p. 296.

les suivantes : « Quoi qu'il en soit ces fakirs, ces mendiants brahmanes ont quand même grand air, lorsqu'ils se flagellent, lorsque, au cours du martyre qu'ils s'infligent eux-mêmes, leur chair est arrachée morceau par morceau, et que le sang ruisselle sur le sol. Mais vous, (les mendiants catholiques) que faites-vous aujourd'hui ? Vous autres, les moines gris, les capucins, les franciscains, qui jouez aux fakirs avec vos cordes à nœuds, vos pierres à feu, vos cilices, et vos flagellations à l'eau de rose, vos pieds nus et vos mortifications pour rire — fanatiques sans foi, martyrs sans tortures ? N'a-t-on pas le droit de vous demander si c'est pour obéir à la loi divine que vous vous enfermez derrière vos épaisses murailles, et que vous échappez, ainsi, à la loi du travail qui pèse si durement sur les autres hommes ?... Fi, vous n'êtes que des mendiants ! »

Laissons-les, nous ne nous sommes déjà que trop occupés d'eux et de leur théologie de conglomérés. Nous les avons pesés tous deux sur la balance de l'histoire, de la logique, de la vérité, et nous les avons reconnus manquants. Leur doctrine engendre l'athéisme, le nihilisme, le désespoir et le crime ; ses prêtres et ses pasteurs sont incapables de prouver par des œuvres qu'ils ont reçu le pouvoir d'en haut. Si tant l'Eglise que les prêtres pouvaient disparaître du monde aussi facilement que leurs noms des yeux du lecteur, ce jour serait un jour béni pour l'humanité. New-York et Londres redeviendraient bientôt des villes aussi morales que les cités païennes avant l'occupation des chrétiens ; Paris plus pure que l'ancienne Sodome. Lorsque les catholiques et les protestants seront aussi certains que les bouddhistes et les brahmanes que tous leurs crimes recevront leur punition, que chaque bonne action aura sa récompense, ils pourront employer pour leurs propres *païens*, ce qui aujourd'hui sert à procurer à leurs missionnaires de joyeux picnics, et ce qui rend le nom de chrétiens détesté et méprisé par toutes les nations en dehors des limites de la chrétienté.

Nous avons appuyé nos arguments, suivant les besoins, par la description de quelques-uns des innombrables phénomènes, auxquels nous avons assisté dans différentes parties du monde. Nous utiliserons le reste de la place à notre disposition avec le même objet. Ayant posé la base en élucidant la philosophie des phénomènes occultes, il est tout indiqué d'illustrer notre thème par des faits qui se sont passés sous nos propres yeux, et qui peuvent être contrôlés par n'importe quel voyageur. Les peuples primitifs ont disparu, mais la connaissance primitive survit, et peut être atteinte par ceux qui « veulent », qui « osent », et qui « savent garder le silence ».

CHAPITRE XII

« Ma vaste et noble capitale, ma Daïtu, splendidement ornée ;
Et toi ma fraiche et délicieuse résidence d'été, mon Shangdu-Keibung.
Hélas, mon nom illustre de Souverain du Monde!
Hélas, mon Daïtu, repaire de la sainteté, œuvre glorieuse de l'immortel
[Kublai !
Tout, tout m'a été ravi ! »

Col. Yule, dans *Marco Polo*.

« Quant à ce que beaucoup diront, qui persuadent le monde que l'âme, une fois libérée du corps, ne souffre plus... du mal, ou qu'elle soit consciente, je sais que tu es mieux fondé sur les doctrines que nous ont léguées nos ancêtres, ainsi que dans les orgies sacrées de Dionysius, pour y ajouter foi : *car les symboles mystiques nous sont bien connus, à nous qui faisons partie de la Fraternité.* »

PLUTARQUE.

« Le problème de la vie c'est *l'homme*. La MAGIE, ou plutôt la Sagesse, est la connaissance évoluée des pouvoirs de l'être intime de l'homme ; ces forces sont des émanations Divines, de même que l'intuition est la perception de leur origine, et l'initiation est notre introduction à cette connaissance... Nous débutons par l'instinct ; le point final c'est l'OMNISCIENCE. »

A. WILDER.

« Le pouvoir appartient à celui qui SAIT. » *Livre brahmanique de l'évocation.*

SOMMAIRE

Sommaire des principes de la Magie. — Comparaison entre le véritable voyant et le clairvoyant. — La Psychologie des Aryens. — La Philosophie du » Pays des Esprits ». — L'envolée du corps astral. — Une aventure avec un Bikshu thibétain. — L'âme d'un adepte dans le corps d'un nouveau-né. — Retirer son âme astrale de ses cendres. — Saisir l'esprit du son. — La Flamme sensitive du Bikshu. — Une évocation de l'âme des fleurs. — Le magnétisme des personnes rousses. — La vérité sur les Todas hindous. — Traits caractéristiques du Shamanisme et du lamaïsme. — Le grand collège mongol. — Déductions possibles d'après les découvertes récentes. — Merveilleux remèdes curatifs des Yoguis. Un fakir dompte un tigre du Bengale. — Souvenirs des Shamans de la Sibérie. — Une séance de magie dans une Yourta tartare. — Exploits de jongleurs hindous. — Consultation du miroir d'un voyant kurde. — Sorcellerie du Père Girard et d'autres. — Les hommes blancs sont presque incapables de production de magie. — Les faiblesses et les nécessités du spiritisme. — L'unique vérité universelle.

Ce serait une grave erreur de jugement de notre part si nous nous imaginions que d'autres que des métaphysiciens, ou des mystiques aient suivi nos arguments jusqu'ici. S'il en était autrement, nous leur donnerions certainement le conseil de ne pas prendre la peine de lire ce chapitre ; car, bien que nous n'avançions rien qui ne soit strictement véridique, ils ne manqueraient pas de considérer le moins merveilleux de ces récits comme faux de tous points, malgré les preuves du contraire.

Pour comprendre les principes de la loi naturelle mise en action dans les différents phénomènes ci-après décrits, il faut que le lecteur se rappelle les affirmations fondamentales de la philosophie orientale, que nous avons successivement mises en lumière. Récapitulons-les succinctement :

1° Il n'y a pas de miracle. Tout ce qui a lieu est le résultat de la loi — loi éternelle, immuable, toujours active. Un miracle apparent n'est que l'opération de forces, antagonistes à ce que le Dr W.B. Carpenter,FRS — un homme de grand savoir, mais de peu de connaissances — appelle « les lois bien connues de la nature ». Comme beaucoup de ses collègues, le Dr Carpenter ignore le fait qu'il peut y avoir des lois qui étaient anciennement connues, mais que la science ignore aujourd'hui.

2° La nature est triple : il y a une nature objective et visible ; une autre invisible, intime et fournissant l'énergie, modèle exact de l'autre et son principe vital ; et, au-dessus de ces deux, l'*esprit*, source de toutes les forces, seul éternel et indestructible. Les deux inférieures changent constamment ; la troisième supérieure ne change jamais.

3° L'homme, lui aussi, est triple ; il a un corps objectif et physique ; son corps astral vitalisateur (ou âme) est l'homme véritable ; ces deux sont adombrés et illuminés par le troisième, le seigneur, l'esprit immortel. Lorsque l'homme véritable réussit à se confondre en ce dernier, il devient une entité immortelle.

4° La Magie en tant que science, est la connaissance de ces principes, et de la manière dont l'omniscience et l'omnipotence de l'esprit et de son contrôle sur les forces de la nature peut être acquise par l'individu tandis qu'il réside encore dans le corps. En tant qu'art, la Magie est l'application de cette connaissance dans la pratique.

5° Les connaissances secrètes mal employées constituent

la sorcellerie ; utilisées pour le bien elles sont la véritable magie ou la SAGESSE.

6° La médiumnité est l'opposé de l'état d'adepte ; le médium est l'instrument passif d'influences étrangères ; l'adepte exerce un contrôle actif sur lui-même et sur tous les pouvoirs inférieurs.

7° Toutes les choses qui ont été, qui sont, ou qui seront, ayant eu leur record dans la lumière astrale, ou tableau de l'univers invisible, l'adepte, faisant usage de la vision de son propre esprit, est capable de savoir tout ce qui a été su, ou ce qu'on peut savoir.

8° Les races humaines diffèrent aussi bien dans la couleur que dans les dons spirituels, en stature ou en toute autre qualité extérieure ; la clairvoyance prévaut naturellement chez certains peuples ; chez d'autres c'est la médiumnité. D'aucuns sont adonnés à la sorcellerie et transmettent de génération en génération ses pratiques secrètes, le résultat étant un ensemble de phénomènes psychiques plus ou moins étendus.

9° Une des phases de l'habileté magique est le retrait volontaire et conscient de l'homme interne (la forme astrale) hors de l'homme extérieur (le corps physique). Ce retrait a lieu dans le cas de certains médiums, mais il est inconscient et involontaire. Chez ceux-ci le corps est à ce moment plus ou moins en état cataleptique ; mais chez l'adepte l'absence de la forme astrale ne donne lieu à aucun changement, car les sens physiques sont éveillés et l'individu paraît seulement être en état de profonde méditation, s'il est permis de parler ainsi.

Ni le temps, ni l'espace ne sont des obstacles aux mouvements de la forme astrale errante. Le thaumaturge, bien versé dans la science occulte, peut *paraître*, se faire disparaître (son corps physique, bien entendu), ou prendre en apparence n'importe quelle forme qu'il lui plairait. Il peut rendre visible sa forme astrale, ou il peut lui donner des apparences protéennes. Dans les deux cas, ce résultat est obtenu au moyen d'une hallucination mesmérique simultanément des sens de tous les assistants. Cette hallucination est si parfaite, que celui qui en est l'objet jurerait ses grands dieux qu'il a vu la chose en réalité, lorsqu'elle n'est qu'une image de son esprit, imprimée dans sa conscience par la volonté irrésistible de son magnétiseur.

Mais, tandis que la forme astrale est capable de se transporter n'importe où, pénétrer à travers n'importe quel obstacle, être vue à n'importe quelle distance du corps physique, celui-ci dépend des méthodes de transport ordinaires. Il peut être lévité dans des conditions magnétiques prescrites, mais il ne peut passer d'un endroit à un autre, sinon de la manière usuelle. C'est pourquoi nous n'ajoutons aucune foi aux récits de vols aériens du corps de médiums, car ceci équivaudrait à un mirable, et nous répudions la notion d'un miracle. Dans certains cas et sous certaines conditions, la matière inerte peut se désintégrer et passer à travers les murs pour se recombiner ensuite, mais les organismes animaux ne le peuvent pas.

Les swedenborgiens croient et la science occulte enseigne que l'abandon du corps vivant par l'âme a lieu fréquemment et que nous rencontrons journellement, et dans toutes ces conditions de la vie, de semblables cadavres. Ceci peut avoir lieu à la suite de causes diverses, entre autres, une frayeur, le chagrin, le désespoir, une violente attaque de maladie ou une sensualité excessive. La forme astrale d'un sorcier adepte, un élémentaire (une âme humaine désincarnée retenue ici-bas) ou dans des cas fort rares un élémental, pouvent alors prendre possession et habiter ce corps vacant. Naturellement un adepte de la magie blanche possède le même pouvoir, mais à moins qu'il ne veuille accomplir un objet important et exceptionnel, il ne consentira jamais à se souiller en occupant le corps d'une personne impure. Dans le cas de folie, le corps astral du patient est, ou à demi-paralysé, effaré et sujet à l'influence de toute espèce d'esprit passager, ou il s'est enfui pour toujours et le corps devient la proie d'une entité vampirique près de se désintégrer et qui s'attache désespérément à la terre, et dont les plaisirs sensuels peuvent être prolongés pendant un court espace de temps au moyen de de cet expédient.

10° La pierre d'angle de la MAGIE est la connaissance intime et pratique du magnétisme et de l'électricité, leurs qualités, leurs corrélations et de leurs potentialités. Il est surtout nécessaire de se familiariser avec leurs effets dans et sur le règne animal et humain. Il existe des propriétés occultes dans beaucoup d'autres minéraux, aussi étranges que celles de l'aimant que tous ceux qui pratiquent la magie *doivent* connaître, et au sujet desquelles la soi-disant science exacte est complètement ignorante. Les plantes ont, de même, à un degré fort curieux, des propriétés mystiques, et les secrets des herbes dans les cas de songes et d'enchantements ne sont perdus que pour la science européenne et, inutile de le dire, lui sont inconnus, sauf dans de rares cas bien marqués, comme par exemple pour l'opium et le hachidch. Et cependant l'effet physique de ceux-ci mêmes, sur le système humain, est considéré comme une preuve d'un désordre mental temporaire. Les femmes de la Thessalie et de l'Epire, les hiérophantes féminins des rites sabaziens, n'emportèrent point leurs secrets avec la chute de leurs sanctuaires. Ils sont encore préservés aujourd'hui, et ceux qui connaissent les effets du Soma, connaissent également les propriétés d'autres plantes.

Pour résumer en quelques mots, la MAGIE est la SAGESSE spirituelle ; la nature est l'alliée matérielle, l'élève et la servante du magicien. Un principe vital commun pénètre toute chose, et ce principe peut être contrôlé par la volonté de l'homme.

L'adepte peut stimuler les mouvements des forces naturelles dans les plantes et les animaux, à un degré extraordinaire. Ces expériences ne sont pas des obstructions de la nature, mais des accélérations ; il ne fait que favoriser les conditions d'une action vitale plus intense.

L'adepte est capable d'exercer un contrôle sur les corps astrals et physiques d'autres personnes, non adeptes, et d'en modifier les conditions ; il peut également gouverner et employer à son gré les esprits des éléments. Il ne peut exercer aucun contrôle sur l'esprit immortel de n'importe quel être humain, mort ou vivant, car tous ces esprits sont, au même degré, des étincelles de l'Essence Divine, et ne sont sujets à aucune domination étrangère.

Il y a deux espèces de clairvoyance — celle de l'âme et celle de l'esprit. La clairvoyance des anciennes pythonisses, ou celle du sujet moderne magnétisé, ne diffèrent que par les moyens artificiels employés pour les mettre en état de clairvoyance. Mais, comme les visions de chacun dépendent de la plus ou moins grande sensibilité des sens de leur corps astral, elles diffèrent beaucoup de la condition parfaite et omniciente spirituelle ; car, le sujet ne perçoit, au pis aller, que des lueurs de la vérité, à travers le voile que la nature physique tend devant lui. Le principe astral, que les Yoguis hindous appellent *fav-atma*, est l'âme consciente, inséparable de notre cerveau physique, qu'elle tient en sujétion, et qui, de son côté, lui sert aussi d'entrave. C'est l'*ego*, le principe vital intellectuel de l'homme, son entité consciente. Pendant qu'il est encore dans le corps matériel, la clarté et la correction de ses visions spirituelles dépendent de sa relation plus ou moins intime avec son Principe supérieur. Lorsque cette relation est telle, qu'elle permet aux parties les plus éthérées de son âme essentielle d'agir indépendamment de ses particules plus grossières et de son cerveau, il comprend infailliblement ce qu'il voit; ce n'est qu'à ce moment qu'il devient l'âme pure, rationnelle et *super*-consciente. Cet état est connu aux Indes sous le nom de Samàddi ; c'est la condition spirituelle la plus élevée qu'il soit donné à l'homme d'atteindre ici-bas. Les fakirs cherchent à se mettre en cet état en retenant leur respiration pendant des heures entières au cours de leurs exercices religieux, et ils donnent à cette pratique le nom de *dam-sàdhna*. Les termes hindous *Pranayama*, *Pratyahara*, et *Dharana* ont tous rapport aux différents états psychologiques, et montrent jusqu'à quel point le sanscrit, et même la langue moderne hindoue se prêtent mieux à la clarté d'élucidation des phénomènes pour ceux qui étudient cette branche de la science psychologique, que les langues des peuples modernes, pour les expériences desquels on n'a pas encore senti le besoin des termes descriptifs spéciaux.

Lorsque le corps est en état de *dharana* — la catalepsie totale du corps physique — l'âme du clairvoyant est libérée et perçoit alors les choses subjectivement. Néanmoins, comme le principe conscient du cerveau reste toujours vivant et actif, ces images du passé, du présent et du futur, seront teintées de ses perceptions terrestres du monde objectif ; la *mémoire* physique et *l'imagination* viennent entraver la vision claire et nette. Mais l'adepte clairvoyant sait comment s'y prendre pour arrêter l'action mécanique du cerveau : ses visions seront aussi nettes que la vérité elle-même, sans couleur, sans déformation, tandis que le clairvoyant, incapable d'exercer un contrôle sur les vibrations des ondes astrales, ne percevra au moyen de son cerveau que des images plus ou moins détachées. Le voyant n'est jamais exposé à prendre des ombres passagères pour des réalités, car sa mémoire étant aussi complètement subjuguée à sa volonté que le reste de son corps, il reçoit les impressions directement de son esprit. Entre son soi objectif et subjectif il n'y a pas de médium gênant. C'est la véritable clairvoyance spirituelle dans laquelle, suivant l'expression de Platon, l'âme s'élève au-dessus de tout bien inférieur. Nous atteignons alors ce qui est suprême, ce qui est *simple, pur, inchangeable, sans forme, sans couleur ou sans qualités humaines* : le Dieu — *notre Nous*.

C'est cet état que des voyants tels que Plotin et Apollonius appelaient « l'Union avec la Divinité » ; que les anciens Yoguis nommaient *Isvara* (1) et les modernes « Samâddi » ; mais cet état est autant au-dessus de la clairvoyance moderne que les étoiles sont au-dessus des vers-luisants. Plotin, le fait est connu, fut toute sa vie durant un clairvoyant ; et cependant il n'avait été *réuni à son Dieu* que six fois pendant les trente-six ans de son existence, ainsi qu'il le confesse, lui-même, à Porphyre.

Ammonius Sakkas, « l'élève de Dieu », affirme que le seul pouvoir qui soit directement opposé à la prophétie et qui contemple l'avenir est la *mémoire* ; et Olympiodore

1. Dans son sens général *Isvara* signifie « Seigneur » ; mais l'Isvara des philosophes mystiques de l'Inde veut dire précisément l'union et la communion de l'homme avec la Divinité des mystiques grecs. *Isvara-Parasada* veut dire littéralement en sanscrit *grâce*. Les deux « Mimansas » traitant des questions les plus abstraites, donnent l'explication de *Karma* comme du mérite, ou de *l'efficacité des œuvres* ; Isvara-Parasada, comme la grâce ; et *Shraddha* comme la foi. Les « Mimansas » sont l'ouvrage des deux plus célèbres théologiens de l'Inde. Le « Pourva-Mimansa » fut écrit par le philosophe Djeminy, et le « Uttara-Mimansa » (ou Vedanta) par Ritchna Dvipayna-Vyasa, qui réunit ensemble les quatre « Védas » (Voyez Sir William Jones, Colebrooke et autres).

l'appelle la *fantaisie*. « La fantaisie », dit-il, (*in Platonis Phaed.*) est une entrave à nos conceptions intellectuelles; par conséquent, lorsque nous sommes agités par l'influence inspiratrice de la Divinité, si la fantaisie intervient, l'énergie enthousiaste cesse d'agir ; car l'enthousiasme et l'extase sont contraire l'une à l'autre. Si l'on veut savoir si l'âme peut agir énergiquement sans la fantaisie, nous répondrons que sa perception des universels prouve qu'elle en est capable. Par conséquent elle a des perceptions indépendantes de la fantaisie ; toutefois la fantaisie est présente aussi dans ses énergies, de même que la tempête poursuit celui qui vogue sur la mer ».

Par contre, un médium a besoin, soit d'une intelligence étrangère — un esprit ou un magnétiseur vivant — pour dompter son être physique et moral, soit alors d'un produit factice pour provoquer la transe. Un adepte, ou même un simple fakir n'a besoin que de quelques minutes de « soi-contemplation ». Les colonnes de bronze du temple de Salomon ; les clochettes d'or et les grenades d'Aaron ; le Jupiter Capitolin d'Auguste entouré de clochettes harmonieuses (1) ; et les bassins de bronze des Mystères, lorsqu'on appelait le Kora, (2) étaient tous destinés à fournir cette aide artificielle (3). Il en était de même des bassins de bronze de Salomon, autour desquels pendaient une double guirlande de 200 grenades, qui tenaient lieu de battants dans les colonnes creuses. Les prêtresses du nord de l'Allemagne sous la conduite des hiérophantes, ne pouvaient prophétiser que dans le fracas des eaux tumultueuses. Fixant les remous qui se forment sur les eaux rapides des torrents, elles *s'hypnotisaient* elles-mêmes. Nous lisons également que Joseph, le fils de Jacob, cherchait l'inspiration divine au moyen de sa coupe de divination en argent, coupe qui devait avoir un fond très brillant. Les prêtresses de Dodone se plaçaient sous l'antique chêne de Zeus (le Dieu Pelasgien, et non pas l'Olympien) et écoutaient attentivement le murmure des feuilles sacrées tandis que d'autres concentraient leur attention sur le doux gazouillement de la fraîche source

1. Suétone, *Augustus*.
2. Plutarque
3. *Pline*, XXX pp. 2. 14.

qui sortait de sous ses racines (1). Mais l'adepte n'a besoin d'aucunes de ces aides extérieures; la seule action de son pouvoir de *volonté* est largement suffisant.

L'*Atharva-Véda* enseigne que l'exercice de ce pouvoir de volonté est la forme la plus élevée de la prière, et sa réponse instantanée. Désirer, c'est réaliser en proportion de l'intensité de son aspiration; et celle-ci, à son tour, est mesurée par la pureté intérieure.

Quelques-uns des plus nobles préceptes Védantiques sur l'âme et les pouvoirs mystiques de l'homme, ont été récemment énoncés par un lettré hindou dans un journal anglais. Le *Sankya* écrit-il, enseigne que l'âme (c'est-à-dire le corps astral) possède les pouvoirs suivants : « se réduire à un corps si tenu qu'il peut traverser tout ; grandir jusqu'à avoir un corps gigantesque ; se rendre léger (monter le long d'un rayon solaire jusqu'au soleil) ; posséder un nombre illimité d'organes, comme par exemple toucher la lune du bout du doigt ; volonté irrésistible (par exemple s'enfoncer dans la terre aussi aisément que dans l'eau) ; exercer le pouvoir sur toutes choses, animées ou inanimées ; faculté de changer le cours de la nature ; accomplir chaque désir. » Il donne en outre leurs diverses appellations : « Les noms de ces pouvoirs sont : 1, *Anima* ; 2, *Mahima* ; 3, *Laghima* ; 4, *Garima* ; 5, *Prapti* : 6, *Prakamya* : 7, *Vasita* ; 8, *Ishita*, ou pouvoir divin. Le cinquième prédit l'avenir, la compréhension des langages inconnus, la guérison des maladies, la divination de pensées non exprimées, la connaissance du langage du cœur. Le sixième est le pouvoir qui convertit la vieillesse en jeunesse. Le septième est le pouvoir de magnétiser les êtres humains et les animaux et de les rendre dociles ; c'est le pouvoir pour restreindre les ses passions et ses émotions. Le huitième pouvoir est la condition spirituelle, et présuppose l'absence des sept pouvoirs antérieurs, car dans cet état, le Yogi est rempli de Dieu. »

« Il n'a été donné à aucun ouvrage, ajoute-t-il, révélé ou sacré, d'être aussi catégorique et décisif *que l'enseignement de l'âme*. Quelques-uns des Richis paraissent avoir fait

1. *Servius ad Æon* p. 71.

grand cas de cette source super-sensuelle de la connaissance » (1).

Dès la plus haute antiquité, *l'humanité* dans son ensemble, *a toujours été convaincue de l'existence d'une entité spirituelle personnelle dans l'homme personnel physique*. Cette entité intérieure a toujours été plus ou moins divine, suivant sa proximité avec la *couronne* — le Chrestos. Plus l'union est étroite,plus la destinée de l'homme est heureuse,moinsdangereuses aussi sont lesconditions extérieures. Cette croyance n'est nullement de la bigoterie ou de la superstition ; elle n'est qu'un sentiment instinctif toujours présent, de la proximité d'un autre monde spirituel et invisible, qui tout subjectif qu'il est pour les sens de l'homme extérieur est parfaitement objectif pour l'ego intérieur. De plus, *l'humanité a toujours cru qu'il y a des conditions extérieures et intérieures qui affectent la détermination de notre volonté sur nos actions*. Elle répudie le fatalisme, car le fatalisme implique l'action aveugle d'un pouvoir plus aveugle encore. Mais elle croit à la *destinée*, que chaque homme tisse autour de lui depuis la naissance jusqu'à la mort, comme une araignée tisse sa toile ; et cette destinée est conduite par la présence de ceux que certains nomment les anges gardiens, ou par notre homme astral intime, qui n'est que trop souvent le mauvais génie de l'homme de chair. Tous deux guident l'homme extérieur, mais un des deux doit prévaloir ; et, dès le début de la lutte invisible, la sévère et implacable *loi de compensation* entre en ligne et suit son cours, reproduisant fidèlement les fluctuations. Lorsque le dernier fil est tissé et que l'homme apparaît enfermé dans le filet qu'il a lui-même formé, il se trouve complètement à la merci de cette destinée par lui préparée. Alors elle le maintient immobile comme le coquillage inerte sur le rocher immuable, ou elle l'emporte comme une plume dans le tourbillon soulevé par ses propres actions.

Les plus grands philosophes de l'antiquité ne trouvaient point déraisonnable que « les âmes pussent revenir auprès

1. Peary chand Mittra *The Psychology of the Aryas ; Human nature*, pour Mars 1877.

des âmes, pour leur faire part de la conception des choses à venir, soit par lettres, soit par un simple attouchement, ou par un regard, afin de leur révéler les événements passés ou leur prédire ceux à venir », nous dit Ammonius. De plus, Lamprias et d'autres maintenaient que si les esprits *désincarnés* ou les âmes pouvaient descendre sur la terre pour devenir les anges gardiens des hommes mortels, « nous ne devrions pas chercher à priver *les âmes qui sont encore dans un corps* du pouvoir par lequel ceux-là connaissent l'avenir et sont capables de le prédire. « Il est improbable », ajoute Lamprias, « que l'âme acquière un nouveau pouvoir de prophétie après la séparation du corps, pouvoir qu'elle ne possédait pas avant. Nous en conclurons, plutôt, *qu'elle possédait tous ces pouvoirs pendant son union avec le corps, bien qu'à un degré moins parfait*... Car, de même que le soleil ne brille pas seulement lorsqu'il sort des nuages, mais qu'il est toujours radieux et n'apparaît terni que lorsque les vapeurs l'obscurcissent, l'âme ne reçoit pas seulement le pouvoir de lire dans l'avenir lorsqu'elle passe hors du corps, *mais elle l'a toujours possédé*, bien qu'obscurci par son rapport avec la terre ».

Un exemple familier d'une des phases du pouvoir de l'âme, ou du corps astral de se manifester, est représenté par le phénomène de ce qu'on se plaît à nommer les mains spirites. En présence de certains médiums ces membres détachés, en apparence, se développent graduellement d'une nébuleuse lumineuse, s'emparent d'un crayon, écrivent un message, puis disparaissent à la vue des spectateurs. De nombreux cas de ce genre ont été constatés par des personnes compétentes et dignes de foi. Ces phénomènes sont réels et demandent à être pris en sérieuse considération. Mais on a souvent pris pour authentiques de fausses mains spirites. Nous avons vu, autrefois, à Dresde, une main et un bras, exécutés dans un but de tromperie, munis d'un ingénieux arrangement de ressorts qui lui faisaient exécuter, en toute perfection, les mouvements d'un membre naturel, tandis que, vu extérieurement, il fallait une inspection soigneuse, pour découvrir son caractère artificiel. En se servant de cette main, le médium malhonnête retire son bras de sa manche, et le remplace par son substitut mécanique;

les deux mains paraissent alors posées sur la table, tandis que, de fait, il touche les assistants avec une des siennes, qui se montre, bousculant les meubles, et produisant d'autres phénomènes.

Les médiums à manifestations, sont en règle générale moins que qui que ce soit, capables de les comprendre ou d'en fournir une explication. Parmi ceux qui ont écrit d'une façon intelligente au sujet des mains lumineuses, figure le Dr Francis Gerry Fairfield, auteur de *Ten Years among the Mediums ;* un article, dû à sa plume, parut dans la *Library Table* pour juillet 1877. Médium lui-même, il est néanmoins un antagoniste décidé de la théorie spirite. Discutant le phénomène de la « main spirite », il témoigne que « cet auteur a assisté en personne à ces expériences, dans des conditions de garantie établies par lui-même, dans sa propre chambre en plein jour, le médium étant assis sur un canapé, a une distance de six à huit pieds de la table sur laquelle voltigeait l'apparition (la main spirite). Une application des pôles d'un aimant en forme de fer à cheval, faisait vaciller la main, et jetait le médium dans des convulsions violentes — preuve évidente que *la force qui faisait agir le phénomène était générée dans son propre système nerveux* ».

La déduction du Dr Fairfield que la main fantôme errante est une émanation du médium est logique et parfaitement correcte. L'épreuve de l'aimant prouve scientifiquement ce que tout cabaliste affirmerait sur l'autorité de l'expérience, non moins que sur celle de la philosophie. La « force engagée dans le phénomène » est la volonté du médium, exercée inconsciemment sur l'homme extérieur, qui, à ce moment, est à moitié paralysé et en état de catalepsie ; la main fantôme est une expulsion du membre de l'homme intérieur, ou astral. C'est là le véritable corps dont le chirurgien ne peut amputer les membres, mais qui demeure entier après que l'enveloppe extérieure a été rejetée, et (malgré toutes les théories de la compression des nerfs) possède toutes les sensations antérieurement ressenties par les membres physiques. C'est le corps spirituel (astral) qui « ressuscite sans être corrompu ». Inutile de prétendre que ce sont là des mains d'*esprits ;* car, en admettant même qu'à chaque séance des esprits humains de toutes sortes soient attirés vers le médium, et qu'ils dirigent et produisent certaines manifestations, néanmoins, pour rendre des mains ou des figures objectives, ils sont obligés de faire usage soit des membres astrals du médium ou des matériaux fournis par les élémentals, ou encore de se servir des émanations aurales combinées de toutes les personnes présentes. Les esprits *purs* ne consentent jamais à se montrer objectivement, et ils ne le *peuvent* pas ; ceux qui le font ne sont pas des esprits purs, mais des esprits élémentaires et impurs. Malheur au médium qui devient la proie de ceux-ci !

Le même principe qui agit dans la projection inconsciente d'un membre fantôme par un médium en état de catalepsie, s'applique aussi à la projection de son « double » tout entier, ou corps astral. Celui-ci peut être retiré par la volonté du soi intérieur du médium, sans que son cerveau physique en ait gardé un souvenir quelconque — ceci constitue une des phases du double pouvoir de l'homme. Il peut également avoir lieu au moyen des esprits élémentaires et élémentals, avec lesquels il peut garder la relation d'un sujet mesmérique. Le Dr Fairfield a raison dans une des assertions de son livre, à savoir : que les médiums sont généralement des êtres maladifs, et dans beaucoup de cas, sinon des enfants de médiums, du moins des parents fort rapprochés. Mais il a tout à fait tort lorsqu'il attribue tous les phénomènes psychiques à des conditions physiologiques morbides. Les adeptes de la magie orientale jouissent tous, sans exception, d'une santé mentale et physique parfaites et, de fait, la production volontaire et indépendante des phénomènes serait impossible dans le cas contraire. Nous en avons connu beaucoup, mais pas un seul parmi eux n'était un sujet maladif. L'adepte conserve sa parfaite conscience ; il ne se produit chez lui aucun changement de température, ou autre signe morbide quelconque ; il n'a pas besoin de « conditions » spéciales, mais il produira ses phénomènes n'importe où et partout ; et au lieu d'être passif et soumis aux influences étrangères, il gouverne les forces par une volonté de fer. Nous avons démontré d'autre part, que le médium et l'adepte sont aussi opposés que les pôles. Nous ajouterons seulement que le corps, l'âme et l'esprit d'un adepte sont tous conscients et travaillent harmonieusement, tandis que le corps du médium est une masse inerte, et même son âme peut être absente dans un rêve pendant qu'un autre occupe sa demeure.

Un adepte peut non seulement projeter une main et la rendre visible, mais toute autre partie ou la totalité de son corps. Nous en avons vu un le faire en plein jour, tandis que ses mains et ses pieds étaient maintenus par un ami sceptique qu'il voulait étonner (1). Petit à petit, le corps astral tout entier émergea comme un nuage vaporeux, jusqu'à ce qu'il y eût deux formes devant nous, la seconde étant l'exacte reproduction de la première, avec cette seule différence qu'elle était un peu plus sombre.

Le médium n'a nul besoin d'exercer son *pouvoir de volonté*. Il suffit qu'il sache ce que les investigateurs attendent de lui. L'entité « spirituelle » du médium, lorsqu'elle n'est pas obsédée par d'autres esprits, agira hors de la volonté et de la conscience de l'être physique, aussi aisément qu'elle agit lorsqu'elle occupe encore le corps pendant un accès de somnambulisme. Ses perceptions externes et internes, seront plus subtiles et bien plus développées, exactement comme c'est le cas chez le somnambule. Voilà pour quelle raison « la forme matérialisée » en sait quelquefois plus long que le médium lui-même (2), parce que la perception intellectuelle de l'entité astrale est d'autant plus élevée par rapport à l'intelligence corporelle du médium en son état normal que l'entité spirituelle est plus subtile que celle-là. On s'aperçoit généralement que le médium est froid, que son pouls change à vue d'œil, et un

1. Le correspondant de Boulogne (France) d'un journal anglais dit qu'il a connu un monsieur dont le bras avait été amputé à l'épaule, « qu'il est persuadé qu'il a un bras spirituel, qu'il voit et peut toucher avec l'autre main. Il peut tout toucher et même soulever des objets avec la main spirituelle ou fantômale ». Cette personne ignore tout du spiritisme. Nous donnons ce récit tel qu'il nous a été transmis, sans l'avoir vérifié, mais il corrobore ce que nous avons vu dans le cas d'un adepte oriental. Cet éminent savant et cabaliste pratique peut projeter, à volonté, son bras astral, et prendre, soulever et porter des objets au moyen de ce bras, à une grande distance de là où il est assis ou debout. Nous lui avons vu plusieurs fois s'occuper ainsi d'un éléphant favori.

2. Réponse à une question posée à la « National Association of Spiritualists », mai 14, 1877.

état de prostration nerveuse succède au phénomène, ce qu'on attribue sottement et sans discernement à l'action des esprits désincarnés ; c'est ainsi qu'un tiers des phénomènes peut être produit par ceux-ci, un autre tiers par les élémentals, et le reste par le double astral du médium lui-même.

Mais, tandis que nous croyons fermement que la plupart des manifestations physiques, c'est-à-dire celles qui n'ont besoin ni ne font preuve d'intelligence ou de discernement, sont produites mécaniquement par le *scin-lecca*, (le double) du médium, de même qu'une personne profondément endormie ferait, une fois réveillée en apparence, des choses dont elle ne conserverait aucun souvenir. Les phénomènes purement subjectifs sont dûs, sauf dans une proportion minime des cas, à l'action du corps astral de l'individu. Dans la plupart des cas, et suivant la pureté morale, intellectuelle et physique du médium, ils sont l'œuvre soit des élémentals, soit quelquefois d'esprits humains très purs. Les élémentals n'ont rien à faire avec les manifestations subjectives. Dans des cas fort rares, c'est l'esprit *divin* du médium lui-même qui les produit et les conduit.

Ainsi que Baboo Peary Chand Mittra le dit dans une lettre (1) adressée au Président de l'Association Nationale des Spirites, M. Alexandre Calder (2), « un esprit est une essence ou une puissance et n'a pas de forme... La seule idée de la forme implique le matérialisme. Les esprits, (les âmes astrales devrais-je dire)... peuvent prendre une forme pour un temps donné, mais cette forme n'est pas leur condition permanente. Plus notre âme est matérielle, plus notre conception des esprits est matérielle aussi ».

Epiménide, l'Orphikos, était célèbre pour « sa nature sacrée et merveilleuse », et pour la faculté que possédait son âme de s'absenter de son corps « *aussi longtemps et aussi souvent qu'il le désirait* ». Les anciens philosophes qui ont offert des témoignages de cette faculté se comptent par douzaines. Apollonius quittait son corps à son gré, mais n'oublions pas qu'Apollonius était un adepte un « ma-

1. « A Bouddhist's Opinion of the Spiritual States. »
2. Voyez le « London Spiritualist », mai 25, 1877 p. 246

gicien ». S'il n'avait été simplement qu'un médium, il n'aurait pas pu accomplir *à volonté*, des exploits semblables. Empédocle d'Agrigente, le thaumaturge pythagoricien, n'avait besoin d'aucune *condition* pour arrêter la trombe qui se déversait sur la cité. Il n'en avait pas besoin, non plus, pour ramener, ainsi qu'il le fit, une femme à la vie. Apollonius ne se servait pas de chambres noires pour accomplir ses exploits aethrobatiques. Disparaissant instantanément dans l'air devant les yeux de Domitien et d'une foule immense de témoins (plusieurs milliers) il apparut, une heure plus tard, dans la grotte de Puteoli. Mais une investigation aurait démontré que son corps physique étant devenu invisible par la concentration d'akasha autour de lui, il avait pu s'en aller inaperçu à une retraite sûre du voisinage et, une heure après, sa forme astrale apparaissait à ses amis à Puteoli, en donnant l'impression que c'était l'homme lui-même.

Simon le Magicien n'attendit pas non plus d'être mis en trance, pour s'envoler dans l'air devant les apôtres et une foule de témoins. « Nul besoin n'est de conjurations et de cérémonies ; tracer des cercles et brûler de l'encens sont des niaiseries et des jongleries », dit Paracelse. L'esprit humain « est une chose si grande que nul ne peut le décrire ; de même que Dieu, lui-même, est éternel et immuable, de même aussi est l'esprit de l'homme. Si nous nous rendions bien compte de ses pouvoirs, rien, ici-bas, ne nous serait impossible. Notre imagination est fortifiée et développée par *la foi dans notre volonté*. La foi doit confirmer l'imagination, car la foi engendre la volonté ».

Un curieux récit d'une interview personnelle, en 1783, d'un Ambassadeur Anglais avec un Bouddha réincarné — sujet effleuré dans notre premier volume — un enfant âgé à ce moment là de dix-huit mois — parut dans le *Asiatic Journal*, d'après la narration faite par un témoin oculaire, M. Turner, l'auteur de *The Embassy to Thibet*. La prudence du sceptique qui craint la risée du public, cache à peine l'étonnement que causa le phénomène au témoin, qui cherche, en même temps à reproduire les faits avec toute la véracité possible. Le lama nouveau né reçut l'ambassadeur et sa suite avec une dignité et un décorum tellement naturels et aisés qu'ils en demeurèrent émerveillés. L'attitude de cet enfant, dit l'auteur, était celle d'un vieux philosophe, grave, tranquille et exquisement courtois. Celui-ci fit comprendre au jeune pontife l'immense chagrin que ressentait le gouverneur général de Galagata (Calcutta), la cité des Palais, et le peuple des Indes, lorsqu'ils apprirent sa mort, et la joie générale ressentie lorsqu'on sut qu'il était ressuscité dans un nouveau corps jeune et sain ; à ce compliment, le jeune lama le regarda, lui et sa suite, avec une grande satisfaction, et leur offrit courtoisement des sucreries dans une tasse d'or. « L'ambassadeur continua en lui exprimant l'espoir du Gouverneur Général que le lama continuerait longtemps à éclairer le monde par sa présence, et que l'amitié qui jusqu'alors avait subsisté entre eux, se raffermirait encore plus, au profit et à l'avantage des intelligents fervents du lama... pendant ce temps le petit enfant regarda fixement l'orateur et inclina gracieusement la tête, — oui il s'inclina et aquiesça de la tête comme *s'il* comprenait et approuvait chaque parole qui avait été prononcé (1). »

S'il comprenait ! *Si* l'enfant se comporta de la façon la plus naturelle et la plus digne pendant toute la réception, et « lorsque les tasses à thé étaient vides, s'il s'inquiéta, fronça le sourcil, et ne cessa de faire du bruit jusqu'à ce qu'elles eussent de nouveau été remplies », pourquoi n'aurait-il pas pu comprendre tout ce qui fut dit ?

Il y a bien des années, une petite caravane de voyageurs cheminait péniblement de Cashmire à Leh, une ville du Ladâhk (Thibet central). Parmi les guides se trouvait un Shaman tartare, personnage fort mystérieux, qui parlait un peu le russe mais pas un mot d'anglais ; il réussit néanmoins à se faire comprendre de nous, et nous rendit de bons services. Ayant su que quelques personnes de notre troupe étaient russes, il s'imagina que notre protection était toute-puissante, et lui faciliterait le moyen de rentrer en toute sécurité chez lui en Sibérie, d'où il s'était échappé ainsi qu'il nous le raconta, il y avait quelque vingt ans, pour des raisons inconnues, en passant par Kiachta et le

1. Voyez la « Hindu Mythology » de Coleman.

grand désert de Gobi, jusque dans le pays des Tcha-gars (1). Avec un but aussi intéressé en perspective, nous nous crûmes en parfaite sécurité sous sa garde. Donnons succinctement l'explication de notre situation : nos compagnons avaient formé le plan téméraire de pénétrer dans le Thibet sous divers déguisements, aucun ne parlant la langue du pays, bien qu'un d'eux, M. K — ayant appris quelques mots de tartare de Kasan, croyait bien la parler. Nous ne le mentionnons qu'incidemment, car nous avouons, dès le début, que deux d'entre eux, les frères N — , furent poliment reconduits à la frontière avant d'avoir fait plus de seize milles dans le mystérieux pays du Bod oriental ; et M. K —, un expasteur luthérien ne put même pas essayer de quitter son misérable village près de Leh, car dès les premiers jours il y fut pris de fièvres et dut retourner à Lahore, via Cashmire. Mais un exploit auquel il assista lui suffit, comme s'il avait été présent à la réincarnation du Bouddha en personne. Ayant entendu parler de ce « miracle » par un vieux missionnaire russe, au récit duquel il ajoutait aussi peu de foi qu'à ceux de l'abbé Huc, son désir ardent depuis plusieurs années avait été de démasquer, comme il le disait, cette grande « jonglerie païenne ». K — était un positiviste, et se vantait de son néologisme anti-philosophique. Mais son positivisme allait recevoir un coup mortel.

A environ quatre journées de marche d'Islamabad, à un insignifiant petit village de maisons de boue, dont le seul attrait était son lac merveilleux, nous nous arrêtâmes pour quelques jours de repos. Nos compagnons s'étaient éloignés de nous temporairement, et le village en question devait être notre point de ralliement. Ce fut là que notre Shaman nous informa qu'une nombreuse troupe de « Saints lamaïques, voyageant en pèlerinage auprès de divers temples s'était logée dans un ancien temple souterrain et y avait installé une vihara temporaire. Il ajouta que comme « Trois Honorables » (2) étaient censés voyager avec eux, les saints

1. Défense est faite aux sujets russes de passer sur le territoire tartare, de même que les sujets de l'empereur de Chine ne peuvent se rendre aux factoreries russes.

2. Ceux-ci sont les représentants de la Trinité bouddhiste, Bouddha, Dharma et Sangha, ou Fo, Fa et Seugh, ainsi qu'on les nomme au Thibet.

Birkshus (moines) étaient capables de produire les plus grands miracles. M. K — enthousiasmé à la perspective de pouvoir démasquer cette fraude, leur rendit visite sur le champ, et, dès ce moment, les relations les plus amicales s'établirent entre les deux camps.

Le vihar était installé dans un endroit retiré et romantique garanti contre toute intrusion. Malgré les attentions obséquieuses, les présents et les protestations de M. K —, le chef, qui était un Pase-Budhu (un ascète de haute sainteté) refusa de laisser exécuter le phénomène de « l'incarnation », jusqu'à ce qu'un certain talisman, en possession de l'auteur, lui eut été présenté (2). Mais lorsqu'on le lui eut fait voir, les préparatifs furent faits aussitôt, et on se procura un enfant de trois à quatre mois, d'une mère qui résidait dans les environs. On exigea tout d'abord de M. K — qu'il prêtât serment de ne rien divulguer pendant l'espace de sept ans de tout ce qu'il pourrait voir ou entendre. Le talisman est une simple agate ou cornaline connue chez les Thibétains et autres sous le nom de A-yu, et qui possède naturellement ou à laquelle on a communiqué de fort mystérieuses propriétés. Un triangle y est gravé, au centre duquel sont tracés quelques mots mystérieux (1).

2. Il est défendu à une Bikshu d'accepter quoi que ce soit directement d'un laïque, même de son propre pays, encore moins d'un étranger. Le moindre contact avec le corps et même les vêtements d'une personne n'appartenant pas à leur communauté spéciale doit être soigneusement évité Ainsi les présents apportés par nous et qui comprenaient des pièces de *pou-lou* rouge et jaune. sorte d'étoffe de laine portée généralement par les lamas, eurent à passer par d'étranges cérémonies. Il leur est interdit: 1° de demander ou de mendier quoi que ce soit, même s'ils mouraient de faim. devant attendre que cela leur soit volontairement offert; 2° de toucher de l'or ou de l'argent avec les mains ; 3° de manger une bouchée de nourriture, lorsqu'elle leur est offerte, si le donateur ne dit pas fermement au disciple : « Ceci est pour que ton maître *mange*. » Là-dessus le disciple se tournant vers le *paren* doit offrir la nourriture à son tour et lorsqu'il a dit: « Maître, ceci est permis ; prends et mange », alors seulement le lama peut le prendre de la main droite et le manger. Toutes nos offrandes eurent à passer par ces purifications. Lorsque des pièces d'argent et quelques poignées d'annas (monnaie égale à environ quatre centimes) furent offertes à différentes occasions à la communauté, un disciple commença par envelopper sa main dans un mouchoir jaune, et recevant les pièces de monnaie sur la paume de la main il les mettait immédiatement dans le *Badir*, appelé aussi en d'autres endroits *Sabaït*, bassin sacré généralement en bois, gardé pour recevoir les offrandes.

1. Ces pierres sont en grande vénération chez les Lamaïstes et les Bouddhistes; elles ornent le trône et le sceptre du Bouddha et le Taleh Lama

Plusieurs jours se passèrent avant que tout eût été terminé ; rien de mystérieux n'eut lieu dans l'entretemps, sauf qu'au commandement d'un des Bikshus, d'horribles figures apparurent dans les eaux du lac et nous regardèrent, tandis que nous étions assis sur le bord de l'eau à la porte du Vihar. Une de ces figures était la propre sœur de M. K — qu'il avait laissée en parfaite santé chez lui, mais qui, nous le sûmes plus tard, était morte quelque temps avant que nous ayons entrepris notre voyage. Cette vue lui causa, au début, un grand chagrin, mais appelant son scepticisme à son aide, il se tranquillisa en l'attribuant à des ombres de nuages, de réflections de branches d'arbres, etc., comme le font généralement les gens de son espèce.

Au jour indiqué, l'enfant fut apporté à la Vihara et laissé dans le vestibule ou chambre de réception, M. K — n'étant pas autorisé à entrer plus avant dans le sanctuaire temporaire. L'enfant fut alors couché sur un morceau de tapis au milieu de la chambre et tous ceux qui ne faisaient pas partie de notre troupe furent renvoyés, et deux « mendiants » placés à la porte pour la garder contre les intrus. Tous les lamas s'assirent alors par terre, avec leurs dos contre le mur de granit de sorte qu'un espace d'au moins dix pieds les séparait de l'enfant. Un morceau de cuir carré ayant été mis par terre par le desservant pour le chef, il s'assit dans le coin le plus reculé. Seul M. K — fut placé tout près de l'enfant et observait chacun de ses mouvements avec un intérêt intense. La seule stipulation qui avait été exigée de nous, était de garder un parfait silence et d'atten-

en porte une au quatrième doigt de la main droite. On les trouve dans les montagnes Altaï, et près de la rivière Yarkuh. Notre talisman était un présent d'un vénérable grand'prêtre, *un Heiloung*, de la tribu des Kalmoucks. Bien qu'ils soient considérés comme des apostats du Lamaïsme primitif, ces tribus nomades entretiennent des relations amicales avec leurs frères kalmoucks, les Chokhots du Thibet oriental et de Kokenor et même avec les Lamaïstes de Lha-Ssa. Néanmoins les autorités ecclésiastiques ne veulent avoir aucune relation avec eux. Nous avions eu de nombreuses occasions de connaître ce peuple intéressant des steppes d'Astrakan, ayant vécu dans leurs *Kibitkas*, dans notre jeunesse, et ayant joui de la somptueuse hospitalité du prince Tumene, leur chef défunt, et de la Princesse. Les Kalmoucks emploient dans leurs cérémonies religieuses des trompettes faites avec les os des cuisses et des bras de leurs chefs défunts et de leurs grand'prêtres.

dre patiemment la suite des événements. Un brillant soleil entrait par la porte, grande ouverte. Le « Supérieur » tomba graduellement dans ce qui paraissait être un état de profonde méditation, tandis que les autres, après une courte invocation à voix basse, restèrent silencieux, et avaient l'air d'être pétrifiés. Le silence était oppressif et le gazouillement du petit enfant était le seul son qu'on entendît. Après quelques moments le mouvement des membres de l'enfant cessa soudain et son corps devint tout à fait rigide. K — observait attentivement chaque mouvement, et tous deux, par un regard rapide, nous constatâmes que tous les assistants étaient immobiles. Le Supérieur, le regard fixé par terre ne semblait même pas voir l'enfant ; mais pâle et immobile, il ressemblait plutôt à une statue de bronze d'un Talapoin en méditation, qu'à un être vivant. Tout à coup, à notre grande stupéfaction, nous vîmes l'enfant, non pas se lever, mais violemment projeté, pour ainsi dire, en « position assise. » A la suite de deux ou trois secousses de cette nature, comme un automate actionné par des fils de fer, l'enfant de quatre mois se mit debout sur ses pieds ! Imaginez notre étonnement, et l'horreur de M. K. — Aucune main ne s'était étendue, aucun mouvement n'avait été fait, aucune parole n'avait été prononcée ; et cependant voici qu'un enfant à la mamelle se tenait debout devant nous aussi erect et aussi ferme qu'un homme.

Nous donnerons la suite du récit d'après les notes écrites le même soir par M. K —, et qu'il nous confia au cas où elles n'auraient pu parvenir à leur destinataire ou au cas où l'auteur n'aurait rien pu voir de plus.

« Après une minute ou deux d'hésitation », écrit M. K — « l'enfant tourna la tête et me regarda avec une expression d'intelligence tout à fait terrifiante ! Il me donna le frisson. Je me pinçai les mains et me mordis les lèvres jusqu'au sang pour m'assurer que je ne rêvais pas. Mais tout cela n'était que le commencement. La miraculeuse petite créature, faisant, *ainsi qu'il me sembla,* deux pas vers moi, reprit sa position assise et, sans détacher ses yeux des miens, répéta mot à mot, dans ce que je supposai être la langue thibétaine, les mêmes paroles qu'on m'avait dit auparavant être généralement prononcées aux incarnations du Bouddha et commençant par : « Je suis le Bouddha ; je suis le vieux lama ; je suis son esprit dans un nouveau corps », etc. Une véritable terreur s'empara de moi ; mes cheveux se dressèrent sur ma tête et mon sang se figea dans mes veines. Il m'eût été impossible de prononcer une seule parole. Il ne s'agissait ici ni de tricherie ni de ventriloquie. L'enfant remuait les lèvres et ses yeux semblaient lire au fond de mon âme avec une expression *qui me faisait penser que c'était celle du Supérieur lui-même*, ses yeux, son regard qui s'attachaient sur moi. C'était comme *si son esprit était entré dans le corps du petit enfant, et me regardait à travers le masque transparent de la figure de l'enfant*. Je sentis ma tête tourner. S'approchant de moi l'enfant posa sa petite main sur la mienne. Je sursautai comme si j'avais été brûlé par un charbon ardent ; et, incapable de supporter plus longtemps cette effroyable scène, je me cachai la figure dans les mains. Ce ne fut qu'un instant ; mais lorsque je les retirai, le petit acteur était redevenu un bébé inconscient, et un moment plus tard, couché sur le dos, il se mit à pleurer. Le Supérieur avait repris sa condition normale et la conversation recommença.

« Ce ne fut qu'après une série d'expériences de cette nature, espacées sur une dizaine de jours, que je me rendis compte que j'avais vu le surprenant et incroyable phénomène décrit par certains voyageurs, mais que j'avais toujours dénoncé comme une imposture. Parmi les nombreuses questions que je posai au Supérieur et qu'il laissa sans réponse malgré mes demandes réitérées, il me fournit un renseignement qui doit être considéré comme très significatif. « Que serait-il arrivé », lui demandai-je par l'entremise du shaman, si pendant que l'enfant parlait, dans un moment de terreur subite à la pensée que ce pouvait être « le diable » je l'eusse tué ? Il répondit que si le coup n'avait pas été fatal sur le coup, l'enfant *seul* aurait été tué. Mais supposez, continuai-je, que mon coup eût été aussi rapide que l'éclair ? « Dans ce cas, répondit-il, *vous m'auriez tué également*. »

Il y a au Japon et au Siam deux ordres de prêtres, un desquels est public, qui traite avec le peuple, et l'autre est strictement privé. Ces derniers ne sont jamais vus ; leur existence n'est connue que de quelques indigènes, mais jamais des étrangers. Leurs pouvoirs ne s'exhibent jamais en public ; ils ne s'exhibent même pas du tout, sauf en de rares occasions de la plus haute importance, et alors les cérémonies ont lieu dans des temples souterrains ou autrement inaccessibles et en présence de quelques élus dont les têtes répondent du secret qui leur est imposé. Parmi ces occasions sont les cas de mort dans la famille royale ou ceux des hauts dignitaires affiliés à l'ordre. Un des exploits les plus saisissants du pouvoir de ces magiciens est le retrait de l'âme astrale des cendres d'un être humain, cérémonie qui se pratique également dans les lamaseries les plus importantes du Thibet et de la Mongolie.

Il est de coutume au Siam, au Japon et dans la Grande-Tartarie de faire des médaillons, des statuettes et des idoles avec les cendres des personnes brûlées (1) ; on en fait une pâte avec de l'eau et, une fois moulées à la forme voulue, elles sont cuites et dorées. La Lamaserie de Ou-Tay, dans la province Mongole de Chan-Si, est la plus renommée pour ce genre de travail et les personnes riches envoient les ossements de leurs parents décédés pour y être pulvérisés et modelés. Lorsque l'adepte en magie se propose de faciliter le retrait de l'âme astrale du défunt, qui, autrement, risquerait fort, croient-ils, de demeurer stupéfiée pendant un laps de temps indéfini, dans les cendres, on procède la manière suivante : La poussière sacrée est mise en tas sur une plaque de métal, fortement magnétisée, de la grandeur d'un corps d'homme. L'adepte l'évente, alors, lentement et doucement, avec le *Talapat Nang* (2), éventail d'une forme particulière sur lequel sont inscrits certains signes, en murmurant en même temps, une espèce d'invocation. Les cendres sont bientôt, pour ainsi dire, vitalisées, et s'étendent sur une mince couche qui prend la forme du corps avant l'incinération. Il s'en dégage alors graduelle-

1. Les Kalmoucks bouddhistes des steppes de l'Astrakan, ont l'habitude de fabriquer leurs idoles avec les cendres de leurs princes et de leurs prêtres. Une parente de l'auteur possède dans sa collection plusieurs petites pyramides faites avec les ossements de Kalmoucks éminents, qui lui ont été donnés par le prince Tumene, lui-même, en 1806.

2. Eventail sacré dont se servent les prêtres en guise de parasol.

ment une vapeur blanchâtre, qui se dresse après un certain temps en une colonne, et celle-ci devenant plus solide, se transforme finalement en « double » ou contre-partie astrale éthérée du défunt, et qui, à son tour se dissout dans l'air et disparaît à la vue des mortels (1).

Les « Magiciens » du Cashmire, du Thibet, de la Mongolie et de la Grande Tartarie sont trop bien connus pour que nous nous arrêtions à les commenter. S'ils sont des *jongleurs* (prestidigitateurs), nous convions les prestidigitateurs les plus renommés de l'Europe et de l'Amérique à les imiter, s'ils en sont capables.

Si nos savants se sont reconnus incapables d'imiter l'embaumement des momies égyptiennes, combien plus grande serait leur surprise de voir, ainsi que nous l'avons vu, des corps morts conservés par l'art des alchimistes, de telle manière, qu'après des siècles, ils ont l'air de personnes plongées dans le sommeil. Le teint est aussi frais, la peau aussi élastique, les yeux aussi naturels et brillants que s'ils étaient en pleine santé, et que le rouage de la vie ne s'était arrêté que depuis quelques instants. Les corps de certains grands personnages sont placés sur des catafalques, dans de riches mausolées, quelquefois recouverts de dorures, et même de plaques d'or fin ; leurs armes favorites, leurs joyaux et les articles d'usage journalier sont placés à leur portée, et une suite de serviteurs, frais garçons et jeunes filles, mais des cadavres conservés comme leurs maîtres, se tiennent auprès d'eux prêts à l'appel pour leur rendre service. Dans le couvent du Grand Kouren, et dans un autre, situé sur la Montagne Sainte (Bohté Oula), il y a, dit-on, plusieurs sépultures de cette nature, qui ont été respectées par toutes les hordes conquérantes qui ont envahi ce pays. L'abbé Huc en entendit parler, mais il ne les vit point, les étrangers étant tous exclus et les missionnaires et voyageurs européens ne pouvant se prévaloir des protections nécessaires seraient les dernières personnes auxquelles l'approche des lieux sacrés serait permise. L'affirmation de Huc que les tombeaux des souverains tartares sont entourés d'enfants « auxquels on a fait avaler du mercure jusqu'à ce qu'ils

Voyez vol. I, p.

fussent suffoqués », au moyen duquel « la couleur et la fraîcheur des victimes est si bien conservée, qu'elles paraissent encore en vie », est une de ces fables ineptes de missionnaires qui n'en imposent qu'aux ignorants qui les acceptent par ouï-dire. Les bouddhistes n'ont jamais immolé une seule victime, humaine ou animale. C'est tout à fait contre les préceptes de leur religion et on n'a jamais accusé un lamaïste d'un pareil forfait. Lorsqu'un riche désire être enterré en *compagnie*, on envoie des messagers par tout le pays chez les embaumeurs lamaïstes, et ceux-ci choisissent à cet effet les corps d'enfants décédés d'une mort naturelle. Les parents pauvres ne sont que trop heureux de voir leurs enfants morts conservés de cette manière poétique, au lieu de les abandonner à la décomposition ou aux animaux sauvages.

Lorsque l'abbé Huc était revenu vivre à Paris, après son voyage au Thibet, il raconta, entre autres merveilles inédites, à M. Arsenieff, un Russe, le fait curieux suivant, duquel il avait été témoin pendant son long séjour dans la lamaserie de Kounboum. Un jour, tout en causant avec un des lamas, celui-ci s'arrêta soudain de parler et prit l'attitude attentive de celui qui écoute un message qui lui serait transmis, bien qu'il (Huc) n'entendît pas prononcer un seul mot. « Il faut que je m'en aille », dit, tout à coup, le lama, comme s'il répondait au message.

« Aller où ? » demanda avec étonnement le « lama de Jehovah » (Huc) « Et à qui parlez-vous ? »

« A la lamaserie de *** », fut la réponse. « Le Shaberon a besoin de moi ; c'est lui qui m'a appelé. »

Or cette lamaserie était à plusieurs journées de marche de celle de Kounboum où la conversation avait lieu. Mais ce qui parut étonner le plus l'abbé Huc, ce fut qu'au lieu de partir en voyage, le lama se rendit à une espèce de chambre coupole dans la maison où ils habitaient, et un autre lama, après un échange de quelques paroles, les suivit sur la terrasse au moyen d'une échelle et, passant entre eux, ferma et verrouilla la porte sur son compagnon. Puis, se tournant vers Huc, après quelques secondes de méditation, il sourit et l'informa « qu'il était parti. »

« Comment cela se fait-il ? Vous l'avez vous-même enermé, et la chambre n'a pas d'autre issue ? » insista le missionnaire.

« A quoi lui servirait une porte ? » répondit le geôlier. « *C'est lui-même qui est parti ; on n'a pas besoin de son corps, de sorte qu'il m'en a confié la charge.* »

Malgré les merveilles dont Huc fut témoin pendant son périlleux voyage, son opinion fut qu'il avait été mystifié par les deux lamas. Mais trois jours plus tard, n'ayant pas vu son ami et hôte, il demanda de ses nouvelles et on lui dit qu'il serait de retour ce même soir. Au coucher du soleil, comme les autres lamas se préparaient à se retirer, Huc entendit la voix de son ami appelant, depuis les nuages, son compagnon pour qu'il lui ouvrît la porte. Tournant son regard en haut, il aperçut la silhouette du *voyageur* derrière les volets de la chambre dans laquelle il avait été enfermé. Lorsqu'il descendit il fut tout droit chez le Grand Lama de Kounboum et lui délivra certains messages et « ordres » rapportés de l'endroit qu'il prétendait avoir quitté peu auparavant. Huc ne put obtenir d'autres renseignements au sujet de son voyage aérien. Mais il croit toujours, que cette « farce » avait un rapport avec les préparatifs immédiats et extraordinaires pour l'expulsion polie des deux missionnaires, lui-même et le Père Gabet, à Chogor-tan, propriété de Kounboum. Les soupçons de l'aventureux missionnaire étaient probablement bien fondés, étant donné son impudente curiosité et son indiscrétion.

Si l'Abbé avait été au courant de la philosophie orientale, il n'aurait pas eu de difficulté pour comprendre l'envolée du corps astral du lama à la lamaserie éloignée, tandis que son corps physique demeurait en arrière, ou la conversation avec le Shaberon dont il n'entendait pas un mot. Les récentes expériences avec le téléphone en Amérique, auxquelles nous avons fait allusion au chapitre V de notre premier volume, mais qui ont été beaucoup perfectionnées depuis que ces pages ont été publiées, prouvent que la voix humaine et les sons des instruments de musique peuvent être transmis à grande distance sur les fils télégraphiques. Les philosophes hermétiques enseignaient, ainsi que nous l'avons vu, que la disparition d'une flamme n'implique pas son extinction réelle. Elle n'a fait que passer du monde visible au monde invisible et peut être perçue par le sens intime de la vision, adapté aux choses de cet autre univers plus réel. Les mêmes règles s'appliquent au son. L'oreille physique perçoit jusqu'à une certaine limite, non encore exactement définie et qui varie suivant les individus, les vibrations de l'atmosphère ; l'adepte, lui, dont l'oreille interne a été hautement développée, peut saisir le son à ce point où il disparaît et entendre indéfiniment ses vibrations dans la lumière astrale. Il n'a besoin ni de fils conducteurs, ni d'hélices ni de tables de résonance ; son pouvoir de volonté est tout-puissant. Entendant au moyen de l'esprit, le temps et la distance ne constituent pas de barrières, et c'est ainsi qu'il peut correspondre avec un autre adepte situé aux antipodes avec autant de facilité que s'ils étaient l'un en face de l'autre dans la même chambre.

Nous pouvons heureusement invoquer le témoignage de nombreux témoins pour prouver ce que nous avançons, lesquels, sans être des adeptes, ont néanmoins entendu les sons de la musique aérienne et de la voix humaine, lorsque, instruments ou personnes étaient à des milliers de milles de l'endroit où ils étaient placés.

Dans ce cas, ils entendaient intérieurement, bien qu'ils s'imaginassent que seuls leurs organes auditifs physiques étaient en jeu. L'adepte leur avait, par un effet de son pouvoir de volonté, transmis pendant un court espace de temps la perception de l'esprit du son, dont il jouit constamment.

Si nos savants, au lieu de s'en moquer, voulaient bien étudier l'antique philosophie de la trinité de toutes les forces naturelles, ils s'approcheraient par bonds de la vérité aveuglante, au lieu de ramper comme des limaces, ainsi qu'ils le font aujourd'hui. Les expériences du professeur Tyndall en vue de South Foreland à Douvres en 1875, ont renversé toutes les théories précédentes sur la transmission du son, et celles qu'il exécuta avec des flammes sensitives (1) l'ont placé sur le seuil même de la science occulte. Un pas de plus, et il aurait compris comment les adeptes peuvent converser à de grandes distances. Mais ce pas *ne sera pas*

1. Voyez ses « Conférences sur le son ».

franchi. Parlant de sa flamme sensitive, — en vérité flamme magique, — il dit : « Le moindre coup frappé sur une enclume éloignée la fait tomber à sept pouces. Lorsqu'on secoue un trousseau de clés, la flamme est violemment agitée et émet un son très puissant. La chute d'une pièce de six pence (soixante-deux centimes) dans la main où se trouve déjà une pièce de monnaie, fait tomber la flamme. Le craquement d'une chaussure la met en violente commotion. Le froissement ou le déchirement d'une feuille de papier, ou le froufrou d'une robe de soie ont le même effet. En réponse au tic-tac d'une montre placée près d'elle, elle tombe et explose. Le remontage d'une montre produit sur elle un tumulte. On peut faire tomber et hurler la flamme en l'excitant à une distance de trente yards. En récitant devant elle un passage du poème « *Fairie Queene* » la flamme choisit et sélectionne les différents sons de ma voix, soulignant quelques-uns par un léger fléchissement, d'autres par un souffle plus intense, tandis qu'à d'autres elle répond par une violente agitation. »

Voilà les merveilles de la science physique moderne ; mais au prix de quels appareils coûteux, d'acide carbonique et de gaz de houille ; de sifflets, de trompettes, de gongs et de cloches canadiennes et américaines ! Les pauvres païens ne s'embarrassent pas de tant de choses mais — la science européenne voudra-t-elle en convenir — ils produisent exactement les mêmes phénomènes. Lorsqu'une fois, dans un cas d'importance exceptionnelle, un « oracle » avait été exigé, nous reconnûmes la possibilité de ce qu'auparavant nous avions fermement nié, à savoir qu'un simple mendiant fit transmettre la réponse par une flamme sensitive sans l'ombre d'un appareil. On alluma un feu avec les branches d'un arbre *Beal*, et on y versa quelques herbes utilisées dans les sacrifices. Le mendiant était assis tout près, immobile, absorbé en contemplation. Pendant les intervalles entre les questions, le feu tombait et semblait vouloir s'éteindre, mais lorsque les questions étaient posées, les flammes s'élançaient en grondant vers le ciel, vacillaient, se courbaient et lançaient des langues de feu à l'est, à l'ouest, au nord et au sud ; chaque mouvement de la flamme s'interprétant d'une manière différente, suivant un code de signaux bien compris du mendiant. Entre temps elle avait l'air de rentrer sous terre, les langues de feu venaient lécher le sol dans toutes les directions, puis disparaissaient pour apparaître de nouveau, laissant seulement un lit de cendres ardentes. Lorsque l'entrevue avec les esprits du feu prit fin. le Bikshu (mendiant) se tourna vers la jungle où il habitait, en entonnant un chant plaintif et monotone, au rythme duquel la flamme dansait en cadence, non comme celle du professeur Tyndall lorsqu'il lisait la *Fairie Queene*, par de simples mouvements, mais avec de merveilleuses modulations, sifflant et rugissant jusqu'à ce qu'il fût hors de vue. Puis, comme si sa vie elle-même venait de s'éteindre, elle disparut, et il ne resta qu'un amas de cendres devant les spectateurs confondus. Dans le Thibet occidental et oriental, de même que partout où le Bouddhisme prédomine, il existe deux religions distinctes, comme c'est également le cas pour le Brahmanisme, à savoir : la philosophie secrète et la religion populaire. Celle-là est celle des partisans de la doctrine de la secte de Sutrântika (1). Ils s'en tiennent étroitement à l'esprit des enseignements originels du Bouddha, qui préconisent la nécessité de la perception *intuitive*, et de toutes les déductions qu'on en peut tirer. Ils ne proclament point leur manière de voir et ne permettent pas non plus de la rendre publique.

« Tous les *composés* sont périssables » furent les dernières paroles qui tombèrent des lèvres du Gautama mourant, lorsqu'il se préparait, sous l'arbre Sâl, à entrer en Nirvana. « L'esprit est l'unique unité, élémentaire et primordiale, et chacun de ses rayons est immortel, infini et indestructible. Gardez-vous des illusions de la matière. » Le Bouddhisme fut répandu au loin dans l'Asie et même au-delà, par Dharm-Asôka. Il était le petit-fils du faiseur de miracles Chandragupta, le roi illustre, qui délivra le Punjab des Macédoniens, — si tant est que ceux-ci aient jamais pénétré dans le Punjab — et qui reçut Mégasthènes à sa cour à Pataliputra. Dhârm-Asoka fut le plus grand roi de la dynastie des Maûryas. Débauché insouciant et athée, il devint un Pryâdasi,

1. Du mot composé *sûtra*, maxime ou précepte, et *antika*, près rapproché.

« l'aimé des dieux » et la pureté de ses concepts philanthropiques ne fut jamais surpassée par aucun souverain terrestre. Son souvenir demeura vivant pendant des siècles dans les cœurs bouddhistes et se perpétua dans les édits charitables qu'il fit graver en divers dialectes populaires sur des colonnes et des rochers à Allahabad, Delhi, Guzerat, Peshawar, Arissa, et autres lieux (1). Son célèbre grand père réunit l'Inde entière sous son sceptre puissant. Lorsque les Nagas, ou adorateurs de serpents du Cashmire furent convertis par les efforts des apôtres envoyés par les Sthaviras des troisièmes conseils, la religion de Gautama se répandit comme un incendie. Gândhara, Caboul et même de nombreux satrapes d'Alexandre le Grand, embrassèrent la nouvelle philosophie. Le bouddhisme du Népal étant celui qui s'est le moins éloigné que les autres de l'ancienne foi originelle, le Lamaïsme de la Tartarie, de la Mongolie et du Thibet, qui est une branche directe de ce pays, demeure, par conséquent le bouddhisme le plus pur ; car, nous le répétons, le Lamaïsme proprement dit, n'est que la forme extérieure des rites.

Les Upasakas et les Upasakis, ou hommes et femmes sémi-monastiques et sémi-laïques, doivent, de même que les moines-lamas eux-mêmes, s'abstenir strictement de violer les règles du Bouddha, et s'attacher aussi bien qu'eux à l'étude du *Meipo* et de tous les phénomènes psychologiques. Ceux qui se rendent coupables des « cinq péchés », perdent le droit de se joindre à la pieuse communauté. Les lois plus importantes sont : *de ne jurer pour aucune considération, car le juron retombe sur celui qui le profère, et souvent sur les proches innocents qui respirent la même atmosphère que lui.* S'aimer les uns les autres et même nos ennemis les plus acharnés ; de donner notre vie, même pour les animaux, au point de s'abstenir de porter des armes défensives ; de gagner la plus grande des victoires en se conquérant soi-même ; éviter tous les vices ; pratiquer toutes les vertus, et tout spécialement l'humilité et la douceur ; obéir

1. Il serait injuste de comparer Asoka à Constantin, comme l'ont fait plusieurs orientalistes. Si au point de vue religieux et politique Asoka fit pour l'Inde ce qu'on prétend que Constantin fit pour le monde occidental, la comparaison s'arrête là.

à ses supérieurs, chérir et respecter ses parents, les vieillards, la connaissance des hommes vertueux et les saints ; donner à manger aux hommes et aux animaux ; leur donner asile et les réconforter ; planter des arbres sur le bord des routes et creuser des puits pour le bien être des voyageurs ; voilà quels sont les devoirs moraux des bouddhistes. Tous les Anis ou Bikshunis (nonnes) sont astreints à ces lois.

Nombreux sont les saints bouddhistes et lamaïstes qui ont été renommés pour la sainteté de leur vie et les « miracles » qu'ils ont faits. Ainsi, Tissu, l'instructeur spirituel de l'Empereur, qui consécra Kublaï-Khan, le Nadir-Shah, était universellement connu tant pour la sainteté de sa vie que pour les nombreux miracles qu'il produisit ; mais il ne s'en tenait pas aux miracles inutiles, il faisait mieux que cela. Tissu purifia complètement sa religion ; et d'une seule province de la Mongolie méridionale, il força, dit-on, Kublaï à chasser des couvents 50.000 moines imposteurs, qui faisaient de leur religion le prétexte d'une vie de vice et de paresse. Les Lamaïstes eurent encore leur grand réformateur le Shabéron Son-Ka-po, qu'on dit avoir été conçu d'une manière immaculée par sa mère, une vierge de Koko-nor (XIVe siècle) laquelle fut aussi une faiseuse de miracles. L'arbre sacré de Kounboum, l'arbre des 10.000 images, lequel, par suite de la dégénérescence de la véritable foi, cessa de bourgeonner pendant plusieurs siècles, commença à pousser des feuilles, dit la légende, et fleurit plus vigoureusement que jamais, des cheveux de cet avatar de Bouddha. Suivant la même légende, il, (Son-Ka-po) monta au ciel en 1419. Contrairement aux idées prévalentes, fort peu de ces saints sont des *Khubilhans*, ou Shaberons — c'est-à-dire des réincarnations.

Beaucoup de ces lamaseries ont des écoles de magie, mais la plus célèbre de toutes est le collège du monastère du Shu-Tukt, auquel sont attachés plus de 30.000 moines, la lamaserie constituant une véritable petite ville. Quelques-unes des nonnes possèdent de merveilleux pouvoirs psychologiques. Nous avons rencontré quelques-unes de ces femmes sur la route de Lha-Ssa à Candi, la Rome du bouddhisme, avec ses autels miraculeux et les reliques de Gautama. Afin d'éviter de se rencontrer avec les Musulmans et les autres sectes, elles voyagent seules de nuit, sans armes, et sans crainte des animaux sauvages, *car ceux-ci ne s'attaquent pas à elles*. Aux premières lueurs de l'aurore, elles se réfugient dans des grottes et des viharas préparées pour elles par leurs co-religionnaires, à des distances calculées d'avance ; car nonobstant le fait que le bouddhisme s'est réfugié à Ceylan, et que nominalement il n'y en a que peu de cette dénomination dans l'Inde anglaise les confréries secrètes (Byauds) et les viharas bouddhistes sont nombreuses, et chaque Jaïn se croit obligé de prêter aide indifféremment aux bouddhistes et aux lamaïstes.

Toujours à la recherche des phénomènes occultes, assoiffé de merveilleux, un des plus intéressants phénomènes que nous ayons vus fut exécuté par un de ces pauvres Bikahus voyageurs. Il y a longtemps de cela, et à une époque où toutes ces manifestations étaient encore neuves pour l'auteur de ces lignes. Un ami bouddhiste, un mystique, né à Cashmire de parents Katchi, mais converti au Bouddha-lamaïsme, et qui réside généralement à Lha-Ssa, nous avait mené faire visite à une troupe de pèlerins.

« Pourquoi emportez-vous ce bouquet de plantes mortes ? » demanda une des Bikshuni (nonne) une grande femme âgée et très maigre, en indiquant un grand bouquet de ravissantes fleurs, fraîches cueillies et odorantes, que portait l'auteur de ces lignes.

« Mortes ? » fut notre réponse. « Mais on vient de les couper dans le jardin ! »

« Et cependant elles sont mortes », répondit-elle gravement.

« Naître dans ce monde-ci, n'est-ce pas mourir ? Voyez comment apparaissent ces fleurs lorsqu'elles s'épanouissent dans le monde de la lumière éternelle, dans les jardins de notre bienheureux Foh. »

Sans bouger de la place qu'elle occupait l'Ani prit une fleur du bouquet, la mit sur ses genoux et attira, en apparence, vers elle, des brassées de matériaux invisibles de l'atmosphère environnante. Un moment après, un faible noyau de vapeur devint visible, et prit lentement forme et couleur jusqu'à ce qu'apparut, se balançant en l'air, l'exacte copie de la fleur que nous lui avions donnée. Exacte en tant que teinte et forme comme l'original couche, devant nous, mais mille fois plus riche en couleur et en esquise beauté, de même que le glorieux esprit de l'homme est plus beau que son enveloppe physique. Fleur après fleur, et jusqu'aux plus petits brins d'herbe furent ainsi reproduits et s'évanouirent, réapparaissant suivant notre demande, ou simplement en réponse à notre pensée. Ayant pris une rose épanouie nous la lui présentâmes le bras étendu, et quelques minutes plus tard le bras et la fleur, parfaits dans leurs détails, apparurent dans l'espace, à deux yards d'où nous étions assis. Mais tandis que la fleur paraissait incomparablement plus belle et plus éthérée que les autres esprits des fleurs, la main et le bras ne semblaient être que le reflet d'un miroir, y compris une large tache sur l'avant-bras, qu'y avait laissé un morceau de terre humide détachée des racines de la fleur. Nous en connûmes la raison plus tard.

Une grande vérité fut énoncée il y a quelque cinquante ans par le Dr Francis Victor Broussais lorsqu'il dit : « Si le magnétisme est réel, la médecine serait une absurdité. » Le magnétisme *est* véritable ; nous ne contredirons donc pas le reste de la phrase du savant français. Ainsi que nous l'avons démontré, le magnétisme est l'A B, C de la magie. Il est inutile de chercher à comprendre la théorie ou la pratique de la magie avant de connaître le principe fondamental des attractions magnétiques et de ses répulsions à travers la nature.

Beaucoup de ce qu'on se plaît à nommer des superstitions populaires, ne sont que les preuves de la perception instinctive de cette loi. Les peuples ignorants apprennent par l'expérience de nombreuses générations que certains phénomènes ont lieu à la suite de conditions fixes ; ils reproduisent ces conditions et obtiennent ainsi le résultat désiré. Ignorant les lois, ils expliquent les faits par le surnaturel, car l'expérience a été leur seul maître.

Aux Indes, de même qu'en Russie et dans d'autres pays, il existe une répugnance instinctive de traverser l'ombre d'une personne, et surtout si celle-ci est rousse; dans l'Inde, les indigènes hésitent à serrer la main d'un individu d'une autre race. Ce ne sont point, là, de simples fantaisies. Chaque personne émet une exhalaison magnétique, ou aura ; on peut être en parfaite santé, mais en même temps l'exhalaison peut avoir un caractère morbifique pour d'autres personnes qui seraient susceptibles d'être influencées par elles. Le Dr Esdaile et d'autres magnétiseurs nous ont appris dès longtemps, que les orientaux, et tout particulièrement les hindous, sont plus susceptibles que les individus des races blanches. Les expériences du baron Reichenbach — et, de fait, celles du monde entier — prouvent que ces exhalaisons magnétiques sont plus intenses vers les extrémités. Les manipulations thérapeutiques en sont la preuve ; les poignées de mains sont, donc, calculées pour transmettre les conditions magnétiques antipathiques et les hindous sont sages de tenir toujours présente leur ancienne superstition, qui leur vient du Manou.

Le magnétisme d'une personne rousse, nous le constatons chez presque tous les peuples, cause une terreur instinctive. Nous pourrions citer des proverbes, russes, persans, géorgiens, hindous, français, turcs et même allemands, pour démontrer que la traîtrise et d'autres vices sont généralement attribués à ceux qui sont doués de cette complexion. Lorsqu'un homme est au soleil, le magnétisme de cet astre projette ses émanations dans son ombre, et l'action moléculaire croissante développe plus d'électricité. Par conséquent, une personne qui lui serait antipathique — bien que ni l'un ni l'autre ne s'apercevrait du fait — agirait prudemment en ne passant pas au travers de son ombre. Les médecins ont soin de se laver les mains après avoir touché un malade ; pourquoi ne les accuse-t-on pas aussi de superstition, comme on le fait pour les hindous ? Les sporules de la maladie sont invisibles, mais néanmoins réels, ainsi que l'expérience européenne l'a démontré. Or, *l'expérience orientale, depuis des centaines de siècles, a démontré que les germes de la contagion morale s'attachent aux localités, et que le magnétisme impur peut être transmis par attouchement.*

Une autre croyance qui a cours dans quelques contrées de la Russie, particulièrement en Géorgie (Caucase) et dans l'Inde, est celle que lorsque le corps d'un noyé ne peut être retrouvé, il suffit de jeter dans l'eau un de ses vêtements pour que le courant l'emporte ; il flottera sur l'eau jusqu'à l'endroit où, git le corps, et là il s'enfoncera. Nous avons même été témoins de l'expérience entreprise avec succès avec la corde sacrée d'un brahmane. Elle surnagea de ci, de là, tournant en rond comme si elle cherchait l'endroit, puis soudain elle fila en ligne droite pendant environ cinquante yards et alla au fond, à l'endroit exact où des plongeurs trouvèrent le corps et le ramenèrent à la surface. On retrouve cette « superstition » jusqu'en Amérique. Un journal de Pittsburg, de date toute récente, décrit la manière dont fut retrouvé le corps d'un jeune garçon, nommé Reed, dans le Monongahela. . Tous les autres moyens ayant été inutiles, on employa, dit-il, « une curieuse superstition. Une des chemises de l'enfant fut jetée dans la rivière où il avait disparu, et surnagea pendant quelque temps, puis s'enfonça à un endroit donné, où l'on retrouva le corps, qu'on put alors repêcher. La croyance que la chemise d'un noyé, jetée à l'eau, suivra le corps est bien répandue, tout absurde qu'elle paraisse être ».

Ce phénomène s'explique par la puissante attraction exercée par le corps sur les objets qu'il a portés pendant longtemps. Plus le vêtement est ancien plus l'expérience est effective ; un vêtement neuf n'est d'aucune utilité.

De temps immémorial, en Russie, les jeunes filles de chaque village ont l'habitude de jeter dans la rivière, le jour de la Trinité, au mois de Mai, des guirlandes de feuilles vertes, — que chaque jeune fille tresse elle-même, — pour consulter de cette manière les oracles. Si la guirlande s'enfonce, c'est un indice que la jeune fille mourra sous peu, sans se marier ; si elle surnage, elle se mariera, le temps dépendant du nombre de versets qu'elle pourra dire pendant que dure l'expérience. Nous affirmons positivement que nous connaissons personnellement plusieurs cas, dont deux de nos amis intimes, où l'augure de la mort fut prouvé exact, et où les jeunes filles *moururent* dans l'année. Le résultat serait sans doute le même si l'expérience avait lieu à tout autre moment que le jour de la Trinité. On attribue l'action de couler de la guirlande à ce que celle-ci est imprégnée du magnétisme malsain d'une constitution qui porte déjà en elle les germes d'une mort prématurée ; ce magnétisme étant attiré par le sol au fond de l'eau. Quant au reste, nous l'abandonnons volontiers aux partisans des coïncidences.

La même remarque générale, au sujet de superstitions qui auraient une base scientifique, s'applique aux phénomènes exécutés par les fakirs et les jongleurs, que les sceptiques classent parmi la catégorie des fraudes. Et cependant, pour tout observateur consciencieux, voire même un non initié, il y a ici une énorme différence entre le *rimiya* (phénomène) d'un fakir, et le *batte-bazi* (tour de passe passe) d'un prestidigitateur, et la nécromancie d'un *jadûgar*, ou sâhir, qui inspirent aux indigènes autant de crainte que de mépris. Cette différence, imperceptible, — que dis-je, incompréhensible, — pour les sceptiques européens, est instinctivement appréciée par tout hindou, qu'il soit de haute ou de basse caste, éduqué ou ignorant. La rangâlin, ou sorcière, qui se sert de ses terribles pouvoirs mesmériques (*abhi-char*) pour faire le mal, peut s'attendre à être mise à mort à n'importe quel moment, car tous les hindous considèrent qu'il est légal de la tuer ; un *bukka-baz*, ou jongleur, sert à l'amusement des foules. Un charmeur de serpents avec son *bâ-ini* plein de serpents venimeux, cause moins de frayeur, car ses pouvoirs de fascination ne s'exercent que sur des animaux et des reptiles ; il est incapable de jeter un charme sur des êtres humains, ou de faire ce que les indigènes nomment *mautar phûnknâ*, de jeter des sorts à des hommes, au moyen de la magie. Mais en ce qui concerne les yoguis, les saunyâsi et les saints hommes qui acquièrent de grands pouvoirs psychologiques par un entraînement mental, la question est totalement différente. Quelques-uns de ceux-ci sont considérés par les hindous comme des demi-dieux. Les européens sont incapables de se rendre compte de ces pouvoirs, sauf en des cas rares et exceptionnels.

Le résident anglais qui se trouve en présence dans les *maidaus* et les places publiques, de ce qu'il considère comme des exhibitions horribles et nauséabondes, d'êtres humains assis immobiles dans la torture volontairement imposée du *ûrddwa bahu*, avec les bras élevés au-dessus de la tête pendant des mois entiers, et même pendant des années, ne doit nullement s'imaginer que ce sont des fakirs à miracles. Les phénomènes exécutés par ceux-ci ne se voient que par l'entremise et la protection amicale d'un brahmane, ou dans des circonstances fortuites toutes particulières. Ces hommes sont aussi peu accessibles que les véritables filles Nautch, dont parlent tous les voyageurs, mais que bien peu ont vues, puisqu'elles appartiennent exclusivement aux pagodes.

Il est fort bizarre, que malgré les milliers de voyageurs et les millions de résidents anglais qui ont séjourné aux Indes et l'ont traversée dans toutes les directions, si peu soit encore connu de ce pays et des contrées environnantes. Quelques lecteurs douteront peut-être non seulement de ce que nous avançons, mais ils sont capables de le contredire. Sans doute, nous répondront-ils, tout ce qu'on désire savoir sur l'Inde est déjà archi-connu. Et, de fait, cette réponse nous a déjà été faite. Il ne faut pas s'étonner si les résidents anglo-indiens ne se soucient guère de faire des enquêtes ; car, comme un officier anglais nous le dit une fois : « la société ne considère pas de bon ton de s'occuper des hindous ou de leurs affaires, ou même de s'étonner ou de prendre des informations au sujet des choses extraordinaires qu'on pourrait y observer. » Mais nous sommes fort surpris que, du moins, les voyageurs n'aient pas exploré plus qu'ils ne l'ont fait ce pays éminemment intéressant. Il y a à peine cinquante ans, qu'en pénétrant dans les montagnes Bleues ou Nilgherry de l'Hindoustan méridional, deux courageux officiers anglais qui y chassaient le tigre, découvrirent une race étrange, parfaitement distincte en langage et en apparence de tous les autres peuples hindous. On mit en avant de nombreuses suppositions, toutes plus absurdes les unes que les autres, et les missionnaires, toujours sur le qui-vive pour faire tout cadrer avec la Bible, allèrent jusqu'à suggérer que ce peuple était une des dix tribus perdues d'Israël, étayant leur ridicule hypothèse sur ce qu'ils ont le teint blanc et « les traits caractéristiques de la race juive ». Cette dernière allégation est parfaitement erronée, car les Todas, ainsi qu'on les nomme n'ont pas la moindre ressemblance avec le type juif ; soit par les traits, la forme, l'action ou le langage. Ils se ressemblent tous et, ainsi que le disait un de nos amis, les plus beaux Todas, pour la majesté et la beauté de leurs formes, ressemblent plus à la statue du Zeus grec, que tous les autres hommes à sa connaissance.

Cinquante ans se sont écoulés depuis la découverte ; mais quoique, depuis lors, des villes aient été édifiées dans ces montagnes, et que le pays ait été envahi par les européens, on ne sait rien de plus qu'alors, sur le compte des Todas. Parmi les plus stupides rumeurs qui courent au sujet de ce peuple, sont celles qui ont trait à leur nombre et à leur pratique de la polyandrie. L'opinion générale dit que par suite de cette coutume leur nombre est tombé à quelques centaines de familles et que la race disparaît rapidement. Nous avons eu l'occasion de nous renseigner à leur sujet, et nous affirmons par conséquent positivement que les Todas ni ne pratiquent la polyandrie, ni que leur nombre est aussi restreint qu'on veut bien le supposer. Nous sommes tout prêts à démontrer que personne n'a jamais vu des enfants leur appartenant. Ceux qu'on a vus chez eux appartiennent aux Badagas, tribu hindoue, tout à fait distincte des Todas, comme race, couleur et langage, et qui comprend les « adorateurs » les plus directs de ce peuple étrange. Nous disons bien *adorateurs*, car les Badagas, habillent, nourrissent, servent les Todas, et considèrent chaque Toda comme une divinité. En stature, ce sont des géants, aussi blancs que les européens ; ils portent leurs cheveux et leur barbe châtains et bouclés démesurément longs, qu'aucun rasoir n'a touché dès leur enfance. Aussi beaux qu'une statue de Phidias ou de Praxitèle, les Todas demeurent oisifs toute la journée, ainsi que l'affirment quelques voyageurs qui les ont vus. Nous reproduisons ce qui suit des opinions contradictoires et des affirmations que nous avons entendues des résidents de Ootakamund et d'autres petites villes civilisées récemment construites dans les Montagnes Nilgherry.

« Ils ne se servent jamais d'eau ; ils sont extraordinairement beaux et nobles d'allure, mais très sales ; à l'encontre de tous les autres indigènes ils méprisent les bijoux, et ne portent jamais d'autres vêtements qu'une grande draperie noire ou couverture de laine, avec une bande de couleur au bas ; ils ne boivent jamais autre chose que du lait pur ;

ils ont de grands troupeaux de vaches, mais ils ne mangent pas leur chair, ni n'utilisent leurs bestiaux pour le labour ou le travail ; ils ne vendent ni n'achètent ; les Bagadas les nourrissent et les habillent ; ils ne portent ni ne se servent jamais d'armes, voire même d'un simple bâton ; les Todas ne savent pas lire et ne veulent pas l'apprendre. Ils font le désespoir des missionnaires et n'ont, en apparence, aucune religion, à part le culte qu'ils se rendent eux-mêmes, comme Seigneurs de la Création (1).

Nous allons corriger quelques-unes de ces affirmations, autant que nous le pourrons, d'après ce que nous a dit un personnage très saint, un Brahmanam-gourou, que nous tenons en haute estime.

Personne n'en a vu plus de cinq ou six à la fois ; ils ne parlent pas aux étrangers, et aucun voyageur n'a jamais pénétré dans leurs curieuses huttes longues et basses, qui n'ont, en apparence, ni fenêtres ni cheminée et qu'une seule porte ; personne n'a jamais vu l'enterrement d'un Toda, pas plus qu'un homme très âgé parmi eux ; ils ne sont jamais attaqués par le choléra, bien que des milliers d'indigènes meurent autour d'eux dans des épidémies périodiques de cette maladie ; enfin, bien que les environs fourmillent de tigres et d'autres animaux sauvages, ni tigre, ni serpent, ni quel animal féroce que ce soit dans ces parages, n'a jamais touché un Toda ou une de leurs bêtes, bien que, ainsi que nous l'avons dit plus haut, ils ne portent même pas un bâton.

De plus, les Todas ne se marient point. Leur nombre paraît fort restreint, car personne n'a réussi à les dénombrer ; aussitôt que leur solitude est profanée par l'avalanche de la civilisation, — ce qui fut le cas, probablement par suite de leur propre négligence — les Todas se retirent dans des lieux encore plus inconnus et inaccessibles que les Montagnes Nilgherry ne l'étaient auparavant ; ils ne naissent pas de mères Todas, ni de parenté Toda ; ce sont les enfants d'une secte très choisie, mise à part dès leur enfance dans un but religieux tout spécial. Reconnus à la particularité de leur teint et d'autres signes, ces enfants sont con-

1. Voyez *Indian Sketches* ; et la *New Cyclopedia* de Appleton, etc.

sidérés dès leur naissance pour ce qu'on nomme des Todas. Tous les trois ans chacun doit se rendre à un endroit donné, pour un certain laps de temps, où tous se rencontrent ; leur « saleté » n'est qu'un masque, comme celle qui revêt un sannyasi en public, pour obéir à son vœu ; leur bétail, la plupart du temps, est voué à des usages sacrés ; et bien que leurs lieux de culte n'aient jamais été foulés par des pieds profanes, ils existent néanmoins et rivalisent probablement avec les plus belles pagodes — *goparams* — connues des européens. Les Badagas sont leurs vassaux tout spéciaux et, ainsi qu'on l'a déjà dit, ils adorent les Todas comme des demi-dieux ; car leur naissance et leurs pouvoirs mystérieux leur donnent droit à cette distinction.

Le lecteur peut être certain que tous les renseignements à leur sujet qui iraient à l'encontre du peu que nous avons recueilli, sont erronés. Aucun missionnaire n'en prendra un dans ses filets, et aucun Badaga ne les trahira pas non plus, même s'il était, de ce fait, coupé en morceaux. Il s'agit ici d'un peuple qui a un grand et noble but à remplir et dont les secrets sont inviolables.

De plus, les Todas ne sont pas la seule tribu mystérieuse des Indes. Nous avons fait allusion à plusieurs de celles-ci dans un chapitre précédent, mais combien il y en a encore ! C'est une question qui demeurera toujours innommée, ignorée, mais toujours présente !

Tout ce que l'on sait au sujet de ce qu'on appelle généralement le Shamanisme se réduit à fort peu de chose ; celui-ci même a été dénaturé comme, du reste, toutes les autres religions non chrétiennes. On l'a dénommé le « paganisme » de la Mongolie, et cela tout à fait à tort, car c'est une des plus anciennes religions de l'Inde. C'est le culte des esprits, ou la croyance en l'immortalité des âmes, croyance que celles-ci sont toujours les mêmes hommes que sur la terre, bien que leurs corps aient perdu leur forme objective, et que l'homme ait échangé sa nature physique contre une nature spirituelle. Dans son état actuel le shamanisme est un rejeton de la théurgie primitive et un mélange pratique des mondes visible et invisible. Lorsqu'un habitant de la terre désire entrer en communication avec ses frères invisibles, il doit s'assimiler leur nature, c'est-à-dire qu'il les rencontre à mi-chemin et ceux-ci lui fournissent une provision d'essence spirituelle, il leur transmet, à son tour, une partie de sa nature physique, ce qui leur permet d'apparaître quelquefois sous une forme semi-objective. C'est l'échange temporaire des deux natures, dénommé théurgie. On appelle les shamans des sorciers, parce que, soi-disant, ils évoquent les « esprits » des morts dans un but de nécromancie. Le véritable shamanisme, dont les traits caractéristiques prévalaient aux Indes du temps de Megasthènes, (300 ans avant J.-C.) — est aussi peu comparable, à en juger par ses adeptes dégénérés parmi les shamans de Sibérie, que la religion de Gautama-Bouddha l'est au fétichisme de ses partisans dans le Siam et le Burmah. Il s'est refugié dans les lamaseries de la Mongolie et du Thibet ; et là encore, le shamanisme, si nous devons lui donner ce nom, est pratiqué jusqu'aux limites les plus extrêmes des relations entre les hommes et les « esprits ». La religion des Lamas a gardé fidèlement la science primitive de la *magie*, et produit, encore aujourd'hui, d'aussi grands exploits que du temps de Kublai-Khan et de ses barons. L'ancienne formule mystique du roi Srong-ch-Tsans-Gampo, le « Aum mani padmé houm » (1), produit ses merveilles, maintenant comme au VIIe siècle. Avalokistesvara, le plus élevé des trois Boddhisattvas, et le saint patron du Thibet, projette toujours son ombre à la vue des fidèles, à la lamaserie de Dga-G'Dan, fondée par lui ; et la forme lumineuse de Son-Ka-pa, dans celle d'un nuage de feu, qui se sépare des rayons dansants du soleil, converse encore avec la grande congrégation des lamas au nombre de plusieurs milliers ; la voix descend d'en haut comme le murmure de la brise dans le feuillage. Peu de temps après, disent les Thibétains, la superbe apparition disparaît dans l'ombre des arbres sacrés du parc de la lamaserie.

On dit qu'à Garma-Kian, (le couvent primitif) les esprits mauvais et qui n'ont pas fait de progrès sont appelés et

1. *Aum* (terme mystique sanscrit pour la Trinité), *mani* (saint joyau), *padmé* (dans le lotus, padma étant le nom pour lotus), *houm* (ainsi soit-il). Les six syllabes de la sentence correspondent aux six principaux pouvoirs de la nature émanant de Bouddha (la divinité abstraite, et non pas Gautama), qui est le septième, et l'Alpha et l'Oméga de l'être.

qu'on les fait apparaître à certaines époques, et qu'on les *oblige* à rendre compte de leurs méfaits ; les adeptes lamas les forcent à redresser les torts qu'ils ont faits aux mortels. C'est ce que l'abbé Huc exprime naïvement par « représenter les mauvais esprits », c'est-à-dire les diables. S'il était permis à certains sceptiques européens de consulter les notes imprimées journellement (1) à Moru, et dans la « Cité des Esprits », des rapports professionnels qui ont lieu entre les lamas et le monde invisible, ils prendraient certainement un plus grand intérêt aux phénomènes si abondamment prônés dans les journaux spirites. C'est à Buddha-lla, ou plutôt Foht-lla (la Montagne de Bouddha), la plus importante des milliers de lamaseries du pays, qu'on voit le sceptre Boddhisgat flotter sans contact dans l'air, et ses mouvements règlent les actions de la communauté. Lorsqu'un lama est appelé à rendre compte au supérieur du monastère, il sait d'avance qu'il est inutile de mentir ; le « régulateur de la justice » (le sceptre) est là, et son mouvement ondulatoire, qui approuve ou condamne, décide instantanément et sans conteste la question de sa culpabilité. Nous ne prétendons pas avoir été témoin personnellement de tout ce que nous rapportons — nous n'avons aucune prétention de ce genre. Il suffit de dire que pour ces phénomènes, ce que nous n'avons pas vu de nos propres yeux nous a été affirmé de telle façon que nous l'endossons comme absolument véridique.

Nombreux sont les lamas du Sikkim qui produisent des *meipo* — « miracles », au moyen de leurs pouvoirs magiques. Feu le Patriarche de la Mongolie, Gegen Chutuktu, qui demeurait à Urga, un véritable paradis, était la seizième incarnation de Gautama, par conséquent un Boddhisattva. Il avait la réputation de posséder des pouvoirs phénoménaux, même parmi les thaumaturges du pays des miracles par excellence. Qu'on ne s'imagine pas, toutefois, que ces pouvoirs se développent sans travail. Les vies de la plu-

1. Moru (la pure) est une des plus célèbres lamaseries de Lha-Ssa, située directement au centre de la cité. Le Shaberon, le Taley Lama, y réside pendant la plus grande partie des mois d'hiver ; pendant les deux mois de la saison chaude il demeure à Foht-lla. C'est à Moru qu'est le plus grand établissement typographique du pays.

part de ces saints hommes, appelés à tort des vagabonds oisifs, des mendiants filous, qui, soi-disant, passent leur vie à en imposer à la crédulité de leurs victimes, sont en elles-mêmes des miracles parce qu'elles prouvent ce qu'une volonté de fer et une parfaite pureté de vie et de but sont capables d'accomplir, et jusqu'à quel degré d'ascétisme surnaturel un corps humain peut être assujetti, et néanmoins vivre jusqu'à un âge très avancé. Aucun ermite chrétien n'a jamais rêvé de tels raffinements de discipline monastique et la demeure aérienne d'un Simon Stylite apparaîtrait comme un jeu enfantin à côté des épreuves de volonté que s'imposent les fakirs et les bouddhistes. Mais l'étude théorique de la magie est une chose; la possibilité de la pratiquer en est une autre. A *Brâs-ss-Pungs*, le collège Mongol, plus de trois cents magiciens (sorciers, comme les appellent les missionnaires français) enseignent à plus du double d'élèves entre douze et vingt ans; ceux-ci doivent attendre bien des années avant de passer l'initiation finale. Pas un pour cent n'atteint le but final; et sur les milliers de lamas qui occupent une ville de maisonnettes autour du monastère, deux pour cent, tout au plus, deviennent des faiseurs de miracles. On peut apprendre par cœur chaque ligne des 108 volumes du *Kadjur* (1), et néanmoins faire un piètre magicien dans la pratique. Il n'y a qu'une seule chose qui y conduit sûrement, et plus d'un écrivain hermétique a fait allusion à cette étude particulière. Un d'eux, l'alchimiste arabe Abipili, dit, comme suit: « Je t'avertis, qui que tu sois, qui désires te plonger dans les parties les plus profondes de la nature; si ce que tu cherches tu ne le trouves pas *au-dedans* de toi, *tu ne le trouveras jamais au dehors*. Si tu ne connais pas l'excellence de ta propre maison, pourquoi chercher l'excellence d'autres choses?... HOMME, CONNAIS-TOI, TOI-MEME, EN TOI RÉSIDE LE TRÉSOR DES TRÉSORS. »

Dans un autre traité d'alchimie, *De Manna Benedicto*, l'auteur exprime ses idées au sujet de la pierre philosophale, en ces termes: « Pour certaines raisons je m'abstiendrai

1. Le grand canon bouddhiste qui comprend 1083 ouvrages en plusieurs centaines de volumes, dont beaucoup traitent de la magie.

de trop parler sur ce sujet, qui n'est cependant qu'une chose, déjà trop clairement décrite ; car elle en démontre et établit les usages magiques et naturels, (ceux de la pierre philosophale), dont beaucoup de ceux qui l'ont eue en mains, n'avaient jamais entendu parler. Lorsque je les eus devant les yeux, *ils firent trembler mes genoux et mon cœur défaillir, au point d'être émerveillé à leur vue !* »

Tout néophyte a ressenti, plus ou moins, ce sentiment ; mais, une fois qu'il l'a surmonté, l'homme est un ADEPTE.

Dans les cloîtres du Dshashi-Lumbo, et de Si-Dzang, ces pouvoirs, latents dans tout homme, mais dont un fort petit nombre savent se servir, ces pouvoirs sont cultivés à la perfection. Qui n'a pas entendu parler, aux Indes, du Banda-Chan-Ramboutchi, le *Houtoukhtou* de la capitale du Haut-Thibet ? Sa fraternité de Khe-lan était célèbre dans le pays tout entier ; et un des « frères » les plus renommés était un *Peh-ling* (un Anglais) qui y arriva un jour de l'Occident dans la première partie de ce siècle ; c'était un bouddhiste consommé, et après un mois de préparation, il fut admis parmi les Khe-lans. Il parlait toutes les langues, y compris le thibétain, et connaissait toutes les sciences, nous dit la tradition. Sa sainteté et les phénomènes qu'il produisit firent qu'il fut proclamé Shaberon après quelques années seulement de résidence. Son souvenir est encore vivant aujourd'hui parmi les Thibétains, mais son véritable nom n'est connu que des seuls Shaberons.

Le plus grand des *meipo* — qu'on dit être l'objet de l'ambition de tout dévot bouddhiste — était, et est encore, la faculté de marcher dans l'air. Le célèbre roi de Siam, Pia Metak, le Chinois, était connu pour sa dévotion et son érudition. Mais il n'obtint ce don surnaturel qu'après s'être placé sous l'enseignement direct d'un prêtre de Gautama-Bouddha. Crawfurd et Finlayon, pendant leur séjour au Siam, suivirent avec grand intérêt les efforts de quelques nobles siamois pour acquérir ce pouvoir (1).

De nombreuses et diverses sectes de la Chine, du Siam, de la Tartarie, du Thibet, du Cashmire et de l'Inde anglaise consacrent leurs vies à l'acquisition de ces soi-disant

1. « Semedo » Vol III, p. 114.

« pouvoirs surnaturels ». Parlant d'une de ces sectes le Taossé Semedo, dit : « Ils prétendent qu'au moyen de certains exercices et de certaines méditations on recouvre la jeunesse et que d'autres deviennent des *Shien-sien*, des Béats-Terrestres, dans lequel état tous les désirs sont gratifiés, tandis qu'ils peuvent se transporter d'un endroit à un autre, *à n'importe quelle distance*, rapidement et sans difficulté. » Ce pouvoir n'a rapport qu'à la *projection* de l'*entité astrale*, dans une forme plus ou moins corporelle, mais il ne s'agit certainement pas du transport du corps physique. Ce phénomène n'est pas plus un miracle que le reflet d'une personne dans un miroir. Nul ne découvrira dans cette image une parcelle de matière et néanmoins notre double est là, devant nous, fidèlement reproduit, jusqu'au dernier cheveu sur notre crâne. Si, par cette simple loi de réflexion, notre double peut être vu dans un miroir, combien plus frappante encore, la preuve de son existence n'est-elle pas fournie par l'art de la photographie ! *Ce n'est pas une raison parce que nos physiciens n'ont pas encore trouvé le moyen de prendre des photographies, sinon à de faibles distances, que cet art doive être impossible pour ceux qui ont découvert ce moyen dans la puissance de la volonté humaine elle-même, libérée de toute entrave terrestre* (1). La science prétend que nos pensées sont de la *matière ;* toute énergie produit une perturbation plus ou

1. On raconte une anecdote qui avait cours parmi les amis de Daguerre entre 1838 et 1840. A une soirée chez Mme Daguerre, deux mois environ avant la présentation du célèbre procédé de Daguerre à *l'Académie des Sciences*, par Arago (janvier 1839) celle-ci eut une consultation sérieuse avec une des célébrités médicales de l'époque au sujet de la condition mentale de son époux. Après avoir expliqué au médecin les nombreux symptômes de ce qu'elle prenait pour une aberration mentale de son mari, elle ajouta, les larmes aux yeux, que la preuve la plus évidente de la folie de Daguerre était sa ferme conviction qu'il réussirait à clouer sa propre ombre sur la muraille, ou de la fixer sur ses plaques métalliques *magiques*. Le docteur écouta attentivement la relation et répondit que, de son côté, il avait observé dernièrement chez Daguerre, les symptômes de ce qui, pour lui, était une preuve irréfutable de folie. Il termina la conversation en lui conseillant d'expédier son mari tranquillement et sans retard à Bicêtre, l'asile d'aliénés bien connu. Deux mois plus tard un profond intérêt s'éleva dans le monde des arts et de la science, à la suite de l'exposition d'images prises avec le nouveau procédé. Les *ombres* avaient été fixées, après tout, sur les plaques métalliques, et « l'aliéné » fut proclamé le père de la photographie.

moins grande dans les vagues de l'atmosphère. L'homme, par conséquent, en commun avec tout être vivant et même avec chaque objet inerte, possède une aura formée par les émanations qui l'entourent ; de plus, il peut, sans grand effort, se transporter en *imagination*, partout où il veut ; pourquoi, alors, serait-il scientifiquement impossible que sa pensée, réglée, intensifiée et conduite par un puissant magicien, la VOLONTÉ éduquée, soit, momentanément, matérialisée et qu'elle apparaisse à n'importe qui, un double fidèle de l'original ? Cette notion est-elle aussi absurde, dans l'état actuel de la science, que ne l'étaient la photographie et le télégraphe il y a quarante ans, ou le téléphone, il y a moins de quatorze mois.

Si la plaque sensibilisée est capable de reproduire aussi exactement l'ombre de nos visages, alors cette ombre ou cette réflexion, bien que nous ne nous en apercevions pas, doit être quelque chose de substantiel. Et si nous pouvons, à l'aide d'instruments d'optique projeter nos ressemblances contre une paroi blanche, parfois à quelques centaines de pieds de distance, il n'y a pas de raison pour que les adeptes, les alchimistes et les savants de l'art occulte, n'aient pas déjà découvert ce que les savants nient aujourd'hui, mais qu'ils accepteront comme une vérité demain, à savoir qu'ils peuvent projeter électriquement leur corps astral, instantanément à travers des milliers de milles dans l'espace, en laissant leur enveloppe matérielle, encore empreinte d'une certaine somme de principe animal vital, pour y entretenir la vie physique, et d'agir dans leur corps éthéré spirituel aussi sûrement et intelligemment que lorsqu'il était encore revêtu de son enveloppe charnelle ? Il existe une forme supérieure de l'électricité que la forme physique connue de nos physiciens ; des milliers de corrélations de celle-ci sont encore cachées à la vue des physiciens modernes, et nul ne peut savoir jusqu'où iront ses probabilités.

Schott explique que par *Sian*, ou *Shin-Sian*, on comprend dans l'ancienne conception chinoise, et tout particulièrement dans la secte de Tao-Kiao (Taossé) « les personnes qui se retirent sur les montagnes pour y vivre de la vie des anachorètes, et qui ont obtenu, soit au moyen d'oservances ascétiques, soit par la puissance des charmes et des élixirs, la possession des dons miraculeux et de *l'immortalité* sur terre (1) ». (?) Il y a de l'exagération en ceci, si ce n'est pas absolument erroné. Ce à quoi ils prétendent n'est que la faculté de prolonger la vie humaine ; et cela ils le peuvent, si nous devons en croire le témoignage des hommes. Ce que Marco Polo certifiait au XIIIe siècle, est corroboré de nos jours. « Il y a une autre classe d'hommes nommés *Chugi* » (Yoguis) dit-il, « qu'on nomme proprement dit des *Abraiamans* (Brahmans ?) qui vivent jusqu'à un âge fort avancé, chacun d'eux atteignant l'âge de 150 à 200 ans. Ils mangent fort peu et principalement du riz et du lait. Ces hommes font usage d'une curieuse boisson, potion faite d'un mélange de soufre et de mercure, dont ils boivent deux fois par mois... Ils disent que cela leur prolonge la vie ; cette potion leur est administrée dès leur bas âge » (2). Bernier assure, dit le colonel Yule, que les Yoguis excellent dans la préparation du mercure, « qu'un ou deux grains pris chaque matin remettent le corps en parfaite santé » ; et il ajoute que le *mercurius vitæ* de Paracelse était un mélange dans lequel il entrait de l'antimoine et du mercure (3). Voilà une affirmation pour le moins bien hasardée, et nous allons exposer ce que nous savons à cet égard. La longévité de quelques lamas et Talapoins est proverbiale ; on sait généralement qu'ils se servent d'un mélange qui, ainsi qu'ils le disent, « renouvelle le sang ancien ». C'était également un fait reconnu chez les alchimistes, qu'une judicieuse administration « de l'*aura de l'argent* redonne la santé et prolonge la vie d'une manière notable. » Mais nous sommes tout prêts à contredire les affirmations tant de Bernier que du colonel Yule qui cite son ouvrage, que c'est du *mercure*, ou vif-argent, dont se servent les Yoguis et les alchimistes. Les Yoguis, à l'époque de Marco Polo, de même que de nos jours, *utilisent ce qui paraît être du mercure, mais qui n'en est pas*. Paracelse, les alchimistes et les autres mystiques voulaient dire par *mercurius vitæ*, l'esprit vivant de l'argent, l'*aura* de l'argent, mais nullement le *vif-argent ;* et cette *aura* n'est certainement pas le mer-

1. Schott : *Über den Buddhismus*, p. 71.
2. *The Book of Ser Marco Polo*, vol. II, p. 352.
3. *Ibidem*, vol. II, p. 130 cité par le colonel Yule, vol. II, p. 313.

cure connu de nos médecins ou de nos droguistes. Il est indubitable que le fait d'avoir imputé à Paracelse l'introduction du mercure dans la pratique médicale est tout à fait erroné. Aucun mercure, qu'il ait été préparé par un philosophe du feu moyenâgeux, ou par un docteur moderne, n'a rendu, ou ne rendra jamais la santé parfaite à un corps humain. Il n'y a que les fieffés charlatans qui se servent d'une pareille drogue. L'opinion unanime est que c'est avec une intention méchante de présenter Paracelse aux yeux de la postérité comme un *charlatan*, qui fait que ses ennemis ont inventé un mensonge de cette nature.

Les Yoguis des temps anciens, de même que les lamas et les Talapoins modernes, font usage d'un certain ingrédient, préparé avec une dose minime de soufre et du jus laiteux extrait d'une plante médicinale. Ils possèdent sans contredit certains secrets merveilleux, car nous leur avons vu guérir des blessures rebelles en quelques jours; remettre en usage des os brisés en autant d'heures qu'il ne faudrait de jours au moyen de la chirurgie ordinaire. Une fièvre dangereuse contractée par l'auteur près de Rangoon, après l'inondation de la rivière Iraouaddy, fut guérie en quelques heures par le jus d'une plante nommée, si nous ne nous trompons, *Kukushan*, bien que des milliers d'indigènes, ignorants de ses vertus, se voient abandonnés, et meurent de la fièvre ; et cela en retour d'un acte de complaisance insignifiant envers un *simple mendiant ;* la nature de ce service n'aurait aucun intérêt pour le lecteur.

Nous avons aussi entendu parler d'une certaine eau, appelée ab-i-hayât, que la superstition populaire prétend être cachée aux yeux des mortels, sauf à ceux des saints sannyâsis ; la fontaine, elle-même, porte le nom de âb-i-haiwân-i. Il est toutefois plus que probable que les Talapoins se refuseraient à dévoiler leurs secrets, même aux académiciens et aux missionnaires, car ces remèdes doivent être utilisés pour le bien de l'humanité mais jamais dans un but de lucre (1).

1. Aucun pays ne peut se vanter de posséder autant de plantes médicinales que l'Inde méridionale, la Cochinchine, le Burmah, le Siam et Ceylan. Les médecins européens, suivant la pratique établie depuis des temps immémoriaux, solutionnent la question des rivalités professionnelles en

Partout où de grandes foules sont assemblées, aux fêtes des pagodes hindoues, aux réjouissances célébrées pendant les mariages des riches castes élevées, les Européens rencontrent des gunî, charmeurs de serpents, fakirs magnétiseurs, sanngâsis exerçant la thaumaturgie, et ceux qu'on nomme « jongleurs ». Il est aisé de se moquer ; mais expliquer ces phénomènes est plus difficile ; cela est impossible pour la science. Les résidents anglais et les voyageurs préfèrent s'en tenir à la première manière. Mais qu'on demande à un de ces Saint Thomas comment sont produits les résultats suivants, qu'ils ne peuvent nier et ne nient pas non plus? Lorsque des quantités de gunis et de fakirs font leur apparition, leurs corps entourés de cobra capellas, les bras ornés de bracelets de *coralillos* — petits serpents dont la morsure est mortelle au bout de quelques secondes, — le cou et les épaules encerclés de colliers de trigonocéphales, le plus mortel ennemi des hindous à pieds nus, dont la morsure donne une mort rapide comme l'éclair, le spectateur sceptique sourit et bénévolemment explique que ces reptiles ayant été mis en catalepsie sont tous privés de leurs crochets à venin par les gunis. « Ils sont inoffensifs, et il serait ridicule de les craindre. » « Le Sahib veut-il caresser un de mes nâgs ? » demanda un jour un gunî à un interlocuteur, qui avait voulu humilier ses auditeurs, pendant une heure de temps, avec ses exploits erpétologiques. Sautant vivement en arrière — les pieds du brave guerrier rivalisant de dextérité avec sa langue — la réponse du capitaine B — ne fut pas de nature à être reproduite ici. Seuls ses terribles gardes du corps sauvèrent le gunî d'une correction peu cérémonieuse. Dites seulement un mot, et pour une demi

traitant les docteurs indigènes de charlatans et d'empiriques ; mais cela n'empêche pas ceux-ci de sortir victorieux là où les éminents gradués des universités anglaises et françaises ont piteusement échoué. Les ouvrages indigènes traitant de Materia Medica ne mentionnent certes pas les remèdes secrets connus, et qu'appliquent avec succès les docteurs indigènes (les Atibbâ) depuis des temps immémoriaux. Malgré cela, les meilleurs fébrifuges sont ceux que les médecins anglais ont appris à connaître des hindous et là où les malades, enflés et rendus sourds par l'abus de la quinine, se mouraient petit à petit des fièvres sous le traitement éclairé des médecins européens ; l'écorce de la Margosa, et l'herbe Chiretta ont obtenu des guérisons complètes, et celles-ci occupent maintenant une place honorable parmi les drogues européennes.

roupie, n'importe quel charmeur de serpents se mettra à ramper à quatre pattes et dans quelques instants il aura réuni de nombreux serpents non apprivoisés des espèces les plus venimeuses, les prendra dans les mains et s'en fera une ceinture autour du corps. A deux reprises différentes dans les environs de Trinkemal, un serpent allait mordre l'auteur, qui par mégarde s'était assis sur sa queue, mais chaque fois, un rapide coup de sifflet du gunî que nous avions loué pour nous accompagner, le fit s'arrêter à quelques centimètres de notre corps, comme s'il avait été frappé par la foudre, et laissant tomber sur le sol sa tête menaçante, il demeura là raide et immobile comme une branche morte, sous le charme du *Kilnâ* (1).

Un prestidigitateur européen, un dompteur ou même un magnétiseur voudra-t-il se risquer une seule fois à faire une expérience qu'on peut voir tous les jours aux Indes si l'on sait où aller pour cela ? Aucun animal au monde n'est aussi féroce qu'un tigre royal du Bengale. Un jour, toute la population d'un petit village, non loin de Dakka, situé sur les bords de la jungle fut terrifiée au lever du jour par l'apparition d'une énorme tigresse. Ces animaux sauvages ne quittent leur repaire que la nuit, lorsqu'ils vont à la recherche de nourriture et d'eau. Mais dans le cas présent, la tigresse cherchait ses deux petits qui lui avaient été enlevés par un audacieux chasseur. Deux hommes et un enfant avaient déjà été victimes du fauve lorsqu'un fakir âgé, faisant sa ronde journalière, sortit de la porte de la pagode ; il vit et comprit instantanément la situation. Il alla droit à la bête en chantant un mantrâm, laquelle l'œil flamboyant et écumant de la gueule s'était couchée sous un arbre en attendant une nouvelle victime. Lorsqu'il arriva à une dizaine de pieds de la tigresse, sans interrompre sa prière modulée, dont les paroles sont incompréhensibles pour les profanes, il entreprit une véritable séance de magnétisme, à ce qu'il nous sembla; il fit des *passes*. Un hurlement terrible qui glaça le cœur de tous les habitants de l'endroit se fit alors entendre. Ce long cri féroce s'éteignit graduellement en quelques

1. Nom hindou pour le *mantrâm* particulier, ou charme, employé pour empêcher les serpents de mordre.

sanglots plaintifs, comme si la mère dépouillée donnait libre cours à sa plainte, puis, à l'effroi de la foule qui s'était réfugiée dans les arbres et sur les maisons, le fauve fit un bond, sur le saint homme à ce qu'il sembla. Il n'en était rien, elle se roulait en se tordant à ses pieds dans la poussière. Quelques instants plus tard, elle demeura immobile, son énorme tête reposant sur ses pattes de devant, et ses yeux injectés de sang, mais doux et dociles, à cette heure se fixèrent sur le visage du fakir. Le pieux homme de prières s'assit près de la tigresse et doucement caressait son poil tacheté, lui tapotant le dos, jusqu'à ce que ses plaintes devenant de plus en plus faibles, une demi-heure après, tout le village se tint debout autour du groupe; la tête du fakir reposait sur le dos de la tigresse en lieu d'oreiller, sa main droite sur sa tête et la gauche sur l'herbe devant la gueule du terrible fauve qui léchait cette main de sa grande langue rose.

Voilà comment les fakirs de l'Inde domptent les animaux les plus féroces. Les dompteurs européens en font-ils autant avec leurs piques chauffées à blanc? Naturellement tous les fakirs ne sont pas doués d'un pouvoir semblable, il n'y en a comparativement que peu qui le soient; mais néanmoins leur nombre est considérable. Comment s'entraînent-ils dans les pagodes pour être capables de ces exploits, restera éternellement un secret pour tous, sauf pour les brahmanes et les adeptes des mystères occultes. Les récits, jusqu'ici considérés comme des fables, de Christna et d'Orphée charmant les animaux sauvages, sont ainsi corroborés de nos jours. Un fait, néanmoins, demeure incontestable. *Il n'y a pas un seul Européen*, aux Indes, qui se vante ou se soit jamais vanté d'avoir pénétré dans le sanctuaire secret, à *l'intérieur* des pagodes. Ni les ordres, ni l'appât de l'argent n'ont jamais déterminé un brahmane à permettre à un étranger non initié de passer le seuil de l'enceinte réservée. Se prévaloir de l'autorité, dans ce cas, équivaudrait à jeter une mèche enflammée dans une poudrière. Les cent millions de dévots hindous, tout patients, doux et pleins de longanimité qu'ils sont, et dont l'apathie sauva les Anglais d'être chassés du pays en 1857, se soulèveraient comme un seul homme, si on s'avisait de commettre une pareille profanation ; sans égard de sectes ou de castes, ils extermineraient les chrétiens jusqu'au dernier. La compagnie des Indes le savait bien, et édifia sa puissance sur l'amitié des brahmanes, et en allouant des subsides aux pagodes ; et le gouvernement des Indes est aussi prudent que son prédécesseur. Ce sont les castes et la non-intervention du gouvernement dans les choses de la religion prévalente du pays qui lui assurent une autorité relative aux Indes. Mais revenons au Shamanisme, la plus étrange et la plus méprisée de toutes les religions survivantes — le « Culte des Esprits ».

Ses sectateurs n'ont ni autels, ni idoles, et c'est sur l'autorité d'un prêtre shaman, que nous avançons que leurs véritables rites, qu'ils sont tenus de pratiquer une fois par an, le jour le plus court de l'hiver, ne peuvent avoir lieu en présence d'un étranger à leur foi. Nous sommes, donc, parfaitement certains que toutes les descriptions données jusqu'à ce jour dans le *Asiatic Journal* et dans d'autres périodiques européens, ne sont que de pures conjectures. Les Russes, qui de par leurs relations constantes avec les shamans de la Sibérie et de la Tartarie seraient les plus autorisés pour parler de leur religion, n'ont rien appris à ce sujet, sinon la dextérité de ces hommes qu'ils sont enclins à considérer comme d'adroits jongleurs. Cependant nombre de résidents russes dans la Sibérie, sont parfaitement convaincus des pouvoirs « surnaturels » des Shamans. Partout où ils se rassemblent pour leur culte, c'est toujours dans un espace bien ouvert, sur le sommet d'une haute montagne, ou au fond d'une épaisse forêt, et en ceci ils ressemblent aux anciens Druides. Les cérémonies qu'ils pratiquent à l'occasion des naissances, des décès, et des mariages, ne constituent qu'une faible partie de leur culte. Elles consistent en offrandes, à asperger le feu avec des liqueurs et du lait, à psalmodier de curieux hymnes ou plutôt des incantations magiques, entonnées par le shaman officiant, et se terminant par un chœur de tous les assistants.

Les nombreuses petites clochettes qu'ils portent sur leurs robes sacerdotales faites de peau de daim, ou de la dépouille de quelque autre animal réputé magnétique, y sont cousues pour chasser les mauvais esprits de l'air, *superstition* qui était partagée par toutes les nations de l'antiquité, y compris les Romains et même les Juifs, ainsi que nous le constatons par les clochettes d'or autour de la robe d'Aaron (1). Ils ont également des verges de fer couvertes de clochettes, pour la même raison. Lorsque, après certaines cérémonies, la crise voulue est atteinte, que « l'esprit a parlé », et que le prêtre (qui peut être homme ou femme) ressent son influence dominatrice, une force occulte attire la main du Shaman vers le haut du bâton sur lequel sont gravés des hiéroglyphes. Pressant la paume de la main contre le bâton il est soulevé en l'air à une hauteur considérable, et demeure quelque temps ainsi suspendu. Quelquefois il saute à une hauteur considérable, et suivant l'esprit qui le contrôle, car il n'est, la plupart du temps, qu'un médium irresponsable, il se met à prophétiser et à décrire les événements à venir. C'est ainsi qu'en 1847, un shaman d'une contrée retirée de la Sibérie prophétisa la guerre de Crimée et en détailla exactement l'issue. Les particularités de la prophétie furent soigneusement notées par les assistants, lesquelles se vérifièrent exactement six années plus tard.

Bien que généralement ignorants même du nom de l'astronomie, et bien qu'ils ne l'aient pas étudiée, ils prédisent souvent des éclipses ou d'autres phénomènes astronomiques. Lorsqu'on les consulte au sujet de vols ou de meurtres, ils indiquent invariablement les coupables.

Les Shamans de la Sibérie sont tous ignorants et illettrés. Ceux de la Tartarie et du Thibet, peu nombreux d'ailleurs sont, pour la plupart, des hommes instruits dans leur genre et ne se laisseront pas contrôler par des esprits quelconques. Ceux-là sont des *médiums* dans le sens complet du mot ; ceux-ci sont des « magiciens ». Il n'est pas surprenant que

1. Entre les clochettes des adorateurs « païens » et les clochettes et les grenades du culte juif, la différence est la suivante : celles-là, outre qu'elles purifiaient l'âme humaine avec leurs sons harmonieux, tenaient les *mauvais* démons à distance, « car le son du bronze pur brise les enchantements », dit Tibullius (1, 8-22), et les Juifs expliquent en disant que le son des cloches « doit être entendu (par le Seigneur) lorsqu'il (le prêtre) entre dans le lieu saint devant l'Eternel, et lorsqu'il en sort *afin qu'il ne meure point* » (Exode XXVIII, 33 ; Ecclés..XIV-9). C'est ainsi qu'un son devait éloigner les *mauvais* esprits, et l'autre l'esprit de Jéhovah. Les traditions scandinaves affirment que les Tralls étaient toujours chassés de leurs repaires par les cloches des églises. Une tradition analogue existe au sujet des fées de la Grande-Bretagne.

des personnes pieuses et superstitieuses, après avoir été témoins d'une de ces crises, déclarent que le Shaman est possédé du démon. De même que la furie des Corybantes et des Bacchantes de la Grèce antique, la crise « spirituelle » des shamans se traduit par des danses violentes et des gestes sauvages. Graduellement les assistants sentent l'esprit d'imitation les envahir ; pris d'une impulsion irrésistible, ils se mettent à danser, et deviennent, à leur tour des extatiques; celui qui commence à se joindre au chœur, prend petit à petit une part inconsciente dans les gesticulations jusqu'à ce qu'il s'affaisse épuisé sur le sol, et souvent aussi mourant.

« O, jeune fille, un dieu te possède ! est-ce Pan, Hécate, le vénérable Corybante, ou Cybèle qui te cause cette agitation ? » dit le chœur en s'adressant à Phèdre dans Eurypède. Cette forme d'épidémie psychologique est trop connue depuis le moyen âge pour que nous revenions là-dessus. Le *Chorœa sancti Viti* est un fait historique et s'étendit sur toute l'Allemagne. Paracelse guérit nombre de personnes possédées de cet esprit d'imitation. Mais il était un cabaliste, et par conséquent, accusé par ses ennemis d'avoir expulsé des démons par le pouvoir d'un démon plus puissant, qu'on prétendait qu'il portait avec lui dans la poignée de son épée. Les juges chrétiens de cette époque de terreur avaient trouvé un remède plus prompt et plus sûr. Voltaire affirme que, dans le district du Jura, entre 1598 et 1600, plus de 600 lycanthropes furent mis à mort par un juge charitable et pieux.

Mais tandis que le Shaman illettré n'est qu'une victime, que pendant ses crises il voit les personnes présentes sous forme d'animaux variés, et parvient souvent à leur faire partager son hallucination, son confrère Shaman, versé dans les mystères des collèges sacerdotaux du Thibet, *chasse* la créature élémentaire qui produit l'hallucination, comme le ferait un magnétiseur vivant, non pas par le pouvoir d'un démon plus puissant, mais simplement par la connaissance de la nature de l'ennemi invisible. Là où les académiciens ont échoué, comme dans le cas des Cévenols, un Shaman ou un lama aurait tôt fait de mettre un terme à l'épidémie.

Nous avons fait mention d'une pierre de cornaline, qui

était en notre possession, et qui eut un effet si favorable et si inattendu sur la décision du Shaman. Chaque Shaman possède un talisman de cette nature, qu'il porte suspendu à une cordelette sous son bras gauche.

« A quoi vous sert-elle, et quelles sont ses vertus ? » demandâmes nous à plusieurs reprises à notre guide. Il ne répondit jamais d'une manière directe à cette question, mais évita toujours une explication, promettant qu'aussitôt que l'occasion se présenterait, et que nous serions seuls, il demanderait à la pierre de nous répondre elle-même. C'est dans ce vague espoir qu'il nous abandonna à notre propre imagination.

Mais le jour où la pierre « parla » ne devait pas tarder à se produire. Ce fut pendant une des heures les plus critiques de notre vie, dans un moment où l'humeur vagabonde du voyageur avait conduit l'auteur de ces lignes dans des contrées éloignées, où la civilisation est inconnue, et où la vie n'est pas un seul instant en sécurité. Une après-midi, tous, hommes et femmes, ayant quitté la *yourta* (tente tartare) qui depuis des mois était notre demeure, pour aller assister à une céremonie d'exorcisme lamaïque d'un Ishoutgour (1), accusé de briser et de faire disparaître tous les misérables meubles et la vaisselle d'une famille qui habitait à deux milles de là, nous rappelâmes sa promesse au Shaman, qui était notre unique protecteur dans ces déserts solitaires. Il soupira, hésita, mais après un court silence, il quitta sa place sur la peau de mouton et sortit ; là il plaça une tête de bouc desséchée avec ses cornes proéminentes sur un pieu devant la tente, laissa retomber le rideau de feutre qui en fermait l'entrée, et nous informa qu'aucune personne vivante n'oserait pénétrer dans la tente, car la tête de bouc était la preuve qu'il était « occupé ».

Mettant alors la main dans son sein il en sortit la petite pierre, de la taille d'une noix, et retirant soigneusement l'enveloppe, il se mit à ce qu'il nous parut, à l'avaler. Aussitôt ses membres se raidirent, son corps devint rigide et il retomba, froid et immobile comme un cadavre. N'était-ce que ses lèvres se remuaient à chaque question posée,

1. Dœmon élémentaire auquel croient tous les indigènes de l'Asie.

la scène eut été fort embarrassante, que dis-je, horrible. Le soleil se couchait et si les cendres du foyer au centre de la tente n'eussent jeté une faible lumière, la tente eut été dans l'obscurité la plus complète ce qui aurait encore ajouté à l'oppression causée par le silence environnant.

Nous avons habité les prairies de l'Ouest et les steppes infinies de la Russie méridionale ; mais rien ne peut être comparé au silence du soir sur les déserts de sable de la Mongolie ; pas même les arides solitudes des déserts de l'Afrique, bien que ceux-là soient partiellement habités, tandis que ceux-ci sont absolument privés de vie. Et cependant, l'auteur se trouvait seule avec ce qui n'était rien de mieux qu'un cadavre, étendu sur le sol devant elle. Heureusement cette condition ne se prolongea pas longtemps.

« Mahandù ! » murmura une voix qui paraissait venir des entrailles de la terre, sur laquelle le shaman était étendu. « La paix soit avec toi... que voudrais-tu que je fasse pour toi ? »

Si étonnante que fût la question, nous nous y attendions, car nous avions vu d'autres shamans dans des circonstances analogues. « Qui que tu sois », prononçâmes-nous mentalement « va-t-en à K — et fais ton possible pour nous rapporter la *pensée* de la personne qui est là. Vois ce que fait l'autre personne et dis à * * * ce que nous faisons et comment nous sommes situés.»

« Je suis là » ; répondit la même voix. « La vieille dame, (Kokona) (1) est assise au jardin... elle met ses lunettes et lit une lettre ».

« Vite, dis-moi le contenu de la lettre », ordonnâmes-nous tout en préparant un livre de notes et prenant un crayon. Le contenu fut répété lentement, comme si, tout en dictant, la présence invisible voulait nous donner le temps d'écrire phonétiquement les mots, car nous avions reconnu le langage Valaque, que nous ne savions pas, en dehors de notre habileté, à en reconnaître les sons. De cette manière une page entière fut remplie.

« Regarde du côté de l'Occident... vers la troisième perche de la yourta », dit le tartare dans sa voix naturelle,

1. Madame, en langue Moldave.

qui semblait sourde, comme si elle venait de loin. « Sa *pensée* est là. »

Puis avec un soubresaut convulsif, la partie supérieure du corps du Shaman se redressa et sa tête retomba sur les pieds de l'auteur, qu'il saisit de ses deux mains. La position était de moins en moins plaisante, mais la curiosité vint en aide à notre courage. Dans le coin occidental de la tente nous vîmes la forme vaporeuse, incertaine mais vivante d'une ancienne amie, une dame roumaine de la Valachie, mystique par disposition, quoique n'ayant pas la moindre foi dans les phénomènes occultes.

« Sa pensée est ici, mais son corps est resté là-bas inconscient. Nous n'avons pas pu faire plus », dit la voix.

Nous suppliâmes l'apparition de répondre, mais en vain. Les traits du visage remuèrent et la forme fit un geste de crainte et d'angoisse mais aucun son ne tomba de ses lèvres ; nous crûmes cependant, — peut-être n'était-ce qu'un effet de notre imagination — entendre comme venant de loin ces mots en roumain : *Non se pote* (ce n'est pas possible).

Pendant plus de deux heures de temps, les preuves les plus substantielles et les moins équivoques que l'âme astrale du Shaman voyageait à la requête de notre désir qui n'avait même pas été exprimé en paroles, nous avaient été données. Dix mois plus tard, nous reçûmes une lettre de notre amie Valaque en réponse à la nôtre, dans laquelle nous avions inclus la page du livre de notes ; lui demandant ce qu'elle avait fait ce jour-là, et lui donnant une description détaillée de la scène. Elle était assise ce matin-là, écrivait-elle (1), prosaïquement occupée à faire des confitures ; la lettre qui lui fut envoyée était, mot à mot, la copie d'une lettre de son frère ; tout à coup, conséquence de la grande chaleur, crut-elle, elle s'évanouit, et se rappela distinctement avoir rêvé qu'elle avait vu l'auteur de ces lignes dans un endroit désert qu'elle décrivit très exactement, assise sous une « tente de bohémiens ». comme elle le dit. « Après cela », ajouta-t-elle, « je ne puis plus douter. »

1. L'heure à Bucarest correspondait exactement avec celle de la contrée où la scène avait eu lieu.

Mais la preuve de notre expérience fut encore plus concluante. Nous avions prié l'*ego* intime du Shaman de se mettre en rapport avec l'ami mentionné dans ce chapitre, le Kutchi de Lha-Ssa, qui voyage constamment entre cet endroit et l'Inde Anglaise. *Nous savons* qu'il fut mis au courant de notre situation critique dans le désert ; car quelques heures plus tard l'aide nous vint et nous fûmes sauvés par un détachement de vingt-cinq cavaliers, qui avaient été renseignés par leur chef pour nous trouver à l'endroit où nous étions, endroit qu'aucun homme, doué de pouvoirs ordinaires, n'aurait pu connaître. Le chef de cette escorte était un shaberon, un « adepte » que nous n'avions jamais vu auparavant et que nous n'avons jamais vu depuis, car il ne quitte jamais sa *soumay* (lamaserie), où nous ne pouvions être admis. *Mais il était un ami personnel du Kutchi.*

Ce qui précède n'excitera que l'incrédulité du lecteur ordinaire. Mais nous écrivons pour ceux qui ont foi, ceux qui, comme l'auteur, connaissent les pouvoirs illimités et les possibilités de l'âme astrale humaine. Dans le cas ci-dessus, nous sommes portés à croire, que dis-je, nous savons que le « double spirituel » du Shaman n'a pas agi de son propre compte, car il n'était pas un adepte, mais un simple médium. Suivant une de ses expressions favorites, aussitôt qu'il mettait la pierre dans sa bouche, son « père » apparaissait, le tirait hors de sa peau, l'emmenait à son gré, et lui faisait faire ce qu'il voulait.

Ceux qui ont vu les représentations, chimiques, optiques, mécaniques et les tours de passe-passe des prestidigitateurs européens, ne verront pas sans étonnement les exhibitions spontanées et exécutées en plein air des jongleurs hindous, pour ne pas parler de celles des fakirs. Nous ne parlons pas des simples tours d'adresse, car Robert Houdin est bien supérieur à eux à cet égard ; nous ne parlerons pas non plus des tours qui exigent des compères, que ceux-ci en aient ou non. Il est très vrai que des voyageurs inexpérimentés, surtout s'ils sont d'humeur imaginative, se laissent aller à de colossales exagérations. Mais ce que nous avons à dire repose sur une classe de phénomènes qu'il est impossible d'expliquer par une quelconque des hypothèses familières. « J'ai vu », dit une personne résidant aux Indes, « un homme lancer en l'air toute une série de balles numérotées de un à un nombre déterminé. Chaque balle montait en l'air, — aucune déception ne pouvant avoir lieu — et on la voyait devenir de plus en plus petite, jusqu'à disparaître complètement. Quand toutes eurent été envoyées, vingt ou plus, l'opérateur demandait poliment, laquelle des balles on désirait revoir : il appelait alors le n° 1, le n° 15 et ainsi de suite, suivant la demande des spectateurs, et la balle requise tombait à leurs pieds, comme si elle avait été violemment projetée depuis un endroit éloigné... Ces hommes sont à peine vêtus et n'ont aucun appareil avec eux. Je leur ai encore vu avaler trois poudres de couleurs différentes, puis rejetant la tête en arrière, les faire descendre avec de l'eau, bue à la manière des indigènes, en un courant continu d'un *lotah*, sorte de pot de cuivre qu'ils tiennent à bras tendu au-dessus de la bouche ; ils buvaient ainsi jusqu'à ce que leur estomac enflé ne pût plus contenir une goutte de liquide et que l'eau débordât de leurs lèvres. Puis, après avoir rejeté l'eau par la bouche, ces hommes crachaient les trois poudres, sur un morceau de papier blanc, parfaitement sèches et sans avoir été mélangées (1) ».

Les tribus guerrières des Kurdes habitent depuis un temps immémorial la partie orientale de la Turquie et de la Perse. Ces peuples d'une origine purement indo-européenne, sans une goutte de sang sémite dans les veines, (bien que divers ethnologistes paraissent opter pour le contraire) malgré leur nature de brigands, font cause commune avec le mysticisme des hindous, et les pratiques des mages assyrio-chaldéens, dont ils ont conquis de vastes territoires, et qu'ils ne veulent rendre, malgré l'opposition de la Turquie, voire même de l'Europe entière (2). Nominalement des mahométans de la secte d'Omar, leurs rites et leurs doctrines sont purement magiques et magiens. Même ceux qui sont des chrétiens nestoriens, ne le sont que de nom. Les Kaldanys qui comptent environ cent mille

1. *Life in India* du Capt. W.-L.-D. O'Grady.
2. Ni la Russie, ni l'Angleterre n'ont réussi en 1849 à les forcer à reconnaître et à respecter le territoire turc ou persan.

âmes, avec leurs deux patriarches, sont, sans contredit, plutôt des manichéens que des nestoriens. Beaucoup parmi eux sont des Yézids.

Une de ces tribus est connue pour sa prédisposition au culte du feu. Au lever et au coucher du soleil les cavaliers mettent pied à terre, et se tournant vers le soleil, murmurent une prière ; tandis qu'à chaque nouvelle lune, ils célèbrent, pendant toute la nuit, des rites mystérieux. Une tente est mise à part à cet effet, et l'étoffe de laine, épaisse et noire qui la constitue, est décorée de signes cabalistiques peints en rouge et en jaune vif. Au centre se trouve une espèce d'autel, entourée de trois cercles de cuivre auxquels sont attachés des anneaux avec des cordes en poil de chameau, que chaque assistant tient dans la main droite pendant la cérémonie. Sur l'autel brûle une curieuse lampe d'argent de forme antique, probablement une relique trouvée dans les ruines de Persépolis (1). Cette lampe, avec ses trois mèches, est une tasse ovale munie d'une poignée. C'est évidemment une de ces lampes sépulcrales égyptiennes, qu'on trouvait à profusion dans les souterrains de Memphis, si nous devons en croire Kircher (2). Elle s'élargit du bord vers le centre et le bord supérieur a la forme d'un cœur ; les ouvertures pour laisser passer les mèches sont disposées en triangle et le centre est couvert par un héliotrope inverti rattaché à une branche gracieusement courbée depuis la poignée de la lampe. Les Grecs ont donné son nom à l'*héliotrope* à cause de la particularité qu'il a de s'incliner toujours vers le soleil. Les anciens mages s'en servaient dans leur culte et qui sait si Darius n'a pas lui-même célébré ces rites mystérieux avec sa triple lampe éclairant la face du hiérophante-roi !

Si nous avons parlé de cette lampe, c'est parce qu'une histoire étrange s'y rattache. Ce que font les Kurdes, pendant les rites nocturnes de leur culte lunaire, nous ne le savons que par ouï-dire ; car ils le tiennent absolument secret et aucun

1. Persépolis est le Istakhâar persan au nord-est de Shiraz ; elle se dressait sur une plaine qui porte aujourd'hui le nom de Merdusht, au confluent de l'ancien Médus et de l'Araxos, aujourd'hui Pulwaz et Beudemir.

2. *Aegyptiaci Theatrum Hieroglyphicum*, p. 544.

étranger n'est admis à la cérémonie. Mais chaque tribu considère un vieillard, quelquefois plusieurs, comme de « saints êtres », qui connaissent le passé et peuvent divulguer les secrets de l'avenir. Ceux-ci sont fort honorés et on s'adresse généralement à eux pour tous renseignements dans des cas de vol, de meurtres ou de dangers quelconques.

Voyageant d'une tribu à l'autre, nous avons passé quelque temps dans la compagnie des Kurdes. Notre but n'étant nullement de donner ici une auto-biographie, nous laisserons de côté tous les détails qui n'ont pas un rapport direct avec quelque fait occulte, et même de ceux-ci nous n'avons pas grand'chose à dire. Nous dirons simplement qu'une selle fort précieuse, un tapis et deux poignards circassiens, richement montés et ciselés en or fin, avaient été volés dans la tente, et les Kurdes, le chef de la tribu en tête étaient venus, prenant Allah à témoin, que le délinquant n'appartenait pas à leur tribu. Nous en étions persuadés, car c'eût été un fait sans précédent parmi ces tribus nomades de l'Asie, aussi renommées pour la vénération dans laquelle ils tiennent leurs hôtes, que pour la désinvolture avec laquelle ils les assassinent et les dépouillent lorsqu'ils ont dépassé les frontières de leur *aoûl*.

On suggéra alors au Géorgien qui faisait partie de notre caravane, d'avoir recours aux lumières du *Koodian* (sorcier) de la tribu. L'arrangement fut fait en secret et grande solennité, et la réunion devait avoir lieu à minuit, lorsque la lune serait pleine. A l'heure convenue, on nous conduisit à la tente ci-dessus décrite.

Par un grand trou carré pratiqué dans le toit bombé de la tente, les rayons de la pleine lune entraient et se mélangeaient à la triple flamme vacillante de la petite lampe. Après quelques minutes d'incantations, adressées, à ce qu'il nous sembla, à la lune, le sorcier, un vieillard d'imposante stature, dont le turban pyramidal touchait le toit de la tente, produisit un miroir, un de ceux connus sous le nom de « miroirs persans ». Après avoir dévissé le couvercle, il se mit à souffler dessus pendant plus de dix minutes en essuyant l'humidité avec des herbes, tout en marmottant, *sotto voce*, quelques incantations. Chaque fois qu'il essuyait le miroir, le verre devenait de plus en plus brillant, jusqu'à ce qu'il parût irradier des rayons phosphorescents dans toutes les directions. Enfin l'opération prit fin ; le vieillard tenant le miroir à la main, demeura immobile comme une statue. « Regarde, Hanoum... regarde bien », murmura-t-il, à peine remuant les lèvres. Des ombres, des taches noires apparurent là où, un moment auparavant, seuls les rayons de la lune étaient réfléchis. Quelques secondes après apparurent la selle, le tapis et les poignards, paraissant monter à la surface d'une eau profonde et claire, et devenant à chaque instant plus distincts et plus précis. Puis une ombre plus foncée apparut planant au-dessus de ces objets, et se condensant graduellement, comme vue à travers un telescope renversé, prit la haute forme d'un homme accroupi au-dessus d'eux.

« Je le reconnais », s'écria l'auteur. « C'est le Tartare qui vint nous voir hier soir pour nous offrir de nous vendre sa mule ! »

L'image disparut comme par enchantement. Le vieillard acquiesça, mais demeura immobile. Il murmura alors quelques mots étranges et entonna un chant. L'air était lent et monotone, mais après qu'il eût chanté quelques stances dans la même langue inconnue, et sans changer ni le rythme ni la mélodie, il prononça en forme de récitatif les mots suivants dans son baragouin russe : « Regarde bien, maintenant, Hanoum, pour voir si nous l'attraperons — le sort du voleur — nous le connaîtrons cette nuit », etc.

Les mêmes ombres s'amoncelèrent, et presque sans transition, nous vîmes l'homme couché sur le dos, dans une mare de sang, en travers de la selle, tandis que deux autres cavaliers s'enfuyaient en galopant dans l'éloignement. Effrayés et écœurés à la vue de cette scène nous ne désirions plus rien voir. Le vieillard en quittant la tente appela quelques Kurdes qui se tenaient dehors et leur transmit ses instructions. Deux minutes plus tard douze cavaliers galopaient à bride abattue sur le versant de la montagne où notre camp était établi.

Au point du jour ils revinrent avec les objets volés. La selle était couverte de sang coagulé, et naturellement on la leur abandonna. Ils racontèrent qu'en arrivant, en vue du fugitif, ils virent disparaître deux cavaliers de l'autre côté du versant d'une colline éloignée, et en arrivant près du chef tartare, celui-ci était étendu mort, en travers des objets volés, exactement comme nous l'avions vu dans le miroir magique. Il avait été assassiné par les deux bandits. dont le but évident était de le voler, mais qui furent interrompus par la soudaine arrivée des cavaliers envoyés par le vieillard kurde.

Les « sages » orientaux obtiennent les effets les plus remarquables, simplement en soufflant sur une personne, que le but à obtenir soit bon ou mauvais. Ceci n'est que du magnétisme pur et simple ; et parmi les derviches de la Perse qui le mettent en pratique, le magnétisme animal est souvent renforcé par celui des éléments. Si quelqu'un est sous le vent, ils considèrent qu'il y a toujours un danger ; et beaucoup des « érudits » en matière occulte ne voudront jamais aller au coucher du soleil, du côté d'où vient le vent. Nous avons connu un vieux Persan de Bakou (1), sur la mer Caspienne, qui possédait la réputation peu enviable de *jeter des sorts*, au moyen de ce vent, qui souffle par trop souvent sur cette ville ainsi que son nom persan l'indique (2). Si une victime de ce vieux démon se trouvait par hasard sous le vent, il apparaissait, comme par enchantement, et traversant promptement la rue, il lui soufflait dans la figure. Dès ce moment, le pauvre hère se voyait affligé de tous les maux, il était sous le coup du « mauvais œil ».

L'emploi par le sorcier du souffle humain, comme un accessoire pour accomplir son projet néfaste, est brillamment illustré dans divers cas rapportés dans les annales françaises, et tout spécialement ceux de plusieurs prêtres

1. Nous avons assisté deux fois aux rites étranges des restes de la secte des adorateurs du feu, connus sous le nom de Guèbres, qui se réunissent de temps à temps à Bakou, au « champ du feu ». Cette ville ancienne et mystérieuse est située sur le bord de la mer Caspienne. Elle fait partie de la Géorgie russe Environ à douze milles au nord-est de Bakou, se trouvent les restes d'un ancien temple guèbre, consistant en quatre colonnes, des orifices desquelles sort constamment un jet de feu, ce qui lui a donné, par conséquent, le nom du Temple du Feu perpétuel. Toute la région est couverte de lacs et de sources de naphte. Des pèlerins se réunissent là des parties les plus reculées de l'Asie, et les tribus dispersées çà et là par toute la contrée y entretiennent des prêtres pour adorer le principe divin du feu.

2. Baadey Ru-Ba — littéralement, « rassemblement de vents ».

catholiques. En effet, cette sorte de sorcellerie était connue depuis les temps les plus reculés. L'empereur Constantin (dans son Statut IV, *Code de Malef*, etc.) prescrit les plus sévères pénalités contre tous ceux qui emploieraient la sorcellerie pour violenter la chasteté, ou pour exciter les mauvaises passions. Saint Augustin, (dans sa Cité de Dieu) met en garde contre son emploi ; saint Jérôme, Grégoire de Nazianze et bien d'autres autorités ecclésiastiques, ajoutent leur dénonciation d'un crime qui n'était pas rare dans le clergé. Baffet (livre V, tit. 19, chap. 6) cite le cas du curé de Peifane qui ruina sa paroissienne, la très respectée et vertueuse Dame du Lieu, en ayant recours à la sorcellerie ; il fut condamné à être brûlé vif par le Parlement de Grenoble. En 1611, un prêtre, nommé Gaufridy, fut brûlé par ordre du Parlement de Provence, pour avoir séduit une pénitente au confessionnal, nommée Magdeleine de la Palud, en *soufflant sur elle*, et lui communiquant ainsi une passion coupable pour lui.

Les cas ci-dessus sont cités dans le rapport officiel du célèbre procès du Père Girard, un prêtre jésuite fort influent, lequel, en 1731, fut jugé par le Parlement d'Aix, en France, pour avoir séduit sa paroissienne Mlle Catherine Cadière, de Toulon, et pour certains crimes odieux contre elle. L'accusation portait que l'offense avait été perpétrée au moyen de la sorcellerie. Mlle Cadière était une jeune fille renommée pour sa beauté, sa piété et ses vertus exemplaires. Elle accomplissait rigoureusement ses devoirs religieux et c'est ce qui fut la cause de sa perte. Les yeux du Père Girard tombèrent sur elle, et il commença à manœuvrer sa perte. Gagnant la confiance de la jeune fille et celle de sa famille, par son apparence de sainteté, il en prit prétexte, un jour, pour souffler sur elle. La jeune fille fut prise d'une passion soudaine pour lui. Elle eut aussi des visions extatiques d'un caractère religieux, des stigmates, ou marques saignantes de la « Passion » et des convulsions hystériques. L'occasion longtemps recherchée de se trouver seul avec la jeune fille s'étant enfin réalisée, le jésuite souffla de nouveau sur elle, et, avant que la jeune fille eût repris ses sens, il avait accompli son dessein. En excitant sa ferveur religieuse et par des sophismes, il entretint ses relations illicites avec elle pendant plusieurs mois, sans qu'elle ait pu soupçonner qu'elle eût mal agi. Ses yeux furent enfin ouverts, ses parents furent informés, et le prêtre fut appréhendé. Le jugement fut rendu le 12 octobre 1731. Sur vingt-cinq juges, douze votèrent pour le bûcher. Le prêtre criminel fut défendu par la toute-puissante Société de Jésus, et on dit qu'un million de francs furent dépensés pour supprimer certains témoignages produits à l'audience. Toutefois, les faits furent publiés dans un ouvrage (en 5 vol., 16 ms.) fort rare aujourd'hui, intitulé *Recueil Général des Pièces contenues au Procès du Père Jean-Baptiste Girard, Jésuite, etc. etc.* (1).

Nous avons mentionné le fait, que pendant l'influence magique du Père Girard, et de ses relations illicites avec lui, le corps de Mlle Cadière fut marqué des *stigmates* de la Passion, autrement dit, les plaies saignantes des épines sur le front, des clous aux mains et aux pieds et de la blessure de la lance dans le côté. Ajoutons que les mêmes marques furent reproduites sur le corps de six autres pénitentes du même prêtre, à savoir : Mmes Guyol, Laugier, Grodier, Allemande, Batarelle et Reboul. De fait, il fut reconnu que les belles paroissiennes du Père Girard étaient fort étrangement sujettes aux extases et aux *stigmates !* Ajoutons ceci au fait que, dans le cas du Père Gaufrédy, ci-dessus mentionné, le même phénomène se reproduisit, suivant le témoignage des chirurgiens, sur Mlle de la Palud, et nous avons là quelque chose qui appelle l'attention de tout le monde (surtout celle des spirites qui s'imaginent que ces *stigmates* sont produits par des esprits purs). Laissant de côté l'agence du Diable, dont nous avons déjà disposé dans un chapitre précédent, les catholiques seraient fort embarrassés, croyons-nous, malgré leur infaillibilité, de distinguer entre les stigmates des sorciers et ceux produits par l'intervention du Saint Esprit ou des anges. Les annales de l'Eglise fourmillent d'exemples de l'imitation, soi-disant diabolique, de ces signes de sainteté, mais ainsi que nous l'avons déjà dit le Diable est hors de question.

1. Voyez également *Magie and Mesmerism* un roman reproduit dans Harpers, il y a trente ans.

Ceux qui nous auront suivis jusqu'ici demanderont naturellement quel est le but pratique d'un ouvrage de la nature de celui-ci ; on a beaucoup parlé de la magie et de ses potentialités ; on a prôné l'immense ancienneté de sa pratique. Voulons-nous par là affirmer qu'on doit étudier et pratiquer de par le monde entier les sciences occultes ? Faut-il classer le spiritisme moderne au rang de la magie antique ? Ni l'un, ni l'autre ; la substitution serait impossible, et l'étude ne pourrait être universellement poursuivie sans courir le risque de grands dangers publics. En ce moment (en 1875) un spirite et conférencier bien connu sur le magnétisme, languit en prison sous l'inculpation de viol d'un sujet qu'il avait magnétisé. Un sorcier est un fléau public, et il est aisé de transformer le magnétisme en la pire des sorcelleries.

Nous ne désirons voir ni les savants, ni les théologiens ni les spirites, devenir des magiciens pratiquants, mais il faudrait que tous se rendissent compte qu'il existait avant notre ère moderne, une science véritable, une religion sincère, et des phénomènes authentiques. Nous voudrions que tous ceux qui ont une voix au chapitre de l'éducation des masses, aient avant tout la connaissance, et qu'ils *enseignent*, ensuite, que les guides les plus sûrs pour le bonheur et l'instruction de l'humanité, sont ces ouvrages qui nous ont été légués par la plus haute antiquité ; que les aspirations spirituelles les plus nobles et une morale plus élevée prédominent dans les pays où le peuple accepte leurs préceptes comme règles de la vie. Nous voudrions que chacun réalisât que les pouvoirs magiques, c'est-à-dire spirituels, existent dans chacun de nous, et que le petit nombre qui les met en pratique et qui se sent disposé à les enseigner, fût prêt à payer le prix de la discipline et de la conquête du soi, exigés pour leur développement.

Nombre d'hommes ont surgi qui ont eu une lueur de la vérité, tout en s'imaginant qu'ils la possédaient tout entière. Ceux-là ont échoué dans le bien qu'ils auraient pu faire et qu'ils ont tenté de faire, parce que la vanité leur a fait mettre leur personnalité en avant, au point qu'elle l'interposait entre leurs sectateurs et la vérité *tout entière* qui était reléguée à l'arrière-plan. Le monde n'a nul besoin d'une religion sectaire, que ce soit celle du Bouddha, de Jésus, de Mahomet, de Swedenborg, de Calvin, ou d'un autre quelconque. Puisqu'il n'y a qu'UNE vérité, l'homme n'a besoin que d'une seule religion — le Temple de Dieu au-dedans de lui, enclos par le mur de la matière mais ouvert à tous ceux qui en trouvent le chemin : *Ceux qui ont le cœur pur voient Dieu.*

La trinité de la nature est la serrure qui clôt la magie ; la trinité de l'homme est la clé qui s'y adapte. Dans les solennels parvis du sanctuaire l'ÊTRE SUPRÊME n'a pas de nom et n'en a jamais eu. Ce nom est inconcevable et ne peut être prononcé ; et néanmoins chaque homme trouve son Dieu au-dedans de lui. « Qui es-tu, ô être merveilleux ? » demande l'âme désincarnée dans le *Khordah-Avesta*, à la porte du Paradis. « Je suis, ô âme, *tes bonnes et tes pures pensées*, tes œuvres et ta *bonne loi*... ton ange gardien... et ton dieu. » L'homme, ou l'âme, est alors réuni à LUI-MÊME, car ce « Fils de Dieu » fait un avec lui ; c'est son propre médiateur, le *dieu* de son âme humaine et son « Justificateur. » « *Comme Dieu ne se révèle pas directement à l'homme, l'esprit est son interprète* », dit Platon dans le *Banquet*.

Il y a, en outre, de bonnes raisons pour que l'étude de la magie, sauf en ce qui concerne l'ensemble de sa philosophie, soit presque impossible en Europe et en Amérique. La magie étant ce qu'elle est, la plus difficile des sciences à acquérir expérimentalement, son acquisition est pratiquement hors de la portée de la majorité des hommes à peau blanche, que leur effort ait lieu en Europe ou en Orient. Il n'y a probablement pas plus d'un homme de sang européen en un million qui soit apte, physiquement, moralement ou psychologiquement, à devenir un magicien pratique, et on n'en rencontrerait pas un en dix millions qui serait doué des trois qualités exigées pour ce travail. Les nations civilisées manquent du pouvoir phénoménal d'endurance, tant mental que physique, possédé par les orientaux ; les idiosyncrasies qui favorisent les orientaux sont absentes chez eux. A l'Hindou, l'Arabe, le Thibétain, la perception intuitive de la possibilité des forces naturelles occultes, sujettes à la volonté humaine a été léguée par héritage ; et chez eux, les sens physiques, de même que les sens spirituels sont beaucoup plus développés et plus subtils que chez les races occidentales. Malgré cela, la grande différence dans l'épaisseur des crânes européens et hindous méridionaux, dûe à l'influence du climat et à l'intensité des rayons solaires, ne donne lieu à aucun principe psychologique. De plus, les difficultés pour *l'entraînement*, si nous pouvons nous exprimer ainsi, seraient presque insurmontables. Contaminés par des siècles de suggestion dogmatique, par un sens de supériorité indéracinable — d'ailleurs tout à fait injustifié — sur ceux que les Anglais nomment avec mépris des « nègres », l'homme blanc européen ne voudrait pas se soumettre à l'instruction pratique d'un copte, d'un brahmane ou d'un lama. Pour devenir un néophyte, il faut être prêt à se vouer corps et âme à l'étude des sciences mystiques. La magie — maîtresse impérieuse — ne tolère aucune rivale. A l'encontre des autres sciences, la connaissance théorique des formules, en l'absence de capacités mentales ou de pouvoirs de l'âme, n'a aucune valeur en magie. L'esprit doit tenir en sujétion complète la combativité de ce qu'on se plaît à nommer la raison éduquée, jusqu'à ce que les faits soient venus vaincre le froid sophisme de l'homme.

Ceux qui seraient le mieux préparés pour apprécier l'occultisme seraient les spirites, bien que, de parti pris, ils aient été jusqu'ici les ennemis les plus acharnés de son imposition à l'attention publique. Malgré tant de stupides dénégations et de dénonciations, leurs phénomènes sont authentiques, mais nonobstant leurs propres affirmations, ils sont totalement incapables de les comprendre. La théorie insuffisante de l'agence constante des esprits humains désincarnés dans la production de leurs phénomènes a été la ruine de leur cause. Les rebuffades innombrables ont échoué à ouvrir leur raison ou à leur donner une intuition de la vérité. Ignorant les enseignements du passé, ils n'ont rien à leur substituer. Nous leur offrons une déduction philosophique à la place d'une hypothèse impossible à prouver, l'analyse scientifique et la démonstration au lieu de la foi aveugle. La philosophie occulte leur fournit les moyens de se mettre d'accord avec les exigences raisonnables de la science, et les libère de l'humiliante nécessité d'accepter l'enseignement oraculaire « d'intelligences », qui, en règle générale sont moins intelligentes encore qu'un écolier. Sur ces bases et fortifiés de cette manière, les phénomènes modernes seraient en position de commander l'attention et le respect de ceux qui exercent une autorité sur l'opinion publique. Sans cette aide, le spiristime est condamné à végéter, repoussé également — et non sans raison — par les savants et par les théologiens. Sous son aspect moderne le spiritisme n'est ni une science, ni une religion, ni une philosophie.

Sommes-nous trop sévères? Quel est le spirite intelligent qui oserait prétendre que nous avons dénaturé le cas ? Que pourrait-il mettre en avant, sinon une confusion de théories, un enchevêtrement d'hypothèses se contredisant les unes les autres. Pourrait-il affirmer que le spiritisme, même depuis ses trente ans d'existence et de phénomènes, soit une philosophie défendable ; que dis-je, qu'il possède quoi que ce soit qui se rapproche d'un système établi, généralement accepté et adopté par ses représentants attitrés ?

Et cependant, il y a beaucoup d'écrivains réfléchis, instruits et sérieux parmi les spirites répandus dans le monde entier. Il y en a parmi eux qui, outre l'entraînement scientifique et mental, avec une foi raisonnée dans l'authenticité des phénomènes *per se*, possèdent toutes les qualités nécessaires pour se mettre à la tête du mouvement. Comment se fait-il alors, qu'à part la production d'un volume ou deux, ou d'une contribution à un journal quelconque, ils s'abstiennent tous de prendre une part active dans la formation d'un système de philosophie ? Ce n'est pas faute de courage moral, ainsi que leurs ouvrages le démontrent bien. Ce n'est pas non plus par indifférence, car chez eux l'enthousiasme déborde, et ils sont persuadés des faits. Ce n'est pas faute de capacités, car il y a parmi eux des hommes de marque, des princes parmi nos esprits les plus cultivés. L'unique raison est que, presque sans exception, ils sont stupéfaits des contradictions qu'ils rencontrent, et ils attendent que leurs hypothèses expérimentales aient été vérifiées par des expériences successives. C'est la sagesse, sans doute, qui leur inspire de telles résolutions. C'est celle qui fut adoptée par Newton qui, avec l'héroïsme d'une nature droite et honnête, différa pendant dix-sept ans la publication de sa théorie de la gravitation, pour la seule raison qu'il ne l'avait pas vérifiée à sa propre satisfaction.

Le spiritisme, dont l'esprit est plutôt agressif que défensif, contribue à l'iconoclasme et en cela il n'a pas tort. Mais en démolissant il ne réédifie rien. Toute vérité substantielle qu'il érige est aussitôt ensevelie sous une avalanche de chimères, jusqu'à ce que tout ne soit plus qu'une confusion de ruines. A chaque pas fait en avant, à l'acquisition de chaque position avantageuse des FAITS, quelque cataclysme, sous la forme d'une fraude, d'un scandale, ou d'une trahison préméditée, se produit, et repousse les spirites impuissants, parce qu'ils ne *peuvent* pas, et que leurs amis invisibles ne *veulent* pas (ou serait-ce qu'ils ne peuvent pas non plus) justifier leurs prétentions. Leur point faible est qu'ils n'ont qu'*une seule* théorie à mettre en avant pour expliquer leurs faits incriminés — l'action *des esprits humains désincarnés*, et la dépendance complète du médium à leur égard. Ils attaquent ceux qui diffèrent de leur point de vue avec une véhémence digne d'une meilleure cause ; ils considèrent chaque argument en contradiction avec leur théorie comme une insulte faite à leur bon sens et à leur pouvoir d'observation ; et ils vont jusqu'à refuser péremptoirement de discuter la question.

Comment le spiritisme pourrait-il, alors, être érigé en science ? Ainsi que le fait voir le professeur Tyndall, il comprend trois éléments absolument indispensables : l'observation des faits ; l'induction des lois d'après ces faits ; et la vérification de ces lois par des expériences pratiques répétées. Quel est l'observateur expérimental qui prétendra que le spiritisme présente un quelconque de ces trois éléments ? Le médium n'est pas toujours entouré des conditions d'épreuve suffisantes pour permettre de garantir les faits ; les déductions tirées des faits présumés sont injustifiables en l'absence de cette vérification ; et, comme corollaire, la vérification de ces hypothèses au moyen des expériences est loin d'être suffisante. En somme l'élément principal de l'exactitude, fait, en règle générale, complètement défaut.

Afin qu'on ne nous accuse pas de vouloir dénaturer la position du spiritisme, au moment d'écrire ces lignes, ou de refuser de faire crédit aux avances déjà faites, nous nous permettrons de citer quelques passages du *Spiritualist* de Londres, du 2 mars 1877. A la réunion bi-mensuelle du 19 février, un débat s'éleva sur le thème de la « Pensée antique et le Spiritisme moderne ». Quelques-uns des spirites les plus autorisés d'Angleterre y prirent parti Parmi eux était M. W. Stainton Moses, M. A. qui, dernièrement, a porté son attention sur la relation entre les phénomènes anciens et modernes. Il s'exprime ainsi : « Le spiritisme populaire n'est pas scientifique ; il ne fait rien pour établir la preuve scientifique de ce qu'il avance. De plus, le spiritisme exotérique, s'occupe presque exclusivement de la communion présumée avec des amis personnels, ou de la gratification de la curiosité des assistants, ou encore d'une simple production de phénomènes... La véritable science exotérique du spiritisme est fort rare, et encore plus précieuse que rare. C'est à elle que nous devons nous adresser pour créer la connaissance qui se développera exotériquement. Nous agissons trop comme les physiciens ; nos épreuves sont informes et par trop souvent illusoires ; nous connaissons trop peu le pouvoir protéen de l'esprit. En ceci les anciens nous avaient devancés et nous pouvons beaucoup apprendre d'eux. Nous n'avons introduit aucune certitude dans les conditions — chose absolument nécessaire pour toute expérience scientifique. Cela est dû, surtout, au fait que nos cercles ne sont basés sur aucun principe... Nous n'avons même pas appris les vérités élémentaires, connues des anciens et sur lesquelles ils se basaient, entre autres l'isolement des médiums. Nous avons été si occupés de rechercher les merveilles, que nous n'avons même pas classé les phénomènes, ou mis en avant une théorie pour la production du plus simple d'entre eux... Nous ne nous sommes jamais posé la question : Quelle est l'intelligence mise en œuvre ? Voilà notre plus grande faute, la source la plus fréquente de l'erreur, et ici encore nous pourrions prendre exemple sur les anciens. Il y a parmi les spirites une aversion insurmontable pour admettre la possibilité de la vérité de l'occultisme. Ils sont, à cet égard, aussi difficiles à convaincre que le monde extérieur l'est du spiritisme lui-même. Les spirites débutent par une erreur, à savoir : que tous les phénomènes sont causés par l'action des esprits humains désincarnés *; ils n'ont pas étudié les pouvoirs de l'esprit humain ;* ils ignorent l'étendue de l'action de cet esprit, jusqu'où s'étend son action sur ce qu'il domine.

Notre position n'aurait pas pu être mieux définie. Si le spiritisme a un avenir, il demeure tout entier entre les mains des hommes comme M. Stainton Moses.

Notre tâche est achevée — plût à Dieu qu'elle eût été mieux accomplie ! Mais, malgré notre manque d'expérience dans l'art d'écrire, et la sérieuse difficulté pour nous de le faire dans une langue qui n'était pas la nôtre, nous espérons que nous aurons réussi à dire certaines choses qui ne seront point perdues pour les esprits réfléchis. Les ennemis de la vérité ont tous été énumérés, tous ont été passés en revue. La science moderne, incapable de satisfaire les aspirations de la race, fait de l'avenir un néant et prive l'homme de l'espérance. Elle est, dans un sens, comme le Baital Pachisi le vampire de la fantaisie populaire hindoue, qui vit dans les cadavres et se nourrit de la pourriture de la matière. La théologie de la chrétienté a été usée jusqu'à la corde par les esprits les plus sérieux de notre époque. Elle a été reconnue, dans son ensemble, subversive plutôt que propice à la spiritualité et à la morale. Au lieu d'exposer les règles de la loi divine et de la justice, elle n'enseigne *qu'elle-même.* A la place de la Divinité immortelle, elle prêche l'Etre du Mal et en fait une entité qu'il est impossible de distinguer de Dieu lui-même. « Ne nous induis point en tentation » telle est la prière des chrétiens. Qui, donc est le tentateur? Est-ce Satan? Non, la prière ne s'adresse pas à lui. C'est le génie tutélaire qui endurcit le cœur de Pharaon ; qui mit un mauvais esprit en Saül : qui envoya des messagers trompeurs aux prophètes, et qui tenta David pour commettre le péché , c'est — le Dieu d'Israël de la *Bible !*

Notre revue des nombreuses croyances religieuses que l'humanité a professées depuis l'antiquité jusqu'à nos jours, indique de la manière la plus certaine qu'elles dérivent toutes de la même source primitive. Il semblerait que toutes ne sont que des modes différents pour exprimer les élans de l'âme humaine emprisonnée, et frayer avec les sphères supérieures. De même que le rayon de la lumière blanche est décomposé par le prisme dans les sept couleurs du spectre solaire, de même aussi le rayon de la vérité divine, en passant par le *triple* prisme de la nature de l'homme s'est brisé en fragments multicolores, dénommés RELIGIONS. Et, comme les rayons du spectre se fondent l'un dans l'autre dans des nuances imperceptibles de même aussi les grandes théologies qui ont paru à des degrés divers de séparation de la source primitive, ont été reliées par des schismes mineurs, des écoles et des branches poussées de l'une et de l'autre. Combinées, leur réunion représente une seule vérité éternelle ; séparées elles ne sont que les ombres de l'erreur humaine et les témoins de son imperfection. Le culte des *Pitris* védiques se transforme rapidement en culte de la partie spirituelle du genre humain. Il ne lui manque que la juste perception des choses objectives pour découvrir enfin que le seul monde réel est le monde subjectif.

Ce qu'on a dédaigneusement appelé Paganisme était l'ancienne sagesse, saturée de Divinité ; et le judaïsme et ses rejetons, le Christianisme et l'Islamisme ont tiré toute leur inspiration de ce père ethnique. Le brahmanisme prévédique et le bouddhisme sont la double source de laquelle ont jailli toutes les religions ; le Nirvana est l'océan vers lequel elles tendent toutes.

Pour les besoins de l'analyse philosophique nous n'avons pas tenu compte des énormités qui ont noirci l'histoire de plusieurs religions mondiales. La vraie foi est la personnification de la charité divine ; ceux qui desservent ses autels ne sont que des hommes. En feuilletant les pages maculées de sang de l'histoire ecclésiastique, nous trouvons que quelque fût le héros et quelque costume qu'aient revêtu les acteurs, le plan de la tragédie a toujours été le même. Mais la Nuit éternelle les couvrait toutes et nous passons de ce qui est visible à ce qui est invisible pour l'œil des sens. Notre désir ardent a été de montrer aux âmes véritables comment elles peuvent soulever le rideau et dans l'éclat de cette Nuit faite Jour, regarder d'un œil que rien ne peut éblouir, LA VÉRITÉ SANS VOILE.

TABLE DES MATIÈRES DU TOME IV

DICTIONNAIRE « RHÉA »

THÉOSOPHIE

Ésotérisme — Occultisme
Orientalisme — Maçonnerie

In-16 jésus (140×175), 150 pages. — Prix : **10 francs.**

Publié avec la collaboration de : Dr R. Allendy, Dr Auvard, Mlle A. Blech, Ctesse Grabowska, Mme Gedalge, Dr H. Jaworski, Mlle J. Mallet, M. H. de Pury-Travers, Commandant R..., Mlle V. Reynaud, Mme Sauton, Dresse Schultz, M. Tamos, Mgr Wedgwood, etc.

Ce Dictionnaire, qui comprend plus de trois mille mots, est absolument nécessaire au débutant qui y trouvera la définition courte et claire des notions qui lui sont nouvelles, ou des termes qui lui sont étrangers, dans l'étude de l'Occultisme en général et de la Théosophie en particulier.

Les mots sanscrits, indiens, grecs et latins dont certaines de nos publications sont semées rendent ce Dictionnaire indispensable aux lecteurs sérieux.

Cet ouvrage, grâce à la collaboration que nous nous sommes assurée, fait autorité. Il répond à un besoin souvent exprimé et la grande faveur qu'il a rencontrée parmi nos lecteurs est parfaitement justifiée.

Annie Besant — ***La Sagesse antique.***

5e édition. (In-18 Jésus, 537 pages). Paris, *Editions Rhéa*, 4, Square Rapp.

Prix. . . . . 11 francs.

Mythologie comparée de l'Extrême-Orient, de l'Inde, des Hébreux, des Perses. — Philosophie pythagoricienne et platonicienne. — Enseignement théosophique. — Plans. — Réincarnation. — Karma. — Epreuve. — Initiation et ses quatre degrés. — Chaîne planétaire. — Races. — Rondes, etc... — Appendice sur la chimie occulte.

Annie Besant et C.-W. Leadbeater. — ***La Chimie occulte.***

In-8 raisin, 340 pages. Paris, *Editions Rhéa,* 4, Square Rapp.

Prix. . . . . **30 francs.**

Traduction et Préface par M. H. de Pury-Travers et le Dr Allendy.

Cet ouvrage décrit la constitution de la matière et la structure des atomes chimiques découvertes par clairvoyance et rend compte des poids atomiques par la numération des corpuscules ultimes. Les traducteurs indiquent les premières confirmations de la science officielle.

H.-P. Blavatsky. — ***La Doctrine secrète.***

6 volumes in-8 raisin. Paris. *Editions Rhéa,* 4, Square Rapp.

Prix de chaque volume . . . . **16 fr. 50.**

Cette œuvre colossale et véritablement géniale de la Fondatrice de la Société Théosophique est une encyclopédie de science occulte excessivement riche en documents de toute sorte. Les deux premiers volumes exposent la cosmogenèse, le troisième l'anthropogenèse, le quatrième le symbolisme archaïque des religions du monde, le cinquième a trait surtout à la magie, le sixième et dernier est un recueil de notes diverses. L'étude de cette œuvre, intéressante pour tous les penseurs, est indispensable pour les Théosophes.

C.-W. Leadbeater. — ***L'Homme Visible et Invisible.***

In-8 carré, 130 pages, 1 frontispice, 3 diagrammes et 22 planches en couleur. Seconde édition, Paris, *Editions Rhéa,* 4, Square Rapp.

Prix. . . . . **20 francs.**

Exemples de différents types d'hommes tels qu'ils peuvent être observés par un clairvoyant exercé. L'aura humaine dans ses différents rayonnements, le symbolisme des couleurs, les plans de la nature, les trois émanations diverses, le corps astral, etc... C'est une œuvre splendide d'un intérêt capital dont la réimpression était impatiemment attendue.

MAYENNE, IMPRIMERIE CHARLES COLIN

www.ingramcontent.com/pod-product-compliance
Ingram Content Group UK Ltd.
Pitfield, Milton Keynes, MK11 3LW, UK
UKHW012150240726
13966UKWH00001B/234

9 782012 849280